irland almanach

4
Der keltische Tiger

Herausgegeben von
Gabriele Haefs, Hans-Christian Oeser, Jörg W. Rademacher,
Jürgen Schneider und Ralf Sotscheck

UNRAST

Die Deutsche Bibliothek - CIP-Einheitsaufnahme
irland almanach / hrsg. v. Gabriele Haefs, Hans-Christian Oeser, Jörg W. Rademacher, Jürgen Schneider u. Ralf Sotscheck
– 4. Der keltische Tiger – 1. Aufl. – Münster : Unrast, 2002
ISBN 3-89771-196-6

irland almanach #4
Der keltische Tiger

1. Auflage, Juli 2002
ISBN 3-89771-196-6

Postfach 8020, 48043 Münster, Tel. (0251) 666293, E-Mail: mail@unrast-verlag.de
Mitglied in der *assoziation Linker Verlage* (aLiVe)

Redaktionsanschriften:
c/o literÉire, 114 Ballinclea Heights, Killiney, Co. Dublin, Irland
oder: Kollwitzstraße 95, D-10435 Berlin
oder: Händelstr. 19, D-26789 Leer

Schwerpunktredaktion: Hans-Christian Oeser & Ralf Sotscheck, Dublin
Umschlag: Jörn Essig-Gutschmidt, Münster, nach Konzeption von kkf, Berlin
unter Verwendung eines Fotos von Victor Sloan aus der Serie *fashion*
Layout: Jörn Essig-Gutschmidt, Münster, nach Konzeption von kkf, Berlin
Druck: Interpress, Budapest

[INHALT: #4 2002]

EDITORIAL

Der „keltische Tiger", Allzweckbezeichnung für das irische Wirtschaftswunder der neunziger Jahre, ist zum geflügelten Wort geworden. Irland, ehedem – zumindest in der Vorstellungswelt seiner Bewohner und Besucher – das Land der Heiligen und Gelehrten, hat seinen überkommenen Nimbus abgestreift und den Sprung in die Normalität der Moderne oder vielmehr Postmoderne angetreten – die überfällige Industrialisierung wurde in erster Linie über die Digitalisierung nachgeholt.
Den Weg, für den andere Länder Generationen brauchten, hat Irland in gut zehn Jahren zurückgelegt. Bereits 1988, als die irische Hauptstadt ihr tausendjähriges Bestehen feierte, war in der irischen Selbstwahrnehmung ein Umschwung zu verzeichnen; drei Jahre später, als sich Dublin mit der Gloriole einer europäischen Kulturhauptstadt schmücken durfte, herrschte offene Aufbruchstimmung. Der Beginn des noch immer anhaltenden Wirtschaftsbooms wird jedoch gemeinhin auf das Jahr 1993 angesetzt: Seither hat die irische Volkswirtschaft über Jahre hinweg Wachstumsraten von durchschnittlich zehn Prozent erzielt.
Der Grundstein für den irischen Wirtschaftsaufschwung wurde 1987 gelegt. Damals schlossen Gewerkschaften, Arbeitgeber und Regierung den ersten einer Reihe von Sozialpakten, in denen sie Steuersenkungen und geringfügige Lohnerhöhungen vereinbarten. Gleichzeitig lockte die Industrieansiedlungsbehörde IDA mit niedrigen Körperschaftssteuern und schlüsselfertigen Fabrikanlagen zahlreiche multinationale Konzerne ins Land. High-Tech-Betriebe wie Intel und Gateway 2000, Microsoft und IBM, Dell und Lotus eröffneten Niederlassungen in Irland, Lufthansa, American Airlines und Korean Air verlegten ihre europäischen Buchungszentren auf die Grüne Insel, der Bankenmulti Citibank baut eine neue Großfiliale. Ausländische Firmen, zumal im Bereich der Informationstechnologie und Pharmazeutik, tragen heute fast zur Hälfte zum irischen Bruttoinlandsprodukt und zu 60 Prozent zu den Exporten bei.
Die vorliegende Ausgabe des *irland almanach* befaßt sich in ihrem Schwerpunktthema mit den Ursachen und Folgen des „keltischen Tigers". Abgesehen davon, daß sich die Disparität zwischen Arm und Reich trotz des plötzlichen Reichtums der Leute von Irland weiter verschärft hat (mehr als ein Fünftel aller Iren lebt heute unter der Armutsgrenze), hat die psychische Umorientierung einer ganzen Gesellschaft innerhalb eines so kurzen Zeitraums deutliche Auswirkungen auf das Lebensgefühl der Iren gehabt. Ohne die Vergangenheit eines von Nationalismus und Katholizismus dominierten Landes schönfärben zu wollen, muß man festhalten, daß sich die an das hohe Wachstum geknüpften Erwartungen nicht erfüllt haben: Der Boom hat weder zu sozialer Gerechtigkeit noch zu einer Verbesserung der Infrastruktur im Gesundheits- und Bildungswesen geführt. Eine eigenständige Industrie von nennenswertem Umfang besteht nach wie vor nicht; die Abhängigkeit der irischen Wirtschaft von ausländischem, zumal US-amerikanischem Kapital ist übergroß. Nun da der „keltische Tiger" sein Leben auszuhauchen scheint (wobei die Prognosen der Wirtschaftswissenschaftler, darunter auch der hier versammelten Beiträger, einander widersprechen), sind die ersten Anzeichen eines Katzenjammers spürbar. Der Band gibt auch hiervon Kunde.

Hans-Christian Oeser, Ralf Sotscheck, Dublin, im Mai 2002

STATT EINES MOTTOS

Emerald Tiger [n. phr., on analogy of ›Asian Tiger‹, booming economy, esp. Singapore, South Korea, etc. Coined by US magazine *Newsweek*, Dec 1996]. Ir. economy thus perceived. **1996** Fintan O'Toole, *Irish Times*, 28 Dec: ›What *Newsweek* magazine decribed ... as the Emerald Tiger ... was not so much on the prowl as on the razzle-dazzle.‹ **1997** Kieran Daley, *Independent on Sunday* (London), 19 Jan: ›We hear a great deal these days about the so-called »Emerald Tiger« meaning the allegedly booming Irish economy; in international rugby terms the »Emerald Famine« continues apace ...‹ Also **Celtic Tiger** in same sense. **1997** Hugh Campbell, *Irish Times*, 2 July: ›Sir – A leopard may be unable to change its spots, but a *flaithiúlach* [see **flahool**] Celtic Tiger could all too easily lose its stripes and revert to over-weight pussyhood. Believe me, we know our cats here in Kilkenny [see **Kilkenny cats**].‹

Bernard Share: *Slanguage. A Dictionary of Slang and Colloquial English in Ireland.* – Dublin: Gill and Macmillan, 1997. S. 86.

Friedrich Engels
BRIEF AN KARL MARX, 23. MAI 1856

In unsrer Tour nach Irland kamen wir von Dublin nach Galway an der Westküste, dann 20 Meilen nördlich ins Land hinein, dann nach Limerick, den Shannon hinunter nach Tarbert, Tralee, Killarney und zurück nach Dublin. Im ganzen ca. 450-500 Meilen englisch im Lande selbst, und haben also ca. 2/3 des ganzen Landes gesehn. Mit Ausnahme von Dublin, das sich zu London verhält wie Düsseldorf zu Berlin und ganz den Charakter der ehemaligen kleinen Residenz trägt, auch ganz englisch gebaut ist, sieht das ganze Land aus und besonders die Städte, als wär' man in Frankreich oder Oberitalien. Gensdarmen, Pfaffen, Advokaten, Bürokraten, Rittergutsbesitzer in erfreulicher Menge und eine totale Abwesenheit aller und jeder Industrie, so daß kaum zu begreifen wäre, wovon alle diese Schmarotzerpflanzen leben, wenn nicht die Misere der Bauern das entsprechende Gegenstück bildete. Die »Maßregelung« ist an allen Ecken und Enden sichtbar, die Regierung pfuscht in alles, von sog. Self-government [Selbstverwaltung] keine Spur. Man kann Irland als die erste englische Kolonie ansehn, und als eine, die ihrer Nähe wegen noch direkt in der alten Weise regiert wird, und man merkt hier schon, daß die sog. Freiheit der englischen Bürger auf der Unterdrückung der Kolonien beruht. In keinem Lande hab' ich so viel Gensdarmen gesehn, und der preußische Gensdarmenschnapsausdruck hat sich in dieser mit Karabiner, Bajonett und Handschellen bewaffneten Constabulary [Polizei] zur höchsten Vollkommenheit entwickelt.

Eigentümlich sind dem Land die Ruinen, die ältesten aus dem 5. und 6., die neusten aus dem 19. Jahrhundert, mit allen Mittelstufen. Die ältesten reine Kirchen; seit 1100 Kirchen und Schlösser, seit 1800 Bauernhäuser. Im ganzen Westen, besonders aber in der Gegend von Galway ist das Land mit solchen verfallenen Bauernhäusern bedeckt, die meist erst seit 1846 verlassen sind. Ich habe nie geglaubt, daß eine Hun-

gersnot eine so handgreifliche Realität haben könne. Ganze. Dörfer sind verödet, und dazwischen dann die prächtigen Parks der kleineren landlords [Grundbesitzer], fast der einzigen, die dort noch wohnen; meist Advokaten. Hungersnot, Auswanderung und clearances zusammen haben das fertiggebracht Dabei nicht einmal Vieh auf den Feldern; das Land ist komplette Wüste, die niemand haben will. In der Grafschaft Clare, südlich von Galway, wird es etwas besser, dort gibt's doch Vieh, und gegen Limerick zu sind die Hügel von meist schottischen farmers vortrefflich bebaut, die Ruinen gecleart [weggeräumt], und das Land sieht bürgerlich aus. Im Südwesten viel Gebirg und Sumpf, aber auch wunderbar üppiger Waldwuchs, nachher wieder schöne Weiden, besonders in Tipperary, und gegen Dublin hin ein Land, dem man es ansieht, daß es allmählich unter große Farmer kommt.
Das Land ist durch die Eroberungskriege der Engländer von 1100 an bis 1850 (so lange haben sie au fond [im Grunde] gedauert und der Belagerungszustand auch) total ruiniert. Von den meisten Ruinen ist ihre Zerstörung während der Kriege konstatiert. Das Volk selbst hat dadurch seinen aparten Charakter bekommen, und mit allem national-irischem Fanatismus, den die Kerle haben, fühlen sie, daß sie in ihrem eignen Land nicht mehr zu Hause sind. Ireland for the Saxon! [Irland den Angelsachsen!] Das wird jetzt realisiert. Der Irländer weiß, daß er gegen den Engländer, der. mit in jeder Beziehung überlegnen Mitteln kommt, nicht konkurrieren kann, dir Auswanderung wird fortdauern, bis der vorherrschend, ja fast ausschließlich keltische Charakter der Bevölkerung zum Teufel ist. Wie oft haben die Irländer angesetzt, um zu etwas zu kommen, und jedesmal sind sie ekrasiert worden, politisch und industriell. Sie sind künstlich, durch konsequente Unterdrückung, zur vollendet verlumpten Nation geworden, und jetzt erfüllen sie bekanntlich den Beruf, England, Amerika, Australien etc. mit Huren, Tagelöhnern, Maquereaux [Zuhältern], Spitzbuben, Schwindlern, Bettlern und andern Lumpen zu versorgen. Der Lumpencharakter steckt auch in der Aristokratie. Die Grundbesitzer, überall anderswo verbürgerlicht, sind hier komplett verlumpt. Ihre Landsitze sind mit enormen wunderschönen Parks umgeben, aber rundherum ist Wüste, und wo das Geld herkommen soll, ist nirgends zu sehen. Diese Kerle sind zum Totschießen. Gemischten Bluts, meist große, starke, hübsche Burschen, tragen sie alle enorme Schnurrbärte unter kolossalen römischen Nasen, geben sich falsche militärische Airs de colonel en retraite [Allüren eines Obersten a. D.], reisen im Land herum allen möglichen Vergnügungen nach, und wenn man sich erkundigt, haben sie keinen Fuchs, den Puckel voll Schulden und leben in der Furcht des Encumbered Estates Court.

Aus: Karl Marx, Friedrich Engels: *Irland. Insel in Aufruhr*. Zusammengestellt und eingeleitet von Richard Sperl. Berlin (DDR): Dietz, 1975. S. 116-119. (= MEW Bd. 29, S. 56-58.).

John Lockes Distillery, Kilbegann, Co. Westmeath (Gerd Adloff)

Wolfgang Wicht

DIE LÜCKE IM NATIONALEN DISKURS UM 1900: DIE ÖKONOMIE

1

Das imperiale England des 19. Jahrhunderts war die Staatsform des kapitalistischen industriellen Manchester-Liberalismus, der nach der ökonomischen und politischen Beherrschung der Welt strebte. Im weltumspannenden Kolonialreich war Irland, mit Engels, »als die erste englische Kolonie«• (MEW 29, 56) zu betrachten. Seit Cromwells Zeiten war die Grüne Insel auf das Niveau eines landwirtschaftlichen Nebenschauplatzes herabgedrückt worden, ein bemerkenswertes Beispiel der ungleichen kolonialistischen Spezialisierung in Industrie-, Agrar- und Rohstoffländer. Die irischen Manufaktur- und Binnenmarkt-Strukturen wurden systematisch erodiert und zerstört. Engels hat das ausdrücklich vermerkt: »Wie oft haben die Irländer angesetzt, um zu etwas zu kommen, und jedesmal sind sie ekrasiert worden, politisch und industriell« (57). Ähnlich hat sein Freund Karl Marx in aphoristischer Präzision und Kürze festgestellt: »Sooft Irland also auf dem Punkt, sich industriell zu entwickeln, wurde es niedergeworfen und in agrikoles Land zurückverwandelt« (*MEW* 16, 451). Im Grunde, wenn auch nicht buchstabengetreu, materialisierte sich ein Planspiel von William Petty (1623-1687), der die Arbeitswerttheorie der klassischen Ökonomie begründete. Petty, Stabsarzt in der Armee Cromwells und verantwortlich auch für die Landvermessung Irlands, sicherte beträchtlichen Grundbesitz für sich selbst und unterbreitete strategische Vorschläge für die Politik: »Eine von Pettys Lösungen für das irische Problem war der Vorschlag, die Mehrzahl der irischen Bevölkerung als Arbeitskräfte nach England zu deportieren und die Insel in eine Rinderfarm zu verwandeln. Ein Viertel der Iren sollten als Viehhüter und Melkerinnen in Irland verbleiben. Obwohl Pettys Plan nicht realisiert wurde, ist ihm die englische Irlandpolitik im Prinzip durchaus gefolgt« (Cronin, 9).•• Das Ergebnis nach gut 200 Jahren hat wiederum Marx im *Kapital* an einer Analyse der irischen Wirtschaft der sechziger Jahre des 19. Jahrhunderts demonstriert. Seine Zusammenfassung erfaßte die Lage wie in einer Nußschale: Irland »ist gegenwärtig nur ein durch einen breiten Wassergraben abgezäunter Agrikulturdistrikt Englands, dem es Korn, Wolle, Vieh, industrielle und militärische Rekruten liefert« (*MEW* 23, 730). Die durch die Verwandlung von Ackerbau in Viehweide redundant gemachte Landbevölkerung wanderte in großer Zahl aus, hauptsächlich nach Amerika: »Der durch Schaf und Ochs beseitigte Ire ersteht auf der andren Seite des Ozeans als Fenier« (*MEW* 23, 740).

Doch die Verhältnisse verharrten nicht in der Erstarrung. Zwischen den letzten Jahrzehnten des 19. Jahrhunderts und dem revolutionären Oster-Aufstand 1916 »vollzog sich ein ständiger und undramatischer, aber nichtsdestoweniger tiefgreifender sozia-

• Brief von Friedrich Engels an Karl Marx vom 23. Mai 1856. - Die Ostberliner *Werke*-Ausgabe wird hinfort als *MEW* abgekürzt.

•• Übersetzung englischsprachiger Zitate in Deutsche durch den Verfasser. - Pettys Text ist im einzelnen nachzulesen in William Petty, »Die politische Anatomie Irlands«, in *Schriften zur politischen Ökonomie und Statistik*, hg. v. Willy Görlich, Berlin: Akademie-Verlag, 1986, 125-214.

ler und ökonomischer Wandel« (Lyons 1996, 99). Er erfaßte in erster Linie die Landwirtschaft, in der die Veränderung der Besitzverhältnisse als ein radikal-reformerischer, wenn nicht gar »revolutionär verändernder« (Mansergh, 231), historischer Vorgang zu werten ist. Das ist folgerichtig in einem Land, das im Rahmen der kolonialen Wirtschaftsteilung agrarisch organisiert war. Die Reformen »von oben« wurden von der konservativen britischen Administration gesetzlich abgestützt und monetär gefördert. Dabei wurde die Regierung in London von dem Motiv geleitet, »eine breitere Politik des Appeasement« (Mansergh, 233) mit dem Ziel zu praktizieren, die Home-Rule-Bewegung durch Zugeständnisse im Rahmen einer ausgeklügelten Strategie von Zwang und Entgegenkommen zu schwächen und zu unterminieren.

Das Elend der aufs Äußerste ausgebeuteten Pächter und Kleinbauern, das in der Vergangenheit schon Wolfe Tone und James Finton Lalor zu massiven Reformforderungen gebracht hatte, führte zu merklicher Unzufriedenheit und zu Unruhen. Sie bildeten für den Fenier und Politiker Michael Davitt (1846-1906) den Anstoß, 1879 die Irish National Land League zu gründen. Sie bündelte die Forderungen der zuvor schwachen und zersplitterten irischen Bauernschaft politisch und vereinte, unter der Präsidentschaft von Charles Stewart Parnell, Gemäßigte und Revolutionäre in einer einzigen nationalen agrarischen Organisation. Unter ihrem Druck verabschiedete das Londoner Parlament 1881 ein Landgesetz, das den Pächtern »die drei F« (fairen Pachtzins, fixiertes Pachtland und freien Verkauf) einräumen sollte. Da die Forderungen der Land League sich weitergehend auf die Aufhebung des Pächterstatus erstreckten, reagierte Gladstones Regierung zunächst mit Repressalien, ohne allerdings auf Dauer die weitere Entwicklung aufhalten zu können. Trotz der Sabotierung des Gesetzes durch die Grundbesitzer, u. a. durch Vertreibung der Pächter, und trotz vielfältiger struktureller und legislativer Probleme, setzte nach 1885 eine durchgreifende Veränderung ein. Die britische Administration gründete 1899 sogar ein »Department of Agriculture and Technical Instruction«, das alle Belange der Landwirtschaft im weitesten Sinne, einschließlich der beruflichen Ausbildung, vertreten und fördern sollte. Mit dem »Wyndham Act« von 1903 wurde die »Pächter-Eigentümerschaft« endgültig bestätigt. Insgesamt wurden »zwischen 1870 und 1910 über 10.000 Großgrundbesitzungen, die mehr als 13 Millionen Acres umfaßten, von annähernd 500.000 Pächtern erworben. Der Gesamtkaufpreis belief sich auf 120 Millionen Pfund, von denen die Pächter 2 Millionen sofort in bar bezahlten, den Rest in Raten. Die Kosten für den Staat beliefen sich (ohne Verwaltungskosten) auf 25 Millionen Pfund (Jackson, 359).« In einer historischen Wertung dieses Prozesses ist sogar zu lesen, daß »die Landgesetze, im Zusammenhang mit der Entwicklung des transatlantischen Austauschs, Irland von einem feudalen in ein kapitalisches Land verwandelten«(Greaves, 245). Weniger emphatisch äußerte sich der Bischof von Limerick, Edward O'Dwyer, der 1903 mit gutem Recht darauf verwies, daß »die grundlegendsten Lebensverhältnisse« in Irland noch nicht geregelt seien: »Es gab die große Landfrage, die neun Zehntel der Bevölkerung berührte und die gerade eine große Krise hinter sich hat. Daneben erwuchs eine noch größere und wichtigere Frage, die nämlich nach der Regierung des Landes durch die Bevölkerung des Landes. Und solange diese beiden Fragen nicht endgültig gelöst sind, erscheint es als unmöglich, daß sich die führenden

Köpfe des Landes hinsetzen und Maßnahmen in Bezug auf das soziale Leben ausarbeiten« (Anon. 1903, 6.) Die differenzierte Sichtweise des Bischofs freilich war eher eine Ausnahme. In der Masse der politischen und kulturellen Äußerungen findet sie sich nicht. Hier dominierte der Interessendiskurs der jeweiligen politischen Fraktion.

Der industrielle Aufschwung beschränkte sich im wesentlichen auf den Nordosten. Eng verzahnt mit dem englischen Markt entstanden Hemdenherstellung (überwiegend noch in Heimarbeit) und Textilfabriken in Derry und Ulster, in Belfast konzentrierten sich Schiffbau und Maschinenbau sowie deren Zulieferer. Auf dieser industriell entwickelten Basis vereinten sich dort Unternehmer, Arbeiter, Grundbesitzer und Pächter in der (bis auf den heutigen Tag fortdauernden) Ablehnung der Home-Rule-Idee. In den anderen Teilen Irlands beschränkten sich industrielle Unternehmen auf lokale Ausnahmen, wie Wollspinnereien und Wollverarbeitung in Foxford und Donegal, Spitzenherstellung in Limerick und Munster, vier kleine Teppichfabriken in Westdonegal, die Produktion landwirtschaftlicher Geräte und Maschinen in County Wexford, eine bescheidene Kohleförderung und andere lokale Erzeuger, vor allem Getreidemühlen und in geringerem Maße Molkereien. In Dublin konzentrierten sich Brauereien und Destillerien und weitere kleinere Produktionsstätten. Insgesamt aber produzierte Irland nur einen Bruchteil des Gesamtprodukts der britischen Inseln, mit Ausnahme der exportträchtigen Leinenindustrie, in der sich der Anteil 1907 auf immerhin 46% belief. Die Wirtschaftsstruktur widerspiegelt sich in der Beschäftigtenstruktur, über die ich eine Statistik aus dem Jahre 1881 gefunden habe. Danach entfielen, in Prozenten, auf die einzelnen Arbeitsfelder folgende Anteile: Landwirtschaft – 41, Fischerei – 0.5, Bergbau – 0.4, Bauwesen – 2.4, Manufaktur und Heimproduktion – 16, Verkehr – 2.2, Industrie – 6.7, Staats- und Kirchendienst – 5.0, Haushaltshilfen – 18.0, andere – 2.9 (Gribbon, 333). Hinter diesen Zahlen ist »das allgemeine Bild ziemlich klar. In einer schwerpunktmäßig landwirtschaftlichen Wirtschaft entwickelte sich die Industrie auf wenigen spezialisierten Feldern, wobei einige wenige Firmen auf der Basis ihrer Exporte zu europäischem oder sogar weltweitem Rang aufstiegen. Die Knappheit an Rohstoffen, der Mangel an Facharbeitern und die unmittelbare Nachbarschaft zur Massenproduktion Englands behinderte die Entstehung weiterer Industrien« (ebenda, 309).

Dank eines gemäßigten, wenn auch mit Zentraleuropa nicht mithaltenden, Aufschwungs der irischen Wirtschaft zwischen 1895 und 1914, begründet in der intensivierten Rinderzucht, der Industrialisierung des Nordens, der Eröffnung der anderen genannten Produktionsstätten, der Erweiterung des Verkehrssystems (Eisenbahnen, Straßen, Häfen), der Konsolidierung des Bankwesens und der Ausdehnung des Einzelhandels, war »eine generelle Verbesserung der ökonomischen Verhältnisse« (Lyons 1996, 99) zu verzeichnen. Sie wurde konterkariert durch die Reproduktion einer relativen Überpopulation, zögernde Investitionen und den Grad der Ausbeutung der arbeitenden Klassen sowie dem daraus erwachsenden Konflikt zwischen Arbeit und Kapital, der in Streiks und Aussperrungen in Dublin und Belfast vor dem Ersten Weltkrieg kulminierte. James Connolly, der 1916 hingerichtete Sozialistenführer, entwarf fruchtbare, beachtenswerte, revolutionären Bündnissen aufgeschlossene, allerdings auch in vielen Teilen dogmatische Konzepte für ein befreites demokratisches Irland

jenseits der ihn ignorierenden bürgerlichen, kleinbürgerlichen und liberalen Nationalbestrebungen. Allerdings wirkt aus späterer Sicht »das große Ziel« des Manifests der Sozialistischen Partei Irlands aus dem Jahre 1910 extrem utopisch: Die wirtschaftlichen Voraussetzungen für das »Gemeineigentum an Produktionsmitteln und die gerechte Verteilung des Reichtums« (zit. in Greaves, 251-52) waren im nationalen Bereich gar nicht herangereift.
Alles in allem war die wirtschaftliche Expansion ein dominanter Bedingungsfaktor für die ideelle Entfaltung eines nationalen Selbstbewußtsein, auch wenn dieser Zusammenhang in den kulturell-politischen Diskursen weitgehend unberücksichtigt blieb. Hier schien es, als ob eine autonome »National-Kultur« aus sich selbst und aus gerade entdeckten (und mißinterpretierten) historischen Traditionen hervorginge. Mystifikation, Utopismus, Romantismus und Gälomanie konnten sich auf diesem autoreferentiellen Feld entfalten, das freilich gleichermaßen außerordentliche Qualitäten der Literatur und der Dramatik hervorbrachte, vor allem wenn sie in Aneignung des weltkulturellen Erbes dem Moment der Selbstkritik Raum verschafften, wie bei W. B. Yeats, James Joyce oder Sean O'Casey.
Gegenüber den wirtschaftlichen Realitäten fokussierten sich also die irischen nationalen Unabhängigkeitsströmungen zum Ende des Jahrhunderts hin so gut wie ausschließlich auf die Bereiche des Ideellen und Ideologischen. Ein »arroganter Nationalismus« formierte sich, »der sich auf der Lüge begründete, daß das eigene Volk besser sei als jedes andere« (Kiberd, 21). Dieses zugespitzte Urteil Declan Kiberds, der auf die (in jüngerer Zeit Terrain gewinnende) Revision des herrschenden nationalen Eigenbilds drängt, setzt es als selbstverständlich und nachgerade stillschweigend voraus, daß die antikolonialistische Bewegung selbstredend ihren historischen Sinn und ihre politische Berechtigung hatte. Sie verzichtet aber nicht darauf, die ideologische Selbstgerechtigkeit der Berufung auf nationale Identität zu benennen und zu kritisieren, die, wie jede gesellschaftliche Identitätsbildung, einseitig, fundamentalistisch und parochial war. Schon lange vor der geschichtlichen Neusicht hatte auf dem Gebiet der Literatur James Joyce die Erscheinungsformen nationaler und religiöser Gemeinsamkeitskonstrukte dekonstruiert.
Aber weder um eine Ideologiekritik des irischen Nationalismus noch um dessen allgemeine faktologische Beschreibung soll es hier gehen. Im Zentrum der Aufmerksamkeit steht vielmehr jene merkliche Lücke in der Home-Rule-Argumentation, die sich mit der weitgehenden und merkwürdigen Vernachlässigung ökonomischer Fragen auftut. Die zwei breiten Hauptströmungen der Home-Rule-Bestrebungen sind als *politischer* und als *kultureller* Nationalismus zu definieren. Beide zerfallen in verschiedene konzeptionelle und inhaltliche Richtungen. Auf dem politischen Feld wetteiferten (und befehdeten sich teilweise) zum einen eine konstitutionelle Selbstregierungsbewegung, die sich wiederum ausdifferenzierte in die konservativen oder demokratischen Vorstellungen von einem eigenen irischen Parlament, einem eigenen Königreich oder völliger legislativer und exekutiver Unabhängigkeit; zum anderen eine republikanische Idee der Lösung von England, die das endgültige Ziel auf dem Wege einer sozialen Revolution oder mit Mitteln der Gewalt für erreichbar hielt. Dazwischen entstanden Gruppierungen von wechselnder Couleur; die 1905 gegrün-

dete Sinn Fein z. B. war radikal im Sinne der Zielstellung eines »irischen Irland«, aber nicht republikanisch und nicht gewaltbereit. Zur Autorisierung und Legitimierung der *politischen* Selbstregierung trug die *kulturelle* Selbstbesinnung in überragendem Maße bei. Das Gaelic Revival strebte an, die gälische Sprache wiederzubeleben und zu verbreiten. Das breitere Irish Literary Revival umfaßte die Sammlung, Nacherzählung und Übersetzung irischer Legenden, Dichtung und Folklore, eine aus der Tradition schöpfende neue Gegenwartsliteratur, ein nationales Theater und eine die britischen Wertungen revidierende Literaturgeschichtsschreibung. Kultur erfüllte die Funktion, ein idealisiertes Erinnerungsbild zu entwerfen, das in der Gegenwart fortzuschreiben und der ideologischen Identitätsschaffung dienlich zu machen war.

2

Nur einzelne Personen und Personengruppen hatten neben der kulturellen und politischen die ökonomische und soziale Erneuerung im Sinn, die objektiv eigentlich vorrangig anstand. Ein »Ehrenplatz« (F. S. L. Lyons) gebührt dabei Horace Plunkett (1854-1932), einem Vertreter der irisch-protestantischen Landaristokratie. In seinem wichtigen Buch *Ireland in the New Century* von 1904 analysierte er den ökonomischen Zustand des Landes und fragte rhetorisch: »Ausgeschlossen nicht nur von gesellschaftlichen und politischen Privilegien, sondern von den einfachsten Bürgerrechten, ausgeschlossen vom Recht auf Grundeigentum und beschränkt im Recht auf Privatbesitz, ist es da ein Wunder, daß die Iren heutzutage im industriellen und kommerziellen Fortschritt nicht gerade vorangehen?« (104-05) Interessanterweise wies er auch der Katholischen Kirche einen beträchtlichen Anteil an der Verlängerung des ökonomischen Stillstands zu. Ganz praktisch initiierte Plunkett ab 1889 landwirtschaftliche Kooperativen, die die Verwertung und Vermarktung der Produkte der Einzelbauern fördern und von geschäftemachenden Aufkäufern abkoppeln sollte. 1903 existierten mehr als 800 solcher Kooperativen, davon 300 Gemeinschaftsmolkereien, 140 Agrargesellschaften, fast 200 Banken (nach dem Raiffeisen-Muster), 50 Geflügel-Genossenschaften u. a. Liest man Plunketts Veröffentlichungen, erscheinen die irischen Kooperativen als originäre nationale Tat. Aber die Genossenschaftsidee war keine speziell irische Erscheinung. Bereits in den sechziger Jahren wurde, ausgehend von Ferdinand Lassalles Vorstellungen von der Nationalisierung von Grund und Boden sowie den Produktivgenossenschaften durch Staatshilfe, die Genossenschaftsfrage auf Kongressen der Internationalen Arbeiter-Assoziation europäisch diskutiert. Inspiriert von Marx ging Johann Georg Eccarius, der Sekretär des Generalrats der IAA, in einer Artikelserie gegen John Stuart Mill 1866/67 gezielt auf die Boden- und Genossenschaftsfrage ein. Um die Jahrhundertwende widmete sich Eduard Bernstein in Artikeln in der *Neuen Zeit* den Problemen der Genossenschaften. Wie mir Thomas Marxhausen, einer der Redakteure des *Historisch-Kritischen Wörterbuch des Marxismus* (der mich auf diesen Kontext aufmerksam gemacht hat), mitteilt, hat sich die sozialistische Bewegung also im ganzen letzten Drittel des 19. Jahrhunderts mit dieser Frage beschäftigt: »Was dazu in Irland geäußert wurde, entsprach dem Zeitgeist.« Was jedoch Plunketts Aktivitäten auszeichnet, war die praktische wirtschaftliche Verwirklichung der Idee jenseits der theoretischen Abstraktionen. Unter spezifisch iri-

schen Bedingungen schuf er Vergleichbares zu den marktorientierten Absatz-, Einkaufs- und Darlehens-Genossenschaften, wie sie in Deutschland für existenzbedrohte Bauern von Friedrich Wilhelm Raiffeisen und für das Kleingewerbe von Hermann Schulze-Delitzsch angeregt wurden.
Das genossenschaftliche Reformmodell provozierte neben den konkreten Organisationsformen weitergehende utopische Visionen. Als ihr Autor ist George Russell (1867-1935, Pseudonym AE) herauszuheben, Maler, Dichter, Theosoph und Mitarbeiter des von Plunkett gegründeten kooperativen Dachverbandes Irish Agricultural Organisation Society. Von 1906 bis 1923 fungierte er als Herausgeber der seit 1895 erscheinenden Zeitschrift der I.A.O.S., *The Irish Homestead.* In regelmäßigen Artikeln propagierte er unermüdlich die kooperative Bewegung und entwarf glühende Bilder von einem vorstellbaren landwirtschaftlichen Paradies in Irland. Seine ökonomischen Entwürfe gingen durchaus über die gegebene Praxis der Kooperativen hinaus. In Analogie zu den weltweiten industriellen Konzentrationsprozessen im Rahmen der monopolkapitalistischen Entwicklung hielt er »ähnliche Veränderungen in der Landwirtschaft für notwendig«. Da der kleine Bauer nicht der »Sklave der großen Kombinate« sein dürfe, regte er die erweiterte Ausgestaltung der genossenschaftlichen »Wirtschaftsorganisation« an: »Sie ermöglicht ihnen, die erforderlichen Materialien zu Niedrigpreisen zu kaufen; sie ermöglicht Kredite zu Zinssätzen, die sonst nur die großen Banken gewähren können; sie eröffnet den Zugang zu den besten Märkten... Die Dampfdreschmaschine, der Motorpflug, der Dampfseparator und die neuesten technischen und wissenschaftlichen Entwicklungen werden zugänglich... Und alle Einsparungen kommen dem individuellen Erzeuger zugute« (Russell 1978, 95). Das genossenschaftliche Kooperationsideal weitete Russell zur Idealisierung der ländlichen Kultur im weiteren Sinne aus. Eine vortreffliche Zusammenfassung findet sich in seinem Essay »Ideals of the New Rural Society«: Die ländliche Gemeinschaft »sollte jedes Jahr einen gewissen Teil ihrer Einnahmen für die Schaffung von Dorfgemeinschaftshäusern, Bibliotheken sowie Einrichtungen für Erholung und Spiele beiseite legen, und sie sollte diese Planung konstant mit dem Ziel verfolgen, ihren Mitgliedern jeden erdenklichen Vorteil an sozialem Leben und Bildung zu verschaffen, den die Zivilisation nur hergibt. Sie sollte eine Ratsversammlung oder ein Dorfparlament haben, wo alle Verbesserungen und Neuerungen diskutiert werden können« (Russell 1915, 105).
Russell war einer der wenigen, die auch den industriellen Faktor in den Rahmen der nationalen Erwägungen einbezogen. Am 21. April 1906 schrieb er im *Irish Homestead* über den »Richtigen Geist in der Industrie« (›The Right Spirit in Industry‹). Russell beklagte (wie auch schon in einem früheren Artikel am 24. Februar 1906) mit ironischer Zuspitzung die staatliche Bürokratisierung, die sich in Irland ganz besonders entfaltet hatte. Daraus leitete er die Forderung ab, daß »die Leute sich endlich auf sich selbst verlassen und ihr Geld in die heimische Industrie stecken« sollten. Dabei erkannte er, daß »Wollwebereien oder große Fabriken« nicht auf der Basis des kooperativen Gedankens, sondern nur über die Investition mittels Aktien-Kapital zu gründen waren. Genau diese investive Verwertung von Kapital sollte ein irisches Wirtschaftsproblem bleiben. Eher idealistisch war Russells Gedanke, daß die Arbeiter

in den irischen Unternehmen »dem eisernen Griff des Kapitals« nicht ausgeliefert würden, wenn mit der Gründung einer Fabrik »ein Programm der Verteilung des Profits an die Arbeiter« realisiert würde (1978, 83-84). Irgendwie erinnert das an Robert Owens Grundsätze der Verteilung des Unternehmensgewinns. Es blieb aber der utopische Blütentraum der Fusion von Kapitalismus mit Verteilungssozialismus und Gälisch-Nationalem.

Ein markanter »Ideologe der liberal-industriellen katholischen irischen Nation« (Hutchinson, 173) war der Journalist, Schriftsteller und radikale Denker D. P. Moran (geb. 1871). Er war national gesinnt, verspottete aber gleichwohl verquasten nationalistischen Eifer und patriotische Reden gnadenlos. Er war ein Enthusiast des Gälischen, verlangte aber von einer irischen nationalen Literatur und Kunst Niveau und höchsten Standard. In vielen Beiträgen, die er in seiner Wochenschrift *The Leader* und anderenorts veröffentlichte, übte er scharfe soziale Kritik – an Unterernährung, Trunkenheit, Slumwohnungen und den Ursachen für Mangelkrankheiten. Kaum ein anderer Vertreter der nationalen Idee schloß diese sozialen Mißstände in seine Überlegungen ein. Auch sie waren, bis die Sozialisten Connolly und Larkin sie aufgriffen, eine Null-Stelle in der Argumentation. Die Tatsachen aber schrien gen Himmel. Eine Bevölkerungszählung im Jahre 1900 ergab, daß zwei Drittel der Dubliner Familien in einer durchschnittlichen Wohnungsgröße von 1½ Zimmern wohnte. Der Dubliner Stadtrat für Gesundheit, Sir Charles Cameron, stellte im gleichen Jahr fest: »Ich glaube nicht, daß es eine Bevölkerung gibt, deren Unterernährung größer ist als die der Bevölkerung Dublins.« Die Sterberate in Dublin belief sich 1911 auf 27.6 pro 1.000 Einwohner, die höchste in Europa, noch vor Moskau mit 26.3, die Kindersterblichkeit (in 1905) auf 27.7 pro 1.000 unter den Kindern der Arbeiter (nach Mansergh, 258-59). Die Voraussetzung für Reformen sah Moran in der Entwicklung irischer industrieller Produktion gegeben, die er aus diesem Grunde nachhaltig propagierte. In der ersten Ausgabe des *Leader* vom 1. September 1900 entwarf er die Vision einer irischen Nation als »einem sich selbst regierenden Land, das lebt, sich vorwärtsbewegt, in seiner eigenen Sprache verwurzelt ist, seine eigenen Reformen in Gang setzt, seine eigenen Sitten und Bräuche entwickelt, eine eigene Literatur aus seiner besonderen Bewußtseinslage schafft, seine materiellen Ressourcen zu ihrer vollsten Entfaltung bringt – das erfindet, kritisiert, zupackt, schafft.« Mit erheblicher Klarsicht erkannte Moran, daß die Stiftung einer Hegemonie irischer Werte und Lebensformen im materiellen Bereich und insbesondere im Wachstum einer nationalen Industrie jenseits der Bier- und Whiskey-Erzeugung verankert sein mußte.

Neben Moran verfocht der Publizist und Gründer der *Sinn Fein*-Bewegung Arthur Griffith (1872-1922) die Idee industrieller Entwicklung. Sein Ziel bestand darin, Katholiken und Protestanten zur gemeinsamen Nation zu einen. Es umfaßte unter anderem ein Programm der Industrialisierung. Politisch wünschte er weder physische Gewalt noch glaubte er, nach dem Fall von Charles Stewart Parnell, an den Nutzen Londoner legislativer Eingriffe. In seinem Pamphlet *The Resurrection of Hungary* (1904) propagierte er vielmehr das ungarische Vorbild der 1867 eingeführten doppelten österreichisch-ungarischen Monarchie, unter der den Ungarn die konstitutionelle Selbstverwaltung zugestanden wurde. Paradoxerweise traf sich sein auf das monar-

chistische Prinzip setzender Konservatismus (dem auch ein kräftiges Moment des Antisemitismus innewohnte)• mit der Vorstellung von einem liberalen Kapitalismus, der von einem starken nationalen Bürgertum und einer patriotischen Kultur getragen wurde. Zur Durchsetzung seiner Ziele gründete er 1907 die Sinn Féin League, eine Partei, die in der Folgezeit allerdings nur eine geringe Mitgliederzahl um sich scharen konnte. In keiner zeitgenössischen Quelle sind die Ziele der Fenier so prägnant zusammengefaßt worden wie in einem Artikel des offensichtlich sympathisierenden James Joyce für die Triester Zeitung *Il Piccolo della Sera* vom 22. März 1907: Sie »wollen Irland zu einer zweisprachigen Republik machen... Sie praktizieren den Boykott englischer Waren; sie verweigern den Wehrdienst und den Fahneneid; sie versuchen, im ganzen Lande Industrien zu gründen« (Joyce, 191).
Die theoretische Untermauerung seines Konzepts fand Griffith bei dem deutschen Volkswirtschaftler Friedrich List, der schon die amerikanische Schutzzollpraxis beinflußt hatte. List verlangte, daß ein Land, das seine Industrie aufbaut, so lange durch Zölle zu schützen sei, bis es sich aus eigener Kraft auf dem Weltmarkt behaupten kann. Außerdem forderte er, daß in einem nationalen Wirtschaftsgebiet ein tragfähiger Ausgleich agrarischer und industrieller Produktions- und Marktinteressen unumgänglich sei.•• Diese Ideen, auf Irland angewendet, hatten schon im Denken von Marx ihren Widerhall gefunden. In drei knappen Punkten faßte er die Kernfragen irischer Unabhängigkeit zusammen: »1. Selbstregierung und Unabhängigkeit von England. 2. Agrarische Revolution... 3. Schutzzölle gegen England« (*MEW* 31, 400). Griffith bündelte seine Argumentation in seinem Pamphlet »The Sinn Féin Policy«. Darin wandte er sich massiert gegen die irische (und natürlich englische) Auffassung, daß Irlands ökonomische Bestimmung in der Landwirtschaft liegt, »daß es für uns unnötig ist, unseren industriellen Arm zu beachten, weil der landwirtschaftliche Arm völlig ausreicht.« Auf dieses Trugbild »antworte ich mit List: Eine Nation kann ihre Zivilisation, ihren Reichtum und ihren sozialen Fortschritt nur dann gebührend voranbringen und fördern, wenn sie Agrarprodukte gegen Industrieprodukte austauscht und zugleich eine eigene industrielle Basis herstellt. Eine ausschließlich agrarische Nation kann niemals einen ausreichenden Binnen- und Außenhandel mit den entsprechenden inländischen und internationalen Transportmitteln entwickeln, ihre Bevölkerungszahl im richtigen Verhältnis zum Wohlstand steigern oder merklichen Fortschritt auf moralischem, geistigem, sozialem und politischem Gebiet machen« (zit. in Lyons 1985, 254).
Dieser industrielle Nationalismus war ein Dauerbrenner seiner Politik als Herausgeber der vielleicht wichtigsten Unabhängigkeitszeitschrift, des Wochenblatts *The United Irishman*, das er 1899 gründete. In der Regel verwischten sich die Grenzen zwischen durchaus praktikablen programmatischen Entwürfen und dem Wunschden-

• Vgl. auch meinen Beitrag im *irland almanach* #2 (2000), »Antisemitismus im irischen Nationaldiskurs um 1900«, 40-52.

•• Lists Hauptwerk *Das nationale System der politischen Ökonomie* (1841) blieb unvollendet. Eine erste handschriftliche Fassung in Französisch (1838) ist publiziert als *Das natürliche System der politischen Ökonomie*, hg. v. Günter Fabiunke, Berlin: Akademie-Verlag, 1961.

ken auf geduldigem Papier. In der Nr. 15 des *United Irishman* vom 10. Juni 1899 wird, in einem Artikel mit der Überschrift »Motors and Other Things«, treffend festgestellt, daß ein irisches Fabriksystem wohl unter der englischen Konkurrenz zusammenbrechen werde. Deshalb sei es notwendig, daß die irischen Kleinerzeuger ihre Kräfte bündeln, um – unter Nutzung der elektrischen Energie und der Transportmittel – ebenso billig und gut wie die großen Fabriken in England und Deutschland zu produzieren. Wie selbstverständlich vermischen sich in diesem Postulat der richtige Kern und die utopische Annahme. Ein bemerkenswerter Vorschlag wird in dem Artikel »An Industrial Revival« am 22. Juli 1899 gemacht. Der Verfasser plädiert für eine »freiwillige Kommission«, die Strategien ausarbeiten kann, die nicht englische Vorbilder kopieren: »Da die Iren nicht verpflichtet sind, weder ihre politische Ökonomie und ihre industriellen Ideen noch ihre Literatur und Sprache aus Manchester oder von Westminster zu übernehmen, ist das mindeste, was man von einer Gruppe intelligenter Iren erwarten sollte, die Weigerung, alle, aber auch alle Dogmen von jenseits des Kanals anzuerkennen, wenn nicht deren Nutzen für die irischen Industrien bestätigt wird, anderenfalls sie unverzüglich abzulehnen wären. Es ist kein akademisches Theoretisieren, wenn man annimmt, daß dies neue Industrien gründen und vorhandenen helfen wird.« Als Aufgabe einer solchen Kommission wird deklariert, zunächst eine detaillierte Bestandsaufnahme der bestehenden Produktion und des Handelsvolumens vorzunehmen. Auf dieser Basis könnten »die Kosten, die Nützlichkeit und der Profit eines Produktions- oder Handelszweigs in den spezifischen irischen Ausmaßen bestimmt werden.« Die kluge Idee blieb, man muß es kaum sagen, ein kluge Idee.

In einem Artikel vom 17. Februar 1900 mit dem visionären Titel »The Future of Industry – for Ireland« legitimiert der Verfasser, wohl Griffith selbst, das Bild des vollkommenen Irland mit einem Zitat des russischen Anarchisten Pjotr Kropotkin. Der Text war wohl auch deshalb willkommen, weil er prinzipiell die Vorbild-These Lists vom verhältnismäßigen Zusammenspiel von Landwirtschaft und Industrie untermauerte: »Jede Nation ihr eigener Landwirt und industrieller Warenproduzent; jeder einzelne beschäftigt auf einem Acker oder in einem Facharbeiterberuf; jeder einzelne fähig, technisches Wissen und handwerkliche Fähgkeit zu vereinen – dies ist, wie wir meinen, die gegenwärtige Richtung der zivilisierten Nationen.« An diese Richtung wollte Griffith Irland ganz offensichtlich ankoppeln.

Analog zu Morans *Leader* begann 1901 im *United Irishman*, z. B. am 4. Mai, 1. Juni und 3. August, eine Argumentation, welche die Iren aufforderte, irische statt englischer Waren zu kaufen. Wie bei Moran gewann, als neues Element, die soziale Perspektive an Gewicht. Das hatte sich bereits in einem längeren Artikel von ›IRIAL‹ (einem Pseudonym), »Capitalism and Nationalism. A Socialist View«, am 29. Dezember 1900 angekündigt. Am 4. Mai polemisierte Griffith mit Morans Forderung, »einen Staat aufzubauen, der auf individueller Initiative begründet ist,« indem er anfügte: »Wenn das den alten kapitalistischen Staat, mit seinen Palästen, Slums, Arbeitshäusern und Gefängnissen, bedeutet, und wenn das heißt, daß eine große Mehrheit der Bevölkerung am Rande des Hungertods vegetiert, dann ist das keine angenehme Aussicht.« Die Unterstellung ausgerechnet gegenüber Moran war natürlich völlig aus der

Luft gegriffen. In einer (vorübergehenden) anarchistischen Anwandlung, die ja schon im Kropotkin-Zitat anklingt, ritt sich Griffith ins Unvereinbare. Irisch zu kaufen und kapitalistische »individuelle Initiative« zu verwerfen bildeten einen nicht zu lösenden Gegensatz, es sei denn, man setzt Russells utopischen Gedanken einer gerechten Gewinnverteilung als Perspektive eines irischen Kapitalismus ein. Am 2. Januar 1904 druckte der *United Irishman* eine Liste von Waren, die laut einer Erhebung in Irland hergestellt wurden: Kostüme, Mäntel, Jacken, Röcke, Wettermäntel, Blusen, Hemden, Schals, Tücher, Reisedecken, Handschuhe, Taschentücher, Krägen, Manschetten, Hemdbrüste, Strümpfe, Unterhemden, Strickjacken, Korsetts, Woll- und Baumwollunterwäsche, Stiefel, Schuhe, Slipper, Strumpfbänder, Regenschirme, Koffer, Hutschachteln, Handkoffer, Spitzenkragen, Krawatten, Kämme, Seifen, Haaröl, Schreibpapier, Schmuck, Platzdeckchen, Plissee- und Rüschenstoffe, Fahrräder, Körbe, Gamaschen, Parfums, Möbel und Haushaltartikel, Nahrungsmittel, Töpfer- und Eisenwaren, Getränke, Textilien. Die Liste bildete die unverblümte Aufforderung, diese irischen Produkte zu kaufen, um die irische Industrie zu unterstützen. Um diese Anregung zu befördern, wurde eine Irische Nationalausstellung in Vorschlag gebracht (*United Irishman*, no. 255, 16. Januar 1904).

In diesen Kontext paßt eine Wiederentdeckung von Griffith: In den Ausgaben vom 30. Januar und 6. Februar 1904 stellte *The United Irishman* ein zweibändiges geographisches Handbuch von John Payne aus dem Jahre 1793 mit dem Titel *Universal Geography* durch Zitate und Paraphrasen in ungewöhnlichem Umfang vor. 82 großformatige, zweispaltige Seiten dieses Buches betrafen Irland. Payne beschrieb vor allem, unter Einschluß von Statistiken, den Aufschwung irischer Produktion in der zweiten Hälfte des 18. Jahrhunderts. Er dokumentierte die beträchtliche Erweiterung der Getreideproduktion und Rinderzucht (die agrarische Seite!) und die gleichzeitige Entwicklung von Kohleförderung, Marmorgewinnung sowie vor allem die rasche Expansion von Woll-, Leinen-, Papier- und Glas-Manufakturen. Bei entsprechender Förderung hielt er die Herstellung von Strumpfwaren, Segeltuch, Lederartikeln und Metallwaren für entwicklungsträchtig. Griffith verwies unter dem Pseudonym Old Fogey durch eingestreute Kommentare immer wieder auf die Behinderung und Vernichtung dieser irischen Produktionszweige durch England. Deutlicher hätte er die Funktion des Abdrucks kaum augenfällig machen können. Die Forderungen der Gegenwart erhielten ihre Autorisierung durch die irische Vergangenheit. Die Industrialisierungsfortschritte des 18. Jahrhunderts forderten gebieterisch ihre Analogie in der Gegenwart.

Auch unabhängig von Griffith verbreiterten sich die Aufrufe, irisch zu kaufen. Im Frühjahr 1905 erschienen in einer Reihe von Provinzzeitungen Listen unter der Schlagzeile »Die irische Industrie erbittet Ihre Unterstützung!« In Dublin gründete sich eine Industrial Development Association, die einen »Buyers' Guide« (Kaufführer) herausgab, der die irischen Erzeuger-Firmen verzeichnete. Insgesamt aber blieb Griffith ein ziemlich einsamer Rufer in der Wüste. Auch nach 1921 setzte die irische Regierung voll auf die Landwirtschaft als wirtschaftliche Basis des Landes. Die Vorstellungen von Griffith wurden als »Propagandaschriften eines einzelnen Herrn« (zit. in Lyons 1985, 600) abgetan. Überblickt man die Gesamtheit des irischen Schrifttums um die Jahrhundertwende, muß man zu dem Schluß kommen, daß dieses Urteil, allerdings ohne den hämisch-diffamierenden Ton, eigentlich zutraf. Im irischen Nationalismus ging es immer um Politik, Kultur, geschichtliche Vergangenheit und Sprache. Ökonomisch gesehen existierte bestenfalls das Agrarische.

3

Die industrielle Produktion blieb in Irland, aufs Ganze betrachtet, im Zustand des Unentwickelten. Eine wesentliche Ursache bestand darin, daß die Ressourcen an akkumuliertem Kapital, das nach Verwertung, d. h. Investition, drängte, begrenzt waren. Für vorhandenes Kapital waren die Anreize zur Investition gering. Der Mangel an Facharbeitern, die Nähe des hochprofilierten England und das Fehlen von Rohstoffen stellten, wie bereits erwähnt, beachtliche Hindernisse dar. Und das ideologische Motiv der nationalen Unabhängigkeit berührte die vorhandenen handfesten wirtschaftlichen Interessen so gut wie überhaupt nicht. Schutzzölle blieben eine utopische Vorstellung von Griffith, weil die marktpraktischen Gegebenheiten sie, im Unterschied zu Amerika, gar nicht zuließen. Lyons hat die Lage treffend gekennzeichnet: »Für Irland war der britische Markt unersetzbar und für England war der irische Markt zu wertvoll, um darauf zu verzichten« (1996, 101). Aus diesen ökonomischen Voraussetzungen leitet sich eine Folgerung für das Politische ab, die sich erheblich von den patriotischen Inhalten des *politischen* Nationalismus unterscheidet. Lyons hat sie wiederum auf den Punkt gebracht: »Weder die Grundbesitzer noch die Industriebesitzer des Nordens, noch die Befürworter von Schutzzöllen verstanden, was ... für uns heute so offensichtlich ist, daß nämlich die Streitfrage, ob man die Union aufrechterhalten solle oder nicht, in ökonomischer Hinsicht ziemlich bedeutungslos war« (ebenda). Unter diesem Aspekt war die Kluft zwischen produzierender Wirtschaft und ideologischem Patriotismus gewaltig. Insofern wird hinwiederum verständlich, weshalb die Argumentationen des politischen und kulturellen Nationalismus den Bereich der ökonomischen Basis völlig ignorierten, ja ihn ignorieren mußten, um die vorhandene Aporie durch Verdrängung zu beseitigen. Beim bedeutendsten irischen Dichter des 20. Jahrhunderts, William Butler Yeats, überhöhte sich die Verdrängung zur generellen Ablehnung der modernen kapitalistischen Zivilisation und ihrer gedanklichen Leitlinien, wie Nützlichkeitsdenken, Rationalismus und empirischer Naturwissenschaft. Der Präsident der Celtic Literary Society T. P. Fox machte 1899 aus der naserümpfenden Verachtung kapitalistischer Verkehrsformen sogar eine nationale Tugend. In seiner Inauguraladresse »The Definition of an Irish Nation« sagte er: »Unser gesellschaftliches Leben trägt die Zeichen des Besonderen, denn das irische Volk ist nicht wie die Engländer ein Volk von Profiteuren und Geldschneidern, dafür aber sozialer gesinnt, freundlicher und intelligenter als diese« (*The United Irishman*, 21 October 1899, 2). Die Ideologie irischer Nationalidentität beruhte, wie dieses Beispiel belegt, in erheblichem Maße auf zweifelhaften Verallgemeinerungen, auf Feindbildern und auf der vorsätzlichen Verkennung objektiver wirtschaftlicher Prozesse und Erfordernisse.

Home Rule und kulturelle Autonomie hätten vielmehr einer eigenen ökonomischen Fundamentierung bedurft. Umgekehrt waren für die Wirtschaft das Home Rule wie auch dessen kulturelle Legitimation irrelevant. Das Geistige löste sich *nolens volens* vom Materiellen, das Materielle vom Geistigen. Die gälische Sprache und eine volkstümelnde Literatur stiegen zu historisch-politischen Bewegungsfaktoren auf und behaupteten zusammen mit politischen Aktionen das Terrain des staatlichen Unabhängigkeitsstrebens. Als Folge hatte das Land nach der Erringung der politischen Selbständigkeit jahrzehntelange wirtschaftliche Rückständigkeit und soziale Armut zu tragen, bis sich die Bedingungen des Europäischen Marktes als Glücksfall für Irland erwiesen.

Literatur

Anon., »Bishop of Limerick on Home Rule and the Land Question«, in: *The Freeman's Journal*, 29. Januar 1903.

Sean Cronin, *Irish Nationalism: A History of Its Roots and Ideology*, Dublin: The Academy Press, 1980.

C. D. Greaves, *The Life and Times of James Connolly*, London and Berlin: Seven Seas Publishers, 1972.

H. D. Gribbon, »Economic and Social History, 1850-1921«, in: T. W. Moody u. a. (Hrsg.) *A New History of Ireland*, Bd. 6.: *Ireland under the Union II, 1870-1921*, Oxford: Clarendon Press, 1996.

John Hutchinson, *The Dynamics of Cultural Nationalism: The Gaelic Revival and the Creation of rhe Irish Nation State*, London: Allen & Unwin 1987

T. A. Jackson, *Ireland Her Own: An Outline History of the Irish Struggle*, Berlin: Seven Seas Publishers, 1976.

James Joyce, *The Critical Writings*, hrsg. v. Ellsworth Mason und Richard Ellmann, Ithaca: Cornell University Press, 1989.

Declan Kiberd, »From Nationalism to Liberation,« in: Susan Shaw Sailer, *Representing Ireland: Gender, Class, Nationality*, Gainesville: University of Florida Press, 1997.

F. S. L. Lyons, *Ireland Since the Famine*, London: Fontana Press, 1985.

ders., »The Aftermath of Parnell, 1891-1903«, in: T. W. Moody u. a. (Hrsg.) *A New History of Ireland*, Bd. 6: *Ireland under the Union II, 1870-1921*, Oxford: Clarendon Press, 1996.

Nicholas Mansergh, *The Irish Question, 1840-1921*, London: Allen & Unwin, 1965.

Karl Marx und Friedrich Engels, *Werke*, Bd. 16, 23, 29, 31, Berlin: Dietz, 1962ff. – Die Ostberliner *Werke*-Ausgabe wird als *MEW* abgekürzt.

Horace Plunkett, *Ireland in the New Century*, London: John Murray, 1905.

G. E. Russell, *Selections from the Contributions to ›The Irish Homestead‹*, Gerrards Cross: Colin Smyth, 1978.

George Russell, *Imaginatons and Reveries*, Dublin / London: Maunsel, 1915.

The Leader, ab Nr. 1, 1900.

The United Irishman, ab Nr. 1, 1899.

Denis O'Hearn

DER KELTISCHE TIGER

Seit 1994 ist die Wirtschaft in der Republik Irland rapide gewachsen, in manchen Jahren im Verhältnis zum Bruttoinlandsprodukt um zehn Prozent und mehr. Bis die Anschläge auf das World Trade Centre sie auf die Rezession in den USA aufmerksam machten, waren die meisten Experten und Wirtschaftswissenschaftler sowohl in Irland als auch etwa in der OECD und im IWF zu sehr beschäftigt damit, ihr Loblied auf den »keltischen Tiger« zu singen, als daß sie mögliche Schwächen bemerkten. Nur einige wenige kritische Beobachter machten sich während dieser Jahre des starken Wachstums Gedanken über die Schwächen einer boomenden Wirtschaft, deren Wachstum in überwältigendem Maße von einigen wenigen Unternehmen aus ein und der selben Region abhängt: den Vereinigten Staaten. Solange der historische Wirtschaftsaufschwung der USA in den 90er Jahren anhielt, gedieh die irische Wirtschaft auf seinem Rücken. Aber als der Boom endete – und er dauerte wesentlich länger, als man vor zehn Jahren hätte annehmen können –, hätten die möglichen Folgen für Irland auf der Hand liegen sollen. Im Sommer 2001 bewegte sich die Wirtschaft der USA auf eine Rezession zu. In der Folge verlangsamte sich auch das Wachstum in Irland, und gegen Ende des Jahres entließen US-amerikanische Transnationale Unternehmen (Transnational Corporations, TNCs) aus dem Computer- und dem Pharmaziesektor in Irland ihre Arbeiter vorübergehend oder schlossen in einigen Fällen ganz.

Im Herbst 2001, als die Anschläge auf das World Trade Centre und das Pentagon verübt wurden, war der Boom in den USA bereits vorüber. Die Vereinigten Staaten steuerten in eine Rezession, und man nahm an, daß sie durch die Anschläge beschleunigt würde. Die Nordamerikaner reisten nicht mehr und kauften nichts mehr. Schon vor den Anschlägen war das Wirtschaftswachstum in Irland unter die zehn Prozent des Vorjahres gefallen und hatte Schätzungen zufolge bereits zwei komplette Quartale mit einem Nullwachstum hinter sich. Für einige Wirtschaftswissenschaftler ist dies die Definition einer Rezession. Zum Ende des Jahres lag das Wachstum der irischen Wirtschaft tatsächlich bei Null. Zwar fallen die Prognosen mit zwischen null und sieben Prozent Wachstum für 2002 sehr unterschiedlich aus, aber die meisten Experten dürften ersteres für wahrscheinlicher halten als letzteres (z. B. Fitzgerald 2002).

Dies war eine schnelle Kehrtwende. Im Jahr 2000 sagten hochrangige Wirtschaftswissenschaftler ein schnelles Wirtschaftswachstum für noch mindestens fünf, vielleicht sogar zehn weitere Jahre voraus (O'Leary 2000). Ende 2001 fragte man sich, was geschehen sei, und was noch geschehen würde. Es war Zeit, den »keltischen Tiger« neu zu bewerten. Zwei entscheidende Fragen müssen gestellt werden: Die erste ist, ob ein dermaßen abhängiger »keltischer Tiger« auf lange Sicht überhaupt hätte nachhaltig sein können. Die zweite und vielleicht viel wichtigere Frage lautet: Worin bestehen die sozialen Folgen von Wachstum oder Stagnation in Irland?

Abhängiges Wachstum

Ende der 80er Jahre sah die irische Wirtschaft keiner rosigen Zukunft entgegen. Die Wirtschaft stagnierte, die Arbeitslosigkeit war höher als überall sonst in der Europäi-

schen Union, außer möglicherweise in Spanien, und der Staat war einer der am höchsten verschuldeten der Welt. Im sozialen Bereich schien sich die ohnehin schon prekäre Lage noch weiter zu verschlechtern, da der Staat den ökonomischen Mißständen mit einem Härteprogramm begegnete, das die Sozialleistungen für die ärmsten Teile der Bevölkerung strich oder kürzte.
1994 stieg die Wirtschaftswachstumsrate jedoch auf sechs Prozent. Im EU-Vergleich war sie so hoch, daß ein Artikel in Morgan Stanley's *Euroletter* fragte, ob Irland nun ein *keltischer Tiger* sei, nach den Tigerstaaten mit hohem Wirtschaftswachstum in Südostasien (Gardiner 1994). Als das Wirtschaftswachstum anhielt, blieb der Name haften. Er bezeichnete ein höchst erfolgreiches Wirtschaftmodell, das anderen sich entwickelnden Ländern als Vorbild dienen konnte.
Und doch sind die gängigen Erklärungen für das Wirtschaftswachstum in Irland umstritten. Die meisten Wirtschaftswissenschaftler vertraten die Ansicht, das Wachstum basiere auf einer Beschneidung der Ausgaben der öffentlichen Hand, sozialen Partnerschaftsabkommen, die Lohndämpfung und Flexibilität der Arbeitskräfte sicherstellten (ein Euphemismus für schwache Gewerkschaften und fehlende Arbeitsplatzsicherheit), zwei Jahrzehnten, in denen mehr Ingenieure ausgebildet wurden, als Irland benötigte, und einem grundsätzlich stabilen makroökonomischen Umfeld (European Commission 1996, Bradley 1997, O'Donnell 1998).
Wirtschaftswissenschaftler der EU benutzten (und benutzen) Irland zur Bekräftigung ihres ökonomisch-orthodoxen Mantras: Wenn ein Land seinen Handel weiter öffnet, die Makroökonomie im Griff hat und die Flexibilität von Arbeitskraft unterstützt, *wird* die Wirtschaft rapide wachsen. Dieselbe neoliberale Medizin verschreiben sie auch den »Konvergenzländern« (Spanien, Portugal, Griechenland) und den »Beitrittskandidaten« (Polen, Ungarn etc.). Auf ganz ähnliche Weise benutzt der IWF (2000) Irland als Vorbild für die Südhalbkugel (zur Analyse dieser Themen vgl. O'Hearn 2001). Ein anderer Ansatz sieht das Wirtschaftswachstum in Irland in einer ganz besonderen Verquickung meist externer Umstände begründet. Ohne diese hätte alle makroökonomische Stabilität oder neoliberale Wirtschaftspolitik der Welt kein so rapides Wirtschaftswachstum hervorgebracht.
Was aber waren diese besonderen Umstände? Das irische Wirtschaftswachstum war ganz klar von der Fähigkeit des Landes geprägt, in einer sich verändernden Welt einen hohen Anteil an Investitionen transnationaler Unternehmen (TNCs) anzuziehen. Aufgrund der historischen Ausbreitung der Informationstechnologien (IT) in den 90er Jahren waren Computerfirmen aus den USA weltweit auf der Suche nach neuen Märkten. Der Zugang zum gesamteuropäischen Markt war ein großer Anreiz, daher erhöhten diese Firmen ihre Investitionen in der EU, um einen Fuß in die Tür zu bekommen. Und Irland hat mehr als einen gebührenden Anteil davon erhalten. Die Unternehmen kamen vor allem aufgrund der besonders niedrigen Körperschaftssteuern nach Irland: 10 Prozent, gegenüber 30-40 Prozent in der übrigen EU. Und sie kamen wegen der billigen, gut ausgebildeten, englischsprechenden Arbeitskräfte und des Mangels an bürokratischen Einschränkungen für ausländische Investoren. Der daraus resultierende Strom ausländischer Investitionen genügte für ein schnelles Wirtschaftswachstum; aber nur, weil Irland so klein ist.

Diese Faktoren können andere Staaten nicht einfach nachahmen. Sie können die Steuern senken, aber sie können nicht das ganze Volk Englisch sprechen lehren. Sie können Sozialausgaben und Löhne kürzen, aber sie können ihre Bevölkerungszahl nicht unter 5 Millionen senken. Und vor allem kann nicht jeder 40 Prozent der amerikanischen Investitionen in Europa erhalten. Dafür reicht es einfach nicht. Der Irish Industrial Development Authority gebührt großes Lob für ihre Voraussicht und ihren Erfolg bei der Ansiedlung ausländischer Industrien. Man kann aber nicht erwarten, daß andere diesem Beispiel folgen werden.
Wir könnten auch fragen, ob denn die Strategie des »keltischen Tigers« für Irland überhaupt funktioniert. Man kann anführen, daß diese Art des Wachstums instabil ist, sowohl ökonomisch wie sozial, da der »keltische Tiger« tatsächlich aus zwei unabhängigen Wirtschaftssegmenten besteht. Irland hat das, was manche Sozialwissenschaftler eine *duale Wirtschaft* nennen. Eine dynamische, hoch profitable und überwiegend in ausländischer Hand befindliche Wirtschaft existiert neben einer schwerfälligen, weniger profitablen und schlecht bezahlten einheimischen Wirtschaft. Ein Problem einer solchen dualen Wirtschaft besteht darin, daß ein starker Einbruch im dynamischen Sektor – also dem ausländischen Sektor, über den irische Politiker nur wenig Kontrolle haben – das Ganze zum Einsturz bringen kann.

Tabelle 1. Anlageinvestitionen in der Republik Irland nach Herkunftsländern (in Millionen IR£ bei konstanten Preisen von 1990), 1990-1998

Jahr	TNCs aus den USA	Andere TNCs	Irische Unternehmen	Anteil der USA an Gesamtinvest.	Anteil Irlands an Gesamtinvest.
1990	68.4	52.0	90.0	0.325	0.427
1991	109.8	114.6	71.6	0.371	0.242
1992	126.7	81.6	60.5	0.471	0.225
1993	175.5	62.2	49.1	0.612	0.171
1994	137.1	48.3	52.8	0.576	0.222
1995	157.9	44.2	56.7	0.610	0.219
1996	252.8	49.9	97.1	0.632	0.243
1997	259.0	51.6	70.3	0.680	0.185
1998	256.0	71.3	62.2	0.657	0.160

QUELLE: Central Statistics Office

Ein näherer Blick auf den »keltischen Tiger« zeigt die beträchtlichen Unterschiede zwischen dem ausländischen und dem irischen Sektor:

- Investitionen durch US-Firmen stiegen in den 90er Jahren stark an, während Investitionen irischer Unternehmen abnahmen. In konkreten Zahlen haben sich die Investitionen aus den USA zwischen 1990 und 1998 vervierfacht, wohingegen Investitionen der irischen Industrie *um ein Drittel zurückgingen*. In der Folge stieg der Anteil

US-amerikanischer Unternehmen an industriellen Investitionen von einem Drittel 1990 auf zwei Drittel 1998 (vgl. Tabelle 1). Der »keltische Tiger« vereint zwei unabhängige Phänomene: steigende Investitionen durch Unternehmen aus den USA und stagnierende Investitionen durch irische Firmen.

• Das Wirtschaftswachstum konzentrierte sich auf die drei von den USA dominierten Sektoren Computer, Elektronik und Pharmazie. Allein diese drei Sektoren (nicht eingeschlossen softwarebezogene Dienstleistungen und Teleservices) machten 1998 bereits 78 Prozent des industriellen Wachstums aus (einschließlich Bau), 1999 waren es 85 Prozent und 2000 schließlich 84 Prozent. Mit einem jährlichen Wachstum von etwa 15 Prozent waren sie die einzigen Sektoren der gesamten Wirtschaft, die in den 90er Jahren die durchschnittliche BIP-Rate von 6,3 Prozent überstiegen.

• Die Produktivität in den drei von den USA dominierten Sektoren wuchs in den 90er Jahren um fast neun Prozent pro Jahr. In den Bereichen Dienstleistungen, Bau und verarbeitendes Gewerbe stieg die Leistung pro Angestelltem nur um ein Prozent im Jahr, was die meisten Experten als Stagnation bezeichnen würden. 1999 erbrachte ein durchschnittlicher Arbeiter in einem ausländischen Unternehmen fast achtmal so viel Leistung wie ein durchschnittlicher Arbeiter in einem irischen Unternehmen.

• Die Profite transnationaler Körperschaften in Irland sind in den 90er Jahren rasant angestiegen. Am Ende des Jahrzehnts erwirtschafteten TNCs sechsmal so viel Profit wie 1990. In der gleichen Zeit machten irische Unternehmen *weniger* Profit als 1990, was sich in einem sprunghaften Anstieg der Firmenpleiten niederschlug. TNCs erwirtschaften neun von zehn Pfund an Körperschaftsprofiten in der irischen Wirtschaft.

Diese Zweiteilung zeigt sich selbst im Softwarebereich, den die Fachpresse und einige Sozialwissenschaftler als die große Erfolgsgeschichte der einheimischen irischen Industrie darstellen (zum irischen Softwaresektor vgl. Ó Riain, 1999). Im Jahr 2000 war Irland der zweitgrößte Exporteur von Software hinter den USA (und hatte somit Israel und Indien überholt). Und die Hälfte der Software-Arbeitsplätze lag in Unternehmen in irischem Besitz. Das ist schon eine beachtliche Leistung. Aber in jeder anderen Hinsicht wird die Wirtschaft von den TNCs dominiert. Mit nur der Hälfte der Angestellten im Software-Bereich bestreiten sie etwa 90 Prozent der irischen Software-Verkäufe, Exporte und Einkünfte. Mit anderen Worten, ausländische Softwareunternehmen sind neunmal so produktiv wie irische Firmen, die zum Großteil sehr klein sind und nur wenig in Forschung und Entwicklung oder in Weiterbildung investieren.

Diese Dualität der Wirtschaft ist in verschiedener Hinsicht instabil. TNCs werden ihre Profite wahrscheinlich aus dem Land zurückführen. 1983 machten die Gewinnrückführungen nur 3 Prozent des Bruttoinlandsprodukts aus, 1999 waren sie auf erstaunliche 40 Prozent des BIP gestiegen! Dieser Abfluß aus der Wirtschaft verlangt nach einem konstanten Zufluß von Investitionen als Ausgleich.

Noch besorgniserregender ist die Tatsache, daß eine globale Rezession sehr schnell zu Kürzungen im ausländischen Sektor führen kann, wie man auf dramatische Weise Ende 2001 sehen konnte, als der Computergigant Gateway die Einstellung seiner Geschäftstätigkeit in Irland und Xerox verübergehende Entlassungen in großem Umfang ankündigten. Zu Beginn des Jahres 2002 sind Bekanntgaben von Entlassungen und Investitionsabbau von Tochtergesellschaften amerikanischer Unternehmen regelmäßige Meldungen in den irischen Abendnachrichten. Dieser Trend stellt die irischen Politiker vor die Frage: wenn praktisch sämtliche wirtschaftlichen Profite sich im ausländischen Sektor konzentrieren, was bleibt dann als Quelle für Investitionen, wenn diese weiterhin Kapital aus Irland abziehen, wie sie es bereits in den 80er Jahren getan haben?

Wirtschaftswissenschaftler und Politiker haben behauptet, dies sei unwahrscheinlich. Sie argumentieren, der ausländische Sektor sei in der irischen Wirtschaft heute viel stärker »verwurzelt« als in den 80er Jahren. Daher könne niemand mehr einfach seine Sachen packen und gehen. Aber die Vorstellung einer »Verwurzelung« könnte trügen. Computerfirmen aus den USA sind nicht in Irland verwurzelt, sondern sie sind innerhalb Irlands *untereinander* vernetzt. Dell kauft Computerteile von anderen Firmen aus den USA, die zufällig in Irland sind. Aber keiner von ihnen kauft viel von örtlichen irischen Unternehmen. Im Gegenteil, eine Studie von Enterprise Ireland aus dem Jahr 1999 unter 2.667 irischen Unternehmen kam zu dem Ergebnis, daß lediglich 174 davon an TNCs lieferten. Und diese Unternehmen lieferten meist alltägliche Dinge wie Verpackungsmaterial und Druckerzeugnisse (Breathnach and Kelly, 1999). Wenn man bedenkt, daß zwei Drittel dessen, was im Elektroniksektor vor Ort erworben wurde, daraus bestanden, daß ein ausländisches Unternehmen Teile von einem anderen ausländischen Unternehmen kaufte, dann kauften die TNCs im Laufe der Entwicklung des »keltischen Tigers« einen signifikant *kleineren* Anteil ihres Bedarfs bei irischen Firmen. Wenn die Vorstellung, ausländische Firmen seien in Irland »verwurzelt«, eine Legende ist, dann war die Wachstumsstrategie des »keltischen Tigers« stets anfechtbar und möglicherweise nicht von nachhaltiger Wirkung.

Aber für die meisten Iren ist das Schicksal von Dell oder Gateway nicht die vordringliche Sorge. Die Hauptsorge ist eher, was mit Dienstleistungen und Baugewerbe geschieht, wo die Arbeitsplätze entstanden. Wenn der Abschwung des in amerikanischer Hand befindlichen High-Tech-Sektors tiefer in die irische Wirtschaft hineinwirkt, könnte die Arbeitslosenrate in den Himmel schießen, und zwar nicht nach und nach, sondern ganz schnell.

Soziale Gerechtigkeit durch Wachstum?

Trotz all ihrer Fehler könnte man einwenden, daß die Ansiedlung ausländischer Unternehmen die einzig mögliche Wachstumsstrategie für die irischen Regierungen war, wenn man bedenkt, daß die meisten wirtschaftspolitischen Instrumente der Regierungen, von Zinssätzen bis hin zu Handelskontrollen, eher in Brüssel liegen als in Dublin. Aber was ist mit der zweiten Schlüsselfrage, den sozialen Auswirkungen von Wachstum oder Stagnation? Ist oder war der »keltische Tiger«, wie es in der alten irischen Redewendung heißt, »die Flut, die alle Boote anhebt« (»the high tide that lifts all boats«)? Vor zwanzig Jahren fragte der Sozialwissenschaftler Alain de Janvry im Zusammenhang mit den Bubble Economies in Lateinamerika: *Hat Wirtschaftswachstum soziale Auswirkungen*? Er meinte damit folgendes: wenn das Wirtschaftswachstum von ein paar Exportsektoren dominiert wird, die nur wenige Verbindungen zu anderen Wirtschaftszweigen haben, welche Chancen bestehen dann, daß das Wirtschaftswachs-

tum Auswirkungen auf das soziale Wohlergehen der Mehrheit der Bevölkerung hat? Es ist wahrscheinlicher, führte er aus, daß solch ein Wachstum nur den Reichen dient, die ihre Macht eher dazu nutzen werden, die soziale Schere weiter zu öffnen, als für soziale Gerechtigkeit zu sorgen. Wenn das System in eine Krise gerät und das Wachstum sich verlangsamt, werden die Reichen ihre Ressourcen noch besser schützen, und die ärmsten Teile der Bevölkerung werden am stärksten leiden. Unglücklicherweise scheint diese pessimistische Analyse wie angegossen auf den »keltischen Tiger« zu passen. Die Nutznießer des Wirtschaftswachstums *und* der Sozialpolitik des »keltischen Tigers« waren die wohlhabenderen Bevölkerungsschichten. Die Unausgeglichenheit hat zugenommen, und die Regierungen waren nicht fähig oder willens, ihre umfangreichen Mittel zum Nutzen des irischen Volkes einzusetzen.
Ein Grund für das zunehmende Ungleichgewicht ist die Tatsache, daß das Wachstum so eng mit den Profiten zusammenhängt. Unternehmen aus den USA kamen nach Irland, um hohe Profite zu erwirtschaften und Steuern zu sparen. Das ist ihnen gelungen. In den 80er Jahren waren die Profite von US-Unternehmen in Irland zweieinhalb mal so hoch wie irgendwo anders in der Welt. Inzwischen sind sie fünf mal so hoch (eine Tatsache, die das Mißtrauen der US-Steuerbehörden gegenüber ihrer Buchführung weckt). Abseits der ausländischen Firmen schuf der »keltische Tiger« auch einen starken Anstieg der leistungslosen Einkünfte und der Managementgehälter für die betuchtesten Mitglieder der irischen Gesellschaft.
Diese Trends verliehen den Klassenunterschieden eine Dynamik, die in Irland vor den 90er Jahren unbekannt war. Vor 1987 waren die nicht-landwirtschaftlichen Einkommen in relative stabile Anteile aufgeteilt. Die Löhne stellten 70 Prozent der Einkommen, Profite und Managementgehälter 30 Prozent. Aber in den 90er Jahren näherte sich der Anteil der Löhne schnell dem der Profite an. Im Jahr 2000 war der Anteil der Profite zum ersten Mal in der Geschichte der Republik Irland ebenso hoch wie der der Löhne (vgl. Tabelle 2).

Tabelle 2.

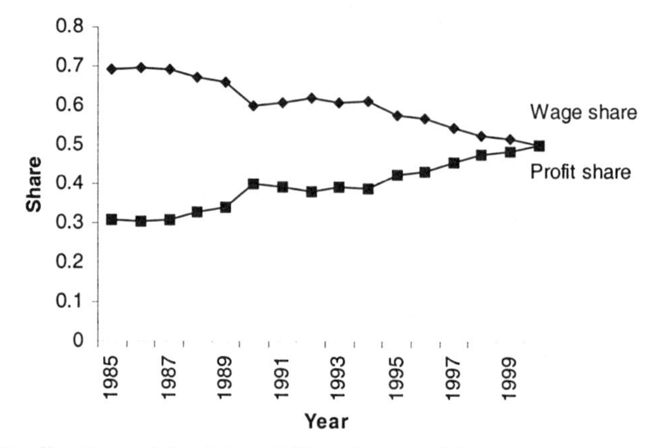

Quelle: Central Statistics Office, *National Income Accounts*, mehrere Jahre.

Die Unausgewogenheit der privaten Einkünfte stieg ebenfalls. Zwar hatte der »keltische Tiger« zahlreiche Arbeitsplätze geschaffen, aber nur wenige davon waren die gutbezahlten Ingenieursstellen, von denen man so viel hört. Ausländische Firmen schufen ein starkes Wirtschaftswachstum, aber nur wenige Arbeitsplätze. 1999 waren die drei ausländisch dominierten Branchen für *weniger als ein Prozent* des Anstiegs der Beschäftigungsrate verantwortlich, im Jahr 2000 für nur sechs Prozent (obwohl sie für *85 Prozent des Wirtschaftswachstums* sorgten). Die große Mehrheit der Stellen, die unter dem »keltischen Tiger« geschaffen wurden, lag vielmehr im Dienstleistungsbereich. Sie wurden oft von Frauen besetzt, die in Teilzeitstellen oder mit festen Verträgen zu niedrigen Löhnen arbeiten.
Sowohl Löhne als auch persönliche Einkommen sind in den 90er Jahren unausgewogener geworden. Nach 1987 stieg das verfügbare Einkommen der oberen 40 Prozent der Haushalte *doppelt so schnell* wie das der unteren 40 Prozent. In der Einkommensdifferenz zwischen den reichsten 10 Prozent und den ärmsten 10 Prozent ist Irland heute das Land in Europa mit der größten Spanne. Innerhalb der OECD liegt es an zweiter Stelle hinter den USA (UN 2001, S. 182).
Auch der Anteil irischer Arbeiter im Niedriglohnbereich stieg nach 1987 an. Irland hat doppelt so viele Niedriglohnarbeiter wie der Rest der EU und fünfmal so viele wie Skandinavien. Die relative Armut nahm mit der Unausgewogenheit ebenfalls zu, und Irland hat mit 15,3 Prozent der Bevölkerung unterhalb der Armutsgrenze die höchste Armutsrate in der EU (Nolan und Hughes 1997, S.7).
Der »keltische Tiger« schuf viele Arbeitsplätze. Die durchschnittliche irische Familie hat heute ein höheres Einkommen als 1988, weil sie Arbeit hat. Aber die Stellen werden immer noch jämmerlich schlecht bezahlt und sind äußerst unsicher. Vielen Familien geht es heute besser, weil sie anstatt der Stütze zwei schlecht bezahlte Stellen haben. Reicht das in einer boomenden Wirtschaft?

Finanzpolitisches Versagen

Das Skandalöseste am »keltischen Tiger« ist aber nicht die schlechte Bezahlung oder die Unsicherheit. Das Skandalöseste ist, daß die Regierung aufgrund des Wirtschaftswachstums enorme Mittel zur Verfügung hatte, mit denen sie Jahre heruntergefahrener Sozialleistungen hätte auffangen und den Wohlstand des irischen Volkes hätte mehren können. Darin hat sie kläglich versagt.
Statt dessen enthielten alle irischen Staatshaushalte seit 1998 Steuersenkungen, die vor allem den oberen Einkommensschichten zugute kamen und die soziale Ungerechtigkeit verstärkten. Im Haushalt für 2001 wurde ein historischer Überschuß von 3,5 Milliarden Irischen Pfund verschwendet, indem *wieder einmal* die Steuern gesenkt wurden, diesmal um zwei Prozent in der obersten Steuerstufe. So weigerte sich die Republik Irland trotz historisch hoher Staatseinnahmen, in die Zukunft zu investieren. Zu Beginn der »Tiger«-Periode 1994 hatte Irland die niedrigste Ausgabenrate in Relation zum BIP in der EU und der OECD. Die rapide steigenden Staatseinnahmen gaben dem Land eine historische Chance, notwendige Investitionen zur Verbesserung der Sozialleistungen zu tätigen, *ohne Schulden zu machen*. Statt dessen stiegen öffentliche Investitionen und Ausgaben der öffentlichen Hand so langsam an,

daß der ohnehin niedrige Anteil öffentlicher Ausgaben am BIP von 16 Prozent im Jahre 1994 auf weniger als 13 Prozent im Jahre 2000 sank.
Es war in Ordnung, der Industrie und den Reichen großzügige Zuschüsse und Steuererleichterungen zu gewähren. Doch sobald jemand wie die Conference on Religious in Ireland über eine Verbesserung der Sozialleistungen oder eine Bekämpfung der Armut sprach, erhob sich lautes Geschrei: »Das wird die Wirtschaft nicht verkraften«, »Man darf den Ast, auf dem man sitzt, nicht absägen«. In der Folge unterstützten mehrere aufeinanderfolgende Haushalte Steuererleichterungen für die Reichen und bewerkstelligten es nicht, die notwendigen Sozialausgaben aufzubringen, um Irlands schwerwiegende soziale Probleme in den Griff zu bekommen. Insofern geht es uns in sozialer Hinsicht heute vielleicht schlechter als vor der Zeit des »keltischen Tigers«.
Das Ergebnis in Bezug auf den öffentlichen Sektor sah folgendermaßen aus:
• Ein System des sozialen Wohnungsbaus, das aufeinander folgenden Generationen niedriger Einkommensschichten erschwinglichen und vernünftigen Wohnraum bereitstellte, brach zusammen. Erschwinglicher Wohnraum wird irischen Staatsbürgern nicht mehr zugesichert.
• Im Gesundheitswesen hat Irland die Ausgaben im Verhältnis zum BIP zwischen 1980 und 1996 um 20 Prozent gesenkt. Selbst nach einem Anstieg der Ausgaben für das Gesundheitswesen 1998 lag Irland laut einer Studie unter 27 OECD-Staaten nur an 20. Stelle. Zwischen 1970-75 und 1995-2000 ist Irland auf der internationalen Rangliste der Lebenserwartung bei der Geburt um sieben Plätze zurückgefallen. Die Wartelisten der Krankenhäuser sind immer noch unannehmabr lang und könnten noch länger werden.
• Im Bildungswesen hat Irland, trotz des weitverbreiteten Glaubens, daß Wirtschaftswachstum nur mit einer gut ausgebildeten Bevölkerung möglich sei, schlecht abgeschnitten. Fast 23 Prozent der Bevölkerung sind funktionelle Analphabeten, das ist bei weitem die höchste Rate in der EU. Irland liegt innerhalb der OECD auf dem letzten Platz, was die Ausgaben pro Schüler im Verhältnis zum BSP pro Kopf betrifft.

Die Zukunft
Möglicherweise wird Irland nie wieder so hohe Staatseinnahmen erzielen wie Ende der 90er Jahre. Wenn dem so ist, hat die Regierung die historische Chance vertan, ihre Finanzkraft zur Anhebung des Lebensstandards der Bevölkerung zu nutzen, und statt dessen eine Reihe werbegeschenkartiger Vergünstigungen für die Reichen zusammengeschustert. Vielleicht blieb der Regierung keine andere Wahl. Vielleicht war das Fehlen von Sozialpolitik ein wesentlicher Bestandteil des neoliberalen Pakets, der benötigt wurde, um Firmen aus den USA überhaupt ins Land zu locken. Oder vielleicht besitzen die wichtigsten Parteien in Irland einfach nicht den politischen Willen, die irische Gesellschaft zu verändern. Wie dem auch sei, die Iren haben allen Grund zur Wut.
Was das Wirtschaftswachstum betrifft, so besteht trotz der aktuellen Verlangsamung immer noch die Möglichkeit, daß etwas Neues den »keltischen Tiger« wieder zum Leben erweckt. Ironischerweise könnte den US-High-Tech-Unternehmen, die die iri-

sche Wirtschaft angeheizt haben, von einer Seite Schaden zugefügt werden, auf die viele Wirtschaftswissenschaftler bereits bei ihrer Ankündigung einer weiteren Rezession hingewiesen haben. Die Anschläge vom September 2001 ermöglichten es Präsident George Bush, den Verteidigungshaushalt im Zusammenhang mit dem Krieg gegen die Südhalbkugel gewaltig aufzustocken. Dies könnte auch denjenigen Unternehmen schaden, die Irland wegen schlechter weltweiter Nachfrage verlassen haben. Wenn dem so ist, trägt diese Tatsache noch einen weiteren negativen Aspekt zum vielgelobten »keltischen Tiger« bei: Er wäre nicht nur ein höchst unausgeglichenes und ungerechtes Wirtschaftssystem, sondern sein Bestehen wäre von der Fortführung der Kriegswirtschaft der USA abhängig.

Literaturangaben

Bradley, J., J. Fitzgerald, P. Honohan und I. Kearney (1997), »Interpreting the Recent Irish Growth Experience«, in: D. Duffy u. a., *Medium-Term Review: 1997-2003*, Dublin, Economic and Social Research Institute.

Breathnach, M. und D. Kelly (1999), »Multinationals, Subcontracting Linkages and the Innovative Performance of Indigenous Firms: Some Irish Evidence«, paper delivered to European Network on Industrial Policy International Conference, Dublin, 9.-10. Dezember.

European Commission (1996), *The Economic and Financial Situation in Ireland*, special issue of *European Economy*, Brussels, European Commission.

Fitzgerald, G. (2002), »Looking at the Data on Short-Term Prospects for Economy«, in: *Irish Times*, 9. März, S. 14.

Gardiner, K. (1994), »The Irish Economy: A Celtic Tiger?«, in: *Ireland: Challenging for Promotion*, Morgan Stanley Euroletter (1. August), S. 9-21.

IMF (2000), »IMF Concludes Article IV Consultation with Ireland«, Public Information Notice no. 00/61 (10. August).

Nolan, B. und G. Hughes (1997), »Low Pay, the Eearnings Distribution and Poverty in Ireland«, working paper no. 84, Dublin, Economic and Social Research Institute.

O'Donnell, R. und D. Thomas (1998), »Social Partnership in Ireland, 1987-1997«, paper presented to seminar on Social Partnership in Western Europe, Cardiff, 11.-13. September.

O'Hearn, D. (1998), *Inside the Celtic Tiger: The Irish Economy and the Asian Model*, London: Pluto.

O'Hearn, D. (2001), »Economic Growth and Social Cohesion in Ireland«, in: M. Dauderstadt und L. Witte (Hrsg.), *Cohesive Growth in the Enlarging Euroland*, Bonn: Friedrich Ebert Stiftung.

O'Leary, J. (2000), »New Economic Traffic Heading to Ireland«, in: *Irish Times*, 4. August.

Ó Riain, S. (1999), *Development and the Global Information Society*, Ph. D. dissertation, University of California Berkeley.

United Nations Development Council (2001), *Human Development Report 2001*.

Aus dem Englischen von Isabel Bogdan

„New Ireland", Dublin 1982 (Hans-Christian Oeser)

Andreas Aust

MODELL »KELTISCHER TIGER«? ENTSTEHUNG, ENTWICKLUNG UND PROBLEME DES IRISCHEN WIRTSCHAFTSWUNDERS

Bis zu den achtziger Jahren galt die irische Republik als das »Armenhaus« Europas. Von den Bewohnern verlassene ländliche Gebiete, verarmte und Subsistenzwirtschaft betreibende Kleinbauern, eine heimische Industrie im Niedergang, europäische Spitzenwerte bei der Arbeitslosigkeit und eine Jugend, die aufgrund fehlender Arbeits- und Lebensperspektiven im Mutterland auswanderte, bestimmten das traurige Bild der Republik. Auch der Beitritt zur Europäischen Gemeinschaft 1973 konnte kaum zur Besserung beitragen. Mitte der achtziger Jahre war der Abstand zu den europäischen Zentralstaaten unverändert groß, und einzelne ökonomische Daten wie die offene Erwerbslosigkeit und die Staatsverschuldung waren sogar noch schlechter als vor dem Beitritt. Noch 1986 wurde ein Artikel über Irlands Entwicklung in der EG überschrieben mit »Schlechter als in den dunkelsten Zeiten«. Erst Ende der achtziger Jahre setzte eine spürbare Besserung ein. Die Wachstumsraten der irischen Wirtschaft stiegen deutlich an, was in Analogie zu den ostasiatischen Schwellenländern zur Charakterisierung Irlands als »Keltischer Tiger« führte. Die OECD lobte die Republik Irland jüngst für den hohen Anteil an industriellen Arbeitsplätzen in High-Tech-Sektoren. In der Computerbranche gilt die Republik inzwischen als europäisches »Silicon Valley«. Kurzum, Irland gilt mittlerweile als Erfolgs- und Musterland. In diesem Überblick sollen die »Erfolgsgeschichte« kurz skizziert und die wesentlichen Gründe für den Wachstumsschub benannt werden, bevor abschließend die Frage thematisiert wird, wer eigentlich vom Aufschwung profitiert hat.

Die historischen Wurzeln der irischen Entwicklungsstrategie finden sich Ende der fünfziger Jahre. In diesem Jahrzehnt bricht Irland mit dem Protektionismus, mit der die langjährige Regierung unter Eamon de Valera (Fianna Fáil) versucht hatte, neben der politischen auch die wirtschaftliche Unabhängigkeit von Großbritannien zu erreichen. De Valeras Traum war ein autarkes und selbstgenügsames Irland. Trotz einiger Erfolge in der infrastrukturellen Entwicklung und Industrialisierung des Landes profitierte Irland in den fünfziger Jahren nicht vom Nachkriegsaufschwung. Das »goldene Zeitalter des Kapitalismus« (Marglin/Schor) schien die grüne Insel nicht erreichen zu wollen. Die irische Regierung verabschiedete sich daher sukzessive von der protektionistischen Politik. Das Dokument »Economic Development« aus dem Jahr 1958 symbolisiert den Richtungswechsel zur Öffnung des Landes für Multinationale Konzerne (MNKe) und den internationalen Wettbewerb. In der Folge entwickelte Irland eine Industrialisierungsstrategie durch »Einladung«, das heißt das Land pries sich als Produktionsstandort für Multinationale Konzerne an. Irland wählte somit den Weg einer »abhängigen Industrialisierung« und baute ein umfangreiches Sortiment von Anreizen auf, wobei im Zentrum die äußerst günstige steuerliche Behandlung der Exportgewinne stand. Während mit dieser Strategie zunächst technisch einfache Industrien angezogen wurden, warb IDA, die für die Anwerbung ausländischer Unternehmen zuständige politische Organisation, seit den siebziger Jahren vermehrt um Industrien in High-Tech-Sektoren. Deren Ansiedlung wurde durch die Mitgliedschaft in der EG und die damit gegebene Möglichkeit, zollfrei auf den europäischen Markt zu exportieren, unterstützt. Irland war mit dieser Strategie bis Anfang der achtziger Jahre vergleichsweise erfolgreich. Zahlreiche ausländische Unternehmen errichteten in Irland Produktionsstätten und trugen so zu einem erheblichen Teil zu den – im historischen Vergleich – relativ hohen Wachstumsraten der 60 und siebziger Jahren bei. Das Bruttosozialprodukt (BSP) pro Einwohner hat sich von 1950 bis 1980 nahezu verdreifacht. Gleichzeitig vollzog das Land einen dramatischen sozioökonomischen Strukturwandel von einer primär agrarischen bis zu einer modernen Industrie- und Dienstleistungsgesellschaft.

Tabelle1. Die Wirtschaftsentwicklung in Irland (durchschnittliche jährliche Veränderung in Prozent)

	61-70	71-80	81-86	87-93	94-98	2000*
BSP	4,2	4,7	2,1	4,8	9,2	9,9
BIP	4,2	3,9	0,1	4,1	8,3	8,7
Konsumentenpreise	4,8	13,6	10,8	2,9	2,1	
Beschäftigung	0,0	0,9	-1,3	1,1	4,9	
Erwerbslosenquote						
a) durchschnittlich	4,8	6,8	13,8	15,2	11,4	
b) Ende der Periode	5,6	7,0	17,1	15,7	7,7	4,2
Haushaltsdefizit/BIP						
a) durchschnittlich	–	-10,3	-12,5	-3,9	-0,2	
b) Ende der Periode	–	-12,7	-11,9	-2,7	2,4	

Quellen: OECD 1999: 26; * Kommission der EU

In der Entwicklungsstrategie war die Krise der frühen achtziger Jahre aber schon angelegt. Das zentrale Ziel der Industrialisierungsstrategie, Beschäftigung für die irische Bevölkerung zu schaffen, wurde nur bedingt erreicht. Der Beschäftigungsstand hat sich bis Mitte der achtziger Jahre kaum erhöht. Die Erwerbsquote blieb mit etwas mehr als 60 Prozent im internationalen Vergleich gering, wobei vor allem die Erwerbsquote für Frauen im internationalen Vergleich sehr niedrig ist. Die Schattenseite der Entwicklungsstrategie war, daß durch die Öffnung der Grenzen die einheimische Industrie nunmehr einem Konkurrenzdruck ausgesetzt war, dem sie nicht standhalten konnte. Ganze Sektoren verschwanden oder standen unter einem erheblichen Anpassungs- und Rationalisierungsdruck. Zwei Faktoren waren schließlich für den Ausbruch der Krise Anfang der achtziger Jahre verantwortlich: Zum einen hat die irische Regierung versucht, mit keynesianischen Rezepten die rezessiven Effekte der beiden Ölkrisen einzudämmen und durch eine expansive Fiskalpolitik die Wirtschaft zu stimulieren. Die Staatsverschuldung stieg daher dramatisch an (auf 130 Prozent des BSP Mitte der achtziger Jahre), der erhoffte Nachfrageboom blieb aber aus oder schlug sich in vermehrten Importen nieder. Zudem hielten sich die Multinationalen Konzerne mit Neuinvestitionen in Irland zurück, und bereits bestehende Unternehmen zogen ihr Kapital ab. In der Folge stürzte die irische Wirtschaft in eine tiefe Rezession, die mit einem dramatischen Anstieg der Erwerbslosigkeit einherging (vgl. Tabelle 1). Während dieser Krise bildete sich ein parteiübergreifender Konsens heraus, wonach die primäre politische Aufgabe nunmehr in der Konsolidierung der Staatsfinanzen bestand. Für aktive Maßnahmen zur Wirtschaftsförderung und Bekämpfung der Erwerbslosigkeit fehlten sowohl die Konzepte als auch die Finanzen: »The State, in practice, had ceased to see the goal of economic growth as lying within its purview. Instead the goals of the State were to meet its spending commitments.« (Breen et al. 1990: 47) Die 1982 bis 1987 regierende Koalition aus Fine Gael und Labour Party vermochte zwar die Inflation und die Handelsbilanzdefizite zu reduzieren, fand aber kein Mittel gegen die Krise.

Die Wende wird zumeist auf den Regierungsantritt von Charles Haughey 1987 datiert. Wie der Tabelle zu entnehmen, stiegen die ökonomischen Wachstumsraten seitdem wieder erheblich und bleiben kontinuierlich oberhalb des EU und OECD Durchschnitts. Die Wachstumsperiode von 1987 bis 2000 läßt sich dabei in zwei Phasen unterteilen. Von 1987 bis 1993 stieg das BSP um jahresdurchschnittlich knapp 5 Prozent an, die Preissteigerungsrate war sehr moderat, und auch die Haushaltsdefizite wurden erheblich reduziert. Gleichzeitig blieb aber der erhoffte Beschäftigungseffekt aus. Im Gegenteil stieg die Erwerbslosigkeit 1993 in Richtung 300.000 und damit auf eine Quote von fast 16 Prozent an. Irland durchlief eine Ära des »jobless growth«. Erst in der zweite Phase von 1994 bis 2000, als das Wirtschaftswachstum auf fast 10 Prozent jährlich anstieg, konnte allmählich auch die Massenarbeitslosigkeit reduziert werden. Die Zahl der Beschäftigten explodierte geradezu. Während Anfang der neunziger Jahre etwa 1,1 Millionen Personen erwerbstätig waren und die Zahl bis 1994 nahezu konstant blieb, befanden sich Ende 2000 über 1,7 Millionen Menschen in einem Beschäftigungsverhältnis. Gleichzeitig fiel die Zahl der Erwerbslosen auf 70.000. Die Differenz zwischen Anstieg der Erwerbstätigen und Reduktion der Erwerbslosen in Höhe von fast einer halben Millionen Menschen ergibt sich aus demographischen Veränderungen (in Irland kamen geburtenstarke Jahrgänge auf den Arbeitsmarkt), einem Anstieg der Frauenerwerbstätigkeit und schließlich der Rückkehr irischer Emigranten. Irlands Aufholprozeß hat dazu geführt, daß es heute statistisch zu den reichsten Ländern Europas zählt. Das Pro-Kopf-Einkommen liegt nach EU-Angaben von 2001 17 Punkte über dem EU-Durchschnitt (100) und wird lediglich noch von Luxemburg, Dänemark und Schweden übertroffen. Die ehemalige Kolonie hat mittlerweile sowohl die alte Kolonialmacht Großbritannien als auch Deutschland überholt. Dabei muß darauf hingewiesen werden, daß diese Daten das tatsächliche Wachstum übertreiben. Betrachtet man noch einmal die Tabelle 1, so sehen wir eine wachsende Diskrepanz zwischen dem Bruttosozial- und dem Brutto-

inlandsprodukt (BIP). Diese Differenz erklärt sich daraus, daß das BIP nicht die Profite, Dividenden und Zinszahlungen beinhaltet, die aus Irland in andere Länder überwiesen werden. Da der irische Staat in den neunziger Jahren seine Verschuldung stark abgebaut hat, steht die Differenz – 1996 waren dies über 13 Prozentpunkte! – in erster Linie für die Profitrepatriierung der ausländischen Unternehmen in Irland. Der Profitabfluß stieg von 2,8 Prozent des BSP 1980 auf 9,4 Prozent im Jahr 1990 und verdoppelte sich – nach OECD-Angaben (1999: 68) – bis Ende der neunziger Jahre noch einmal. »Profit repatriation is so significant that it could be argued that the Republic's healthy economic growth indicators ... are wholly unreliable« (Shirlow 1995: 7). Hinzu kommt, daß die MNKe über eine Politik des »transfer pricing« die Erfolgsdaten künstlich aufblähen. In dem Streben, möglichst wenig Steuern zu bezahlen, lassen sie die Gewinne dort entstehen, wo sie die niedrigsten Steuersätze vorfinden. Dies ist ohne größere Probleme möglich, weil der Großteil des internationalen Handels innerhalb der Konzerne stattfindet. Auch dies verfälscht die irischen Erfolgsdaten. Unklar bleibt, in welchem Umfang das »transfer pricing« die Statistiken aufbläht. Die irische »success story« muß also entsprechend relativiert werden. Ein Indikator, der solche Verzerrungen nicht mitrechnet, ist die Entwicklung des privaten Konsums. Irland zeigt zwar auch hier einen erheblichen Wachstumsprozeß, der aber deutlich bescheidener ausfällt: von 70 Prozent des EU Durchschnitts vor dem Boom 1985 auf ca. 86 Prozent 1998 (OECD 1999: 31).
Ende der neunziger Jahre mehrten sich Stimmen, die Irland vor historisch völlig neuen Problemen sahen: vor einer Überhitzung der Wirtschaft, die durch eine für irische – und zwar ausschließlich für irische – Bedingungen zu expansive Geldpolitik der Europäischen Zentralbank noch verschärft wurde, und vor einem Mangel an qualifizierten Arbeitskräften. 2001 haben sich diese Befürchtungen relativiert, da »Irlands Aufholjagd in diesem Jahr ein abruptes Ende« (FAZ vom 4.1.2002: 14) gefunden hat. Das Wachstum fiel auf 6,6 Prozent, und für 2002 erwartet die Zentralbank nur noch eine relativ bescheidene Rate von 3 bis 3,5 Prozent. Auch ein erneuter Anstieg der Erwerbslosigkeit wird prognostiziert.

Bevor aber auf die Probleme des »Keltischen Tigers« eingegangen wird, wollen wir uns zunächst den Faktoren zuwenden, die die Prosperität überhaupt erst ermöglicht haben. Zwei politische Weichenstellungen werden mit der Transformation zum »Keltischen Tiger« in Verbindung gebracht: erstens die Vertiefung der europäischen Integration durch das Binnenmarktprojekt und zweitens die Etablierung eines stabilen sozialpartnerschaftlichen Arrangements, die als wirtschaftspolitische Ausrichtung eine zwischen Sozialpartnern und Regierung koordinierte Strategie der Haushaltskonsolidierung und Wettbewerbssteigerung durchsetzte. Beide politischen Entwicklungen haben der traditionellen Entwicklungsstrategie der Ansiedlung Multinationaler Konzerne, die maßgeblich für den Aufschwung verantwortlich ist, einen neuen Schwung verliehen.

Die Europäische Integration hat für die irische Entwicklung in zweifacher Weise stimulierend gewirkt. Zunächst lancierte die EU-Kommission Mitte der achtziger Jahre

Limerick 1998 (Gerd Adloff)

das Projekt der Herstellung eines einheitlichen Binnenmarktes bis zum später fast mit magischer Bedeutung ausgestatteten Jahr 1992. Dieser Liberalisierungsschub fügt sich in die traditionelle Entwicklungsstrategie hervorragend ein. Die Bedingungen Irlands als Produktionsstandort für US-amerikanische Unternehmen zu nutzen, wurde durch die Binnenmarktmaßnahmen – den Abbau verbliebener Handelsschranken innerhalb Europas – verbessert. Hinzu kam, daß das Binnenmarktprojekt außerhalb Europas teilweise als eine Art Festungsbildung wahrgenommen wurde. Für international agierende Unternehmen war es daher wichtig, einen »Fuß in der Tür«, also einen Produktionsstandort in der EG (später: EU), zu haben.
Gleichzeitig war die irische Regierung in Kooperation mit den anderen ärmeren Mitgliedsländern und der Kommission unter Delors in der Lage, auf politischer Ebene die Gefahren der Marktliberalisierung für die – wirtschaftlich wie geographisch – peripheren Regionen zu thematisieren. Auf Druck dieser Akteure übernahm die EG eine regionalpolitische Verantwortung, wie durch die sukzessiven Änderungen der EG-Verträge dokumentiert wird (1986: Einheitlich Europäische Akte und 1991: Vertrag von Maastricht). Seinen konkreten Ausdruck fand die Stärkung der regionalpolitischen Rolle der EG/EU schließlich in der Erhöhung der finanziellen Transfers in die Ziel-1-Regionen, wie die Regionen mit einem BSP/Kopf von weniger als 75 Prozent des EU-Durchschnitts seit der Reform von 1988 genannt werden. In den Finanzplanungen der EG wurden Ende der achtziger und Anfang der neunziger Jahre die Mittel für diese Regionen zweimal verdoppelt, so daß im Laufe der neunziger Jahre die Transfers über den europäischen Haushalt bei der ökonomischen Entwicklung Irlands eine nicht zu vernachlässigende Rolle spielten. Schätzungen beziffern die Zuflüsse (regionalpolitische Strukturfonds und Agrarpolitik) in den Neunzigern auf eine Größenordnung von 4 bis 5 Prozent des BSP.

Die Herausforderung Europäischer Binnenmarkt erleichterte – vor dem Hintergrund der massiven Krise – auch die Herstellung eines weitgehenden politischen Konsenses zwischen den Sozialpartnern und der irischen Regierung, der das »nationale« Interesse des Sich-Behauptens im gemeinsamen Markt gegenüber dem internen sozialen Konflikt zwischen Kapital und Arbeit obsiegen ließ. Die Gewerkschaften übernahmen die Rolle des Juniorpartners in einem auf Steigerung der internationalen Konkurrenzfähigkeit zielenden »Wettbewerbskorporatismus«. Vorbereitet wurde die Strategie vom National Economic and Social Council (NESC), einem Regierungsberatungsinstitut mit Beteiligung der Sozialpartner. NESC legte eine wirtschaftspolitische Konzeption vor, die auf vier Pfeilern beruht.
– Der erste Pfeiler ist die Konsequenz aus den Mißerfolgen der national isolierten expansiven Haushaltspolitik. Alle relevanten und in die Verhandlungen zu den sozialen Pakten einbezogenen Akteure akzeptieren die Notwendigkeit einer stabilitätsorientierten makroökonomischen Politik, was in erster Linie Haushaltskonsolidierung bedeutete. Der Abbau der Staatsverschuldung wurde als eines der wichtigsten unmittelbaren politischen Ziele gesehen und vom Regierungschef Haughey in den Jahren 1987 bis 1990 durch weitgehende Kürzungen vor allem bei sozialen Infrastrukturmaßnahmen (Wohnungsbau und Gesundheitswesen) auch konsequent durchgesetzt.

– Der zweite Pfeiler besteht in einer Politik der Lohnzurückhaltung auf seiten der Gewerkschaften und ihrer Mitglieder, um die Wettbewerbsfähigkeit des Standortes Irland zu erhöhen. Kern der seit 1987 etwa alle drei Jahre abgeschlossenen sozialen Pakte (zuletzt 2001: Programme for Prosperity and Fairness) ist ein politischer Tausch von Lohnmäßigung gegen Steuererleichterung. Die Regierung kompensiert die Zurückhaltung der Arbeitnehmer in den direkten Lohnverhandlungen mit reduzierten Einkommenssteuersätzen. Damit werden die Lohnkosten für die Unternehmen reduziert, und es wird diesen im internationalen Wettbewerb ein Vorteil verschafft.
– Mit dem dritten Pfeiler ergänzt wird diese Politik durch weitere Reformen, die die irische Wettbewerbsfähigkeit und Beschäftigungslage verbessern sollen (Steuer-, Industrie-, Agrarpolitik).
– Mit dem vierten Pfeiler wird festgeschrieben, daß die Konsolidierung sozial ausgewogen erreicht werden soll. Der Wohlfahrtsstaat wird nicht – wie auf der Nachbarinsel unter Thatcher zur selben Zeit – für die wirtschaftliche und soziale Krise verantwortlich gemacht; er soll ebenfalls konsolidiert und rationalisiert werden. Im Gegensatz zur britischen Politik Thatchers plädiert eine einflußreiche Kommission zur Reform des Wohlfahrtsstaates im Jahr 1986 für einen Ausbau wohlfahrtsstaatlicher Leistungen, insbesondere durch Anhebung aller Sozialprogramme auf ein existenzsicherndes Mindestniveau. Diese Forderung der Kommission findet sich regelmäßig in den sozialen Pakten der neunziger Jahre wieder und führte auch dazu, daß insbesondere die Leistungen für die Sozial- und Arbeitslosenhilfe in der ersten Hälfte der neunziger Jahre ausgehend von einem sehr niedrigen Niveau überproportional angehoben wurden.
Die 4-Pfeiler-Strategie wurde zunächst unter der Fianna-Fáil-Minderheitsregierung (FF) unter Charles Haughey umgesetzt. Auch die späteren Regierungen unter Reynolds, Bruton (Fine Gael, mit der sogenannten »Regenbogenkoalition« FG, Labour und Democratic Left 1994-1997) und Ahern (FF-Progressive-Democrats-Koalition seit 1997) bekannten sich zum sozialpartnerschaftlichen Ansatz und der damit verbundenen Politikstrategie des »Wettbewerbskorporatismus«. Kritisiert wurde die Politik von Vertretern sozialpolitischer Interessen wie dem Arbeitslosenverband INOU und auch Teilen der katholischen Kirche. Diese wiesen jeweils darauf hin, daß die sozialen Belange zwar rhetorisch in die Pakte eingegangen seien, in der Praxis aber insbesondere die Erwerbslosen und auch die Sozialleistungsempfänger sowohl aus den Verhandlungen ausgegrenzt blieben als auch von den vereinbarten Politiken nur wenig profitierten. Die Regenbogenregierung reagierte auf diese Kritik durch die Einbeziehung des sogenannten »Third strand«, das heißt Vertretern sozialpolitischer Organisationen, in die Verhandlungen. Erstmals wurden diese 1997 in einem besonderen Verfahren bei »Partnership 2000« und dann wieder beim letzten Abkommen PPF (Programme for Prosperity and Fairness) beteiligt.

Die Prozesse der europäischen Integration, die EU Transfers und die nationalen Politiken werden regelmäßig von den verschiedenen Interpreten als Determinanten des »Keltischen Tigers« benannt. Dabei scheiden sich die Geister bei der Frage, wieviel Gewicht den einzelnen Faktoren zuzumessen ist. Die OECD, die diese Frage in ihrem 99er Bericht über Irland ausführlich behandelt, nennt vier wesentliche Erfolgsfaktoren: das erhöhte Arbeitskräfteangebot, das durch die Investitionen in die Ausbildung erheblich verbesserte Niveau des Humankapitals, die Offenheit der Ökonomie (unter dieser Überschrift werden auch die EU-Transfers behandelt) und schließlich die oben ausgeführten nationalen Politiken der fiskalischen Konsolidierung, Lohnzurückhaltung und Ansiedlung neuer Unternehmen (OECD 1999). Die OECD und andere offizielle Stellen betonen insbesondere die makroökonomischen Stabilisierungspolitiken und die Lohnzurückhaltung und empfehlen diese auch anderen Ländern zur Nachahmung. Dem treten Kritiker wie etwa Denis O'Hearn entgegen, die die Entwicklungsstrategie als neoliberal brandmarken: Die Rolle des Staates werde sowohl bei der wirtschaftlichen Entwicklung als auch bei der Verteilung des gesellschaftlich produzierten Reichtums zurückgefahren. Die Verantwortung für die gesellschaftliche Entwicklung werde damit zunehmend der politischen Kontrolle entzogen und den anonymen Kräften des Marktes überlassen. Die Bedeutung der Konsolidierung und Lohnzurückhaltung für das wirtschaftliche Wachstum werde zudem deutlich übertrieben, wenn diese Politiken denn überhaupt einen positiven Einfluß hatten. »From a more critical point of view, however, macroeconomic stability only indirectly contributed to growth. The structural story of southern Ireland's economic recovery in the late 1980s and the 1990s was a fairly straightforward one: it captured a crucial segment of foreign investment into Europe (...) Foreign corporations were attracted ... primarily by its low tax rates« (O'Hearn 1998: 69). In der Tat beruhen die enormen irischen Wachstumsraten in Irland zu einem ganz erheblichen Teil darauf, daß es die zuständige Agentur IDA geschafft hat, zahlreiche MNKe anzulocken. Einen guten Einblick in die Politik und die Arbeit von IDA gewährt das gemeinsame Buch von Ray Mac Sharry, einem ehemaligen irischen Finanzminister, und Padraic White, dem Leiter der IDA in den achtziger Jahren: *The Making of the Celtic Tiger*. Hier wird ausführlich geschildert, wie die IDA ihre Ansiedlungsbemühungen zunehmend auf einige industrielle High-Tech-Sektoren konzentrierte und später mit dem Aufbau des International Financial Service Center in Dublin auch auf internationale Dienstleistungen ausweitete. Die Neuansiedlung von MNKen konzentrierte sich im industriellen Bereich auf die Pharma- und Computerindustrie. Eine wesentliche Bedeutung zur Etablierung Irlands als Standort für die Computerindustrie wird in der Ansiedlung von Intel im Jahr 1990 gesehen. Zuvor hatte der Konzern, obwohl er in Europa einen Umsatz von $ 1 Milliarde machte, keine Produktionsstätten vor Ort. O'Hearn spricht angesichts der hohen gewährten Subventionen davon, daß die IDA »bought tigerhood«. Seitdem gingen laut IDA 40 Prozent der europäischen US-Investitionen in die Elektronikindustrie nach Irland. Zwanzig der fünfundzwanzig größten US-Konzerne der Elektronikindustrie haben nunmehr Produktionsstätten in Irland. Eine ähnliche Entwicklung läßt sich für die pharmazeutische Industrie zeigen. Beide Industriezweige nutzen Irland als lukrativen Produktionsstandort, um den europäischen Markt von dort aus zu bedienen. In Zahlen läßt sich die Bedeutung der ausländischen Konzerne folgendermaßen ausdrücken: Sie waren 1990 für 15 Prozent des Bruttosozialprodukts verantwortlich, fünf Jahre später war ihr Anteil bereits auf 24 Prozent geklettert. Formuliert man dieselbe Entwicklung noch einmal anders, stellt sich die Abhängigkeit von ausländischen Investitionen noch dramatischer dar: Die Hälfte des irischen Wirtschaftswachstums der Jahre 1990 bis 1995 ist unmittelbar auf die Expansion und Neuansiedlung MNKe in Irland zurückzuführen. Offizielle Stellen weisen auf die positiven Effekte hin: Die Konzerne schaffen lukrative Arbeitsplätze, beleben – obwohl sie ihre industriellen Vorprodukte von anderen Konzernteilen zumeist aus dem Ausland beziehen – die einheimische Wirtschaft und zahlen – trotz des niedrigen Steuersatzes von 10 Prozent – Steuern, was die finanzielle Konsolidierung des irischen Staates (Irland erzielt nunmehr Haushaltsüberschüsse!) erheblich befördert hat. Die Einkünfte aus den Körperschaftssteuern stiegen von 1990 bis 1998 um 335 Prozent auf £ 2,1 Milliarden. Der Anteil der mit 10 Prozent besteuerten Exportgewinne liegt dabei etwa bei 60 Prozent (1997).

Die Entwicklung Irlands in den neunziger Jahren erscheint somit bislang in einem ziemlich positiven Licht. Zum Abschluß muß die Erfolgsgeschichte noch einmal relativiert werden, indem wir einige Probleme des »Keltischen Tigers«, nämlich seine Abhängigkeit von Multinationalen Konzernen und die problematische Verteilung der Früchte des neuen Reichtums, ansprechen.
Die wichtigsten nationalen und internationalen Institutionen (OECD, EU-Kommission, ESRI usw.) gehen – angesichts der Tatsache, daß mit der Computer – und Pharmaindustrie moderne High-Tech-Sektoren angesiedelt werden konnten, die nunmehr ansatzweise industrielle »Cluster« in Irland ausgebildet haben – davon aus, daß der irische Erfolg zumindest über eine mittelfristige Perspektive stabil bleibt. Allerdings ist an die großen, im Regierungsauftrag erstellten Bewertungen der irischen Entwicklungsstrategie zu erinnern. Es gilt noch immer die Analyse und Kritik der wichtigen Studien der Telesis- (1982) und Culliton-Gruppe (1992), daß die ausländischen Konzerne nur unzureichend in die irische Ökonomie eingebettet sind – industrielle Vorprodukte werden von anderen MNKen und/oder aus dem Ausland bezogen und die fertigen Produkte wieder exportiert. Der genuin irische »input« bei der Produktion ist noch immer gering und beruht schwerpunktmäßig auf der Bereitstellung von Dienstleistungen für die MNKe. Diese sind damit strukturell »footloose« und können bei krisenhaften Erscheinungen relativ schnell und unproblematisch ihre Standorte wechseln – dies war bereits einer der Gründe für die massive Wirtschaftskrise Anfang der achtziger Jahre. Beide großen Studien haben auch die geringen Beschäftigungseffekte einer relativ teuren Ansiedlungspolitik bemängelt und daher die vergleichsweise beschäftigungsintensive Förderung der einheimischen Industrien gefordert. Tatsächlich ist der unmittelbare Beitrag der MNKe zur Beschäftigungsexplosion der neunziger Jahre sehr bescheiden: Der Beschäftigungsstand in der Industrie stieg nur geringfügig. Der Großteil der neuen Arbeitsplätze ist im Dienstleistungssektor angesiedelt und beinhaltet einer erheblichen Anteil an sogenannten »McJobs«, also schlecht bezahlter und sozial prekärer Arbeitsverhältnisse. Die Quote der Teilzeitbeschäftigten verdoppelte sich beispielsweise im Laufe der neunziger Jahre auf über 16 Prozent. Zudem hat sich NESC in einer jüngeren Publikation besorgt darüber geäußert, daß die Ansiedlungserfolge auf zwei Sektoren beschränkt seien und das Land daher von diesen extrem abhängig werde. Die aktuell spürbare Abkühlung des irischen Booms hat eine

ihrer Ursachen auch im »Kollaps der Investitionen in der Informationsgesellschaft überall auf der Welt« (FAZ 4.1.02).
Die Abhängigkeit von Investitionen ausländischer Unternehmen wirkt sich auf die Verteilung der Früchte der wirtschaftlichen Prosperität der letzten Jahre aus. Grundbedingung der irischen Strategie ist es, möglichst günstige Verwertungsbedingungen, sprich hohe Profitraten, zu schaffen. Diesem Ziel dient die nationale Politik durch geringe Besteuerung und Propagierung der Lohnzurückhaltung, die im Zentrum der Sozialpartnerschaft steht. In der neoliberalen Logik, die dieser Politik zugrundeliegt, ist die Steigerung der Profite die Voraussetzung für neue Investitionen und damit für die Schaffung von Arbeitsplätzen. Faktisch nutzen die Unternehmen aber nur einen kleineren Teil für neue Investitionen im Land, sondern transferieren ca. 60 Prozent ihrer Gewinne an die Mutterhäuser. Wie weiter oben bei der Dikussion der verzerrten Wachstumsraten schon erwähnt, schätzt die OECD die Gewinnübertragung Ende der neunziger Jahre auf 20 Prozent des BIP. Die Profitraten für US-amerikanische Unternehmen in Irland liegen im Schnitt bei 30 Prozent (Computerindustrie: 35 Prozent; Pharmazeutische Industrie: 50 Prozent; Soft drink companies (vor allem Coca-Cola): sogar 70 Prozent). Dies übertrifft die Profite der einheimischen Industrien (10 Prozent) um das Dreifache und liegt auch deutlich über den Gewinnerwartungen amerikanischer Unternehmen in anderen modernen kapitalistischen Ländern. Ein letztes Mal soll die OECD zitiert werden: »In 1995, for example, US companies earned a post-tax return of 23 per cent on capital employed in Ireland, up to five times higher than US companies elsewhere in Europe.« (1997: 16). Während bislang die exportorientierten Industrien, also primär die ausländischen Unternehmen, von der steuerlichen Behandlung profitiert haben, hat der Einsatz der EU gegen diese – wohl nicht ganz unberechtigt als »Dumping« kritisierte – Politik zu seltsamen Resultaten geführt. Die einzige Möglichkeit der EU – Steuerpolitik ist nationale Angelegenheit – gegen die irische Regierung vorzugehen, war das Argument, daß die unterschiedliche Besteuerung von Profiten aus dem Export (10 Prozent) und einheimischen Profiten (28 Prozent) eine Wettbewerbsverzerrung – dies ist nun EU-Angelegenheit – darstellt und zu beseitigen sei. Die irische Regierung, die sich strategisch von den ausländischen Investitionen abhängig gemacht hat, hat das Problem durch Vereinheitlichung des Steuersatzes auf 12,5 Prozent bis 2003 gelöst. Damit werden die MNKe geringfügig höher belastet, der einheimische Sektor aber dramatisch entlastet. In der Summe verzichtet der irische Staat auf erhebliche Einnahmen. Der bereits erwähnte Padraic White jubelt: »Then Ireland will be the only developed country in the world taking only 12.5 per cent in tax on company profits... The country will justly merit the title of the Enterprise Isle.«
Die Kehrseite dieser angebotsorientierten Enlastungspolitik auf der »Wagnis-Insel«: Zur gleichen Zeit verkündet die irische Regierung offiziell eine Anti-Armutsstrategie (1997) und verweigert aber zusätzliche Gelder, denn für eine verbesserte finanzielle Ausstattung der Armutsbekämpfung seien keine Mittel vorhanden. Wenn das zentrale Ziel der Politik in der Förderung der Profite von Unternehmen besteht, die durch Lohnzurückhaltung und die Rückführung der Staatstätigkeit erreicht werden soll, so geht dies auf Kosten der Arbeitnehmer und Sozialleistungsempfänger. Dies zeigen

auch einschlägige Statistiken. Obwohl sich Irland schon vor dem Boom im internationalen Vergleich durch sehr ungleiche Verteilung der Einkommen ausgezeichnet hat, stieg diese im Laufe des letzten Jahrzehnts weiter an. Irland ähnelt in der Verteilung des Reichtums und des Einkommens den für ihre Ungleichheit notorisch bekannten USA und auch Großbritannien sehr viel mehr als den auf sozialen Ausgleich stärker bedachten kontinentaleuropäischen und skandinavischen Ländern. Die Rückführung des Staatsanteils enzog der Politik die Mittel, die sie benötigt hätte, um öffentliche Dienstleistungen bereitzustellen und Sozialleistungen zu finanzieren. Das Gesundheitswesen befindet sich in chronisch schlechtem Zustand, und der Wohnungsmarkt bietet sozial schwachen Gruppen immer weniger finanzierbaren Wohnraum. In bezug auf die Sozialleistungen ist Irland eines der wenigen europäischen Länder, wo diese nicht an die Entwicklung der Löhne oder zumindest der Preissteigerung gekoppelt sind. Die Entscheidung über die Zuwächse fällt die Regierung autonom alljährlich im Haushaltsplan – zumindest bislang, denn aktuell hat eine von der Regierung einberufene Kommission einen Bericht vorgelegt, in dem eine sogenannte Indexierung gefordert wird. Eine Studie des ESRI (Nolan u.a.) hat die dadurch erreichte Entwicklung der Einkommen der Sozialleistungsempfänger analysiert und festgestellt, daß diese – trotz real spürbarer Verbesserungen, insbesondere bei der Sozial- und Arbeitslosenhilfe – besser gefahren wären, wenn die Leistungen schlicht analog zu den Löhnen gestiegen wären. Den auf soziale Unterstützung angewiesenen Menschen nützen die hohen wirtschaftlichen Wachstumsraten daher nicht viel. Sie werden vom wachsenden Wohlstand – der, was hier nicht weiter thematisiert wurde, auch noch einige Regionen wie den Norden und Westen der Insel gar nicht erreicht – tendenziell abgekoppelt. Dies schlägt sich schließlich im frustrierenden Ergebnis nieder, daß die relative Armut (50 Prozent des Durchschnittsverdiensts) in Irland während der Boomphase keineswegs gesunken, sondern im Gegenteil von 17,6 Prozent (1987) auf 20,4 Prozent (1997) gestiegen ist. Insofern haben auch die in Irland zuletzt hochgelobten sozialpartnerschaftlichen Abkommen der späten achtziger und neunziger Jahre an der bereits in den achtziger Jahren bestehenden extremen sozialen Ungleichheit wenig geändert.
Der »Keltische Tiger« taugt daher trotz Wirtschafts- und Beschäftigungswachstum nicht als Modell für andere Länder. Die irische Entwicklungsstrategie beruht darauf, daß die Insel als Produktionsstandort genutzt wird, um die Waren zu exportieren. Der Anteil der Exporte am BSP stieg von 37 Prozent (1980) auf 80 Prozent (!) im Jahr 1996. Die Nachfrage in Irland (»total domestic demand«) verzeichnete dagegen im selben Zeitraum einen dramatischen Verfall von 113 Prozent auf 80 Prozent. Das für den Erfolg des Entwicklungsmodells konstitutive Resultat sind wachsende Handelsbilanzüberschüsse. Zwanzig Prozent des irischen Sozialprodukts beruhen auf dem Export von Gütern und Dienstleistungen. Diese Strategie kann nicht verallgemeinert werden, weil Überschüsse zwangsläufig woanders als Defizite auftauchen. Insofern handelt es sich bei dem irischen Weg um eine »beggar-my neighbour«-Strategie, um Zugewinne auf Kosten der Handelspartner. Gleichzeitig ist die Politik im »Keltischen Tiger« nicht in der Lage, hinreichend für die Bekämpfung sozialer Ungerechtigkeit und Armut sowie die Bereitstellung wichtiger sozialer Dienstleistungen zu sorgen.

»Übungsschiff«, Greencastle, Co. Donegal (Gerd Adlof)

DEUTSCH–IRISCHE UNTERNEHMENSZUSAMMENARBEIT

Wirtschaftliches Umfeld in Irland für deutsche Unternehmen

Irlands Regierungen verfolgen seit den 60er Jahren eine Wirtschaftspolitik, die ausländische Investitionen sowie den Ausbau der heimischen Industrie durch ein breites Spektrum steuerlicher und Finanzierungs-Anreize fördert, so z. B. produzierende Unternehmen, Unternehmen aus den Bereichen IT, Biotechnologie, Finanzdienstleistungen (einheimische und ausländische), die derzeit eine Körperschaftssteuer von nur 10% zahlen. Diese mit der EU abgestimmte Regelung ist bis Ende 2010 festgeschrieben. Derselbe Steuersatz gilt für Banken und Versicherungen, die eine Betriebslizenz für das International Financial Services Centre haben, das 1988 in den Dubliner Docklands gegründet wurde. Diese Vergünstigung ist bis 2005 befristet. Der allgemeine Körperschaftssteuersatz beträgt derzeit 20%, wird aber ab 01.01.2003 auf 12,5% reduziert.
Deutschland ist nach Großbritannien und den USA drittwichtigster Export- und Importmarkt für Irland.

Die Entwicklung des Außenhandels zwischen Irland und Deutschland

Dt. Exporte	**1997**	**1998**	**1999**	**2000**
insg. (Mrd. €)	454,34	488,37	503,14	677,50
nach Irland				
in Mrd. €	2,15	2,59	2,92	3,53
Platz	38. Platz	32. Platz	32. Platz	30. Platz
...auf der irischen	GB, USA,	GB, USA,	GB, USA	GB, USA
Importliste...nach...	Japan	Japan		
	4. Platz	4. Platz	3. Platz	3. Platz
Dt. Importe				
total (Mrd. €)	772,15	828,2	863,07	1.305,71
aus Irland in Mrd. €	4,53	7,25	11,36	9,88
Platz	22. Platz	17. Platz	12. Platz	19. Platz
...auf der irischen				
Exportliste nach...	GB	GB	GB, USA	USA, GB
	2. Platz	2. Platz	3. Platz	3. Platz

Quellen: Central Statistics Office, Deutsche Bundesbank, Statistisches Bundesamt und eigene Hochrechnung

Wichtigste Exportartikel Irlands sind Büro- und EDV-Technik (Irland ist größter Software-Exporteur weltweit), Automobilzubehör sowie chemische und pharmazeutische Erzeugnisse. Der Anteil des irischen Agrarsektors am Export ist zwar zugunsten des produzierenden Gewerbes und in zunehmendem Maße auch zugunsten des Dienstleistungssektors zurückgegangen. Dieser Sektor spielt jedoch nach wie vor eine relativ große Rolle in Irland, da über 10% der Erwerbstätigen in diesem Sektor beschäftigt sind.

Wichtigste Warengruppen im deutsch-irischen Handel

Importe 2000

nach Irland	Mrd. €
1. Straßenfahrzeuge	0,87
2. Elektrische Maschinen und Geräte	0,26
3. Büro- und Datenverarbeitungsgeräte	0,20
4. Medizinische und pharmazeutische Produkte	0,10

nach Deutschland	Mrd. €
1. Chemische Erzeugnisse	4,50
2. Büro- und Datenverarbeitungsgeräte	0,97
3. Erzeugnisse des Ernährungsgewerbes	0,72
4. Geräte der elektr. Erzeugung und Verteilung	0,26

Exporte 2000

von Irland	Mrd. €
1. Büro- und Datenverarbeitungsgeräte	2,35
2. verschiedene Fertigerzeugnisse	0,87
3. Elektr. Maschinen und Geräte	0,66
4. chem. Erzeugnisse	0,61

von Deutschland	Mrd. €
1. Kraftfahzeuge und -teile	0,66
2. chem. Erzeugnisse	0,46
3. Nachrichten- und Fernsehtechnik	0,41
4. Maschinen	0,31

Quellen: Central Statistics Office, Deutsche Bundesbank, Statistisches Bundesamt und eigene Hochrechnung

Anteile der 10 wichtigsten Import- und Exportpartner Irlands

Anteil am Gesamtimport Irlands in 2000	**in %**	**Anteil am Gesamtexport Irlands in 2000**	**in %**
Großbritannien	30,4	Großbritannien	20,1
USA	17,4	USA	17,9
Deutschland	6,0	Deutschland	11,1
Japan	5,0	Frankreich	7,7

Frankreich	4,9	Niederlande	5,6
Singapur	3,9	Belgien/Luxemburg	5,1
Niederlande	3,3	Italien	4,0
Südkorea	2,5	Japan	3,8
Italien	2,4	Spanien	2,5
Nordirland	2,3	Schweiz	2,4

Quellen: Central Statistics Office, Deutsche Bundesbank, Statistisches Bundesamt und eigene Hochrechnung

Gründe für den Boom Irlands

• Bevölkerungsstruktur

Irland hat die jüngste arbeitende Bevölkerung Europas, 40% sind unter 25 Jahre alt. Die Auswanderungsrate ist rückläufig, hochqualifizierte Arbeitskräfte kommen zurück.

• Bildungssystem

Laut IMD World Competitivness Report hat Irland eines der besten Bildungssysteme der Welt. 60% der Schulabgänger haben Abitur.

57% aller Studenten studieren Informatik, Naturwissenschaften, Ingenieurwesen, Wirtschaftswissenschaften.

(Zum Vergleich: In Irland fließen 13,5% der öffentlichen Ausgaben in das Bildungswesen, in Deutschland nur 9,5%)

• Öffnung des Landes für den Außenhandel

Irland als Euro-Mitglied dient amerikanischen Unternehmen als »Tor zu Europa«. Die USA sind der wichtigste Investor in Irland, gefolgt von Großbritannien und Deutschland. Insgesamt gibt es 1.200 ausländische Firmen auf dem irischen Markt, davon etwa 530 amerikanische und ca. 250 deutsche Unternehmen.

Irland war damit für amerikanische Firmen der zweitwichtigste europäische Markt für Direktinvestitionen. Nach Angaben des amerikanischen Department of Commerce zogen amerikanische Firmen durchschnittlich ca. 22% Gewinn aus ihren Investitionen in Irland.

• Investitionshilfen der EU

Die Investitionshilfen flossen in den Agrarsektor und dienten zum Ausbau der Infrastruktur (Verbesserungen bei Transport, Verkehr und Telekommunikation).

• Steuervorteile für Investoren

Reduzierte Körperschaftssteuer von 10% für produzierende Unternehmen sowie Unternehmen aus den Bereichen IT, Biotechnologie, Finanzdienstleistungen bis zum Jahr 2010.

Die Standardkörperschaftssteuer in 2001: 20%. Sie wird in 2003 auf 12,5% abgesenkt.

Was macht Irland als Markt für deutsche Unternehmen so interessant?

Der »Celtic Tiger«, wie Irland gerne genannt wird, leidet als außenhandelsintensive Wirtschaft sicherlich – wie andere Länder auch – unter der sich derzeit deutlich verlangsamenden Weltwirtschaft.

1. Man verzeichnet in Irland jedoch trotz des »Global Slowdown« den im Vergleich aller OECD-Staaten nach wie vor größten Zuwachs des Bruttoinlandsproduktes (BIP). Auch die Prognosen für die nächsten Jahre sehen in Irland – nach 11% / 7,8% in 2000/2001 – ein mit 3,0 (Economical and Social Resarch Insitute, ESRI) bis 3,5% (Central Bank of Ireland) deutlich über dem Durchschnitt liegendes Wirtschaftswachstum.

2. Der irische Nationale Entwicklungsplan beinhaltet für die Jahre 2000 bis 2006 ein staatliches Investitionsbudget von ca. 50 Mrd. €. Davon fließen 26 Mrd. □ in den Ausbau der Infrastruktur, 13,5 Mrd. € in den Arbeitsmarkt und Ausbildungssysteme, 10,5 Mrd. € in den produzierenden Sektor und 125 Mio. € in die Kooperation mit Nordirland.

3. Die Baubranche in Irland kann mit umfangreichen Modernisierungsinvestitionen rechnen. Für den Ausbau des nationalen Straßennetzes sowie den Bau einer Stadtschnellbahn, neuer Hafenanlagen, eines Hafentunnels und der Flughafenerweiterung in der Hauptstadt Dublin stehen über 3,1 Mrd. € bereit. Das Wachstum in diesem Bereich betrug 2000 etwa 10%.

4. Der derzeitige Boom im Konsumgütersektor rief 2000 einen Zuwachs der Binnennachfrage in Höhe von 9,5% hervor. Die irische Regierung fährt eine Politik weiterer Steuerentlastungen für alle Einkommensgruppen, auch wenn die Mehrwertsteuer im Jahr 2002 auf 21% angehoben werden soll. Die Prognosen sagen ein zwar abgeflachtes, aber anhaltendes Nachfragewachstum auf dem Konsumgütermarkt voraus.

5. Irland zeichnet sich durch einen geringen Selbstversorgungsgrad mit industriellen Erzeugnissen aus. Über 50% aller Investitionsgüter werden aus dem Ausland bezogen. Auch wenn der Investitionsanstieg im letzten Jahr einen leichten Knick erhalten hat, wird mit einer nach wie vor steigenden Nachfrage nach Investitionsgütern gerechnet.

6. Irland ist seit langem eine vom Außenhandel geprägte Volkswirtschaft. So exportierte Irland im Jahr 2000 insgesamt Waren im Wert von rund 83 Mrd. □ in alle Welt. Das Importvolumen betrug 55 Mrd. €. Damit präsentiert sich die Handelsbilanz seit Jahren positiv.

7. Die Importe Irlands aus Deutschland steigen seit Jahren an, beispielsweise im Jahr 2000 gegenüber dem Vorjahr um 14,5%.

8. Zahlreiche deutsche Unternehmen nutzen bereits die sehr guten wirtschaftlichen Rahmenbedingungen in Irland auch für Direktinvestitionen, die in vielen Fällen von der irischen Regierung oder den Regionen (Counties) durch zusätzliche Maßnahmen gefördert werden. So hat z. B. Shannon eine »Free Zone«, in der keine Mehrwertsteuer anfällt und bietet eine Zolllager-Möglichkeit, wo für Importe aus Nicht-EU-Staaten erst dann Zoll anfällt, wenn sie Shannon in Richtung eines anderen Ortes in der EU verlassen (zwei Maßnahmen, die deutlich den Cash-Flow eines Unternehmens verbessern können).

9. Vor allem für mittelständische Unternehmen der High-Tech Branche (z.B. Software, Büromaschinen, Arzneimittel, Anlagen- und Instrumentenbau) ergeben sich aufgrund der überdurchschnittlichen Wachstumsraten ausgezeichnete Geschäftsmöglichkeiten in Irland.

10. Besondere Förderungen durch eine aktive Industriepolitik erfährt in Irland die wertschöpfungsintensive Branche der Computer- und Elektrotechnik. Zahlreiche Ansiedlungen internationaler Konzerne in Irland haben dazu beigetragen, daß sich die Produktion in diesem Sektor in den letzten zehn Jahren vervierfacht hat. Irland ist mittlerweile weltweit führend, was den Export von Software angeht.

Die 10 größten Computerfirmen in Irland

1	Compaq	6	Siemens
2	Dell	7	Microsoft
3	IBM	8	Gateway
4	Bull	9	Apple
5	Hewlett Packard	10	ICL

Quelle: Computer Magazine Ireland

1. Als einziges englischsprachiges Land in der Euro-Zone bietet Irland weitaus mehr Vorteile für Investoren als beispielsweise Großbritannien, welches aufgrund seines starken Pfund-Kurses für Investoren sehr kostenintensiv ist.
2. Die Erfolgswelle der irischen Wirtschaft hat auch eine allgemein festzustellende Konsumfreude zur Folge. »Die Leute geben gerne Geld aus«, liest man so oder in ähnlicher Form immer wieder in der irischen Tagespresse.

Nationaler Entwicklungsplan 2000-2006

Der auf sieben Jahre angelegte »National Development Plan (NDP)« Irlands hat ein Volumen von insgesamt 50 Mrd. € und dient als wirtschaftspolitischer Handlungsrahmen für die nächsten Jahre.
Hiervon sollen 6 Mrd. € von der EU im Rahmen des Struktur- und Kohäsionsfonds finanziert werden. 2,4 Mrd. € sollen durch Privatfinanzierung öffentlicher Bauvorhaben aufgebracht werden (Public Private Partnership – PPP).
Der NDP soll die Gesamtentwicklung des Landes auf eine neue Basis stellen. Er soll zum weiteren Wirtschafts- und Beschäftigungswachstum beitragen, Irlands internationale Wettbewerbsfähigkeit steigern, für ein ausgeglichenes Wachstum in den verschiedenen Regionen sorgen und die gesellschaftliche Intergration fördern.
Der Plan unterscheidet vier Förderbereiche:

Infrastruktur:	26,46 Mrd. €
Beschäftigung:	13,81 Mrd. €
Produktiver Bereich:	10,74 Mrd. €
Friedensprozeß:	0,13 Mrd. €

Die Mittel werden regional wie folgt aufgeteilt:

Southern and Eastern Region:	34,21 Mrd. €
Border, Midlands und die Westregion:	16,92 Mrd. €

Bei den Infrastrukturmaßnahmen werden folgende Schwerpunkte gesetzt:

Straßenbau:	3,06 Mrd. €

Öffentlicher Nahverkehr:	2,80 Mrd. €
Umweltschutzvorhaben:	4,55 Mrd. €
Sozialer Wohnungsbau:	7,62 Mrd. €
Krankenhausbau:	2,56 Mrd. €

Der NDP bietet auch deutschen Unternehmen Möglichkeiten, sich an Ausschreibungen zu beteiligen, z. B. in den Bereichen
- Energie

Einsatz alternativer Energieträger (insb. Ausbau der Windenergie), Energieeinsparung, Senkung des Verbrauchs fossiler Energieträger
- Öffentliche Bauvorhaben

Die Privatfinanzierung öffentlicher Bauvorhaben im Rahmen des PPP erstreckt sich im wesentlichen auf Straßenbauvorhaben. Weitere Bereiche: Abfallsektor, Umwelt, Erziehung, Gesundheitswesen.
- Modernisierung des Eisenbahnnetzes

insbesondere zur Erhöhung der Sicherheit des irischen Eisenbahnsystems
- Ausbau des öffentlichen Nahverkehrs

Beschaffung neuer Waggons für die Dubliner Stadtbahn DART,
Anbindung des Flughafens an das Eisenbahnnetz.

Was bedeutet der National Development Plan für deutsche Unternehmen?
Bei den Ausschreibungen sind ausländische Untenehmen grundsätzlich sehr willkommen, da irische Unternehmen (allein) oftmals nicht leistungsfähig genug sind, um die relativ großen Projekte zu reaslisieren. Sehr viel aussichtsreicher sind aber insbesondere Angebote, die gemeinsam von Konsortien ausländischer und irischer Unternehmen abgegeben werden.
54,9% des gesamten Budgets sind für die Förderung der wirtschaftlichen und sozialen Infrastruktur vorgesehen. Für die hieraus geförderten Projekte werden technisch hochwertige Produkte aus den Bereichen der Bauindustrie, des Maschinenbaus, des Fahrzeugbaus, der Elektrotechnik und Elektronik benötigt.
Für deutsche Unternehmen dieser Bereiche, wie auch für Unternehmen benachbarter Branchen bieten sich hervorragende Chancen für Exporte nach oder Aufträge in Irland.

Public-Private-Partnerships (PPP)
Eine besondere Ausprägung der Infrastrukturprojekte sind die Public Private Partnerships, die insbesondere im Straßen- und Brückenbau realisiert werden. Deutschen Unternehmen mit Erfahrungen in diesen Berichen bieten sich hier gute Chancen.

Beispiele deutscher Firmen mit Produktionsstätte in Irland

Firma	Ort	Bereich
Bayer Diagnostics Manufacturing Ltd.	Swords, Co. Dublin	Herstellung von Laborgeräten, Analysegeräten
Beru Electronics GmbH	Tralee, Co. Kerry	Elektroniksysteme, Sensortechnologie, Glühkerzen, Zündungstechnik

Braun Ireland Ltd	Carlow, Co. Carlow	Elektro-Kleingeräte
Kromberg & Schubert (Irl) Ltd	Waterford, Co. Waterford	Herstellung von Kabeln und Kabelbäumen für die Automobilindustrie
Läpple (Ireland) Ltd	Carlow, Co. Carlow	Werkzeugbau und Produktionsanlagen für die blechverarbeitende Industrie und Fahrzeugindustrie
Liebherr (Ireland) Holding Ltd	Killarney, Co. Kerry	Hersteller von Baumaschinen
Lufthansa Airmotive Ireland Ltd	Rathcoole, Co. Dublin	Reparaturen von Flugzeugmotoren
Shannon Aerospace Ltd (Lufthansa)	Newmarket-on-Fergus,Co. Limerick	Einrichtung und Renovierung von Flugzeugen

»Survey of German investment in Ireland«, erstellt von der Deutsch-Irischen Industrie- und Handelskammer

Die Deutsch-Irische Industrie- und Handelskammer führt in Zusammenarbeit mit dem University College of Dublin (UCD) im Vier-Jahres-Rhythmus eine Befragung aller in Irland vertretenen deutschen Firmen durch.
Ziel der Befragung ist es, die Einschätzungen und Meinungen der Deutschen Unternehmen zum Standort Irland zu erfassen. Die Auswertung der letzten Befragung wurde Ende 2001 durchgeführt. Hier Auszüge daraus:

Ergebnisse der Befragung

Irland als Investitionsstandort

• In den vergangenen vier Jahren hat sich die Investitionstätigkeit der in Irland ansässigen deutschen Unternehmen gegenüber dem Zeitraum von 1993 bis 1997 noch verstärkt. Die Mehrzahl der Unternehmer plant weitere Investitionen in den kommenden drei Jahren. Nur bei wenigen Unternehmen sind die Investitionen zurückgegangen.
• Firmen, die bisher vom reduzierten Körperschaftssteuersatz von 10% profitiert haben, erwarten von der Steigerung auf 12,5% im Jahre 2003 keine negativen Auswirkungen auf zukünftige Unternehmensinvestitionen.
• Kriterien, welche die Attraktivität Irlands als Investitionsstandort steigern, wurden mit abnehmender Wichtigkeit wie folgt angegeben:
1. Das irische Steuersystem
2. Zugriff auf staatliche Fördermittel / andere Anreize
3. Hochqualifizierte und gut ausgebildete Arbeitskräfte
4. Die EU-Mitgliedschaft Irlands
5. Die englische Sprache
• Folgende Einschätzung wurde zur Entwicklung der irischen Wirtschaft in den nächsten drei Jahren mehrheitlich abgegeben:
1. Arbeitslosenquote:bleibt konstant

2. BSP: wird steigen
3. Inflationsrate: die Ansichten gehen stark auseinander, entweder ansteigend oder abnehmend
4. Export: wird steigen
5. Import: bleibt konstant oder wird steigen
6. Ausländische Investitionen: bleiben konstant

Human Resources

• Bei einem Vergleich der irischen Belegschaft mit der deutschen kann laut Umfrage im Hinblick auf Produktivität, Arbeitseinsatz und Qualität der Arbeitsleistung kein Unterschied festgestellt werden.

Forschung und Entwicklung

• Die meisten der befragten Unternehmen haben am irischen Standort keine eigene F&E – Abteilung (obwohl gerade F&E-Aktivitäten von der irischen Regierung gefördert werden, Anmerkung der Deutsch-Irischen IHK).

Beschaffung von Rohstoffen und Materialien

• Der Anteil der Rohstoffe, welche die befragten Firmen von irischen Unternehmen beziehen, liegt durchschnittlich bei 5% – 25%. Es wird geschätzt, daß sich dieser Prozentsatz in den nächsten drei Jahren nicht verändern wird.

• Bei den meisten Unternehmen liegt der Anteil der aus Deutschland beschafften Rohstoffe bei über 50%.

• Die Mehrheit der Unternehmer hält den irischen Markt als Absatzmarkt für die eigenen Produkte und Dienstleistungen für wichtig.

Welche Hilfestellungen bietet die Deutsch-Irische Industrie- und Handelskammer deutschen und irischen Unternehmen?

Die deutschen Auslandshandelskammern verstehen sich als treibende Kraft für die Internationalisierung der Wirtschaft und als Förderer des freien Welthandels und der Globalisierung und wollen diese aktiv zum Wohlstand Deutschlands und seiner internationalen Partner vorantreiben.

Die IHK Irland berät und informiert Unternehmen über alles Wissenswerte auf ihrer Suche nach neuen Geschäftsmöglichkeiten in Irland und Deutschland. Wir sind Handelskammer und Unternehmensberatung, angesehene Mitgliederorganisation und kompetenter Dienstleistungsanbieter. Unser Ziel ist die Förderung des deutsch-irischen Handels und die Interessenvertretung unserer Mitglieder.

Wir arbeiten vornehmlich für unsere Mitglieder, bieten unsere Dienstleistungen aber grundsätzlich allen Unternehmen an.

Hermann Rasche

GO WEST, YOUNG (WO)MAN
DEUTSCHE FIRMEN IN GALWAY

Wenn der deutsche Unternehmer und Fabrikant Ernst Steiner von Irland aus z. B. seine Geschäftspartner in Hamburg besuchen oder Produkte seiner Firma ausfliegen lassen wollte, hatte er immer das gleiche Problem: Sein Werk in Carnmore außerhalb Galways war einfach zu schlecht an die Verkehrsströme angebunden. Deswegen legte er in der Art erfolgreicher Pioniere einfach selber ein kleines Rollfeld vor seiner Fabrikationshalle an; von dort konnte er übers verlängerte Wochenende mal schnell mit seiner viersitzigen Piper Richtung Kontinent aufsteigen. Steiner war ein erfahrener und begeisterter Pilot, hatte im zweiten Weltkrieg ab 1940 Militärmaschinen geflogen, nach dem Krieg 1950 in Siegen/Ruhr angefangen, Folien für die Verpakkungsindustrie zu produzieren und 1969 in Carnmore ein Zweigwerk eröffnet.

Seine Geschichte ist typisch für eine Anzahl kleinerer deutscher Familienbetriebe, die sich in den 60er und 70er Jahren überall in Irland ansiedelten. Die irische Industrial Development Authority (IDA) listet zwischen 1960 und 1978 unter insgesamt 660 Firmen 99 deutsche. Diese stellten als Zulieferer hauptsächlich Komponenten für textilverarbeitende Branchen, medizinische Geräte, den Chemiebereich bis hin zu fertigen Brillenfassungen, Mundharmonikas und Wildlederknöpfen her. Der Anreiz für solche Firmengründungen lag in den enormen Steuervorteilen für zehn, zwölf Jahre. Ein weiterer wichtiger Faktor bei der Standortwahl Westirland war ein – im Gegensatz zu Deutschland – reichlich vorhandenes Reservoir un- und unterbeschäftigter Arbeitskräfte, die in der arbeitsintensiven Produktion eingesetzt werden konnten; diese ArbeiterInnen waren zwar nicht ausgebildet, aber lernwillig, sie bekamen viel weniger Lohn als ihre deutschen KollegInnen und waren weniger streikfreudig

Im selben Boomjahr wie Steiner fingen auch Micromotors Groschopp in Galway im neu errichteten Industrial Estate in Ballybane am Stadtrand Galways an. Die ersten dreiundzwanzig angeworbenen jungen irischen Frauen wurden nach Düsseldorf geflogen – für nahezu alle ihr erster Flug im Leben; sie fanden Unterkunft in der Jugendherberge in Wickradt und wurden von dort jeden Tag zum Stammsitz nach Viersen/Niederrhein gekarrt, wo sie in einer dreimonatigen Ausbildungs- und Anleitungszeit im »Wickeln«, »Schalten« und »Verfertigen von Rotoren und Statoren« (so die Firmenchronik) angelernt wurden, die in der Textilbranche Verwendung finden.

Groschopp entwickelte sich zu einem potenten Anbieter auf dem Gebiet der Antriebstechnik mit Spezialelektromotoren und Motor-Getriebekombinationen.

Fast auf den Tag genau nach einunddreißig Jahren, am 6.12.2000, hat das Werk geschlossen und ist in die freiwillige Liquidation gegangen. Es war schwierig, Ingenieure, Facharbeiter, Techniker, Maschinenmeister zu bekommen, da die Maschinenbaubasis in Irland wenig ausgeprägt ist. Alles wandere in die Computerbranche ab, war der Kommentar. Zudem waren die Fertigungskosten inzwischen zu hoch geworden, die Produktion auch deswegen nach Polen ausgelagert. »Bei uns hat der keltische Tiger den Schwanz eingezogen«, so der ehemalige Manager, der seitdem regelmäßig zwischen Viersen und Galway pendelt, wo seine vielköpfige Familie (die Frau ist Irin) ihren ersten Wohnsitz beibehalten hat.

Ähnlich verlief das Schicksal einer anderen von Deutschen aufgebauten und geleiteten Traditionsfirma, Medical Stockings Ltd. (Stocai Teo). Rund dreißig Frauen fertigten zu Zeiten der Hochkonjunktur in Carna im tiefsten Connemara vornehmlich für den Export nach Deutschland hochwertige medizinische Stützstrümpfe an. Leider steht auf ihnen nicht mehr *Made in Galway*.
Ein anderes Unternehmen, »Traventec – The Travel Technology People«, gehört zu in der Bad Homburg ansässigen deutschen Muttergesellschaft Start Amadeus GmbH, an der wiederum die Lufthansa, DER, TUI und Hapag Lloyd Beteiligungen besitzen. Traventec entwickelt Technologiedienstleistungen und -produkte für die Reise- und Tourismusbranche weltweit. Den deutschen Markt dominiert Traventec zu neunzig Prozent!
Margaret Linehan, zuständig für Öffentlichkeitsarbeit, nennt auf die Frage, weshalb Traventec sich gerade für Galway entschieden hat, neben den üblichen Steuervorteilen und staatlichen Unterstützungen vornehmlich Standortvorteile und -qualitäten: »Wie auch inzwischen weitere Anbieter des sich noch immer stärker entwickelnden Informationstechnologiesektor, so ist auch Traventec bewußt nach Galway an eine der westlichsten Küsten Europas gezogen. Standorte in Großbritannien, Frankreich und osteuropäischen Ländern waren ursprünglich auch in Erwägung gezogen, aber schließlich verworfen worden; Dublin war für uns zu übersättigt mit Informationstechnologie. Galway entsprach und entspricht sehr genau unseren Vorstellungen und Bedürfnissen, und wir fühlen uns keineswegs an der Peripherie. Wo wir sind, da ist das Zentrum!«
Geographische Distanz ist heute kein Problem mehr, die Informationsautobahnen machen sofortige und weltumspannende Kommunikation möglich. Und sollte dennoch irgendwo physische Präsenz vonnöten sein, so kann man bequem mit dem Flieger vom Galwayer Airport starten, denn Mr. Steiners holpriges Rollfeld, 1976 von der Stadtverwaltung Galway übernommen, hat inzwischen die Umwandlung in einen veritablen Flughafen mit einer Landebahn für Mittelstreckenjets erlebt. »Galway, einst schläfrige Provinzstadt mit knorrigem Charme, boomt gewaltig; die Einwohnerzahl der Stadt hat sich nicht zuletzt wegen Ansiedelungen wie der unsrigen in den letzten fünfundzwanzig Jahren verdoppelt und wächst immer noch in bemerkenswertem Tempo. Galway genießt zu Recht den Ruf einer angenehmen, freundlichen, jungen Stadt, die neben ihrer attraktiven geographischen Lage, generell hoher Lebensqualität, ihrer stark verbesserten Infrastruktur und Wirtschaftskraft auch kulturell und touristisch vieles zu bieten hat. Selbst die Bezeichnung ›Businesspark‹ hat seine Berechtigung, denn wir arbeiten in einer parkähnlichen Landschaft, nahe am Fluß Corrib. Die Hauspreise sind zwar nicht billig, aber doch einigermaßen erschwinglich, und die Dauer der An- und Abfahrten zum und vom Arbeitsplatz ist, wiederum im Vergleich zu Dublin, erträglich und übersichtlich.«
Ein ausschlaggebender Entscheidungsfaktor für den Standort Galway ist auch die Verfügbarkeit von sehr gut ausgebildeten Fachkräften. Die National University of Ireland, Galway (NUI,G) und das Galway/Mayo Institute of Technology (GMIT) schaffen permanent einen Pool solch talentierter und gut ausgebildeter Graduierter, zu über siebzig Prozent auch aus der Gegend, die wiederum vor Ort attraktive Arbeitsplätze

finden. Als Digital Anfang der neunziger Jahre in Galway die Tore dichtmachte, standen Hunderte solcher hochqualifizierten Leute auf der Straße, fanden aber in kürzester Zeit wieder in vergleichbaren Berufen Beschäftigung.
Greg Cawley ist Traventecs General Manager. Er kennt die Verhältnisse auf dem Kontinent aus erster Hand; er arbeitete bei einer Schweizer IT Firma, flog jedes Wochenende zu seiner Familie in Galway und wurde 1999 von Traventec angeworben. »Ich glaube, junge Leute wollen gern hier an der Westküste bleiben oder dahin zurückkommen, wenn es für sie interessante Arbeitsmöglichkeiten gibt.«
Cawley zeigt sich beeindruckt vom flexiblen Erziehungs- und Ausbildungssystem vor Ort: »Wir haben bemerkt, daß die irischen Hochschulabgänger dasselbe Wissen und Können haben wie deutsche Studenten, die erst mit 26 oder 27 graduieren, und da die irischen Hochschulabgänger jünger sind, scheinen sie mir engagierter und enthusiastischer in ihrem Job zu sein.« Bei Traventec ist das Durchschnittsalter der zur Zeit knapp hundert Vollzeitbeschäftigten Mitte Zwanzig, was zum Teil auch damit zu tun habe, daß die Reisebranche insgesamt junge Leute anziehe, so Cawley. Beeindruckt vom Kaliber der irischen Studenten ist auch der Generalmanager von Telelogic, einer schwedischen Firma im Nachbarhaus von Traventec: »Wir haben sogar drei Hochschulabgänger von Galway für unser Büro in Deutschland rekrutiert, wo wir einfach keine passenden KandidatInnen finden konnten, die unseren Wünschen und Vorstellungen entsprachen.«
Das Leben in Galway ist sehr viel europäischer, internationaler geworden, was sich im Stadtbild und auch in der Zusammensetzung der Traventec-Belegschaft widerspiegelt. Margaret Linehan: »›Go west, young man (and woman!)‹ – diese Aufforderung bezog sich traditionell auf den amerikanischen Westen, kann aber inzwischen mit gutem Recht auf den irischen Westen angewendet werden. Viele merken, dass man hier im Westen prima leben kann. Cromwells ›To hell or to Connacht‹ ist wenn auch nicht vergessen, so doch für viele nur noch eine ferne Erinnerung.«
Für einen längeren Zeitraum war der als besonders benachteiligt eingestufte Westen Irlands Nutznießer großzügiger finanzieller Unterstützung aus der EU-Kasse. Angelockt durch das bekannte System von Steuervergünstigungen und Abschreibungsmöglichkeiten und durch geeignete Zugangsmöglichkeiten zu den europäischen Märkten investierten internationale Firmen wie Thermo King, der kanadische Gigant Nortel, Boston Medical Scientific und Anbieter hochelektronischer Software in den Auf- und Ausbau von Produktionstätten und Dienstleistungszentren; sie ebneten den Weg für neue, saubere Industrien, so daß die Wirtschaft weiter erstarkte und die Einwohnerzahl wuchs.
Die Gefahr, daß das irische Wirtschaftswunder und damit eine der relativ größten Wachstumsraten Europas ziemlich unsanft einer harschen Realität weicht, besteht natürlich immer. Traventec bleibt bei alledem sehr optimistisch; obwohl die Reisebranche offensichtlich starken Schwankungen unterliegen kann, vermag Traventec sehr flexibel auf den Markt zu reagieren und dementsprechend zu diversifizieren. Margaret Linehan: »Gegessen, getrunken und gereist werden wird immer. Uns ist um die Zukunft nicht bange – ganz im Gegenteil.«

Dungloe, Co. Donegal, 2000 (Gerd Adloff)

Kieran Allen

WIRD DER AMERIKANISCHE TIGER IRLAND VERLASSEN?

Kürzlich bezeichnete ein bekannter Politiker den keltischen Tiger als »einen amerikanischen Tiger, der in Irland Ferien macht«•
Er hatte damit durchaus nicht unrecht. Der keltische Tiger unterscheidet sich von seinen asiatischen Vettern nämlich in einer wichtigen Hinsicht. Bradley zufolge hat der Staat Irland nicht vorrangig »Segmente der einheimischen Industrie (ausgewählt), um ihre Leistungskraft zu steigern und sich auf dem Exportmarkt einen größeren Anteil zu sichern«, sondern zu Maßnahmen gegriffen, »die vor allem Investitionszuflüsse aus exportorientierten ausländischen Unternehmen anregen sollten.«•• Was dann dazu führte, daß der wichtigste Anstoß zum Wachstum aus einer Anzahl von hochspezialisierten Sektoren stammte, in denen US-Kapital dominierte.
Derzeit finden wir in Irland das weitaus höchste Niveau an direkten US-eigenen Investitionen pro Industriearbeiter in Europa überhaupt, wobei das pro Arbeiter eingesetzte Kapital den EU-Durchschnitt um das Siebenfache übersteigt.••• Der keltische Tiger war ein wichtiger Brückenkopf bei dem Versuch, wachsende Teile des europäischen High Tech-Marktes für Investitionen aus den USA zu öffnen. Durch diesen Prozeß geriet Irland in größere Abhängigkeit von US-Investitionen als viele der lateinamerikanischen Staaten, die herkömmlich als Hinterhof Amerikas bezeichnet werden.
Der keltische Tiger ist zudem überaus spezialisiert. Information, Kommunikation und Technologie füllen insgesamt fast vierzig Prozent dessen, was der keltische Tiger exportiert, zwischen 1993 und 2000 betrug das Wachstum in diesem Bereich 23 Prozent pro Jahr.•••• Dieser Bereich wird von großen US-Firmen dominiert. Die Aktivitäten scheinen sich in diesem Bereich zu ballen, wobei etliche miteinander rivalisierende Computerfirmen aus den USA nach Irland gegangen sind, um sich die besonderen Vorteile niedriger Steuern, geringerer Löhne und freien Zugangs zu den Märkten innerhalb der EU zunutze zu machen. Der Industrial Development Authority zufolge wurden 26 Prozent aller neuen Projekte, die US-Firmen in Europa aus dem Boden stampften, in Irland angesiedelt.••••• Es handelt sich hierbei vor allem um Computer- und in geringerem Ausmaß um pharmazeutische Produktion.
Diese beiden Faktoren – dominierendes US-Kapitel und eine überaus spezialisierte Produktion – könnten in nächster Zukunft durchaus für große Probleme sorgen. Wir sehen schon jetzt klare Anzeichen dafür, daß der keltische Tiger nicht mehr lange leben wird. Zwischen 1994 und 2000 wuchs das Bruttosozialprodukt in Irland pro

---

• Dick Spring, ehemaliger Vorsitzender der Labour Party, bei der SIPTU Konferenz 2001.

•• J. Bradley: »The Irish Economy in Comparative Perspective«, in: Nolan, Brian, O'Connell, Philip J. und Whelan, Christopher T. (Hrsg.): *Bust to Boom? The Irish Experience of Growth and Inequality*, Dublin, Institute of Public Administration, 2000.

••• F. Barry, J. Bradley und E. O'Malley: »Indigenous and Foreign Industry. Characteristics and Performance«, in: F. Barry (Hrgs.): *Understanding Ireland's Economic Growth*, Basinstoke: Macmillan, 1999, S. 46.

•••• OECD, *Irland: Survey June 2001*, Paris, OECD, 2001, S. 47.

••••• IDA, *Annual Report 1998*, Dublin, IDA, 1998, S. 12.

Jahr im Schnitt um 9 Prozent, wodurch sich das Pro-Kopf-Einkommen im europäischen Durchschnitt bis 1999 von 67 auf 86 Prozent steigerte.• Im Rahmen herkömmlicher Wirtschaftsführung ist das ganz einfach ein Wunder. In den neunziger Jahren erlebten die meisten Industrienationen nur ein äußerst zögerliches Wachstum, und nicht einmal der Boom in den USA konnte mit dem irischen mithalten. Der keltische Tiger repräsentierte eine der am schnellsten wachsenden Wirtschaftsnationen der Welt.

Doch offenbar scheint das Zeitalter der Wunder sich dem Ende zu nähern. Das Jahr 2001 begann mit phänomenalen Wachstumsraten; am 7. November jedoch erklärte der Leiter der Central Bank, Maurice O'Connell, die »Ära des keltischen Tigers für beendet«•• Auf diese Erklärung folgte eine Flut von Entlassungen und Fabrikstillegungen. Die Regierung hatte bereits darauf hingewiesen, daß sie angesichts sinkender Steuereinkommen zu Neuverschuldung werde greifen müssen, um ihren finanziellen Verpflichtungen nachkommen zu können. Der Wohnungsmarkt brach ein, und sogar angesehene Unternehmen wie Aer Lingus gerieten in ernsthafte Schwierigkeiten. Die wachsende Abhängigkeit von US-amerikanischem Kapital führte kaum zu kritischen Analysen der wirtschaftlichen Verbindungen mit den USA. Die Dominanz des Neoliberalismus in der irischen Wirtschaft sorgte dafür, daß der Boom der neunziger Jahre als heimlicher Beweis für die Segnungen des freien Marktes aufgefaßt wurde. In Wirklichkeit jedoch existierten beträchtliche strukturelle Schwächen.

Der Boom, den die Wirtschaft der USA in den neunziger Jahren erlebte, war viel einseitiger als der der Sechziger, da er für die Mehrheit der Bevölkerung nicht mit einem Ansteigen des Lebensstandards einherging. Firmen in den USA gelang es besser als denen in anderen Ländern, den Reallohn ihrer Beschäftigten nach unten zu drücken. Bei diesem Angriff auf den Lebensstandard halfen allerlei Strategien. Eine davon war die immer stärker werdende Tendenz zur Verkleinerung und zum Ersetzen von festangestellten Arbeitskräften durch »Kontingent-Arbeiter«, also Angestellte, die häufig über Agenturen für Zeitarbeit angeworben oder auf Basis von Zeitverträgen eingestellt werden. Zwischen 1978 und 1995 entließen die wichtigsten hundert Firmen der USA nicht weniger als 22 Prozent ihrer Arbeitskräfte.••• Im Gegenzug wuchs die Vermittlung durch Agenturen für Zeitarbeit zwischen 1988 und 1996 um 116 Prozent.•••• Der Lebensstandard wurde weiterhin durch eine Serie von *give backs*, einer euphemistischen Umschreibung für Lohnsenkungen, und durch Verzicht auf Lohnerhöhungen gedrückt. Zwischen 1985 und 1995 wurden in den US-Industrien im Durchschnitt die niedrigsten Stundenlöhne innerhalb der G7-Nationen gezahlt, 0,15 Prozent im Vergleich zu 2,9 Prozent in Japan und 2,85 in Deutschland. 1995 lag der Stundenlohn in der herstellenden Industrie bei 17,19 US-Dollar in den USA, 23,66 US-Dollar in Japan und 31,85 US-Dollar in Deutschland.••••• Kurz gesagt, der

• OECD, *Irland: Survey June 2001*, Paris, OECD, 2001, S. 23.
•• »O'Connell Says Era of Celtic Tiger Over«, in: *The Irish Times*, 8. November 2001.
••• R. Brenner: »The Economics of Global Turbulence«, in: *New Left Review*, Mai/Juni 1998, S. 20.
•••• Naomi Klein: *No Logo*, London, Flamingo, 2001, S. 265, deutsch: No Logo, München, Riemann, 2000.
••••• R. Brenner, ibid.

Boom in den USA ging mit einer immer stärkeren Ausbeutung einher. Stephen Roach, leitender Wirtschaftswissenschaftler bei Morgan Stanley, drückte das so aus: »Das amerikanische Modell der Umstrukturierung besitzt drei Eigenschaften: massive Reduktion der Angestellten, reale Lohnsenkung und starker Währungsverfall, wodurch die Kaufkraft des Dollars nach den Höhen der frühen achtziger Jahre um fünfzig Prozent fiel. Und das US-System der flexiblen Arbeit ist der Leim, der das alles zusammenhält.«•

Ein Boom, der auf immer größer werdender Ausbeutung aufbaut, verursacht ein großes Problem. Unternehmen können ihren Profit für eine gewisse Zeit steigern, doch es wird ihnen schließlich schwerfallen, ihre Produkte abzusetzen, wenn die Löhne gesunken sind. Dieses Problem läßt sich umgehen, solange sich ein höheres Investitionsniveau im Kapitalbereich halten läßt oder solange die wohlhabenderen Gesellschaftsschichten ihr Geld für Luxusgüter ausgeben. Doch wenn irgendein Zweifel an der Aussicht auf solche hohen Profite aufkommt, kann sehr plötzlich ein Absturz folgen. Konsequenz ist dann häufig der Drang zu immer höheren Investitionserträgen, durch die das Vertrauen der Wohlhabenden erhalten bleiben soll. Doch da durch den Boom weitreichende Vollbeschäftigung erreicht werden konnte, wurden zugleich der Möglichkeit zur Lohnbeschränkung Grenzen besetzt, und 1997 gab es die ersten Anzeichen für eine Erholung des Durchschnittslohnes. Die Erwartungen immer höherer Profite kollidierten mit den Forderungen der Arbeiter in den USA, die wenigstens eine gewisse Entschädigung für die Verluste der vergangenen Jahre sehen wollten.

Konventionell ausgerichtete Wirtschaftswissenschaftler konnten diese Widersprüche gelassen abtun, da der Boom in den USA auch durch einen gewaltigen Zufluß an ausländischem Kapital gespeist wurde. Der Nettozufluß an ausländischem Kapital wuchs durch die Stagnation der Wirtschaft in Europa und Japan von 59 Milliarden US-Dollar im Jahre 1990 auf 264 Milliarden US-Dollar im Jahre 1997 an.•• Dieser Zufluß führte zu Zinssenkungen und damit zu einer überaus lebhaften Börsentätigkeit. Nach 1991 übertraf der Anteil der US-Wirtschaft, der auf FIRE entfällt – Finanz, Versicherung und Immobilienmarkt –, den der gesamten warenproduzierenden Industrie. Der Wachstum des Finanzsektors führte zu einem noch stärkeren Drang nach höheren Dividendenzahlungen, die wiederum zum Erwerb von neuen Anteilen und anderen finanziellen Transaktionen genutzt wurden. In den siebziger Jahren hatten Dividendenzahlungen 16 Prozent des Gesamtprofits ausgemacht, 1966 war dieser Anteil auf 36 Prozent angestiegen.••• Dazu kam, daß viele Firmen sich aufgrund ihrer steigenden Aktienwerte höher verschuldeten, was den Boom für einige Zeit noch schürte. Doch als sich dann endlich die Erkenntnis durchsetzte, daß ein Wachstum der Anteilswerte kein reales Vermögen darstellte, stürzte die Konsumfreudigkeit in den USA abrupt ab. Kurz gesagt, alle Widersprüche dieses unausgeglichenen Booms machten sich bemerkbar.

• »Lessons in Re-Structuring«, in: *Financial Times*, 22. October 1996.

•• F. Moseley: »The United States Economy at the Turn of the Century. Entering an new Era of Prosperity«, in: *Capital and Class*, 67, S. 34.

••• D. Henwood: *Wall Street*, London, Verso, 1997, S. 76.

Die wachsende Abhängigkeit der irischen Wirtschaft von der der USA und die Schwäche, die sich hinter dem Boom versteckte, wurden von den meisten Kommentatoren des keltischen Tigers einfach ignoriert. Statt dessen entstand der Mythos, daß der irische Boom noch bis weit ins zweite Jahrzehnt des 21. Jahrhunderts hineinreichen werde. Die sonst so bedächtige ESRI kann als typisches Beispiel für diese Haltung gelten. In ihrem Halbzeitbericht für die Jahre 1999-2005 wurde ein »durchschnittliches jährliches Wachstum von 5.1 Prozent zwischen 2000 und 2005« postuliert, das danach »bis 2010 pro Jahr auf 4,3 Prozent und zwischen 2010 und 2015 auf knapp über drei Prozent« sinken werde.• In einem früheren Halbzeitbericht war sogar davon die Rede gewesen, daß »Irland im Laufe der nächsten fünfzehn Jahre möglicherweise einen Lebensstandard erreichen wird, der zu den höchsten in Europa gehört«.•• Paul Sweeney, Autor des Buches *The Celtic Tiger: Ireland's Economic Miracle Explained* erklärte mit noch größerer Überzeugung: »Das irische Wunder scheint auf einer soliden modernen Grundlage aufzubauen, auf der ein dauerhaftes Gebäude ruhen kann. Dieses Fundament besteht aus einer guten Infrastruktur, Investitionen im wichtigen Kapitalbereich – Menschen – und einer gesunden demographischen Struktur.«•••

Diese optimistische Sicht der irischen Wirtschaft war immer zutiefst ideologisch geprägt. Obwohl sie auf ihren wissenschaftlichen und neutralen Status pochen, sind Wirtschaftswissenschaftler doch zumeist der freien Marktwirtschaft verpflichtet. Die Möglichkeit, daß es im Kapitalismus systemimmanente Widersprüche geben könnte, die zwangsläufig zu wirtschaftlichen Kreisentwicklungen führen müssen, wird von ihnen zurückgewiesen. Lieber konzentrieren sie sich auf externe oder sogar psychische Faktoren, um eine Rezession zu erklären. Auf diese Weise wird die »Ölkrise« als Standarderklärung für den weltweiten Rückgang herangezogen, der 1973 einsetzte, während die terroristischen Angriffe auf die USA vom 11. September als Grund für einen neuen Niedergang herhalten müssen. (Die Vorstellung, der 11. September habe eine globale Rezession ausgelöst, kann schon durch einen flüchtigen Blick auf die Zahlen widerlegt werden. Am 25. August 2001 verkündete beispielsweise der Leitartikel des *Economist:* »Willkommen in der ersten globalen Rezession des 21. Jahrhunderts.«•••• Auch Begriffe wie »Konsumentenvertrauen« werden als nahezu unveränderliche psychische Einflüsse angesehen, die das ansonsten einwandfrei funktionierende System beeinflussen, durch das Angebot und Nachfrage ins Gleichgewicht gebracht werden sollen. Wenn wir uns diese Perspektive jedoch erst zu eigen gemacht haben, dann besteht häufig die Gefahr einer »herbeigeredeten Rezession« – weshalb konventionelle Wirtschaftsforscher sich oft dazu gezwungen sehen, die lichteren Aspekte der Angelegenheit hervorzuheben.

• ESRI, *Medium Term Review 1999-2005*, Dublin ESRI, 1999, S. 64.

•• ESRI, *Medium Term Review 1997-2003*, Dublin, ESRI, 1997, S. 109.

••• P. Sweeney, *The Celtic Tiger. Ireland's Economic Miracle Explained*, Dublin, Oak Tree Press, 1998, S. 15.

•••• »A Global Game of Dominoes«, in: *The Economist*, 25. August 2001.

Die Vorhersagen eines lange anhaltenden irischen Wirtschaftsbooms fußten weitgehend auf demographischen Faktoren. 1997 veröffentlichten die National City Brokers mit *Population and Prosperity* ein seither unerläßliches Argument der Börsenökonomen, die voller Optimismus in die Zukunft des keltischen Tigers blicken. In dieser Veröffentlichung wird auf eine Anzahl einzigartiger Züge der irischen demographischen Struktur hingewiesen, die bei der Aufrechterhaltung des Booms helfen können. Diese Faktoren sind eine anwachsende Bevölkerung, immer bessere Ausbildung und, besonders wichtig, ein sinkendes Altersgefälle. Dieses Argument sollte in vollem Wortlaut zitiert werden, da es dazu beitrug, daß in der ökonomischen Elite eine einhellige Meinung entstehen konnte:

»Demographische Veränderungen haben in der starken wirtschaftlichen Entwicklung der letzten fünf Jahre eine entscheidende Rolle gespielt. Die wichtigsten dieser Veränderungen sind:

– die Kapazität der Wirtschaft zu nicht-inflationärem Wachstum wuchs, als der Zufluß an Arbeitskräften pro Jahr auf zwei Prozent anstieg, was durch eine wachsende Bevölkerung im arbeitsfähigen Alter begründet ist

– die Leistungsfähigkeit der Arbeitnehmerschaft wurde durch bessere Ausbildung gesteigert

– zunehmende Unabhängigkeit von Fürsorgemaßnahmen in den unteren Altersgruppen hat zur Steigerung des Wohlstandes geführt.

Das wirtschaftliche Wachstum der letzten Jahre beruht deshalb auf einer gesunden strukturellen Grundlage, während die demographischen Veränderungen, die im Babyboom der siebziger Jahre wurzeln, weiterhin die ökonomische Aktivität der kommenden Jahre stark beeinflussen werden.«•

Aufgrund dieser demographischen Faktoren sagten sie für die nächsten fünf bis zehn Jahre eine kontinuierliche jährliche Wachstumsrate von sechs Prozent voraus.••

Dabei handelt es sich indes um ein äußerst schwaches Argument. Die Vorstellung, das Angebot an Arbeitskräften sei der entscheidende Faktor für das »nichtinflationäre Wachstum«, wurde bald durch die Tatsache widerlegt, daß der keltische Tiger kurz nach Veröffentlichung dieser Aussagen durch die NCB innerhalb der EU an die Spitze der Inflationsskala vorstieß. Die zitierten besseren Ausbildungsmöglichkeiten finden sich in fast allen Industrieländern. Die Verbindung zwischen Altersgefälle und Wirtschaftslage ist überaus vage und zumindest äußerst fraglich. Andere Länder haben dramatischere Veränderungen im Altersgefälle erlebt als Irland, wurden aber dennoch nicht mit einem Boom belohnt. Die Türkei und Thailand zum Beispiel haben ihr Altersgefälle von 0,8 Prozent der arbeitenden Bevölkerung in der Zeit zwischen 1980 und 1999 auf 0,5 Prozent fallen sehen, während es in Irland nur von 0,7 auf 0,5 gesunken ist. Die USA dagegen haben während dieser Zeit ein mehr oder weniger gleichbleibendes Altersgefälle bewahrt, haben sich jedoch in dieser Zeit zwischen Rezession, widerstrebendem Wachstum und Boom hin und her bewegt.•••

• NCB, *Population and Prosperity*, Dublin, NCB, 1997, S. 4.

•• ibid, S. 12.

••• The World Bank, *World Development Indicators*, Washington, World Bank, 2001, Tabelle 2.1.

Konventionelle Wirtschaftswissenschaftler können das pure Chaos und die Verwerfungen, die zum System des freien Marktes dazugehören, häufig nur mit Mühe verstehen. Selbst dann, wenn sie diese Verwerfungen überblicken können, betrachten sie sie doch als Abweichungen, die bald der Normalität weichen müssen. Der jüngste Halbzeitbericht der ESRI aus dem September 2001 zeigt diese Haltung sehr deutlich. In ihrer Einführung weisen die Autoren daraufhin, daß ihr Institut zwei Zukunftsszenarien aufgestellt hat – eines, von dem sie ausgehen, das gleichmäßiges Wachstum vorhersagt, und eines für den Notfall, das ein eher düsteres Bild der Weltwirtschaft zeichnet. Als sie ihren Bericht schrieben, gingen die Autoren davon aus, daß das erste Szenario sich als wahrscheinlicher erweisen werde, doch nach dem 11. September mußten sie zugeben, daß »das Szenario, das einen Wirtschaftsrückgang zeigt, der Wirklichkeit doch eher näherkommt.« Trotz dieser abrupten Umorientierung setzen sie den Wachstum des keltischen Tigers für die Jahre 2000-2005 auf 4,5 Prozent an, gefolgt von 4,7 für die nächsten fünf Jahre und 2,8 für die darauffolgenden fünf.• Mit anderen Worten: fast dieselben Wachstumszahlen wie im vorausgegangen Halbzeitbericht, obwohl jetzt angeblich die Möglichkeit einer globalen Rezession zur Kenntnis genommen worden ist.

Weniger einäugige Kommentatoren des keltischen Tigers kommen zu realistischeren Einschätzungen der Zukunft des irischen Kapitalismus. Die Lockerung globaler Kontrollmechanismen über Kapitalbewegungen und der intensive Drang nach Steigerung des relativen und des absoluten Mehrwertes lassen das System chaotischer und verletzlicher erscheinen denn je. Wir brauchen dabei nicht den Optimismus der konventionellen Wirtschaftswissenschaftler auf den Kopf zu stellen und ein durch und durch pessimistisches Bild der Zukunft der irischen Ökonomie zu geben. Wir müssen jedoch ideologische Vorstellungen von deregulierten Märkten oder halbnationalistische Bilder der irischen Einzigartigkeit aufgeben. Die irische Wirtschaft kann sich als Folge eines wirtschaftlichen Aufschwungs in den USA durchaus wieder erholen. Die Probleme, die sich aus den Veränderungen in der weltweiten Wirtschaft und vor allem in der Wirtschaft der USA ergeben, können jedoch auch zu einer längeren Phase des wirtschaftlichen Abschwungs führen, als viele angenommen haben. Es gilt deshalb zu erkennen, daß es keine automatischen Belohnungen für diejenigen gibt, die den Vorgaben der neoliberalen Ökonomen folgen und eine »absteigende Flexibilität der Löhne« akzeptieren. Das System ist außer Kontrolle geraten und deshalb zwangsläufig unvorhersagbarer als bisher.

Der Mythos der Sozialpartnerschaft

Das alles bedeutet, daß das Modell der Sozialpartnerschaft, das angeblich der irischen Erfolgsgeschichte zugrunde liegt, einer kritischen Bewertung unterzogen werden muß. Sozialpartnerschaft setzt Zusammenarbeit und gerechte Verteilung voraus. Sie setzt voraus, daß alle gesellschaftlichen Bereiche sich gemeinsam um diejenigen kümmern, die von den Fortschritten ausgeschlossen sind. Sie setzt ein System voraus, durch das sich ökonomisches Wachstum mit einer Politik vereinbaren läßt, die ge-

• ESRI, *Medium Term Review 2001-2007*, Dublin, ESRI 2001, S. VII und 141.

sellschaftliche Gerechtigkeit und Gleichheit postuliert. Die erste Übereinkunft zur Partnerschaft, das Programm zur Nationalen Wiederherstellung, verpflichtete alle Beteiligten zu dem Versuch, »die Wirtschaft zu beleben und die Gleichheit in unserer Gesellschaft durch gemeinsame Anstrengungen zu verbessern«.• Das jüngste Übereinkommen, das Programm für Wohlstand und Fairness, bekennt sich zu dem Ziel, »in Irland eine faire Gesellschaft aufzubauen, aus der niemand ausgeschlossen ist«.•• Dieses Ziel ist so lobenswert, daß selbst Kritiker, die auf die wachsende Ungleichheit hinweisen, weiterhin behaupten, die Sozialpartnerschaft habe dafür gesorgt, daß »die Integration in die globale Ökonomie die gesellschaftlichen Rechte nicht beschnitten hat«.

Das Problem ist jedoch, daß diese schönen Worte über Sozialpartnerschaft mit den tatsächlichen Gegebenheiten wachsender gesellschaftlicher Ungleichheit kollidieren. In Wirklichkeit hat der ideologische Erfolg des Partnerschaftsmodells, durch den mögliche Opposition von Seiten der Gewerkschaften und Wohlfahrtsverbänden ausgeschaltet werden konnte, den direkten Transfer des Wohlstandes von der Bevölkerungsmehrheit auf eine kleine Elite begünstigt.

Das Konzept der Sozialpartnerschaft wurde erstmals 1987 angewandt und florierte zusammen mit dem irischen Wirtschaftsboom seit den frühen neunziger Jahren. In dieser Zeit hat sich der Lebensstandard erhöht, was jedoch kaum bemerkenswert ist. Bei nahezu erreichter Vollbeschäftigung und wachsendem Arbeitskräftemangel hat sich die Verhandlungsposition der Arbeitnehmer verbessert. Interessanter ist die Frage, welche Rolle die Sozialpartnerschaft dabei gespielt hat, den Arbeitnehmern einen größeren Anteil am Wirtschaftswachstum vorzuenthalten. Die Belege dafür, daß die Arbeitnehmer relative Verluste in Form einer geringeren Anteils hinnehmen mußten, liegen auf der Hand. Tabelle 2 zeigt, daß in der EU allgemein die Tendenz zu beobachten ist, daß Löhne einen immer geringeren Teil der Gesamtwirtschaft ausmachen. Die Verkleinerung des auf Löhne entfallenden Anteils ist jedoch in dem Land, das sich der stärksten und bestverankerten Sozialpartnerschaft rühmt, am weitesten fortgeschritten.

Tabelle. Anteil der Löhne an der Gesamtwirtschaft in Irland und der EU (Prozentanteil am Bruttosozialprodukt beim Kostenfaktor)

	1987	2000
Irland	71,2	58,0
EU insgesamt	72,0	68,3

(Quelle: Europäische Kommission, *The European Economy* Nr. 70, EU Kommission 2000)

Grundlage der Sozialpartnerschaft war der Lohnverzicht. Fast jeder andere Wirtschaftsbereich ist dereguliert worden. Es wird keinerlei Kontrolle ausgeübt über Zinsen, Grund-

• *Programme for National Recovery*, Dublin Government Publications 1987, S. 5.
•• *Programme for Prosperity and Fairness*, Dublin Government Publilcations 2000. S. 3.

stückspreise, Immobilienpreise oder Profitniveaus – allein die Löhne unterliegen, scheinbar auf »freiwilliger Basis«, einer Kontrolle. (Wobei die Auseinandersetzung mit der Lehrergewerkschaft ASTI gezeigt hat, daß auch einer Gewerkschaft, die die Partnerschaftsstrukturen verläßt, weiterhin die Bedingungen dieser Partnerschaft aufgezwungen werden können.) Wenn jedoch ein wichtiger Bestandteil der Wirtschaft bei einem Boom reguliert bleibt, während alle anderen dereguliert werden, ergibt sich daraus zwangsläufig eine Umverteilung des Wohlstands von unten nach oben.
Die irischen Arbeitnehmer haben außerdem relative Verluste einstecken müssen, weil sie kaum für ihre gesteigerte Produktivität belohnt worden sind. Die Wettbewerbsbedingungen zwischen den Unternehmen haben dafür gesorgt, daß vor allem Maßnahmen zur Steigerung der »Flexibilität« honoriert wurden. Eine Untersuchung über Innovationen an den irischen Arbeitsplätzen habe ergeben, daß 90 Prozent der betreffenden Firmen zumindest eine leistungssteigernde Arbeitsorganisationstechnik anwandten.• Der keltische Tiger hat keine bedeutende Steigerung der Investitionen in fixes Kapital erlebt, weshalb die gewachsene Arbeitskraftprodukivität entscheidend zum Wirtschaftswachstum beigetragen hat. 1996 lag der EU-Durchschnitt des Produktionsaufkommens bei 139.000 ECU per Arbeitnehmer, in Irland jedoch bei 291.000.
Vertreter des Konzepts der Sozialpartnerschaft räumen durchaus ein, daß die Ungleichheit zugenommen hat, behaupten jedoch, die Strukturen hätten sich immerhin der »besonders Ausgegrenzten« angenommen. Diese Behauptung fußt vor allem auf der Überlegung, daß die Vereinbarungen der Sozialpartnerschaft seit 1997 zur Konsolidierung des Realwertes der Arbeitslosenunterstützung geführt haben. Doch diese Sicht ignoriert abermals die übrigen möglichen Hilfsmittel. Die Zeit der Sozialpartnerschaft ist insgesamt mit einer weitergreifenden Änderung einhergegangen, durch die das Verhältnis der Sozialhilfeausgaben in Irland zum Bruttonationalprodukt seit 1987 um einiges gefallen ist. 1996 beispielsweise entsprachen die irischen Sozialausgaben denen der USA und lagen um sieben Prozent unterhalb des europäischen Durchschnitts.••
Der geringe Anstieg in der Arbeitslosenunterstützung steht dazu in starkem Kontrast zu den Steuervergünstigungen, die den Besserverdienenden gewährt wurden. Die CORI-Justice Commission nimmt an, daß die Regierung die Einkommensschere zwischen auf Dauer arbeitslosen Paaren und Besserverdienenden zwischen 1996 und 200 um £159 pro Woche vergrößert hat.••• Während der keltische Tiger also energisch expandierte, fiel Irland auf dem Human Development Index vor allem deshalb ab, weil es das zweithöchste Niveau an Armut in den Industrienationen aufweist.••••
Einer der Gründe, aus denen die Sozialausgaben fielen, war natürlich das Be-

• J. McCartnesy und P. Teague: »Workplace Innovations in the Republic of Ireland«, in: *Economic and Sozial Review*, 28 (1997), 4, S. 381-399.

•• S. O'Riain und P. O'Connell: »The Role of the State in Growth and Welfare«, in: Nolan, Brian, O'Connell, Philip J. und Whelan, Christopher T.: *Bust to Boom? The Irish Experience of Growth and Inequality*, Dublin, Institute of Public Administration, 2000, S. 331.

••• CORI, *Poverty, Low Pay and Social Welfare*, Dublin, CORI, Oktober 2001, S. 10.

•••• United Nations Development Programme, *Human Development Report 2001*, Oxford, Oxford University Press 2001, S. 153.

schäftigungswachstum. Der Boom an sich war dabei ein entscheidender Faktor, doch zugleich gibt der Staat Irland mehr für aktive Arbeitsförderungsprogramme aus als viele andere Länder. Anders als beim britischen Modell, das auf Maßnahmen wie Zahlungen für aktiv Arbeitssuchende fußt, scheinen diese Programme auf Freiwilligkeit zu beruhen. Doch die ständige Überwachung der Arbeitslosen, die dauernden Aufforderungen zu Gesprächen und zur Teilnahme an ABM-Maßnahmen führen eben doch zu einem hohen Niveau an Zwang.

Der keltische Tiger fußte weitgehend auf niedrigen Löhnen, und die Arbeitslosen werden ständig zur Annahme von schlecht bezahlten Stellen gedrängt. Irland liegt an zweiter Stelle hinter den USA auf der Skala der Länder, in denen ein Großteil der Arbeitnehmerschaft in den unteren Einkommensbereichen tätig ist: 23 Prozent der Arbeitnehmer verdienen weniger als zwei Drittel des Durchschnittseinkommens.• Die Anzahl der auf Zeitvertrag Arbeitenden liegt durch den Boom unter dem EU-Durchschnitt von 13 Prozent, ist jedoch trotzdem auf 9 Prozent gestiegen.•• Der Rentenanteil in der Privatwirtschaft fällt ständig, weshalb viele von der absolut unzureichenden staatlichen Rente abhängig sind. Statt die »Schwachen« zu schützen, die entweder innerhalb oder außerhalb der Arbeitnehmerschaft zu finden sind, hat die Sozialpartnerschaft sie zu den einwandfreien Verlierern der boomenden Wirtschaft werden lassen.

Wenn der Verzicht auf Lohnerhöhungen als eine der wichtigsten Bedingungen für die Sozialpartnerschaft betrachtet werden muß, dann war seine andere Hauptgrundlage die Bereitschaft zu Steuersenkungen. Herkömmliche Unternehmensformen waren oft mit einer Keynesianischen Strategie des freien Marktes verbunden, die zugleich einen Anstieg von staatlichen Steuerungsmaßnahmen und Ausgaben erforderte. Das neue Wettbewerbssystem, das sich in Irland geltend macht, kehrt diesen Prozeß um und führt dazu, daß Steuersenkungen immer mehr als Belohnung für die Teilnahme am Partnerschaftsprozeß gesehen werden. Verzicht auf Lohnerhöhungen wird deshalb gegen Steuersenkungen aufgerechnet, so daß jetzt sogar Gewerkschaftsbeiträge von der Steuer abgesetzt werden können! Doch enthält die Steuersenkungskultur eine starke Dynamik, die bestehende Ungleichheiten noch verschärft.

Das liegt vor allem an zwei Gründen: Zum einen profitieren vor allem die Wohlhabenden von den Steuersenkungen. 1987 lag der Spitzensteuersatz für Unternehmen, die keine Waren exportierten, bei 50 Prozent. 2002 wird dieser Steuersatz auf 12,5 Prozent fallen – und damit der niedrigste Europas sein. Die Kapitalertragssteuer wurde von 40 auf 20 Prozent gesenkt. Von den Arbeitgebern gezahlte Sozialbeiträge sind von 32 Prozent des Bruttosozialprodukts auf 2,7 gefallen und damit die zweitniedrigsten in Europa.••• Die, die sich in Bezug auf ihre Profite am wenigsten einschränken mußten, haben in Form von Steuergeschenken am meisten gewonnen. Diese Lage zeigt sich am deutlichsten im Hinblick auf die Banken. Während ihre

• A. Barrett, T. Callan und B. Nolan: The Earnings Distribution and the Return to Education in Ireland, in: *ESRI Working Paper*, Nr. 85, Juni 1997, S. 8.

•• European Foundation, European Industrial Relations Oberservatory, *Annual Review 2000*, Dublin, European Foundation, 2000, S. 34.

••• European Commission, Brüssel, EU Commission, 2000, S. 242.

Profite in astronomische Höhen geschossen sind, zahlen sie jetzt einen geringeren Prozentsatz dieser Profite an Steuern als die meisten Angestellten.
Zum zweiten hat diese Politik der Steuersenkung dazu geführt, daß die staatlichen Ausgaben jetzt bei weitem die niedrigsten in der EU sind. Die allgemeinen staatlichen Ausgaben lagen im Jahre 2000 bei nur 33,2 Prozent des Bruttosozialprodukts in Irland, und bei 46,2 im EU-Durchschnitt.• Das führt Nachteile für die ärmeren Bevölkerungsteile mit sich, die auf öffentliche Dienstleistungen angewiesen sind. Kritik über den Zustand des Gesundheitswesens beispielsweise ist weit verbreitet, da immer mehr Menschen auf zusätzliche private Versicherungen angewiesen sind. Die durchschnittliche Wartezeit für eine Operation usw. beträgt sechzehn Wochen für den Normalversicherten, acht Wochen dagegen für jemanden mit privater Versicherung.•• Der wichtigste Grund für diese Entwicklung war die systematische finanzielle Vernachlässigung des Gesundheitswesens, die erst in jüngster Zeit ein Ende genommen hat. Die gesamten Ausgaben für das Gesundheitswesen in Irland betrugen 1996 pro Kopf der Bevölkerung 62 Prozent des EU-Durchschnitts.•••
Die Sozialpartnerschaft hat außerdem zu einer erstaunlichen Zusammenarbeit von gegensätzlichen Elementen der irischen Gesellschaft geführt. Diese Strategie hat ihren Erfolg überhaupt erst ermöglicht. Die Mitte der neunziger Jahre beispielsweise wurde geprägt von immer neuen Entlarvungen der komplizierten Netzwerke, die eine kleine Elite von Geschäftsleuten mit Spitzenpolitikern verband. Es stellte sich heraus, daß der ehemalige Premierminister Charles Haughey zwischen 1988 und 1991 wöchentlich £5.500 aus einem besonderen Fonds bezog, der als Ansbacher Konto bekannt geworden ist und von der wirtschaftlichen Elite gespeist wurde. Zwei Minister, Michael Lowry und Ray Burke, traten zurück, nachdem sich ihre engen finanziellen Verbindungen zu Geschäftsleuten herausgestellt hatten, die von den Entscheidungen dieser Minister profitiert hatten. Das alles erregte beträchtlichen Zorn, und die Delegierten der wichtigsten Gewerkschaften, SIPTU und IMPACT, riefen zu landesweiten Protestkundgebungen auf. Doch die enge Beziehung, die sich zwischen der politischen Elite und der Gewerkschaftsführung entwickelt hatte, sorgte dafür, daß diese Rufe unbefolgt verhallten.
Einer der wichtigsten Punkte auf der neoliberalen Tagesordnung waren die Privatisierung des staatlichen Sektors und die weitergehende Deregulierung der Wirtschaft. Diese Tagesordnung wurde von Zusammenschlüssen wie der OECD betrieben, die festgestellt hat, daß die Entwicklung zur Deregulierung in Irland später einsetzte als anderswo und dann in den achtziger und neunziger Jahren an Tempo gewann. Der OECD zufolge war Irland »Ende 1997 eines der am wenigsten regulierten OECD-Länder, in Bezug auf Zutritt zum Markt, Unternehmertum, Marktoffenheit und Arbeitsmarkt«.•••• Mit anderen Worten: Der Prozeß der Deregulierung ging mit der

• European Commission, *EU Economic Data Pocket Book*, Nr. 9, 20011, EU Commission, Brüssel 2001, S. 35.
•• »GMS Patients Wait Twice as Long on Hospital Lists«, in: *The Irish Times*, 24. August 2001.
••• EU Commission, *Eurostat Yearbook 2000*, S. 81.
•••• OECD, *Regulatory Reform in Ireland*, OECD, Paris, 2001, S. 27.

Vertiefung der Partnerschaft Hand in Hand. Die OECD weist außerdem daraufhin, daß die »Privatisierungsmaßnahmen in enger Zusammenarbeit mit den Gewerkschaften entwickelt worden sind«.•

Die Akzeptanz der Privatisierung in Irland beruht häufig auf der Versicherung, daß es ein spezifisch irisches Modell der Privatisierung geben wird, das, anders als das britische, auf sozialer Solidarität aufbaut. Die Gewerkschaftsführungen haben sich einem Nationalen Wettbewerbsrat angeschlossen, der, wie die OECD betont, »den Wettbewerb in den Bereichen Energie, Fernmeldewesen, Verkehr und vielen anderen Bereichen der Wirtschaft« gesteigert hat«.•• Während viele britische Gewerkschaften gegen angestrebte Privatisierungsmaßnahmen energisch protestiert haben, haben sich die irischen Gewerkschaftsspitzen im Rahmen der Übereinkünfte zur sozialen Partnerschaft ausdrücklich hinter solche Pläne gestellt. Im Rahmenwerk der öffentlich-privaten Partnerschaft haben die Gewerkschaften sogar der Überstellung mancher Staatsangestellter in Privatunternehmen zugestimmt.•••

Zusammenfassung

Der keltische Tiger ist zum Modell für Entwicklungsländer ausgerufen worden, weil es in Irland gelungen ist, multinationale Unternehmen anzulocken, die in ein Exportprogramm investiert haben. Sozialpartnerschaft galt als notwendiges Gegenstück zu diesem Vorgehen. Solange die irische Gesellschaft sich dem Diktat fügte, daß Profit dauernde Unterstützung braucht, schien der Boom noch für Jahrzehnte vorhalten zu können.

Tatsache war jedoch, daß die irische Wirtschaft im Kielwasser des US-Booms erstarkte. Sie funktioniert als Brückenkopf für Investoren aus den USA, die sich einen größeren Anteil am Markt ihrer europäischen Rivalen sichern wollten. Nur wenige herkömmlich orientierte Ökonomen haben die Widersprüche des Booms in den USA untersucht, da sie selber zu fest im Neoliberalismus verwurzelt waren. Jetzt aber zeigen diese Widersprüche sich nur zu deutlich – und das war schon lange vor dem 11. September der Fall.

Die Sozialpartnerschaft hat es hervorragend geschafft, potentielle Gegner der wachsenden Ungleichheit in Irland in ihre Zielsetzungen einzubinden. Sie hing mit dem in anderen europäischen Ländern verbreiteten Modell der sozialen Marktwirtschaft zusammen, die sich selber als Alternative zum Dschungelkapitalismus der USA darstellte. Ironischerweise jedoch bildeten Konzept wie »soziale Solidarität« und »Verhinderung von sozialer Ausgrenzung« einfach die Schiene, auf der ein neoliberales Projekt in einem Land mit starken Gewerkschaften in Gang gebracht werden konnte. Statt eine reelle Alternative zum Neoliberalismus zu bieten, waren Sozialpartnerschaft und das entsprechende europäische Modell einfach nur Varianten einer politischen Methode zur Durchsetzung von Privatisierung, Deregulierung und Umverteilung von unten nach oben.

• ibid., S. 26.

•• ibid., S. 28.

••• »Government Expects Building Costs to Be Static«, in: *The Irish Times*, 2. November 2001.

Kinvarra, Co. Galway, 2000 (Gerd Adloff)

Silke van Dyk

WIRTSCHAFTSBOOM UND KONSENS – GEWERKSCHAFTEN IM KELTISCHEN TIGER

»Why should unions be concerned about the consensus? Because if we are outside the national consensus it is much more difficult to achieve our aims.« (ICTU 1999: 13)

Die arbeitsmarkt- und stabilitätspolitischen Erfolge der letzten 15 Jahre haben Irland nicht nur den Namen ›Keltischer Tiger‹ eingebracht, sondern dem traditionell krisengeschüttelten und peripheren Land zudem ungewohnte internationale Aufmerksamkeit beschert. Die Erfolge werden von allen Seiten auf die seit 1987 bestehende Sozialpartnerschaft zwischen Gewerkschaften, ArbeitgeberInnenverbänden und Regierung (siehe Kasten I) zurückgeführt, womit die Gewerkschaften als zentraler Akteur der Erfolgsgeschichte in den Mittelpunkt des Interesses rücken.

Der verbreiteten Interpretation zufolge schafften es die ArbeitnehmervertreterInnen durch ihre (niemals als solche explizierte) Annäherung an die Krisendeutung von ArbeitgeberInnen und Regierung die Voraussetzung dafür, daß mittels konsensualer Politik die Krise der achtziger Jahre wirkungsvoll bekämpft werden konnte. Diese Politik der SozialpartnerInnen wird einhellig als pragmatische, nicht-ideologische Anpassung an veränderte Rahmenbedingungen, an sogenannte neue Realitäten interpretiert. Der Konsens als neutrales Erfolgsrezept.

Der Wandel der Gewerkschaften wird in diesem Zusammenhang von allen Seiten gewürdigt und als Ausdruck von ›Lernfähigkeit‹ und ›Verantwortungsbewußtsein‹ gelobt (vgl. Sheehan 1996). Die Konsequenzen der Kooperation für gewerkschaftspolitische Inhalte, für die Struktur der Bewegung oder die daraus resultierenden innergewerkschaftlichen Auseinandersetzungen scheinen hingegen nicht zu interessieren. Genauer gesagt: Die Gewerkschaften befinden sich im Brennpunkt der Debatte, um dort ein Schattendasein zu führen.

Sozialpartnerschaftliche Konsensgenese und ihre Folgen werden unter dem Deckmantel des Lernens entproblematisiert und die Gewerkschaften unbesehen in den Reihen der Pragmatiker und Realistinnen begrüßt. Die verbreitete Annahme, daß die Strategie der SozialpartnerInnen pragmatisch, notwendig und deshalb vernünftig ist, läßt Konsens und Vernunft zu einer Einheit verschmelzen. Fragen nach Machtressourcen und Herrschaft können in diesem Zusammenhang nach Belieben ausgeblendet werden.

Der Konsens ist jedoch nicht nur um einiges komplexer, brüchiger und weitgehender als gemeinhin angenommen, er ist auch ohne ernstgemeinten und für Machtverhältnisse sensiblen Fokus auf die Entwicklung der irischen Gewerkschaften nicht zu verstehen.

Nach kurzem historischem Überblick über die Struktur der irischen Gewerkschaftsbewegung und ihre inhaltliche Ausrichtung werde ich deshalb die Rolle der Gewerkschaften in der Sozialpartnerschaft seit 1987 diskutieren. Hierbei interessieren einerseits Konsens- und Konfliktlinien mit ArbeitgeberInnen und Regierung, andererseits Auseinandersetzungen innerhalb des gewerkschaftlichen Dachverbandes *ICTU*, die die Einbindung in den sogenannten sozialpartnerschaftlichen Konsens betreffen. Im abschließenden Fazit komme ich zur Beurteilung der aktuellen Rolle von Gewerkschaften in der irischen Gesellschaft.

2. Gewerkschaften in Irland – ein Überblick

Der gewerkschaftliche Dachverband *Irish Congress of Trade Unions* (*ICTU*) umfaßt 48 Einzelgewerkschaften, in denen über 95 Prozent aller Gewerkschaftsmitglieder in der Republik Irland (im Jahr 2001: 543.822) organisiert sind (vgl. www.ictu.ie). Der Organisationsgrad lag 1995 bei dem für europäische Verhältnisse vergleichsweise hohen Prozentsatz von 52,3 Prozent, war damit jedoch um ca. 10 Prozent-Punkte niedriger als in den siebziger Jahren (vgl. Roche 2000: 363). Sogenannte ›british-based unions‹, Gewerkschaften, die ihren Hauptsitz in Großbritannien haben und zusätzlich in der Republik Irland agieren, spielen eine relevante Rolle und organisieren ca. 15 Prozent der *ICTU*-Mitglieder (vgl. European Industrial Relations News 1995: 24). Die irische Gewerkschaftsbewegung ist traditionell durch starke Fragmentierung in zahlreiche Kleinstgewerkschaften bei gleichzeitiger Konzentration vieler Mitglieder in den großen ›general unions‹ geprägt. Seit Mitte der achtziger Jahre bricht die Fragmentierung jedoch im Zuge von Rationalisierungsprozessen und Strategiedebatten in Ansätzen auf, und zahlreiche Gewerkschaften fusionieren (vgl. Mac Partlin 1994: 106).

Der Einfluß des Dachverbandes *ICTU* war trotz hoher Mitgliedsdichte jahrzehntelang begrenzt. Insbesondere die zentralen ›general unions‹ verfügten über Macht und Mittel, eigene Wege zu gehen. Erst durch die Ausprägung korporatistischer Strukturen Anfang der siebziger Jahre und insbesondere die Sozialpartnerschaft seit 1987 hat der Dachverband eine zentrale und von den großen Einzelgewerkschaften unabhängigere Rolle erlangt (vgl. Bew et al. 1989: 169f.).

Innerhalb des Dachverbandes existieren unterschiedliche, tief verwurzelte Spannungs- und Konfliktlinien, die auch die Auseinandersetzungen um die aktuelle Sozialpartnerschaft prägen. Ein zentrales Konfliktfeld stellen die Auseinandersetzungen zwischen Gewerkschaften im öffentlichen und im privaten Sektor dar, die daraus resultieren, daß die unterschiedliche Struktur der Sektoren mitunter eine Übereinstimmung der Prioritäten verhindert. Eine zweite Konfliktlinie verläuft seit Gründung des Dachverbandes zwischen britischen und irischen Gewerkschaften, wobei hier weniger konkrete Verteilungskonflikte als ideologische Differenzen eine Rolle spielen. Britische Gewerkschaften gelten als ›linker‹ und weniger ›reformistisch‹ als ihre irischen Pendants und haben traditionell gegen korporatistische Verhandlungslösungen opponiert (vgl. Hardiman 1992: 345).

Im Gegensatz zu anderen europäischen Ländern fehlt in Irland eine Anbindung der Gewerkschaftsbewegung an eine starke sozialdemokratische oder Arbeiterpartei: Aufgrund der Bedeutung der nationalen Frage für den politischen Alltag ist die irische *Labour Party* zum einen eine untergeordnete dritte Kraft mit begrenztem Einfluß im Parteiensystem geblieben. Zum anderen haben sozio-ökonomische Themen in umfassenderem Sinn als der konkreten Lohnfrage auch für den Großteil der ArbeitnehmerInnen jahrzehntelang im Schatten der nationalen Frage gestanden (vgl. Hardiman 1988: 125). Das Verhältnis zwischen *ICTU* und ›Labour Party‹ blieb daher bis Anfang der neunziger Jahre betont unterkühlt. Diese Distanz ist nicht ohne Folgen für gewerkschaftspolitische Inhalte geblieben: »The unions' anomalous relationship to the political system deprived them of an ›ideological pivot‹ for the develop-

ment of a class-based analysis of inequalities of a class-wide conception of collective identity.« (Hardiman 1988: 126) Statt einen konsequenten klassenpolitischen Ansatz zu verfolgen, war die Politik von *ICTU* in der Nachkriegszeit stark von kurzfristigen und sektoralen Interessen geleitet (vgl. Breen et al. 1990: 164). Eine Hierarchisierung von widersprüchlichen Zielen – etwa höchstmögliche Lohnerhöhung für alle und eine egalitärere Lohnstruktur – wurde aufgrund der kurzfristigen Aktionsweise nicht vorgenommen, eine umfassende Gesamtstrategie nicht entwickelt.
Dennoch lag der Gewerkschaftsposition eine Analyse ökonomischer Zusammenhänge zugrunde, die bis Mitte der achtziger Jahre in grundlegenden Fragen von der Analyse der Arbeitgeber, aber auch von jener der Regierung abwich: Vor allem die Formel ›niedrige Löhne = Steigerung der Wettbewerbsfähigkeit = mehr Beschäftigung‹ teilte *ICTU* nicht mit den anderen Sozialpartnern (vgl. Breen 1990: 175). Die unterschiedlichen Analysen haben sich auch durch die Einbindung von *ICTU* in korporatistische Verhandlungen mit ArbeitgeberInnenverbänden unter Regie der Regierung auf nationaler Ebene von 1971 bis 1981 nicht angenähert: Über eine in anderen kleinen Volkswirtschaften (etwa die Niederlande) zur selben Zeit übliche nationale Lohnkosten-Wettbewerbsstrategie konnte in Irland ebenso wenig Einigung erzielt werden wie über gezielte Inflationsbekämpfung durch Lohnmäßigung. Der irische Korporatismus der siebziger Jahre blieb zudem durch die im traditionell pluralistischen und antagonistischen System industrieller Beziehungen geprägte ›pressure-group-Strategie‹ der Gewerkschaften gekennzeichnet: Der Einsatz von Machtressourcen für bestmögliche Ergebnisse statt Kompromiß war die Devise (vgl. Hardiman 1988: 248).
Zwischen dieser Situation und dem aktuellen Konsens, dessen Herzstück die Lohnzurückhaltung bildet, scheint ein weiter Weg zu liegen. Aus zwei Perspektiven soll im folgenden Licht auf diesen rasanten Prozeß fallen: Zum einen wird der von den Gewerkschaften tatsächlich zurückgelegte Weg, zum anderen der Konsens selbst beleuchtet.

3. Gewerkschaften und die irische Sozialpartnerschaft

Die Gewerkschaften haben schon kurz nach dem Scheitern der Dreieckskooperation Anfang der achtziger Jahre eine neue Form der Kooperation vorangetrieben. Diesmal zeigten sie sich bereit, ihre traditionelle ›pressure group‹-Haltung zugunsten kooperativer Lösungen aufzugeben. Nach weniger als einem Jahrzehnt hatte sich das Blatt für *ICTU* komplett gewendet. Im Gegensatz zur relativ starken Verhandlungsposition in den siebziger Jahren sah sich der Dachverband seit Anfang der achtziger Jahre durch sinkende Mitgliederzahlen und die im Zuge der neoliberalen Wende im Nachbarland Großbritannien erfolgte Zerschlagung der dortigen Gewerkschaftsbewegung einer existentiellen Bedrohung ausgesetzt (vgl. Aust 1999: 134). Gewerkschaftsdokumente aus der Mitte der achtziger Jahre zeigen, daß *ICTU* mit dem Aufstieg der neuen neoliberalen Partei *Progressive Democrats* und dem Rechtsruck von *Fine Gael* eine thatcheristische Wende konkret auch für Irland befürchtete (vgl. ICTU 1984). Das Schicksal britischer Gewerkschaften vor Augen, schien unter den Bedingungen kaum ein Preis zu hoch für die mit einer Sozialpartnerschaft verbundene Bestandsgarantie

Sozialpartnerschaft in Irland

Mit dem ›Programme for National Recovery‹ (PNR) begann 1987 die Geschichte der Sozialpartnerschaft zwischen Gewerkschaften, ArbeitgeberInnenverbänden und Regierung. Trotz einer Arbeitslosigkeit von über 18% standen zunächst die Konsolidierung und Umstrukturierung der Staatsfinanzen sowie die Stärkung der internationalen Wettbewerbsfähigkeit im Mittelpunkt des Interesses. Einigkeit bestand darin, daß diesen Zielen durch moderate Lohnabschlüsse näher zu kommen sei. Der entscheidende Tausch im Rahmen der irischen Sozialpartnerschaft fand deshalb zwischen der von gewerkschaftlicher Seite zugestandenen Lohnzurückhaltung und dem vom Staat zugesicherten Steuersenkungen für ArbeitnehmerInnen statt. Dieser Tausch war insofern erfolgreich, als daß der Großteil der ArbeitnehmerInnen trotz Lohnmäßigung reale Einkommensgewinne zu verzeichnen hatte. Begleitet wurde diese Entwicklung jedoch von wachsender Lohnungleichheit, einer Zunahme der Niedriglohnbeschäftigung und einer sozialpolitischen Umverteilung von ›unten‹ nach ›oben‹.

Seit dem ›Programme for National Recovery‹ wurden in Abständen von jeweils drei Jahren vier weitere Programme der Sozialpartner verabschiedet, denen jeweils eine ausführliche Studie des *NESC* vorausging. Die Vereinbarungen wurden hinsichtlich des abgedeckten Themenspektrums im Laufe der Jahre zunehmend komplexer. In Folge dessen wurden neben den Kernaspekten der Lohnzurückhaltung und der Einkommenssteuersenkung entscheidende Umstrukturierungen in den industriellen Beziehungen sowie der Arbeitsmarkt-, der Steuer- und der Sozialpolitik verhandelt. Die Einzigartigkeit irischer Sozialpartnerschaft im europäischen Vergleich besteht seit 1997 in der Einbeziehung weiterer Akteure (etwa des irischen Frauenverbandes oder die Arbeitslosenorganisation) in den Partnerschaftsprozeß.

und mögliche Einflußnahme (vgl. Hardiman 1988: 236). Obwohl die Bereitschaft, hierfür traditionelle Gewerkschaftspositionen aufzugeben, in keiner Publikation expliziert ist, spielen Fragen von ›notwendigem Wandel‹ für die Sicherung der Zukunft der Gewerkschaftsbewegung in *ICTU*-Papieren der achtziger Jahre eine zunehmende Rolle. Wiederholt wird hier auf die Notwendigkeit einer ›realistischen Politik‹ verwiesen (vgl. ICTU 1989). Zur selben Zeit werden die Gewerkschaften offensiv von den ArbeitgeberInnenverbänden aufgefordert, veränderten Rahmenbedingungen durch Revision überkommener Positionen nachzukommen (vgl. FUE 1988; FUE 1987a; FUE 1987b).

Der Wandel blieb nicht aus: Die Sozialpartnerschaft wurde 1987 insbesondere dadurch möglich, daß *ICTU* bereits vor Beginn der Kooperation einen Deutungswandel von einer eher nachfragepolitisch orientierten Krisendeutung, die die Gewerkschaftspolitik bis Anfang der achtziger Jahre bestimmt hatte, hin zur angebotstheoretischen Analyse der Stärkung von Wettbewerbsfähigkeit (siehe Kasten II) vollzogen hatte (vgl. Aust 1999: 160; Hardiman 1988: 219f.). Damit erfolgte in dieser grundlegenden Frage eine Annäherung an Regierungs- und Arbeitgeberpositionen. Noch 1984 heißt es in einem Strategiepapier von *ICTU*, »that the strategy of creating the so-called right environment for private enterprise will not work« (ICTU 1984: 1). Schon zwei Jahre später wird mit dem Initial-Report des *National Economic and Social Council (NESC)* ›A Strategy for Development‹ unter Beteiligung von *ICTU* eine Krisenstrategie ausgehandelt, die die Frage des Kostenwettbewerbs in den Vordergrund rückt, den Rahmenbedingungen für internationale Konzerne oberste Priorität einräumt und das Primat der Stabilitätspolitik gegenüber der Notwendigkeit des Beschäftigungsaufbaus betont. In diesem Zusammenhang akzeptiert *ICTU* erstmalig Lohnzurückhaltung als geeignetes Mittel, um Wettbewerbsfähigkeit zu stärken und Arbeitslosigkeit abzubauen. Ein zentraler Dissens der siebziger Jahre wird damit aus dem Weg geräumt (vgl. NESC 1986).

Trotz zunehmend expliziter Anerkennung angebotspolitischer Grundsätze bleibt die gewerkschaftliche Haltung ambivalent und widersprüchlich: Während *ICTU* die ungerechte Verteilung der Steuerlast anprangerte und die Erhöhung von Unternehmenssteuersätzen forderte (vgl. ICTU 1987/1988: 21), unterstützte der Verband auch das sozialpartnerschaftliche Programm, das Steuersenkungen für Unternehmen in Aussicht stellte. Die zögerliche Angleichung der von gewerkschaftlicher Seite favorisierten politischen Instrumente an den angebotspolitischen Paradigmenwechsel scheint die Ursache für diese Ungereimtheiten zu sein. Doch innerhalb weniger Jahre wurden die meisten Widersprüchlichkeiten geglättet. 1994 etwa wurde im Einvernehmen mit den Gewerkschaften die Senkung der Standardsteuersätze für Unternehmen vereinbart (vgl. PCW 1994: 54).

Damit ist der inhaltliche Konsens umrissen, der als Herzstück der Sozialpartnerschaft und als großes Erfolgsrezept des keltischen Tigers gilt. Doch so einfach es auf den ersten Blick erscheint, die Situation ist um einiges komplexer und sicherlich mehr als das Ergebnis eines schlichten Lernprozesses.

Meines Erachtens ist der Konsens weitgehender, ambivalenter, aber auch vielschichtiger und brüchiger, als in der aktuellen Debatte angenommen. Zur Begründung dieser These will ich im folgenden den Blick auf vier Bereiche lenken: zum einen auf die (Rahmen-)bedingungen und Machtverhältnisse, vor deren Hintergrund der Positionswechsel der Gewerkschaften stattfindet, zum zweiten auf einen zentralen Dissens zwischen den Sozialpartnern, der nie zum offenen Konflikt geführt hat, drittens auf eine Vielzahl von Alltagskonflikten, die die Kooperation mehr als einmal an den Rand des Zusammenbruchs gebracht haben, und viertens auf zahlreiche, den sozialpartnerschaftlichen Konsens betreffende *ICTU*-interne Konflikte und Auseinandersetzungen.

Konsens durch gewerkschaftlichen Wandel

Zunächst zu den (Rahmen-)Bedingungen des Anpassungsprozesses: Die konkrete neoliberale Bedrohung aus dem Nachbarland, die eklatanten Mitgliederverluste der Gewerkschaften, die hohe Arbeitslosigkeit und die zunehmende Internationalisierung haben die Position der ArbeitgeberInnen in Irland nachhaltig gestärkt und die Handlungsspielräume der Gewerkschaften eingeschränkt. Die vor dem Hintergrund schwindenden Machtressourcen der Gewerkschaften sollten gegenüber der verbreiteten Annahme eines machtneutralen Lernprozesses skeptisch stimmen. Wo unter den skizzierten Bedingungen die Trennlinie zwischen ›Realismus‹ und ›Kapitulation‹ verläuft, bleibt in der Begeisterung für den gewerkschaftlichen Wandel stets unbeantwortet.

Geht man einen Schritt weiter, stellt sich die Frage, wer in einer Gesellschaft definiert, was ›realistisch‹ ist und was nicht. Während bestimmte Rahmenbedingungen

für die Akteure einer kleinen, offenen Volkswirtschaft im Kapitalismus kaum zu ignorieren sind (zum Beispiel die Notwendigkeit der Wettbewerbsfähigkeit), zeigt sich, daß bestimmte Deutungen der Rahmenbedingungen und der daraus resultierenden ›Notwendigkeiten‹ mehr Gehör finden als andere. Mit den genannten Einschränkungen gehe ich davon aus, daß der Großteil dessen, was als notwendig, realistisch, vernünftig oder verantwortungsbewußt gilt – zentrale Vokabeln in der Beschreibung des Anpassungsprozesses der Gewerkschaften – nicht automatisch feststeht, sondern in gesellschaftlichen Deutungsprozessen konstruiert wird. In Irland konnte eine bestimmte Interpretation der Krisensituation als ›wahr‹ und ›richtig‹ durchgesetzt werden, die *ICTU* unter den Maximen von Realismus und Vernunft zur Anpassung der eigenen Strategien veranlaßte. Der Lernprozeß der Gewerkschaften wird so positiv interpretiert, weil er die Akzeptanz des als wahr anerkannten Diskurses ausdrückt.
Ein zentrales Beispiel ist die traditionell umkämpfte Frage der Lohnzurückhaltung, die das Herzstück gewerkschaftlicher Politik betrifft: Seit den achtziger Jahren wird der Zusammenhang von Lohnzurückhaltung und Wettbewerbsfähigkeit zunehmend als nicht zu hinterfragender Ausgangspunkt jeder politischen Debatte konstruiert. Durch diese Konstruktion der Lohnzurückhaltung als Notwendigkeit entsteht infolge der ›notwendigen‹ Anpassung der Gewerkschaften ein zuvor nicht vorhandener Konsens mit den ArbeitgeberInnen. Die Gewerkschaften verzichten freiwillig darauf, die Position der Lohneinkommen gegenüber den Profiten zu stärken. Daß die irischen Gewerkschaften traditionell eher entlang kurzfristiger und sektoraler Interessen agiert haben und kaum auf eigene konsistente und umfassende Konzepte zurückgreifen konnten, mag als beschleunigender Faktor in diesem Anpassungsprozeß gewirkt haben. Deutlich wird nun, daß die ›Macht der Interpretation der Welt‹ zwischen den verschiedenen gesellschaftlichen Akteuren unter diesen Rahmenbedingungen ungleich verteilt ist.
Der sozialpartnerschaftliche Konsens ist hier sehr viel weitreichender als gemeinhin angenommen, da er nicht nur das Ergebnis eines Aushandlungsprozesses ist, sondern Ausdruck einer neuen, gesellschaftlich verankerten, das heißt von allen Akteuren getragenen ›Wahrheit‹, die in dieser Funktion der Aushandlung entzogen ist. Zugleich ist der Konsens ambivalenter, da er nicht allein Ausdruck von Übereinstimmung, sondern auch von gesellschaftlichen Machtverhältnissen ist: Die rhetorisch nie explizierte Kapitulation vor übermächtigen Rahmenbedingungen, die nachhaltig die Position der ArbeitgeberInnen gestärkt haben, sowie die Verinnerlichung deutungsmächtiger Interpretationen von Rahmenbedingungen und Handlungsspielräumen belegen, daß sich Konsens und Hegemonie keineswegs ausschließen (vgl. Gramsci 1971: 169f.).

Der konfliktfreie Dissens

Der Aspekt der Hegemonie wird auch anhand gewerkschaftlicher Publikationen deutlich, die zeigen, daß mit der Anpassung an die angebotspolitische Krisendeutung nicht automatisch eine Übereinstimmung aller gewerkschaftlichen Interessen mit denen der ArbeitgeberInnen und der Regierung verbunden ist. Ich habe am Beispiel der Steuerpolitik zuvor dargelegt, daß an bestimmten gewerkschaftlichen Positionen und Instrumenten durchaus festgehalten wurde. Das hatte mitunter zur Folge, daß die

Gewerkschaften widersprüchlich agierten, was wiederum den Anpassungsdruck auch in diesen Bereichen verschärfte. Doch nicht überall erfolgte eine so umfassende Anpassung wie im Fall der Steuerpolitik. So stehen grundlegende Positionen von *ICTU* zu sozialem Ausgleich oder Lohnungleichheit der im Rahmen der Sozialpartnerschaft verfolgten Politik entgegen, ohne daß sie im Verlauf der letzten 15 Jahre wesentlich verändert wurden. Hiermit bin ich bei meinem zweiten Argument gegen die Interpretation des ›machtneutralen, umfassenden Konsenses‹ angelangt: Die Aufmerksamkeit gilt jetzt den Dissensen, die nie zu bestandsgefährdenden Konflikten führten.
Die Gewerkschaften haben die Frage der sozialen Ungleichheit stets als Themenfeld stark gemacht (vgl. z.B. ICTU 1991/1993: 43; ICTU 1995/1997: 15). Die Tatsache, daß entgegen der sozialen Rhetorik in der Sozialpartnerschaft die soziale Schieflage nicht nur nicht bekämpft, sondern durch radikale Umverteilung von ›unten‹ nach ›oben‹ von der Regierung vorangetrieben wurde (vgl. Callan/Nolan 2000: 196f.), wird in dieser Schärfe von *ICTU* zu keinem Zeitpunkt skandalisiert. In der Regel begnügt sich der Dachverband damit, ›mehr‹ sozialen Ausgleich zu fordern und einzelne Aspekte zu kritisieren (vgl. ICTU 1999/2001: 45). In diesem Zusammenhang ist interessant, daß die Gewerkschaften im Zuge des Anpassungsprozesses den argumentativen Spielraum für ihre sozialen Interessen selber eingeschränkt haben: Die Akzeptanz des Primats der Konsolidierungspolitik sowie das baldige Einschwenken auf eine Steuersenkungspolitik verringert und erschwert die Möglichkeiten, glaubwürdige und konsistente Forderungen nach sozialem Ausgleich zu stellen, da die zur Verfügung stehenden öffentlichen Mittel durch die konsensuale sozialpartnerschaftliche Strategie reduziert werden.

Konflikt trotz Konsens

Doch nicht alle sozialpartnerschaftlichen Dissense verbleiben in diesem Schwelzustand: Trotz durchgesetzter Wahrheiten, der angebotspolitischen Hegemonie und der vereinheitlichenden Kraft des Konsenses ist die irische Sozialpartnerschaft keineswegs konfliktfrei zu nennen. Schon im April 1988 sah sich die gerade ein halbes Jahr alte Dreieckskooperation mit der Ausstiegsdrohung von *ICTU* konfrontiert, die Ausdruck des Ärgers über die ausbleibende Entlastung von Niedriglohngruppen und über Entlassungen im öffentlichen Sektor war (vgl. IRN No. 16 1988: 10). Der nächste große Eklat folgte 1991, als die Regierung aufgrund eines unerwartet hohen Budgetdefizits die Verschiebung von Lohnerhöhungen und Gratifikationen im öffentlichen Sektor ankündigte. Obwohl Gewerkschaften und Regierung grundsätzlich darin einig waren, daß die Staatsverschuldung langfristig abgebaut werden sollte, interpretierte *ICTU* die konkrete Situation im Gegensatz zur Regierung als nicht alarmierend und bestand auf termingerechte Auszahlungen. Streikandrohungen und die Planung eines nationalen Aktionstages brachten die Kooperation ins Wanken (vgl. IRN No. 34 1991: 2f; IRN No. 46 1991: 4f.). *ICTU* führte einen erfolgreichen Abwehrkampf und handelte schließlich einen für alle Seiten akzeptablen Kompromiß aus.
In der zweiten Hälfte der neunziger Jahre wendet sich das Blatt ein wenig, und die im Zuge des Wirtschaftsbooms selbstbewußter gewordenen Gewerkschaften wehren nicht mehr ausschließlich Angriffe der anderen Seite ab, sondern gehen in ihren For-

derungen selbst über Vereinbartes hinaus: Im Juni 1997 fordert die größte Einzelgewerkschaft *SIPTU* die lokalen VerhandlungsführerInnen auf, die auf nationaler Ebene vereinbarte Lohnsteigerung als Obergrenze zu ignorieren und verstößt damit erstmalig gegen eine sozialpartnerschaftliche Vereinbarung (vgl. IRN No. 26 1997: 14). Ab Sommer 1998 verschärft sich die Situation im öffentlichen Sektor, wo die Lohnforderungen einzelner Gewerkschaften, vor allem der LehrerInnen und Krankenschwestern, die im nationalen Rahmen ausgehandelten Prozentsätze um ein Vielfaches übersteigen. Zunehmend wird von Streikdrohungen und Warnstreiks Gebrauch gemacht (vgl. IRN No. 33 1999: 17ff.). Die Situation im öffentlichen Sektor, verbunden mit aufkommenden Konflikten über die Anerkennung von Gewerkschaften auf betrieblicher Ebene, ließen 1999 die Aussicht auf ein neues Abkommen zeitweise in weite Ferne rücken. Zum ersten Mal thematisierten die Gewerkschaften ihre in der Tradition irischer industrieller Beziehungen gründende rechtlich ungesicherte Stellung auf betrieblicher Ebene als Hinderungsgrund für die Fortführung der Sozialpartnerschaft auf nationaler Ebene: »How can we continue to subscribe to a social partnership agreement when individual employers refuse to accept our right to exist and represent our members?« (IRN No. 20 1998: 18) Schließlich konnte ein allseits befriedigender Kompromiß erzielt werden (vgl. IRN No. 5 2000: 21f.), der den Weg für das aktuelle *›Programme for Prosperity and Fairness‹ (PPF)* freimachte. Auffällig in der medialen Darstellung dieser ausschnitthaft skizzierten Konflikte ist die Tendenz, jeden neuen Konflikt zwischen den Sozialpartnern zur ersten tatsächlichen Bedrohung der Sozialpartnerschaft zu erklären und damit ähnlich konflikthafte Entwicklungen der Vergangenheit einzuebnen, also nachträglich den Konsens zu glätten (vgl. im Überblick IRN No. 26 1997: 12f.).

Es besteht offenkundig eine Gleichzeitigkeit von zahlreichen Konflikten und weitreichendem Konsens, die bei genauerer Betrachtung weniger erstaunlich ist: Denn der gewerkschaftliche Paradigmenwechsel hin zur Angebotspolitik muß die alltäglichen politischen Fragen geringerer Reichweite, wie die Höhe der Lohnsteigerungen oder das Für und Wider konkreter Sozialkürzungen nicht zwangsläufig berühren. Die Ausblendung dieser möglichen Gleichzeitigkeit von Konsens und Konflikt hat neben der häufigen Ignoranz der Konflikte schon auf so manchen Irrweg geführt: So vermuten einige BeobachterInnen gegenwärtig, daß die anhaltende Boomphase und die daraus resultierenden Forderungen der Gewerkschaften erste Anzeichen dafür sein könnten, daß sie den angebotspolitischen Konsens in Frage stellen (vgl. Hardiman 2000b: 14). Tatsächlich sind die diesbezüglichen Konflikte bislang stets einzelne Verteilungskämpfe geblieben, die das grundlegende angebotspolitische Paradigma nicht berührten.

ICTU intern – Vielfalt der Konfliktlinien

Bis zu diesem Punkt habe ich allein die Position von *ICTU* skizziert, doch damit bleiben die hinter der sozialpartnerschaftstragenden Fassade des Dachverbandes schwelenden internen Konflikte ausgeblendet. Diese Auseinandersetzungen innerhalb der Gewerkschaftsbewegung sind mein viertes Argument gegen das Bild der allzu einfachen Harmonie.

Bezeichnenderweise existiert bis heute keine einzige Publikation, die diese gewerkschaftsinternen Konfliktlinien zum Thema macht. Damit wird ignoriert, daß vier von fünf sozialpartnerschaftlichen Programmen bei der zentralen gewerkschaftsinternen Abstimmung etwa ein Drittel Gegenstimmen erhielten (vgl. IRN No. 6 1997: 15; Yeates 2000). Hier findet sich eine vielfältige und im Laufe der Jahre wechselnde Koalition von SozialpartnerschaftsgegnerInnen zusammen. Eine starke Kraft waren insbesondere in den ersten Jahren die britischen Gewerkschaften, die eine Kooperation mit ArbeitgeberInnen und Regierung aus ideologischen Gründen traditionell ablehnen und dezentrale Lohnverhandlungen im Sinne der ›pressure-group-Strategie‹ favorisieren (vgl. European Industrial Relations Review No. 254 1995: 25). Im Gegensatz zu dieser grundsätzlichen Ablehnung der Sozialpartnerschaft ist die 1997 erfolgte Abkehr der drittgrößten Einzelgewerkschaft *Mandate* den konkreten Ergebnissen der Sozialpartnerschaft geschuldet. Die Gewerkschaft, die vor allem GeringverdienerInnen aus dem Einzelhandel vertritt, betont, daß sich die Situation ihrer Klientel im Verlauf der Sozialpartnerschaft verschlechtert habe, während die Besserverdienenden kräftig vom Boom profitiert hätten (vgl. Mandate 1996: 4). Mit der Begründung, daß die Sozialpartnerschaft mithin nicht erfolgreich sei, hat *Mandate* gegen die letzten beiden Abkommen votiert. »[We] don't believe you have progress if the gap between poor people and the rest of society is widening. And it has widened significantly, so our measure of progress is deficient.« (Mandate 1996: 5)
Während sich die bislang genannten Gewerkschaften trotz ihrer Ablehnung an das Mehrheitsvotum des Dachverbandes halten und Lohnpolitik in Übereinstimmung mit den nationalen Abkommen betreiben, agieren einige Gewerkschaften im öffentlichen Sektor seit Ende der neunziger Jahre nicht nur rhetorisch, sondern auch praktisch gegen die Politik von *ICTU*. Vor allem die Lohnforderungen der LehrerInnen und Krankenschwestern ignorieren die ausgehandelten Lohnleitlinien (vgl. IRN No. 11 2000: 3). Während die größte Einzelgewerkschaft *SIPTU*, die etwa ein Drittel aller Gewerkschaftsmitglieder organisiert, im Dachverband wie in der öffentlichen Debatte zu den entschiedensten BefürworterInnen der Kooperation gehört, sind auch hier über die Jahre hinweg mehr als ein Drittel GegnerInnen zu zählen. 1997 unterlag die Sozialpartnerschaftsgegnerin Carolann Duggan von den ›Socialist Workers‹, die die Kooperation als Gewinngeschäft für Unternehmen zu Lasten der ArbeitnehmerInnen kritisierte, mit 42% der Stimmen nur knapp bei den Wahlen zur *SIPTU*-Vorsitzenden (vgl. IRN No. 16 1997: 3). BasisaktivistInnen, die mit der offiziellen Linie ihrer Gewerkschaft nicht einverstanden sind, organisieren sich seit Mitte der neunziger Jahre in der Initiative »*SIPTU*-Fightback«.
Hiermit rückt eine weitere Gruppe von SozialpartnerschaftsgegnerInnen und -skeptikerInnen ins Blickfeld: Die Position von BasisaktivistInnen auf Betriebsebene unterscheidet sich – quer durch das Gewerkschaftsspektrum – zum Teil beträchtlich von den Positionen hauptamtlicher Führungspersonen. Zwar dürfte die Auffassung, daß die Gewerkschaftsbasis den Partnerschaftsprozeß nicht unterstützt und der Konsens allein von den Gewerkschaftseliten getragen wird (vgl. Allen 2000: 103ff.), zu pauschal sein, doch andere Untersuchungen belegen diese Einschätzung zumindest in der Tendenz (vgl. IRN No 2 1993: 21; Bew 1989: 227). Die Anti-Partnerschafts-

Angebotspolitik und Nachfragepolitik

Drei zentrale Aspekte kennzeichnen das angebotspolitische Paradigma: die Handlungsspielräume des Faktors Kapital, also der Unternehmen, werden gegenüber den ArbeitnehmerInnen gestärkt und die Angebotsbedingungen insgesamt in den Mittelpunkt gestellt; der Spielraum des öffentlichen Sektors wird zugunsten privater Initiative eingeschränkt, und Inflation wird über eine restriktive Geldpolitik bekämpft. Konkrete Konsequenzen dieses Ansatzes sind die Senkung von Steuern für Unternehmen und Besserverdienende, die Reduzierung von Staatsausgaben mit dem Ziel, die öffentliche Verschuldung abzubauen sowie die Senkung von Sozialleistungen, um auf diesem Weg Leistungsanreize zu schaffen. Die Verbesserung der Angebotsbedingungen kann sich sowohl auf die Kosten der UnternehmerInnen als auch auf qualitative Aspekte wie das Bildungsniveau oder die Infrastruktur beziehen. In Irland spielen beide Aspekte eine große Rolle.

Die Nachfragepolitik, die die Politik der Gewerkschaften in den siebziger Jahren prägte, stellt die private und staatliche Nachfrage nach Gütern und Dienstleistungen in den Mittelpunkt. Zum einen erhält der öffentliche Sektor damit eine zentrale Funktion – Staatsverschuldung gilt als notwendiges Mittel der Konjunktursteuerung. Zum anderen werden Lohnerhöhungen weniger als Verschlechterung der Angebotsbedingungen, denn als Stärkung der Nachfrageseite und als relevanter Konjunkturmotor interpretiert. Sozialleistungen und sozialer Ausgleich werden nicht mit Blick auf Leistungsanreize, sondern unter dem Gesichtspunkt der Stabilisierung der Nachfrage betrachtet.

kampagne, in der neben der britischen Gewerkschaft *ATGWU* vor allem auf Betriebsebene aktive GewerkschafterInnen organisiert sind, tritt für lokale Lohnverhandlungen ein und verfolgt einen klassischen ›pressure-group‹-Ansatz. Die links des gewerkschaftlichen ›Mainstream‹ zu verortenden AktivistInnen sind der Überzeugung, daß auf diesem Weg höhere Löhne für die ArbeitnehmerInnen zu erzielen sind und eine Umverteilung zugunsten der Profite gestoppt werden kann (vgl. IRN No. 4 1997: 6). Eine Umfrage unter ausgewählten Gewerkschaftsmitgliedern von 1998 ergab, daß 70% der Befragten der Überzeugung waren, daß ArbeitgeberInnen in großem Maße von der Sozialpartnerschaft profitieren; nur 2% teilten diese Einschätzung für ArbeitnehmerInnen (vgl. D'Art/Turner 2000: 56f.). Trotz heftiger Kritik an wachsenden Profiten und abgekoppelten Lohnsteigerungen mangelt es auf der Seite der GegnerInnen an einem konsistenten Ansatz, der dem angebotspolitischen Paradigma entgegengesetzt werden könnte – erinnert sei an dieser Stelle an die Tradition des kurzfristigen Aktivismus in der irischen Gewerkschaftsbewegung.

Die gesellschaftliche Durchsetzung der angebotspolitischen Krisenlösung hat auch für die Position der GegnerInnen in der Gewerkschaftsbewegung relevante Folgen. Sie sind in der öffentlichen Debatte nicht gemäß ihrer vergleichsweise großen Anzahl vertreten, was wiederum ihre gewerkschaftsinterne Position schwächt. Nur vor dem Hintergrund ist zu erklären, daß der Regierungschef die skizzierte breite Protestkoalition als mikroskopisch kleine Minderheit abwerten kann: »The Taoiseach Mr. Ahern warned ›micro-minority‹ groups trying to destroy social partnership.« (Yeates 2001)

4. Fazit

Die irischen Gewerkschaften haben offenkundig mehr Aufmerksamkeit verdient als ein Lob für ihre Lernfähigkeit. Einerseits ist der vollzogene Anpassungsprozeß mit dem Begriff des Lernens nicht zufriedenstellend zu umschreiben, da so alle Rahmenbedingungen und Machtkonstellationen ausgeblendet bleiben. Andererseits wird die ausschließliche Fokussierung auf die grundlegende Anpassung an das hegemoniale angebotspolitische Paradigma den fortdauernden Konflikten um alltägliche Verteilungsfragen sowie den gewerkschaftsinternen Auseinandersetzungen nicht gerecht. Der Konsens bleibt widersprüchlich – tief verankert und brüchig zugleich.

Doch was bedeutet diese Entwicklung für die Rolle der Gewerkschaften in der irischen Gesellschaft heute? Den irischen GewerkschafterInnen ist es im Gegensatz zu ihren britischen KollegInnen gelungen, die drohende Marginalisierung abzuwenden und sich einen zentralen Platz am nationalen Verhandlungstisch zu sichern. Das Einschwenken in der Frage der Lohnzurückhaltung hat *ICTU* ungekannte Anerkennung von ArbeitgeberInnen wie von Regierungsseite eingebracht, die beide das neue ›Verantwortungsbewußtsein‹ loben. Regierungschefs sprechen auf Gewerkschaftstagungen, und die Gewerkschaftselite speist heute mit den Mächtigen den Landes. Aber Dinners und Verhandlungen konnten die Marginalisierung in weiten Teilen der Industrie nicht abwenden: Irlands duale Ökonomie, die durch eine eher schwache einheimische Industrie und eine boomende Ansammlung internationaler Konzerne mit größtenteils gewerkschaftsablehnender Grundhaltung geprägt ist, führt dazu, daß die Gewerkschaften in den zukunftsträchtigen und das Wirtschaftswachstum tragenden Zweigen kaum verankert sind (vgl. Roche 1998; IRN No. 11 1995: 14f.).

Doch trotz dieser Verdrängung aus den einflußreichen Bereichen der industriellen Produktion, der von gewerkschaftlicher Seite unterstützten Umverteilung von Lohneinkommen zu Profiten und des Verzichts auf Skandalisierung der wachsenden sozialen Schieflage: Die Geschichte der Gewerkschaften ist mehr als eine Geschichte des Mißerfolgs, der allein durch den Kontakt zu den Mächtigen kaschiert ist. Sie haben in den ersten Jahren der Sozialpartnerschaft eine Reihe erfolgreicher Abwehrkämpfe geführt, die zumindest dazu beigetragen haben, einen thatcheristischen Kahlschlag in Irland zu verhindern. In der zweiten Hälfte der neunziger Jahre konnte *ICTU* etwa einen für europäische Verhältnisse großzügigen Mindestlohn durchsetzen und einen beachtlichen Kompromiß in der Frage der gewerkschaftlichen Vertretung auf Betriebsebene erzielen.

Bei diesen Teilerfolgen wird es unter den gegebenen Bedingungen bleiben. Ein dauerhaft wirkungsvolles Sprachrohr gegen soziale Ungleichheit können die Gewerkschaften so lange nicht sein, wie sie der angebotspolitischen ›Wahrheit‹ nichts entgegenzusetzen haben. Die Akzeptanz von sogenannten Notwendigkeiten und Zwängen, die oftmals eher den Interessen einzelner Akteure als objektiven Erfordernissen entsprechen, schwächt die Möglichkeit, mit kreativen Gegenkonzepten eine Politik voranzutreiben, die nicht primär an den Bedürfnissen der Industrie orientiert ist.

Überblicksartikel

Niamh Hardiman (2000): Social partnership, wage bargaining, and growth. In: Brian Nolan, Philip J. O'Connell and Christopher T. Whelan (eds.): Bust to Boom? The Irish Experience of Growth and Inequality, Dublin, pp. 286-309.

Rory, O'Donnell and Colm O'Reardon (2000): Social Partnership in Ireland's Economic Transformation. In: Guiseppe Fajertag and Phillipe Pochet (eds.): Social pacts in Europe – New Dynamics, Brüssel, pp. 237-256.

Abkürzungen

ATGWU	Amalgamated Transport and General Workers Union
FUE	Federated Union of Employers
IBEC	Irish Business and Employer Confederation
IRN	Industrial Relations News
ITCU	Irish Congress of Trade Unions
MSF	Manufacturing Science Finance
NESC	National Economic and Social Council
PCW	Programme for Competitiveness and Work
PNR	Programme for National Recovery
SIPTU	Services Industrial Professional and Technical Union

Literatur

Kieran Allen (2000): The Celtic Tiger. The myth of social partnership in Ireland, Manchester/New York.

Daryl D'Art; Tom Turner (2000): Social partnership in Ireland: A view from below. In: Irish Business and Administration Research, Vol. 21, No. 1, pp. 51-66.

Andreas Aust (1999): Irlands Entwicklung im europäischen Binnenmarkt, Wiesbaden.

Paul Bew; Ellen Hazelkorn; Henry Patterson (1989): The Dynamics of Irish Politics, London.

Richard Breen et al. (1990): Understanding Contemporary Ireland. State, Class and Development in the Republic of Ireland, Houndmills/London.

Tim Callan; Brian Nolan (2000): Taxation and Social Welfare. In: Brian Nolan; Philip J. O'Connell; Christopher T. Whelan (eds.): Bust to the Boom? The Irish Experience of Growth and Inequality, Dublin, pp. 179-204.

European Industrial Relations Review (1995): British Unions in Ireland, No. 254, pp. 24-27.

Michel Foucault (1978): Archäologie des Wissens, Frankfurt a.M.

FUE (1987a): Bulletin, April 1987, Dublin.

FUE (1987b): Bulletin, November 1987, Dublin.

FUE (1988): Bulletin, Februar 1988, Dublin.

Antonio Gramsci (1971): Selections from the Prison Notebooks of Antonio Gramsci. Translated and edited by Q. Hoare and G. Nowell Smith, London.

Niamh Hardiman (1988): Pay, Politics, and Economic Performance in Ireland 1970-1987, Oxford.

Niamh Hardiman (1992): The State and Economic Interests: Ireland in Comparative

Perspective. In: John H. Goldthorpe; Christopher T. Whelan (eds.): The Development of Industrial Society in Ireland, Oxford, pp. 329-358.
Niamh Hardiman (2000): From Conflict to Coordination: Economic Governance and Political Innovation in Ireland. Prepared for delivery at the 2000 Annual Meeting of the American Political Science Association, Washington D.C.
ICTU (1984): Confronting the Job Crisis, Dublin.
ICTU (1987/1988): Report of the Executive Council, Dublin.
ICTU (1989): Trade Unions and Change. Discussion Document, Dublin.
ICTU (1991/1993): Report of the Executive Council, Dublin.
ICTU (1995/1997): Report of the Executive Council, Dublin.
ICTU (1999/2001): Report of the Executive Council, Dublin.
Industrial Relation News (IRN): Diverse Ausgaben, Dublin.
Mandate (1996): Mandate News, November 1996, Dublin.
Brendan McPartlin (1994): The Development of Trade Union Organisation. In: Thomas V. Murphy; William K. Roche (eds.): Irish Industrial Relations in Practice, Dublin, pp. 84-109.
NESC (1986): A Strategy for Development 1986-1990, Dublin.
William K. Roche (1998): Between regime fragmentation and realignment: Irish industrial relations in the 1990s. In: Industrial Relations Journal, Vol. 29, No. 2, S. 112-125.
William K. Roche (2000): Ireland. In: Bernhard Ebbinghaus; Jelle Visser (eds.): The Societies of Europe. Trade Unions in Western Europe since 1945, London, pp. 339-370.
Brian Sheehan (1996): Crisis, Strategic Re-evaluation and the Re-emergence of Tripartism in Ireland, Dublin. Unpublished Thesis.
Padraig Yeates (2000): Warning on inflation rise as unions back PPF. In: Irish Times, 24.03.2000, Dublin.
Padraig Yeates (2001): Disputes won't affect PPF. In: Irish Times, 14.05.2001, Dublin.

Das Pub im Internet, Ballyshannon, Co. Donegal, 2000 (Gerd Adloff)

Dennis O'Driscoll
DER KELTISCHE TIGER

Irland erlebt einen ungeheuren Boom.
Zahlenkolonnen vor einem wolkenlosen blauen
Computerhintergrund beweisen es.

Seit die Ringstraßen ihrer Bestimmung übergeben wurden,
Sind die Fahrtwege der Geschäftsführer kürzer, eine Hand
Frei, um per Mobiltelefon einen Kunden anzurufen.

Vor Pubs, von alt auf neu getrimmt, leeren junge Unternehmensberater
– Frauen mit makellosem Teint, Männer mit gelglänzendem Haar –
langhalsige Flaschen importierten Bieres.

Zigaretten mit Lippenstiftspuren werden in affektierter Pose
gehalten, ein schwarzer BH-Träger rutscht
Absichtsvoll von einem Rocha-Top.

Das Gespräch über die steuerfreie Vermietung von Stadthäusern
Wird von Rapmusik übertönt. Sie dröhnt
Aus einem vorbeifahrenden Auto mit Allradantrieb.

Die Alten leben weiter, warten in kleinen
Oma-Wohnungen auf die Zwangsräumung,
Sparsame, schmallippige Männer, verbissene, fromme Frauen...

Plötzlich wie ein Spontanurlaub hat der Wind
Sich gedreht und weht einen Hauch
Grillkohle über Sommerrasen.

Heute abend wird das Babe mit dem Kurzzeitvertrag
Der deutschen Muttergesellschaft
Dich beim Sponsorenkonzert anbaggern.

Nun jedoch ist es an der Zeit, per Fax
Den Lunch zu ordern. Wähle Hummus
Auf Olivenbrot. Ein Evian.

Aus dem Englischen von Jürgen Schneider

(Veröffentlichung des Originaltextes »The Celtic Tiger« in: *The Irish Times*, 29. Mai 1999)

Im Fischereihafen Greencastle, Co. Donegal, 2000 (Gerd Adloff)

Hugo Hamilton

DER IRISCHE ARBEITER

Das Klappern hörte auf. Der Wind sammelte sich, um seinen Angriff auf das Fenster zu erneuern. Er schien sich in den Bäumen zu sammeln und über den Häusern und womöglich um die Spitze von St Paul's Church. Er sammelte sich und überging manchmal mein Fenster ganz und gar, um überraschend und mit stärkeren Stößen zurückzukommen. Das Fenster klapperte wieder, schlug hin und her in seinem Holzrahmen. Es gab kein Muster. Manchmal hatte der Wind so viel Kraft, daß er das Fenster festhielt durch seinen Druck. Dann konnte man das Pfeifen und Keuchen deutlicher hören. Es war ein drängendes Geräusch. Nur wenn der Stoß in seiner Entschlußkraft nachließ, erneuerte das Fenster sein unregelmäßiges, willkürliches Schlagen.

Nach meiner frühesten Theorie über Stürme, ich war noch ein Junge, wurden sie durch Riesen verursacht, die einander anbliesen. Da war ich vier. Gelegentlich zieht Mutter den alten Schulaufsatz heraus, um ihn mir zu zeigen. Große, freistehende Buchstaben aus dem Alphabet. Sie sagt, ich hätte nichts dergleichen geschrieben seither. Die Theorie habe ich genausowenig ersetzt. Denken kann ich nur an das ständige Klappern. Es hält mich wach.

Ich würde liebend gern alles über Windbewegungen erfahren. Also ausführliche Schaubilder anfertigen und Beobachtungen anstellen über Böen, Stöße, Orkane und selbst die geringfügigsten Turbulenzen. Ich würde liebend gern Dinge wissen, denen niemals widersprochen werden könnte. Vielleicht könnte man den Wind studieren, indem man ihn färbte, so wie man eine rosa Flüssigkeit beobachtet, die sich in einem Glas Wasser kräuselt, oder die Milch, die im Tee Wolken wirft. Man bekommt eine Vorstellung von der Bewegung des Windes, wenn ich Vater zusehe, der Laub und Unkraut im Garten verbrennt. Der Wind fängt den Rauch ein und schickt ihn gemächlich entlang der Gartenmauer und dann urplötzlich stracks über die Mauer, wo er sich rasch auflöst. Andere Male konnte man dem Rauch zusehen, wie er ewig lange durch das feuchte Laub kroch und dann durch den Garten abzog, bis der dichte Rauch, als dann der Wind urplötzlich zurückblies, einem in den Augen brannte. Wenn er sich nicht rasch verzog, erzählte der Rauch einem wirklich eine Menge über den Wind. Wolken sind zu massiv.

Die gnadenlosen Stöße, durch die das Fenster klappert, erzählen mir nichts. Sie sind zu unberechenbar. Am Ende treiben sie mich aus dem Bett und an meinen Schreibtisch. Ich reiße eine Seite Kanzleipapier aus und falte sie solange, bis sie das Format einer großen Briefmarke hat. Ich reiße ein weiteres Blatt aus und mache dasselbe noch einmal. Ich stehe da im Schlafanzugunterteil, und das Licht ist an. Statt einer Theorie habe ich praktische Antworten. Die dicken, gefalteten Kanzleipapierseiten passen genau zwischen Rahmen und Fenster. Wieder unter den Decken, horche ich auf die Stille.

Draußen blasen neuerliche Lungenfüllungen und Backenfüllungen gesammelten Windes gegen das Fenster. Aber das Fenster ist still. Jetzt habe ich den Eindruck, daß etwas brechen wird. Noch eine wogende Kraft drückt gegen das Fenster, dabei das Glas beinahe biegend. Vielleicht hätte ich etwas Manövrierfläche lassen sollen. Gespannte Substanz ist spröder. Aber dann schlafe ich ein, und allmählich legt sich der unterbewußte Orkan.

Als Vater am nächsten Morgen zur Arbeit ging, fand er zerbrochene Dachpfannen auf der Schwelle. Er nahm es beinahe als persönlichen Affront. Das war ein grauenhafter Sturm letzte Nacht. Der Wind hatte beinahe ein bösartiges Wesen. Er hätte aus der Tür treten können in eben dem Moment. So wie ich die Geschichte erfuhr, durch den Halbtraum sickernd, als ich mich anzog, hätte er tot sein können. Solche Dinge sind sehr gefährlich.

Mutter wiederholte seine Worte, als sie sich den Schaden besah. Er klang weit gefährlicher aus ihrem Mund auf Deutsch.

»*Das kann enorm gefährlich sein*«, sagte sie beim Anblick der zerbrochenen Dachpfannen. Es hätte jemandem das Genick brechen können. Oder es hätte jemandem die Schulter abhacken können. Oder stell dir vor, jemand hätte es auf den Kopf gekriegt.

»*Jemand konnte das auf den Kopf kriegen.*« *Jemand*, somebody. Nur einer ging aus zu der Zeit: mein Vater. Außerdem waren die Dachpfannen in der Nacht gefallen. Der Morgen war ruhig und schien einen Sommertag zu versprechen. Es bestand keine Gefahr. Der Schaden schien sich von zuerst scheinbar drei oder vier Dachpfannen auf eine graue Dachpfanne zu vermindern, die in viele Teile zerbrochen war.

So etwas konnte man nicht lassen, auch nicht einen Tag. Vater kam zurück und rief Mr. McNally an. Er wollte es sofort repariert haben. Er hätte ihn vom Büro aus anrufen können. Aber in solcher Situation durfte keine Zeit vergeudet werden. Und Mr. McNally, es für einen wichtigen Auftrag haltend, war bereit, alles stehen und liegen zu lassen.

Vater war beruhigt. Er nahm die Aktentasche mit der Thermoskanne und den Sandwiches, den zwei oder drei Büchereibänden und seinem Exemplar der *Irish Press* und machte sich auf zum Bahnhof. Bevor er ging, gab er Mutter eine letzte Anweisung, die Kinder nicht rauszulassen oder wenigstens sicherzugehen, daß sie nicht unter den herabfallenden Dachpfannen standen.

Bei Mr. McNallys Ankunft hatte ich bereits gefrühstückt und saß in meinem Zimmer am Schreibtisch. Ich lernte für die Schulabschlußprüfung. Es ging nicht so sehr um das Lernen an und für sich. Es ging mehr darum, das Gefühl vergeudeter Monate und vergeudeter Jahre zu vermindern. Stunden oder gar Minuten nur, fern der Bücher verbracht, erzeugten Schuld und Panik. Die hetzende Kraft der Christlichen Brüder hielt mich in meinem Zimmer. Es durfte keine Minute vergeudet werden.

Mr. McNally sprach mit Mutter im Vorraum. Aus Kempen in Deutschland kommend, begegnete Mutter irischen Arbeitern stets mit gesundem Mißtrauen. Sie war sanft und dezent. Sie kannte die Stimmungen und geistigen Manöver, die die Ergebnisse ankündigten. Sie verstand den Kode, nach dem die Iren arbeiteten. Noch immer brannte der Geist von 1916 in jedem Menschen. Ihr eigener Mann war glühender Nationalist. Sie wußte, daß ihr deutscher Akzent Respekt gebot. Ihre naiven und unschuldigen Fragen sorgten dafür, daß die Arbeit getan wurde. Aber man müsse sie beaufsichtigen, sagte sie immer.

»*Scharf aufpassen*«, sind ihre Worte. Scharf ist ein großes Wort in jeder Sprache. Mutter ist sehr scharf, wenn es um Arbeit geht.

Mr. McNally war keine Ausnahme. Er reparierte die Dächer einer Menge Häuser in Spencer Villas. Ob er empfohlen wurde oder nur zufällig zur rechten Zeit am rechten

Ort war, war nie klar. Ohnehin hatte er keinen schlechten Ruf. Mrs. Tarleton, die kleine protestantische Frau von nebenan in No. 1, bat Mr. McNally gelegentlich, auch ihr Dach zu machen. Aber sie traute ihm nicht mehr als meine Mutter. Sie folgte stets Mr. McNally auf das Dach, um seine Arbeit persönlich zu inspizieren. Sie war siebzig, ging gebückt und hatte Säbel-Beine. Mrs. Tarleton traute niemandem. Nicht einmal uns von nebenan. Am wenigsten uns in No. 2.

Mr. McNally kam und ging und arbeitete stets im immergleichen grauen Anzug. Schiefergrau, nehme ich an. Ein dünner Mann mit breiter Stirn. Sein Haar muß einmal lockig gewesen sein, weil es ihm jetzt fest am Kopf klebte wie eine silberne, gewellte Badekappe.

Er erinnerte mich stets an Präsident Nixon. Er war ein wenig älter als Nixon, aber eine Menge der Karikaturen in Zeitschriften und Zeitungen trafen trotzdem auf ihn zu. Außer daß Mr. McNally ein ehrlicheres Gesicht hatte. Er sah nicht listig aus. Aber auch Nixon sah nicht listig aus, bevor die Wahrheit heraus war.

Mutter behandelte ein unschuldiges Gesicht mit großer Vorsicht, aber mit noch uneingeschränkterem Mißtrauen betrachtete sie jeden Anflug von Charme. Ein Mann mit Charme mußte etwas zu verbergen haben. Ein Mann mit Charme führte etwas im Schilde. Charme und Unschuld waren stets belastende Züge und hatten bei ihr nie Erfolg. Mr. McNally war, als Person, auch nicht ohne Charme.

»Guten Morgen. Ist das nicht ein großartiger Tag heute?« Mutter nahm es als gegeben hin mit einem langen »Ja, so ist es.« »Hätten Sie's geglaubt, nach dem Sturm gestern abend?« fügte er hinzu. »Heute morgen lagen eine Menge Dachpfannen unten, das sage ich Ihnen. Nun ja, ich geh wohl besser nach oben und sorge dafür, daß Ihr Dach drauf bleibt«, sagte er mit einem kurzen Lachen, als er vor ihr die Treppe hinaufstieg.

Um aufs Dach zu kommen, mußte man durch ein Dachfenster auf den Speicher und stracks weiter durch ein weiteres Dachfenster. Das war ungünstig, weil man auf der Leiter stehen und das erste Dachfenster mit beiden Händen zur Seite stoßen mußte. Ich wurde gerufen, Mr. McNally beim Aufstellen der Leiter zu helfen. Er sicherte sie am Geländer mit einem abgewetzten Stück Schiffstau. Mutter stand daneben. Ihre Gegenwart, mochte sie schon nicht den Arbeitseifer fördern, vertrieb zumindest jede gegenläufige Absicht, zu verweilen oder Zeit zu vergeuden. Sobald Mr. McNally das schwere Dachfenster zur Seite gestoßen hatte, schickte sie mich zurück an meine Bücher. »Mr. McNally kommt jetzt allein zurecht.« »Fraglos«, erwiderte er, die Leiter herunterblickend. »Ich kenne diese Häuser so gut wie meinen Handrücken.«

Ich saß im gleichen Boot mit Mr. McNally. Ohne weitere Gründe zur Abschweifung kehrte ich zurück in mein Zimmer. Er verschwand ebenfalls nach zwei oder drei Ausflügen aufs Dach und wieder zurück. Er erklärte, was getan werden müsse, und Mutter ging nach unten, ihn der Arbeit überlassend.

Außer daß sie Verdacht schöpfte, verfügte Mutter stets über noch eine scharfe Waffe: ihren hochentwickelten Geruchssinn. Ihre Nase war sehr sensibel, und sie war recht stolz darauf. Wir kannten das zur Genüge, Mr. McNally dagegen nicht. Ich rieche Ungemach, pflegte sie zu sagen. Ich rieche Unfug. Als wir klein waren, bezweifelten wir niemals die unnatürlichen Kräfte ihrer schönen, langen Nase.

Verdacht zu schöpfen war ihre Art, Ordnung zu halten in einer großen Familie. Wann immer etwas im Busch war, sah sie uns in die Augen und mutmaßte eine ganze Reihe von Vergehen, die man solange abstritt, bis sie das richtige gemutmaßt hatte. Das Schweigen würde es bestätigen. Und man konnte sie in solcher Situation niemals belügen, weil sie eine Lüge riechen konnte.

Eines Tages, als ich in Hanahoes Laden eine Tafel Schokolade gestohlen hatte, war ich unterhalb des Gefühls von Schuld und Schrecken beinahe stolz auf mich. Ich wußte, gesehen worden war ich nicht. Es gibt nie irgendeine Aufsicht bei Hanahoe. Aber man konnte nie irgendetwas im Haus verstecken, also legte ich die Schokolade unter einen Eimer im Garten. Ich war zu angespannt, um etwas davon zu essen. Als ich ihr in der Küche begegnete, ging sie vor mir in die Hocke. Sie fragte mich geradeheraus, ob ich etwas gestohlen hätte. Sie hätte es nicht wissen können. Aber ich konnte nur auf ihre lange gerade Nase herabstarren und ihre beiden runden Knie und es zugeben. Seither hatte ich ewige Achtung vor jenem klugen Geruchssinn. Als wir älter wurden, begriffen wir natürlich, daß sie bluffte, wurde man einer Sache beschuldigt, die man nicht verübt hatte, und man kam womöglich mit einer Notlüge davon. Aber nie, wenn es wichtig war. Noch heute erscheint sie manchmal unerwartet an meiner Zimmertür.

In Spencer Villas stehen Reihenhäuser aus roten Ziegeln mit Oberlichtern nach georgianischer Art und Erkerfenstern nach vorne raus. Die Dächer sind alle verbunden von No. 1 bis No. 15. Auch deshalb schöpfte Mutter so ungeheuer schnell Verdacht. Denn da Mr. McNally die Dächer anderer Nachbarn in der Reihe flickte, konnte er leicht durch unser Dachfenster hinaufsteigen und gleichzeitig für jemand anderen arbeiten.

Tatsächlich hatte sie den starken Verdacht, daß Mr. McNally auch für Mrs. Tarleton nebenan tätig war. Er konnte leicht gute Dachpfannen von unserem Dach nehmen, um woanders die Löcher zu stopfen. Aber alles jenseits von Leiter und Dachfenster blieb eine Sammlung von Vorstellungen und Verdachtsmomenten in ihrer Phantasie. Anders als Mrs. Tarleton war sie in Wirklichkeit nie selbst oben gewesen.

Mein älterer Bruder und ich wußten viel mehr darüber. Wir waren einige Male oben gewesen und kannten uns gut dort aus. Zwei tobleroneförmige graue Dachseiten erstreckten sich bis ans Ende. Durch Schornsteinkästen waren sie in Bereiche unterteilt. Dazwischen lag der Teil, der das Tal genannt wurde. Gelegentlich gingen wir den ganzen Weg das Tal entlang bis zur No. 15. Wegen der Schornsteine am Ende von jedem Haus konnten wir mitzählen, dabei auf dem Weg die Namen ausrufen: Ryan, Richardson, Beaky bis hin zu Beddy. Über den Vorderbuckel konnte man, falls man vom Tal heraufstieg, die andere Straßenseite sehen und die größere, schwindelerregende Aussicht auf die Bai und Howth. Nach hinten sah man die Gärten, Bäume und umliegenden Hügel. Es war ein himmlischer Ort. Als wäre man auf dem Gipfel eines Berges.

Nach einer Stunde oder so kam Mutter die Treppe hoch und blieb am Fuß der Leiter stehen. Sie rief zu Mr. McNally die Leiter hoch und sagte, sie habe eine Tasse Tee für ihn. Das war ihre einzige Ausrede, und nur so konnte sie den Fortschritt seiner Arbeit verfolgen. Die Gefahr, sich fortwährend unbemerkt täuschen zu lassen, war weit größer als die Gefahr, gute Arbeit kurz zu unterbrechen.

»Mr. McNally«, rief sie erneut. Aber es kam keine Antwort. Sie wartete angemessen lange, eine Minute oder zwei, um herauszufinden, ob er sie hörte. Sie wartete lange genug, um jede Spur von Ungeduld zu tilgen. Dann rief sie erneut. In den Umrissen ihres deutschen Akzents klang sein Name eher wie Mr. McNelly.
»Mr. McNelly«, rief sie durch das Dachfenster nach oben. Erneut hielt sie inne, um nicht unhöflich zu sein.
»Mr. McNelly, ich habe eine Tasse Tee für Sie.« Das Wort »Tee« war betont.
Es kam keine Reaktion. Sie rief noch einige Male mit langen Pausen dazwischen und gab es dann auf. Sie schloß daraus, er mußte aus dem Tal herausgeklettert sein, außer Hörweite, auf die äußeren Schrägen des Daches. Er war offenkundig beschäftigt. Also ging sie erneut nach unten und ließ ihn allein.
Dabei ließ sie es für eine weitere halbe Stunde bewenden, bevor sie erneut nach oben kam. Wieder einmal stand sie am Fuß der Leiter, wünschte, ihre Ängste würden ihr erlauben, selbst durch das Dachfenster nach oben zu steigen.
»Mr. McNelly«, rief sie und wartete dann, ob er auftauchen würde.
Ein starker Sonnenstrahl drang durch das Dachfenster nach unten, so daß sie zusammenzuckte, als sie nach oben sah. Die Sonne schien auch durch mein Fenster, warf eine dünne verzerrte Gestalt auf den Boden meines Zimmer. Es war ein schemenhafter Strahl voller schwebender Teilchen.
»Mr. McNelly, ich habe jetzt Tee für Sie.« Sie wartete ruhig. Sie rief noch zweimal, aber es kam keine Antwort. Vielleicht hörte er ja nicht so gut. Vielleicht war er noch immer auf den äußeren Schrägen des Daches. Ihre Rufe hörten auf, und sie ging erneut nach unten. Eine kleine Weile darauf hörte ich sie draußen im hinteren Garten rufen.
»Mr. McNelly.« Ich hörte es deutlich durch das Fenster. Gewiß hatte Mr. McNally es auch gehört? Sie ging bis ganz ans Ende des Gartens und sah hinauf, ob sie ihn dort ausmachen könnte. Sie rief erneut von dort. Jene vernunftgebietende Spanne für eine Antwort lassend, ging sie wieder hinein. Die hintere Tür schloß mit einem vertrauten Knall.
Sie ging durch den Flur bis zur Haustür und öffnete sie.
»Mr. McNelly«, rief sie, dieses Mal vom Vorgarten. Der Name und ihr Akzent hallten wider an der Häuserreihe. Dann hörte ich sie ihn erneut rufen, aber schwächer als zuvor; vielleicht von der Straße oder vom Gehsteig. Eine leichte Brise begann durch das Haus zu ziehen. Sie zog und sog vom Dachfenster bis nach unten zur Haustür. Sie zog leicht herunter entlang dem Sonnenstrahl, die Treppe hinunter, durch den Flur und schlug, die Tür sanft erfassend, diese knallend zu.
Momente später läutete es an der Tür, und ich ging nach unten, um sie einzulassen. Sie bedauerte, mich aus dem Lernen gerissen zu haben. Sie erklärte ihre Schwierigkeit, Mr. McNally zu finden. Ich meinte, er arbeite wahrscheinlich an etwas, und man möge ihn am besten in Ruhe lassen. Ich ging zurück in mein Zimmer. Sie ging zurück in die Küche.
Aber sehr bald war sie erneut oben und rief erneut Mr. McNally durch das Dachfenster. Es schien, als rufe sie einen himmlischen Geist. Unter dem hellen Sonnenstrahl schien ihr Appell, während sie die Augen beschirmte, dem Allmächtigen zu gelten.

»Mr. McNelly ... Mr. McNelly.« Aber es half nichts. Ihre Gebete blieben unerhört, und niemand erschien im Dachfenster.
Endlich rief sie mich stattdessen und bat mich, die Leiter hinaufzusteigen und nachzusehen. Sie sei in Sorge, Mr. McNally könne etwas zugestoßen sein. So jung sei er auch wieder nicht.
Natürlich war ich sehr glücklich über einen guten Grund, meiner Lernerei zu entkommen, aber ich war weniger glücklich darüber, das Werkzeug ihres Verdachts zu sein. Ich wußte sehr gut, daß sie ihn ertappen wollte. Ich fragte sie, ob es nicht besser sei, ihn oben zu lassen, bis er seine Arbeit beendet habe. Ich sagte ihr, falls er nicht anständig arbeite, brauche sie ihn nicht zu bezahlen. Aber das war alles null und nichtig. Sie sei eben in Sorge um ihn.
Sie bestand darauf. Ich kletterte den Sonnenstrahl entlang die Leiter hoch zum Dachfenster. Ich wollte nur ungern als Inspizient gelten – der Stachel ihres Verdachts, der aus dem Dachfenster lugt. Wie sehr sie auch behauptete, den irischen Arbeiter zu verstehen, ich behauptete, ihn besser zu kennen. Nichts haßt er wirklich mehr, als überprüft zu werden.
Es war sehr heiß auf dem Dach. Ich wurde geblendet vom Sonnenschein und sah zunächst gar nichts. Ich suchte die Schrägen ab und sah die Gestalt Mr. McNallys, im Winkel von 45 Grad gegen das Dach gelehnt, schlafend, die Hände hinter seinem Kopf. Er muß zwei oder drei Häuser von unserem entfernt gewesen sein. Ich hustete, und er erwachte, schaute umher. Dann sah er mich und stand auf, um mir entgegenzugehen, entstaubte mich dabei.
»Ach, du bist das«, sagte er, beinahe singend. »Alles fertig jetzt.«

Aus dem Englischen von Jörg W. Rademacher

Johannes Lichius

MADE IN GERMANY

Die umständlichen Erläuterungen klangen wie aus dem Munde eines Lehrers von anno dazumal. Dabei hörte sich Mutter auch an, als lebe in einer fremden Welt. Im neunzehnten Jahrhundert wollten die Engländer Klingen aus Solingen, rostfreier Stahl, das Neueste vom Neuen damals, mit dem Etikett ›Made in Germany‹ von ihren Waren aus Sheffield unterscheiden. Was als Abschreckung gedacht war, geriet zur Auszeichnung. Stolz schwang in ihrer Stimme mit, wenn Mutter die Leistungen der Deutschen früherer Zeiten lobte, und stolz erzählte sie immer wieder Geschichten vom Großvater, ihrem verstorbenen Vater, der als Handwerksmeister die Lehrlingsausbildung einer Nähmaschinenfabrik in Kaiserslautern geleitet und nach den Bomben des Zweiten Weltkrieges wiederaufgebaut hatte. Auch das war ›Made in Germany‹.
Brauchten wir zu Hause nur in die Küchenschublade zu greifen, um ein Messer der Marke Solinger Klingen mit der Prägung ›Stainless Steel. Made in Germany‹ zu finden, war das mit dem Großvater schwieriger. Ihn gab es als Photo im Wohnzimmerschrank aus dunkler Eiche, und seine Frau, die Großmutter, lebte in unserer Stadt. Sie erzählte lieber von der Lorelei, wenn sie morgens die langen Haare aufsteckte und ich ihr die Nadeln anreichte, oder stand geduldig im Nieselregen hinter dem Jägerzaun am Bahnhof, wenn wir Kinder sonntagsnachmittags Züge gucken gehen wollten. Sie war so greifbar, wie Großvater unfaßlich blieb, und Mutters Vorträge setzten, wenn ich mich recht erinnere, erst dann ein, als Großmutter gestorben war. Aber auch schon aus dem Sommer, als wir nach Irland flogen, zu viert und zum ersten Mal ohne die Oma unterwegs, sind mir Situationen erinnerlich, in denen alle schwiegen, und eine sprach, unentwegt, am Frühstückstisch der Pension von Kilkee, dann immer wieder auch draußen in der Landschaft, wenn wir mit dem Pferdewagen, gezogen von Dolly, einer Braunen mit weißer Blesse, Rast machten. Sie hatte alles gelesen über den Heiligen Berg, den Croagh Patrick, aber an passendes Schuhwerk nicht gedacht, und mochten noch so viele Pfade die Pilger aus ganz Irland nach oben führen, von uns schaffte nur Vater den Aufstieg zum Gipfelkreuz; wir waren unterdessen schon abgestiegen, viel langsamer Halt suchend als auf dem Hinweg, denn Mutter hatte sich in ihren Riemchensandalen, ›Made in Germany‹, den Fuß vertreten. Lachen über solches Mißgeschick war übrigens nicht erlaubt oder hatte im Verborgenen zu erfolgen. Strafend aus dunklen Augen senkte sich der Blick, und die eben noch neutrale Stimme wurde hart, wann immer wir uns ein Grinsen nicht verkneifen konnten oder, bei besserer Laune, ein vornehmes Lächeln, das gestattet war, in lautes Lachen münden ließen, ohne wie beim Gähnen die Hand vor den Mund zu halten. In Irland indes schienen solchen stummen Maßregelungen engere Grenzen gesetzt als sonst. Vater hielt buchstäblich auf dem ganzen Weg die Zügel in der Hand, ob nun, seltener, auf dem Kutschbock sitzend, oder, häufiger, die Stute am Halfter führend. Dolly war eigen, ließ sich nicht gern kommandieren, nur ab und an kutschieren, und zumal mit ihrem verknacksten Knöchel konnte Mutter nicht den ganzen Tag lang Pflaster treten.
Sohn eines ehemaligen Scherenschleifers aus dem Bergischen, dessen Handwerk letztlich dem Erfolg des Markenzeichens ›Made in Germany‹ zum Opfer gefallen war, trat

Vater vierzehn Tage lang in die Fußstapfen seiner Vorfahren, nur eben nicht in Konkurrenz zu den fahrenden Leuten Irlands, deren Kraft- und Wohnwagen wir allenthalben an der Westküste begegneten. Über praktische Dinge wie An- und Abschirren sprach er nicht, er hatte es zwar kaum richtig erlernt, das sah ich sohn, aber so unorthodox es wirkte, das Pferd folgte seinen Handgriffen, vertraute ihm, dabei sprach Vater nicht einmal Englisch mit ihr.
Der Pferdewagen, von Deutschland aus gebucht, hielt nicht ganz, was der vierfarbige Hochglanzprospekt versprochen hatte, doch unseren Ansprüchen genügte das Gefährt, dessen zwei Bänke vorne und hinten jeweils abends mit Hilfe des dazwischen stehenden Tisches in Betten verwandelt wurden. Türen und Fester schlossen nicht hundertprozentig, aber Angst vor Einbrechern brauchten wir damals nicht zu haben. Eher hätten wir ein Vorhängeschloß für den Behälter mit Kraftfutter am Heck des Wagens benötigt, denn im Morgengrauen hörten wir regelmäßig den Deckel klappen, und ehe Dolly auch nur die Hälfte des auf zwei Wochen angelegten Vorrates gefressen hatte, mußten wir auf Hafer umsteigen, da die Bauern, wo wir für die Nacht unterkamen, immer wieder für ihre eigenen Pferde einen Anteil Kraftfutter geborgt hatten, gewissermaßen als kleinen Aufschlag zum Entgelt. Als Mutter und ich einmal vom Rückfenster aus einen Bauern beobachten, der morgens die Schafe zum Scheren auf den Transporter trieb und dabei die besonders widerspenstigen wie einen störrischen Esel bestieg, bekam ich, im Flüsterton diesmal, einen Vortrag über die Krise der irischen Landwirtschaft zu hören, noch ganz unter dem Einfluß der Briten stehend, die wiederum ihr Lammfleisch aus ehemaligen Kolonien bezögen, Neuseeland etwa. Ein Loblied auf die EWG ist mir nicht erinnerlich, wohl aber daß das Geflüster am Ende auch Vater und meine Schwester geweckt hatte, die mehr vom Ausschlafen hielten an Tagen, wenn der Wagen stand und Vaters Füße ruhen durften.
Besser gefielen mir die Tage auf Achse, wenn wir unweit der Westküste, deren kurven- und steigungsreichen Verlauf wir nach anfänglichen Versuchen zusehends mieden, langsam an mehr oder minder vereinsamten Höfen vorbeizuckelten, mitunter an einem von Fichten umstandenen Stausee Rast machten und, ganz selten, anderen Urlaubern begegneten. Zuweilen gab es auch Dinge zu sehen, von denen Mutter gelesen hatte, die Ruine einer Abtei etwa oder ein berühmtes Herrenhaus, nun zum Hotel umgebaut, die urplötzlich im unterschiedlich schattierten Grün der Landschaft auftauchten. Ich weiß nicht, was genau an einem grauverhangenen Tag unseren Halt in einem »lay-by«, einer Parkbucht, verursachte, jedenfalls gab es etwas zu sehen, Vater führte Dolly an den Straßenrand, Mutter legte den Stein auf die Bremse, ich hüpfte vom Kutschbock, und meine Schwester rief: »Ich will auch raus!«
Da der Kutschbock nur zwei Sitze rechts und links der Tür hatte, mußte immer einer im Wagen sitzen, bei eingeschränktem Blickfeld versteht sich. Hundertprozentig dicht wie etwas ›Made in Germany‹ war die oben und unten zweiteilige Tür, wie gesagt, nicht, aber immerhin mit einem modernen Schnappschloß versehen. Ungeduldig riß meine Schwester die Tür auf, weil sie auch etwas sehen wollte, sprang vom Wagen, und hinter uns hörten wir es klappen. Bums, die Tür war zu, und der Schlüssel lag sicher verwahrt drinnen. Ob nun ›Made in Great Britain‹ oder ›Made in Eire‹, das

Schnappschloß erfüllte seinen Zweck, wir waren ausgesperrt auf offener Landstraße, weit und breit von jeder Ortschaft entfernt, ohne Geld.
Alles andere als eine der Alltagslappalien, bei denen durch Zetern und Zanken jede Mücke rasch zum Elefanten schwoll, hinterließ dieser Vorfall zunächst nur Schweigen. Dann flossen Tränen. Schließlich, als die Worte des Trostes für meine Schwester gefunden waren, begann die Rettung. Zweiteilig, könne man bei der Tür, so Vater, vielleicht die obere Scheibe so weit nach vorn ziehen, daß meine Schwester mit schlankem Arm den Schlüssel vom Tisch ziehen könne. Biegsam war sie, die Sache ließ sich besser an als gedacht, schon streckte meine Schwester die Hand aus, als es erst knackte, dann rief Vater »Vorsicht!«, sie zog die Hand ein, bevor es klirrte und die Scheibe zersprang. Wir konnten nun wieder hinein, aber nachts würde es gehörig ziehen und vielleicht auch reinregnen. Ich weiß nicht, wie lange die Eltern beratschlagt hatten, als ein Landrover in die Parkbucht bog. Ach ja, richtig, die Streckenbetreuer gab es auch noch, die laut Prospekt täglich Ausschau hielten nach den Urlaubern, um ihnen im Notfall beizustehen. Aber da wir von der empfohlenen Route abgewichen waren und am ersten Abend in Westport nach kürzestmöglicher Einweisungszeit arg schnell losgeschickt wurden, obwohl die Abfahrt erst tags darauf geplant war, hatten wir nicht im Traum damit gerechnet, daß Tommy gerade jetzt vorbeifahren würde. Immer freundlich grinsend, entstieg er seinem Jeep und fragte, ob alles o.k. sei. Viel Konversation machten die Eltern nicht, er erkannte und untersuchte den Schaden, ging zurück zum Landrover, öffnete die Hecktür, zweiteilig, versteht sich, ›Made in Great Britain‹, stieg auf die Ladefläche, suchte ein wenig in der Werkzeugkiste und fand ein Stück Kordel, mit dem er vor uns staunenden Zuschauern den Fensterrahmen ausmaß. Der war rechteckig, für Längs- und Breitseite machte er je zwei Knoten in die Kordel, und schon saß er wieder hinterm Steuer auf dem Weg zur nächsten Glaserei.
Für uns hieß es nun warten, Tommy hatte nicht gesagt, wann er zurück wäre, also konnten wir die Umgebung erkunden, die, wie die Eltern wohl von ihm erfahren hatten, nicht ganz so verlassen war, wie es den Anschein hatte. »Half a mile«, das war häufig die Antwort auf eine Frage unsererseits nach der nächsten Ortschaft, und so viel verstand auch ich, sei ein Laden entfernt. Tatsächlich tauchte nach gemessener Frist auf der rechten Seite aus dem Nichts eine Tankstelle mit verrosteten Säulen und verschlissenen Schläuchen auf, der ein Geschäft angeschlossen war, Kolonialwaren en détail, Eiscréme und Corned beef in Dosen inklusive. Solchermaßen bepackt zogen wir zurück zum Wagen, wo uns Dolly freundlich wie meistens empfing. Zu Hause hatten wir keine Tiere, und der Hühnerstahl bei Vaters Eltern, die wir sehr selten über Wochenende am Eifelrand besuchten, war kein Ersatz für den täglichen Umgang mit Vierbeinern oder Federvieh. Füttern durften wir Dolly schon allein, obwohl wir, seitdem das Kraftfutter alle war, ihr nicht zu viel vom Hafer geben sollten. »Der sticht«, lautete Mutters mahnende Auskunft. Also mußten wir auch tagsüber nach Weideplätzen Ausschau halten und durften Dolly nicht überanstrengen. Auf der Suche nach solch einer Futterquelle stießen wir noch am selben Nachmittag, denn von Tommy war nichts zu sehen, auf ein umzäuntes Stückchen Wiese mit einem Esel und unweit desselben auf ein bewohntes Cottage aus feldgrauen Natursteinen.

Stets dem echten Irland auf der Spur, dem einer Vergangenheit, die auf Deutsche seit dem Zweiten Weltkrieg eine geradezu magische Anziehungskraft ausübt, nahm Mutter uns Kinder an der Hand, Vater hütete Wagen und Pferd, ging zu dem Cottage, wo man die Besucher bereits bemerkt hatte, und verwickelte die verhärmt aussehende Frau in ein Gespräch. Um uns wimmelte es bald von Kindern, wir wurden auf eine Tasse Tee in die Küche gebeten, die anscheinend das gesamte Cottage einnahm, und unser Ziel, einen Weideplatz für die Nacht zu erhalten, wurden gegen einen kleinen Obolus erreicht. Der älteste Junge machte sich sogleich auf, Dolly zu holen, während Mutter noch einige Photographien schoß, und ich mir den Esel anschaute. Ob ihr Sohn einmal auf ihm reiten dürfe. Mutter muß dergleichen gefragt haben, ich konnte ja kein Englisch, und als nächstes sehe ich mich rechts um die Ecke des Cottage biegen und nach links im hohen Bogen zu Boden segeln. Das aber nicht in meiner Erinnerung, sondern auf dem Photo, das dieses Abentuer bewahrt hat. Auch der gewiß beträchtliche Schmerz ist mir nicht erinnerlich, nur das flüchtige Gefühl, für den Bruchteil einer Sekunde zwischen meinen nackten Beinen die grauen Flanken des Esels gespürt zu haben, bevor er einen Satz machte und ich mich auf dem Hosenboden wiederfand. Hatte ich jemand lachen gesehen? Eines der vielen starrenden Kinder? Ich weiß es nicht, aber ich kam mir schon wie der Clown im Zirkus vor, nur macht der alles mit Absicht. Die Frau entschuldigte sich für das Tier, Mutter stellte noch einige Fragen, und dann gingen wir zurück zum Wagen, wo Vater noch immer wartete, inzwischen nicht mehr ganz so gelassen. Immerhin konnte er sitzen, lesen oder sein Irisches Tagebuch schreiben, brauchte sich nicht »die Beine in den Bauch zu stehen«, wie er sagte, wenn er einmal Schlange stehen mußte, was ihm in Irland öfter widerfuhr als zuletzt zu Hause. Er sprach nicht gern von der »schlechten Zeit«, als er klein war, im Krieg und danach, als er auch anstand »für Magermilch«. Aber als er einmal von der Ziege erzählt hatte, die er ums Dorf herum zum Bock führen mußte, drängten wir ihn immer wieder dazu, uns die Situation noch einmal zu schildern. So sehr er freudig uns ausmalte, wie stark der Bock gestunken habe, behauptete er zugleich, ihm habe das alles nicht gefallen.

Um uns Kindern, die wir schon alle Urlaubsbücher ausgelesen hatten, die Zeit zu vertreiben, wenn Mutter gerade kochte, erzählte er in Irland Geschichten von Tünnes und Schäl aus Köln oder von früher, als der Großvater ihm und seinem Bruder die Haare bis auf ein kleines Büschel in der Mitte kahl geschoren hatte – um den Friseur zu sparen, hatte er einfach nicht eher aufgehört und damit sichergestellt, daß Großmutter sie so bald nicht entlausen mußte. Hundertprozentig. All das klang in Irland, noch dazu jetzt, als immer wahrscheinlicher wurde, daß wir die Nacht außerhalb einer Ortschaft und ohne Glas in der Tür verbringen würden, sehr vertraut. Wir wuschen uns nur, wenn wir am Rastplatz mehr Wasser fanden, als wir zum Trinken brauchten, heute zum Beispiel gar nicht.

Es wurde allmählich dämmerig, und Tommy blieb verschwunden. Wir saßen gerade beim Abendessen, als es neben uns hupte, und Tommy kam auf uns zu, in einer Hand eine Glasscheibe, in der anderen eine Kugel Kitt, er hatte nicht einmal die Fahrertür hinter sich zusgeschlagen, so eilig schien er es zu haben. Ehrfürchtig schaute die ganze Familie zu, wie er die Scheibe einpaßte, oben, rechts und links war alles

genau richtig, aber unten klaffte eine Lücke, etwa fünf Zentimeter, zwei Zoll also, fehlten. Tommy machte ein dummes Gesicht, grinste wieder, zog die Kordel aus der Tasche, wies auf die Knoten, es waren jetzt fünf oder sechs, und verzog die Miene zu einem neuerlichen, entschuldigenden Grinsen. Er zuckte die Achseln, die Eltern sahen erst einander an, dann ihn, gaben ihm ein Trinkgeld, und Vater bat um den Rest des Kitts. Den ließ uns Tommy wohl gerne da und verschwand in Windeseile hinterm Lenkrad, drehte und raste zurück nach Westport.
Vater, der laut Mutter mit zwei linken Händen zur Welt gekommen war, ging eine Weile am Straßengraben auf und ab, suchte offenbar nach etwas und kehrte endlich mit einem Pappdeckel zum Wagen zurück. Im Schein der Taschenlampe nahm er die Pappen zwischen die Beine, und mit dem stumpfen Brotmesser, das immer noch das schärfste war, ›Made in Great Britain‹, schnitt er mühselig ein Stück ab, das ein wenig ins Glas überstand und schmierte den Kitt in alle Ritzen. Nachts war das Fenster dicht. Hundertprozentig. Mutter lobte den »Pfusch«, doch hatte das Wort keinen guten Klang. Pfusch war keine Marke wie ›Made in Germany‹, oder?

Francis Stuart

DER KONSUMENT

Ihre Grenzen haben auch die Freuden der Gier,
Das Liebe machen, zu Geld, Vermögen, Ruhm gelangen.
Auf Dauer ist zu viel auch wildestes Pläsier,
Stumpfen ab die Empfindungen, vergeht das Verlangen.
Die Amsel und das Kleinkaliber
Sprechen zum versteinerten Herzen in einem Atemzug.
Und wenn ich manchmal leise flüstere: »Wir auch«,
Rede ich mit dem Instrument des Todes.

Aus dem Englischen von Jürgen Schneider

Im Fischereihafen Greencastle, Co. Donegal, 2000 (Gerd Adloff)

Christian Teriete

MÜSSEN DIE STUDENTEN IN IRLAND VERHUNGERN?

Am 26. Oktober 2001 wurde die Beschaulichkeit der alten Gemäuer des Trinity College im Herzen Dublins empfindlich gestört. Mit Trillerpfeifen und Spruchbannern bewaffnet, hatten sich Mitglieder der Students Union vor der Dining Hall und den Campus-Cafés versammelt. Auf Plakaten und Flugblättern forderten die obersten Vertreter studentischer Interessen ihre Kommilitonen auf, das Angebot aus Speisen und Getränken an diesem Tag nicht anzurühren. So sollte das Catering auf dem Campus geschlossen boykottiert werden. Verantwortlich für die Aufregung war ein kräftiger Preisanstieg in allen Cafés und Mensen der altehrwürdigen Universität. Für ihre warmen Mahlzeiten in der Dining Hall, aber auch für Lutschbonbons und Schokoriegel, sollten die Studierenden plötzlich zwölf Prozent mehr bezahlen.

Die Mitglieder der Students Union empfanden diesen Preisanstieg als eine soziale Ungerechtigkeit, die auf keinen Fall hingenommen werden könne. »Hit them where it hurts« hatten sie auf ihre Plakate gepinselt. Und tatsächlich folgten die Studierenden ihrem Aufruf. Die Kaffeemaschienen des Trinity College standen an diesem 26. Oktober still, frische Sandwiches lagen wie Blei in den Kühlregalen, die Köchinnen blieben auf ihrem Kartoffelbrei sitzen. In den kleinen Bistros und Imbißbuden rund um die Universität herrschte dagegen viel Betrieb. Die Students Union hatte mit deren Betreibern einmalige Preisnachlässe oder besondere Angebote für den Zeitraum der Boykottaktion vereinbart. Hier bekam man zwei Sandwiches zum Preis von einem, da gab es zu einem Teller Suppe ein Kaltgetränk gratis, und dort wurden zehn Prozent Preisnachlaß für Studierende gewährt. Sämtliche dieser alternativen Angebote hatten die Protestler auf ihren Flugblättern aufgelistet. Den hungrigen und durstigen Studierenden am Trinity College fiel es dadurch leicht, sich dem Aufruf zum Boykott anzuschließen.

Umgehend versicherte die Verwaltung der Universität ihre Bereitschaft, mit den Vertretern der Students Union über das leidige Thema zu verhandeln. Knapp vierzehn Tage später verteilten zufriedene Protestler in allen Gebäuden der Universität neue Flugblätter. Die Boykottaktion war mit einem Erfolg für die Studierenden ausgegangen: Vollständige Rücknahme der Preiserhöhungen bei Tee und Kaffee, lediglich sechs Prozent Preisanstieg bei den warmen Mahlzeiten. Averil Power, die Präsidentin der Students Union, war begeistert. Man sei eindeutig gestärkt und als moralischer Sieger aus dieser Diskussion hervorgegangen. Nun könne sich die Union guter Dinge an die Beseitigung weiterer Nachteile der finanziell gebeutelten Studierenden machen.

Power und ihre Mitstreiter haben viel zu tun. Kaum eine gesellschaftliche Gruppe dürfte vom wirtschaftlichen Aufschwung in Irland so wenig profitiert haben wie die Studierenden. Trotz unaufhörlich steigender Kosten in nahezu allen Lebensbereichen wurden die staatlichen Zuschüsse für den akademischen Nachwuchs in den vergangenen Jahren nur geringfügig angehoben. Studierende klagen über Schwierigkeiten bei der Jobsuche und über ungenügende Gehälter. In einem Zeitungsartikel über die derzeitigen Kosten des Studentenlebens fragte der *Irish Examiner*: »Müssen die Studenten in Irland verhungern?«

Die Frage mag übertrieben klingen, hat aber eine gewisse Berechtigung. Jüngsten Statistiken zufolge geben Studierende in Irland immer höhere Summen für die Zimmermiete aus. Da ihre Einnahmen aus Nebenjobs und Zuschüssen der Regierung nicht mitsteigen, müssen sie an anderer Stelle sparen. In Dublin lag die durchschnittliche Miete für eine Studentenbude im Jahr 2001 bei knapp 320 Euro pro Monat. Im Vergleich zum Vorjahr ein Anstieg von immerhin 50 Euro. Gleichzeitig sanken die durchschnittlichen Ausgaben der Studierenden im Supermarkt um mehr als 50 Prozent, von monatlich 74 Euro im Jahr 2000 auf 35 Euro im Jahr darauf. In der Hauptstadt nutzen viele nun verstärkt die Möglichkeit der günstigen Verpflegung in den Universitäten. Hier stiegen die monatlichen Ausgaben von 29 auf 41 Euro an.
Dennoch sieht John Paul Swaine genügend Gründe, sich Sorgen um die Ernährung der Studenten zu machen. Swaine fühlt sich als Welfare Officer der Union of Students in Ireland, des Dachverbands aller Studentenvertretungen, für Gesundheit und Wohlbefinden der jungen Akademiker zuständig. Der Artikel des *Irish Examiner* zitiert ihn mit den Worten: »Jedes Anzeichen, daß die ausgewogene Ernährung unserer Studenten nicht gewährleistet ist, gibt Anlaß zur Beunruhigung.«
Früher war getreu der alten Redensart natürlich alles besser. Als etwa Jonathan Swift 1682 Student am Trinity College wurde, speisten die meisten Studenten in der Dining Hall noch umsonst. Dafür mußten diese sogenannten »Sizars«, die vor allem aus ärmeren Familien stammten, Arbeiten wie Putzen oder Kellnern übernehmen. Außerdem durften sie erst zu Messer und Gabel greifen, wenn ihre reicheren Kommilitonen aufgegessen hatten. Einem »Sizar blieben dann gewöhnlich die Reste, die ein »Filius Nobilis« verschmäht hatte. Erst 1843 wurden diese Zustände geändert. Fortan speisten alle Studenten gemeinsam und unabhängig von ihrer Herkunft. Die »Sizars erhielten dafür aus der Universitätskasse jeden Tag einen Schilling, mit dem sie für ihre persönliche Verköstigung aufkommen sollten.
Heute ist ein Mittagessen in der Dining Hall des Trinity College immer noch erschwinglich, kostet aber immerhin schon drei bis sechs Euro. Angesichts dieser Entwicklung überrascht es kaum, daß die Erhöhung der Preise um zwölf Prozent eine derartige Empörung verursachte. Auch ohne einen solchen Anstieg wissen Studierende in Irland offensichtlich kaum, wie sie das Sandwich oder den Kartoffelbrei bezahlen sollen. Sie sparen selbst beim Guinness. Die Ausgaben für Alkohol sanken bei Dubliner Studierenden von monatlich 86 Euro im Jahr 2000 auf 62 Euro im Jahr 2001. Es sind insbesondere die Genußmittel und Spaßmacher, die unter den steigenden Mieten zu leiden haben. Zigaretten waren den Studenten im Jahr 2000 monatlich 18 Euro wert, im Jahr darauf nur noch 13 Euro. Die Ausgaben für Reisen sanken von 40 Euro pro Monat auf 35 Euro. Übrig bleibt von dem Ersparten nichts, denn die Mieten steigen weiter, ebenso die Kosten für Telefon und Heizung. Auch die medizinische Versorgung der Studierenden ist teurer geworden. Ausgaben von zwei Euro pro Monat im Jahr 2000 stehen sechs Euro im Jahr 2001 gegenüber.
Alles in allem scheint das irische Studentendasein kein sorgloses Luxusleben zu sein. Der ehemalige Student Charles Lever, der sein Zimmer im Trinity College 1822 bezog, erinnert sich in seinem Roman *Charles O'Malley* noch an rauschende Feste: »Allnächtliche Bälle, Unfug machen im Theater, die ruhmreichen Parties, Einladun-

gen zum Abendessen, verrückte Musik und Austern schlürfen – lauter wundervolle Möglichkeiten, die ganze Nacht lang aufzubleiben, um morgens blaß und voller Reue im Unterricht zu erscheinen.« Im 21. Jahrhundert bilden die Studierenden zwar immer noch einen wichtigen Bestandteil des Dubliner Nachtlebens, verhalten sich dabei aber lieber sparsam. 15 Euro pro Monat ließen sie 2001 in die Kinokassen der Hauptstadt fließen. Für Konzerte gaben sie im Durchschnitt elf Euro aus. Doch allein Van Morrison verlangte bei seinem jüngsten Auftritt für ein Ticket schon 40 Euro. Für neue Kleidung hatten die Studierenden im Jahr 2001 monatlich 30 Euro übrig. Das entspricht vielleicht einer Jeanshose im Schlußverkauf. Gerade mal acht Euro standen ihnen für Sportveranstaltungen zur Verfügung. Karten zum Greyhound Racing im Shelbourne Park kosten jedoch schon sechs Euro. Bleiben noch zwei Euro zum Wetten, um mit etwas Glück einen Gewinn heimzubringen. Irgendwie muß die nächste Monatsmiete ja gezahlt werden.

Obwohl die finanzielle Situation außerhalb Dublins weniger dramatisch aussieht, läßt sich auch in den anderen Städten der grünen Insel dieselbe Tendenz erkennen: Die Studierenden reagieren auf steigende Mieten, indem sie weniger Geld in Lebensmittel investieren. Die Ausgaben im Supermarkt sanken von monatlich 74 Euro im Jahr 2000 auf 45 Euro im Jahr 2001. Die durchschnittliche Monatsmiete stieg im gleichen Zeitraum von 200 Euro auf über 225 Euro an. In Dublin hätte schon man Ende der 90er Jahre für diese Summe kaum ein Zimmer bekommen. Die Studierenden müssen für das Leben in der Hauptstadt also einen Extrazuschlag einkalkulieren. Die monatlichen Gesamtausgaben beliefen sich hier im Jahr 2001 auf 670 Euro. Dem stehen außerhalb Dublins knapp 600 Euro gegenüber. Zu diesen Lebenshaltungskosten kommen erhebliche Studiengebühren, wenn ein Student nach seinem ersten Abschluß an der Universität bleiben möchte. Seit 1996 ist das dreijährige Erststudium von den Gebühren befreit. Wer aber nach dem Bachelor etwa einen Master oder ein Diplom machen möchte, zahlt dafür je nach Studiengang mehrere tausend Euro pro Jahr.

Woher nehmen die Studierenden dieses Geld? Haupteinnahmequelle sind laut einer Studie der Union of Students in Ireland aus dem Jahre 2000 die Einkünfte aus Teilzeitarbeit. 53 Prozent der befragten Studierenden jobben neben dem Studium. Im Jahr 2000 ließen sich mit einem Teilzeitjob monatlich 280 Euro verdienen. 59 Prozent der Frauen und 47 Prozent der Männer machten von dieser Verdienstmöglichkeit Gebrauch. Sie arbeiteten im Schnitt 17 Stunden pro Woche und bekamen einen Stundenlohn von 5,85 Euro. Die meisten Studierenden mit Nebenjob arbeiten im Dienstleistungsgewerbe (62 Prozent), andere in der Fertigung (gut 15 Prozent), als Bürogehilfen (7 Prozent), im Handel (6 Prozent) oder als Lehrer (5 Prozent). 65 Prozent der Studierenden mit Nebenjob arbeiten nachts. In den seltensten Fällen geht Teilzeitarbeit mit einem Teilzeitstudium einher. Der Studie zufolge sind die meisten Studierenden (77 Prozent) trotz der Zusatzbelastung als Vollzeitstudenten eingeschrieben.

Es braucht nicht viel Phantasie, um sich die Konsequenzen dieser Umstände auf die Studienleistungen vorzustellen: Ein müdes Campusleben und viele Studienabbrecher. Lediglich jeder vierte irische Student ist Mitglied in einem der Clubs oder einer der Societies, von denen die Atmosphäre der Hochschulen so stark geprägt wird. 50

Prozent aller Befragten geben an, dafür einfach keine Zeit zu haben. Ähnlich verhält es sich mit dem Engagement in der Students Union. 14 Prozent der Studierenden nahmen im Jahr 2000 an den Veranstaltungen ihrer Interessenvertretung teil. Die übrigen 86 Prozent nannten als Gründe für ihr Fernbleiben vor allem »Desinteresse« (41 Prozent) und »Zeitmangel« (37 Prozent). Dieser »Zeitmangel« ist unschwer als Konsequenz der doppelten Belastung aus Studium und Teilzeitarbeit zu erkennen. Die Erforschung der entscheidenden Beweggründe von Studienabbrechern macht jedoch deutlich, daß sich viele Studierende ein Studium ohne Zusatzerwerb nicht mehr leisten können. »Finanzielle Schwierigkeiten« wurden im Jahr 2000 von 65 Prozent der Befragten Abbrecher als Grund für das vorzeitige Studienende genannt. Häufiger führten sie nur noch das Argument »Unzufriedenheit mit den Studieninhalten« an (81 Prozent).

Lukrativer als Teilzeitarbeit sind Ferienjobs, die im Jahr 2000 durchschnittlich 375 Euro pro Monat einbrachten. Eine besondere Form solcher Ferienjobs stellt das »Student Summer Job Scheme« der irischen Regierung dar. Seit Mitte der neunziger Jahre kann sich der akademische Nachwuchs im Rahmen dieses Programms bei ausgewählten Firmen und Institutionen um bestimmte Jobs bewerben, die ausschließlich Studierenden vorbehalten sind. Die Arbeitgeber dürfen sämtliche an Studenten gezahlte Gehälter anschließend von der Steuer absetzen. Acht Prozent der im Jahr 2000 Befragten hatten an diesem Programm teilgenommen. Die übrigen Befragten gaben unter anderem an, von dem Programm nie gehört zu haben (16 Prozent), dafür nicht geeignet zu sein (13 Prozent), oder kein Interesse daran zu haben (12 Prozent). Vor allem kollidierten die angebotenen Jobs aber mit ihren anderen Nebenjobs (32 Prozent). Die meisten Beteiligten äußerten sich grundsätzlich positiv über das »Student Summer Job Scheme« (75 Prozent), kritisierten jedoch nahezu einstimmig den auf 3,80 Euro festgelegten Niedriglohn. Eine Reform dieses Programms würde nach Meinung der Union of Students in Ireland 10 Millionen Euro kosten. Bestandteile dieser Reform wären die Erhöhung des Stundenlohns auf 6 Euro, Erhöhung der Arbeitszeit auf insgesamt 300 Stunden und Öffnung des Programms für alle Studierenden.

Ehrliche Arbeit ist nicht der einzige Weg für Studierende in Irland, um an Geld zu kommen. Das Elternhaus ist eine weitere wichtige Einnahmequelle. Etwa 50 Prozent der Studierenden werden von ihren Familien finanziell unterstützt, im Jahr 2000 mit durchschnittlich 180 Euro pro Monat. Hinzu kommen Zuschüsse des Staates, die so genannten »Maintenance Grants«, die sich im Schnitt auf 188 Euro pro Monat belie-fen. 28 Prozent der irischen Studierenden erhielten diese staatlichen Zuschüsse im Jahr 2000, 39 Prozent im Jahr 2001. Die Höhe der »Grants« richtet sich nach dem Einkommen der Eltern und nach der Anzahl studierender Geschwister. Verdienen Eltern pro Kopf unter 6,60 Euro pro Stunde, erhalten Studierende in der Regel den Höchstsatz. Im Gegensatz zum deutschen BAFöG müssen die »Maintenance Grants nicht zurückgezahlt werden. Immerhin 17 Prozent der Befragten nahmen Kredite für ihre Studien auf, die ihnen im Jahr 2000 pro Monat gut 230 Euro zur Verfügung stellten. Stipendien erhielten laut der Studie nur fünf Prozent der jungen Akademiker. Diese beliefen sich im Schnitt auf monatlich gut 280 Euro. Vor allem bei den staatlichen Zuschüssen möchten die Studierendenvertreter ansetzen.

Die Überschrift eines Thesenpapiers der Union of Students in Ireland vom Oktober 2001 lautet: »Die Zuschüsse sind ein Witz – aber lachen können wir darüber immer noch nicht.« Sie argumentieren mit der Diskrepanz zwischen Ausgaben und Einnahmen, die ein Studium in Irland für viele Schulabgänger unmöglich macht: »Es klafft eine deutliche Lücke zwischen dem Ausmaß der finanziellen Unterstützung seitens der Regierung und den tatsächlichen Kosten eines Hochschulstudiums.« Während die Mietpreise von 1997 bis 2000 um 95 Prozent gestiegen seien, habe die Regierung ihre Zuschüsse im gleichen Zeitraum lediglich um 14 Prozent angehoben. Die Folgen gehen aus den Statistiken hervor: Immer mehr Studierende müssen mit Teilzeitarbeit Geld dazuverdienen, viele können ihr akademisches Potential deshalb kaum ausschöpfen, einige brechen ihr Studium gar vorzeitig ab.
Zusätzlich bedeutet die finanzielle Problematik für viele Schulabgänger eine unüberwindbare Schwelle. Sie verlieren aus Kostengründen keinen Gedanken an den Besuch einer Universität. Einer von zehn jungen Iren, die einen angebotenen Studienplatz ablehnten, taten dies aus finanziellen Gründen. Die Union of Students in Ireland sieht darin eine ernstzunehmende Gefährdung der Chancengleichheit. »Studierende aus ärmeren Familien sind an den irischen Hochschulen eindeutig unterrepräsentiert«, heißt es in ihrem Thesenpapier. Sie fordert deshalb eine Anpassung der Zuschüsse an die tatsächlichen Lebenshaltungskosten der Studierenden. Der Höchstsatz der »Maintenance Grants« müsse dafür auf 108 Euro wöchentlich plus Mietzuschuß erhöht werden. Eine Erhöhung diesen Ausmaßes käme einer Verdoppelung des derzeitigen Höchstsatzes gleich. Damit seien sämtliche Bedürfnisse eines Studierenden außer Alkohol und Zigaretten abgedeckt. Die Kosten einer solchen Maßnahme beziffern die Studierendenvertreter auf ungefähr 108 Millionen Euro. Für die Abschaffung der Studiengebühren und eine großzügige Reform des Zuschußsystems im Bereich der Master- und Diplomstudiengänge fordern sie weitere 50 Millionen Euro. Ein ergänzendes Programm zur Sicherung der Chancengleichheit alleinerziehender Studierender würde ihren Berechnungen zufolge zusätzliche 10 Millionen Euro kosten. Mit einem auf diese Weise geöffneten Bildungsapparat und einer sinkenden Studienabbrecherzahl könne die irische Gesellschaft die Herausforderungen der Zukunft bewältigen.
Einen weiteren Ansatz zur Lösung der akuten Probleme sehen die Studierendenvertreter in der Schaffung eines spezifischen Wohnungsmarktes, der gezielt an den studentischen Bedürfnissen ausgerichtet sein soll. Bei der Befragung im Jahr 2000 gaben 42 Prozent der irischen Studenten an, noch bei ihren Eltern zu wohnen. Nur zwei Prozent der Befragten lebten »on campus« oder in Studentenwohnheimen. 37 Prozent hatten in gemieteten Häusern oder Wohnungen eine Unterkunft gefunden. Gerade um die Unterbringung dieser Gruppe geht es den Interessenvertretern. Aufgrund der hohen Nachfrage nach Wohnungen laste ein ungeheurer Preisdruck auf ihren Kommilitonen. Im Wettbewerb mit Berufstätigen, die sich höhere Mieten leisten können, seien die Studierenden in der Regel benachteiligt. Statistiken aus dem Jahr 2000 belegen, daß immer mehr Studierende in die Vororte ausweichen. Im Durchschnitt wohnten die Befragten gut elf Kilometer von ihren Universitäten entfernt und benötigten für die tägliche Anreise 31 Minuten. Abhilfe soll ein Programm

der Regierung schaffen, das den Bau von Studentenwohnheimen mit 14.500 Schlafplätzen vorsieht. Erst 2.260 dieser Schlafplätze konnten bis zum Jahr 2001 fertiggestellt werden. Die Union of Students in Ireland fordert dementsprechend eine zügige Umsetzung und weitere Ausdehnung des Programms. In anderen europäischen Ländern sind durchschnittlich 17 Prozent aller Studierenden in günstigen Wohnheimen untergebracht. Das soll nach dem Willen der Union auch in Irland der Fall sein. Sie sieht allerdings das Problem der Finanzierung solch umfangreicher Baumaßnahmen und nennt die Kosten einer Umsetzung ihrer Forderungen »unbezahlbar«.
Zu einer bedürfnisorientierten Unterbringung einer Mehrzahl der Studierenden an den irischen Universitäten ist es also noch ein weiter Weg. Die Studien der vergangenen Jahre und die Aufregung am Trinity College im Oktober 2001 haben jedoch gezeigt, daß Handlungsbedarf besteht. Sollte die Regierung dem akademischen Nachwuchs des boomenden Landes nicht entgegenkommen, drohen weitere Unruhen und ein Anstieg der Kriminalität unter Studierenden. Einem Artikel der Campus-Zeitung des University College Dublin von Januar 2002 ist ein gutes Beispiel dafür zu entnehmen, wie Beschaffungskriminalität in Zeiten der finanziellen Not unter jungen Akademikern aussehen kann. »Zigarettenautomat aus Studententreff gestohlen«, lautet die Überschrift. Kurz vor Weihnachten seien zwei junge Männer in Overalls erschienen, um den Automaten zwecks Euro-Umstellung aus dem Studententreff zu schaffen. Sie luden den Apparat auf einen Rollwagen und verschwanden in aller Seelenruhe. Erst nach Weihnachten ergaben gezielte Nachforschungen, daß niemand den Automaten zurückbringen würde. Er war gestohlen worden, vielleicht von Studenten in Geldnot. Wenige Stunden vor dem Diebstahl hatte ein Lieferservice den Automaten aufgefüllt. So entkamen die cleveren Täter mit Rauchwaren im Schätzwert von 5.700 Euro. Der Dubliner Durchschnittstudent käme mit so vielen Zigaretten laut Statistik etwa 37 Jahre aus. Er könnte von dem Gegenwert aber auch 18 Monate lang seine Zimmermiete bezahlen. Oder vielleicht endlich die längst überfälligen Gebühren für seinen Diplomstudiengang begleichen.

Gabrielle Alioth

DIE SCHLANGE UND DER TIGER

»Früher«, seufze ich und drehe das Autoradio lauter. Früher habe ich diese Häuserzeile in der Einfahrt von Drogheda als weißen Strich an mir vorbeifliegen sehen, und nun starre ich schon seit fünf Minuten auf den mit imitierten römischen Plastiktöpfen vollgestellten Sitzplatz. Mein Beifahrer blickt gelangweilt auf die monochrome Reihe stehender Wagen auf der Gegenfahrbahn.

Es war einmal – und es ist gar noch nicht so lange her –, da waren die Straßen hier voller Gefährte in einer unterdessen Hausfassaden in irischen Postkartengegenden vorbehaltenen Buntheit, Vehikel, die sich – von Schnüren und Drähten zusammengehalten – weit über die kühnsten Kalkulationen ihrer Hersteller hinaus auch im höchsten Alter noch fortzubewegen vermochten. Den Regeln der Schwerkraft trotzend kündigten sich diese Beweise menschlicher Erfindungsgabe meist durch lautes Knattern an und ließen Rauchfahnen hinter sich zurück, welche die Luft mit Gestank und das Herz des Betrachters mit Ehrfurcht erfüllten, angesichts des offenkundigen Gottvertrauens der Insassen. In ländlichen Gegenden wie dieser hier konnte es sich bei letzteren auch um Schafe und Schweine handeln, und die Geschichte jenes Bauern, der angetrunken von der Polizei gestoppt wurde, den Richter dann aber davon überzeugen konnte, daß nicht er, sondern sein Hund am Steuer saß, erschien, wenn auch ungewöhnlich, so doch keineswegs unmöglich.

Zu jener Zeit war ein Auto nicht ein Auto, sondern der Schlüssel zur Freiheit. Es erlaubte die allsonntägliche Flucht aus eintönigen Vorstadtquartieren, diente – mit Bettdecken und Thermoskrügen gefüllt – als Nachtlager auf Reisen und war bei qualmenden Kaminfeuern in sonst ungeheizten Häusern im Winter oft schlicht und einfach der wärmste Aufenthaltsort. Auch wir besaßen damals eine dieser sagenhaften Erscheinungen, einen mattgrünen Lieferwagen der Marke Fiat. Er startete auf Knopfdruck, fuhr jedoch, seiner mediterranen Herkunft gedenkend, grundsätzlich nur bei trockenem Wetter und generierte alle fünfzig Kilometer einen Plattfuß. In kürzester Zeit wurden wir zu Experten im Radwechseln, und die wiederholte Übung bewahrte uns wohl nicht nur vor der Vergiftung durch die innerhalb und außerhalb des Wagens gleichmäßig verströmenden Abgase, sondern führte zu vielen netten Begegnungen mit mitfühlenden Passanten und hilfsbereiten Verkehrsteilnehmern, so etwa jenem Busfahrer, der im Dubliner Abendverkehr seinen vollen Bus stehen ließ, um meine Zündung neu einzustellen.

Das Telefon meines Beifahrers klingelt, und ich drehe den Radio wieder leiser. Unserem grünen Wunder erging es wie allen anderen Vertretern seiner Spezies: es wurde zu Schrott. Mein Beifahrer drückt auf seinem piepsenden Telefon herum, bis er das SMS der Telefongesellschaft findet, die billigere Gespräche mit Nachbarn, kostenlosen Internetanschluß und Sushi zum halben Preis anbietet. Heute halten sich die irischen Autos an die kataloggerechten Farben, am Straßenrand qualmende Fahrzeuge sind eine Seltenheit, und deren Besitzer werden höchstens noch von der Polizei angesprochen. Seit der irische Staat die Wagen auf seinen Straßen auf Fahrtüchtigkeit und Abgaswerte testet, wird eine Panne nicht mehr dem unergründlichen Schicksal, sondern wie überall dem Fahrer angelastet, wenn man beim Besuch der Fahrzeug-

kontrolle auch meinen könnte, daß hierzulande nur Frauen Autos besitzen. Aber die Iren verfolgten schon in keltischer Zeit die Strategie, leicht bekleidete Damen auszuschicken, um den Gegner abzulenken.
Mein Beifahrer hört seinen Anrufbeantworter ab und vergleicht die Mitteilungen mit seinem elektronischen Terminkalender, während ich, übermütig fast, drei Schritte weiterfahre. Dem Druck der Stimmberechtigten in den Kolonnen weichend, baut Irland derzeit mehr und raschere Straßen, und wer nachts an einer der ausgeleuchteten Autobahnbaustellen vorbeifährt, glaubt sich auf einem Schauplatz der *X-Files*. Wenig geändert allerdings hat sich an der Straßentüchtigkeit der irischen Fahrer, und die lokale Polizei ging vor kurzem so weit, an gewissen, besonders gefährlichen Stellen Autowracks aufzustellen, um die Vorbeirasenden zur Vernunft zu bringen.
Mein Beifahrer steckt sein Telefon wieder in die Tasche seines Tweedkittels. Als ich ihn kennenlernte, war er Bauarbeiter, Lastwagenfahrer, Klempner und Künstler. Heute importiert er Billigkristall aus Polen, das in den hiesigen Souvenirgeschäften als irisches gehandelt wird, und seine Tochter verdient sich ihr Studentenleben mit Fahrten nach Calais, wo sie in hafennahen Supermärkten Wein ersteht, den sie mit Gewinn an ihre Kommilitonen weiterverkauft. Eine gut ausgebildete Jugend gehörte schon immer zu den Vorzügen dieses Landes, und der »keltische Tiger« ermöglicht es der jungen Generation, ihre Initiative nicht nur in der Emigration, sondern auch vor Ort zu verwirklichen. Mein Beifahrer räuspert sich, und ich schließe fünf Schritte in der Kolonne auf, was mich ans Ende der weißen Häuserzeile bringt. Früher tapezierten die Besitzer solcher Häuser alle paar Jahre mit den neusten Blumenmustern aus der Gemischtwarenhandlung über die Spuren, die ihre Kinderschar an den Zimmerwänden hinterließ. Heute wohnen nach Dublin pendelnde Doppelverdiener mit Einbauküchen und Laura-Ashley-Vorhängen hier, die ihre zwei geplanten Kinder dereinst in die neue Montessori-Schule gleich um die Ecke schicken werden.
Mein Beifahrer schaut einer Gruppe von Mädchen in Lederjacken und kurzen Röcken nach, die in Richtung Drogheda gehen. Die Hauptstraße ist jetzt zweifarbig gepflastert, und Metzger und Bäcker sind Supermärkten und Nachtclubs gewichen, aber am Donnerstag findet noch immer der Viehmarkt statt, und das Programm des Kulturzentrums wird von Schwänken und von Ausstellungen mit gepreßten Blumen des örtlichen Frauenvereins dominiert. Eines der Mädchen macht eine eindeutige Geste, und die anderen lachen.
Mit dem Plakat »Sündige, ohne zu beichten« neben einer Schale schlagrahmgekrönter Erdbeeren warb die irische Milchwirtschaft in einem der letzten Sommer für ihre Produkte. Die Zeiten, als neunzig Prozent der irischen Bevölkerung allsonntäglich in die Kirche strömten, sind vorbei. Der keltische Tiger hat Lämmern und Tauben den Garaus gemacht, und angesichts der Vergehen des Klerus, die in den letzten Jahren ans Licht kamen, muß sich niemand mehr schuldig fühlen. Die Verkäuferin in der Apotheke diskutiert freimütig die Vorteile verschiedener Präservative, und Irland beliefert ganz Europa mit Viagra.
Das nächste Grünlicht bringt uns auf die Höhe des Black Bull. Wie praktisch alle Pubs hier wurde auch dieses in den letzten Jahren umgebaut. Mit den Emigranten wanderte das Pub in die Welt, und mit einem Satz von Standardrequisiten wurde in

München, Zürich und Los Angeles »irische Stimmung« inszeniert. Als die Auswanderer dann – vom Tiger angelockt – heimkehrten, brachten sie auch ihre Vorstellungen von Trinkstuben zurück, und die Pubbesitzer - stets bereit, den Wünschen ihrer Kunden zu entsprechen - machten sich daran, ihre Orginalpubs durch reimportierte Kopien zu ersetzen, angefüllt mit alten Plakaten, Fotografien, Gestellen voll Büchern und Flaschen. So trinkt es sich heute in irischen Pubs auf der ganzen Welt gleich. Im Falle des Black Bull ging die Geschäftstüchtigkeit allerdings noch einen Schritt weiter, und neben Bar und Lounge wurde auch ein Delikatessengeschäft eröffnet, das die Bevölkerung von Drogheda erstmals mit Parmaschinken und Parmesan konfrontierte. Etwas wehmütig erinnerte sich ein ehemaliger Gemüsehändler an seine gescheiterten Versuche, den Hausfrauen der Stadt in den sechziger Jahren Aubergines zu verkaufen, aber auch er trauert den alten Zeiten nicht nach. Er verkauft jetzt irischen Honig, den er aus Australien importiert, und fährt den teuersten Mercedes.

Einer der Wagen in der Kolonne vor uns schert aus, wendet in mehreren Anläufen über beide Fahrbahnen und reiht sich in die gegenläufige Schlange ein, die seit einiger Zeit etwas schneller schleicht. »Typisch«, sage ich, erleichtert, das vertraute landesübliche Manöver zu sehen, doch mein Beifahrer lächelt nur, und als der gewendete Wagen an uns vorbeigleitet, sehe ich das schwarze Gesicht seines Fahrers. Er muß zu den nigerianischen Asylanten gehören, die nun in dem Ferienlager wohnen, das seit der irischen Entdeckung der Kanarischen Inseln nicht mehr rentiert.

Allmählich läuft auch auf unserer Seite der Verkehr wieder etwas flüssiger, und mein Beifahrer atmet auf. Vielleicht schaffen wir es doch noch, rechtzeitig unseren bestellten Tisch zu beziehen, denn unterdessen gehen auch die Iren in der Provinz nicht nur zum Trinken, sondern auch zum Essen aus. Neben den meist hoteleigenen Speisesälen, in denen nach wie vor – wie zu Zeiten, als der Hunger noch nicht Geschichte war – von Bratensauce übergossene Fleischstücke mit weichgekochtem Gemüse (Blumenkohl obligatorisch) und Kartoffeln in mindestens zwei verschiedenen Zubereitungsarten serviert werden, bietet Drogheda derzeit eine Anzahl urbanerer Verpflegungsmöglichkeiten. Selbst die schärfsten Kritiker des Tigers vermögen dessen kulinarischen Erfolge nicht zu leugnen. Sogar in der Kleinstadt werden die Teigwaren nun *al dente* serviert, und Kaffee wird nicht mehr aus Büchsen, sondern aus Bohnen gemacht. Im übrigen zwingt die Verknappung der Arbeitskräfte die Gastwirte, spanisches und französisches Servicepersonal einzustellen, und anstelle von überschwenglichen, rotwangigen Hausfrauen in Spitzenblusen wird man nun wie im Rest Europas von radebrechenden Studenten bedient, die das Rotwein- vom Weißweinglas unterscheiden und Korkenzieher auch ohne Gebrauchsanleitung bedienen können.

Mein Beifahrer streckt sich, und an seinem Hals werden die Streifen sichtbar. »Siehst du, so schlecht ist das doch alles nicht«, meint er etwas herablassend. »War«, sag ich, »es war nicht so schlecht. Es ist vorüber.« »Das ist auch wieder typisch irisch, immer nur das Schlimmste sehen.« »Maul- und Klauenseuche, 11. September, Entlassungen, Restrukturierungen, die Hotels sind leer, die EU hat auch kein Geld mehr...« »Ein paar Wolken sind noch kein Sturm.« »Genau, und das Wetter wird auch immer schlechter.« »Da sind wir.« Mein Beifahrer deutet auf die Pizzeria an der Ecke. »Die gab es übrigens schon vorher«, meint er beim Aussteigen. »Aber wir haben seit Jahren nicht mehr hier gegessen.« »So schließt sich der Kreis. Du behauptest doch immer, die Zeit laufe in Spiralen.« »Die Kelten glaubten das«, verteidige ich mich. »Eben«, sagt er. Er zieht seinen Tweedkittel zurecht und geht vor mir auf das Restaurant zu. Er ist etwas breiter geworden in den letzten Jahren, hat ein paar Zähne verloren, aber die Streifen an seinem Hals sind noch immer ganz schön, und zudem, denke ich, sind nachts alle Katzen grau.

Ralf Sotscheck

BEZIEHUNG ZUM OBJEKT – EIN PORTRÄT DES DUBLINER FOTOJOURNALISTEN DEREK SPEIRS

Seit fast einem Vierteljahrhundert hält der Dubliner Fotojournalist Derek Speirs das politische und soziale Geschehen in beiden Teilen Irlands fest. Es waren turbulente 25 Jahre: der Deckenstreik der politischen Gefangenen in Long Kesh bei Belfast, der in den Hungerstreik mündete; acht Parlamentswahlen; ebenso viele Volksabstimmungen; der Besuch des Papstes; der Friedensprozeß in Nordirland und die beginnende Ausmusterung der IRA-Waffen; Anfang und – zumindest vorläufiges – Ende des »keltischen Tigers«.

»Für mich war es ein Prozeß der Entdeckung, wie Politik eigentlich funktioniert«, sagt Speirs. Manche Fotografen vertreten die Meinung, daß dokumentarische Fotos nicht politisch oder sozial engagiert sein dürfen. So wird Speirs denn auch oft vorgeworfen, daß er mit seiner Arbeit »missionarische Ziele« verfolge. »Natürlich habe ich eine politische Überzeugung«, sagt Speirs. »Ich decke Bereiche ab, die von der bürgerlichen Presse ignoriert werden.« Zwar muß er seine Fotos auch an diese Blätter verkaufen, um von seiner Arbeit leben zu können, doch sein besonderes Interesse galt schon immer den Aktivitäten der Linken, radikalen politischen Kampagnen und sozialen Randgruppen.

Seine Kamera ist keineswegs ein neutrales Instrument, das ein paar Illustrationen einfängt, sondern Speirs bezieht deutlich Stellung für Randgruppen und gegen Korruption und Filz in der irischen Politik. Dabei verzichtet er völlig auf die nachträgliche Bearbeitung seiner Fotos durch Ausschnittsvergrößerungen oder Retuschen. Die Bilder werden so veröffentlicht, wie sie aufgenommen wurden. Dadurch ist im Lauf der Zeit eine subjektive Dokumentation der irischen Politik des vergangenen Vierteljahrhunderts entstanden, die bereits in vielen Galerien gezeigt wurde. 1985 druckte das irische Nachrichtenmagazin *Magill* zur Feier der 100. Ausgabe eine große Auswahl dieser Fotos.

Speirs wurde 1952 in Dublin geboren, und dort lebt er auch seit seiner Rückkehr aus London. Seine Fotografen-Karriere begann er bei der Kooperative »Report« in London. Der Initiator dieser Kampagne war Simon Guttman, der in den zwanziger Jahren die Fotoagentur »Dephot« in Deutschland gegründet hatte, mit Beginn des Faschismus jedoch auswandern mußte. Guttman ist 1990 im Alter von 99 Jahren gestorben. Er hat großen Einfluß auf die Arbeit von Derek Speirs ausgeübt. »Guttman hat mir klargemacht, daß man eine Beziehung zu dem Objekt entwickeln muß, das man fotografiert«, sagt Speirs. »Man muß es respektieren. Deshalb haben meine Fotos vor allem etwas mit Menschen zu tun.« Nachdem Guttman ihm riet, seine eigene Agentur zu eröffnen, weil er von ihm nichts mehr lernen könne, ging Speirs zurück nach Dublin und nannte seine Agentur aus Respekt vor Guttman »Report«.

Speirs ist Anhänger der klassischen fotojournalistischen Schule. »Ich mache keine gestellten Bilder«, sagt er. »Ich beobachte und versuche, die Fotos für sich selbst sprechen zu lassen.« Dennoch verzichtet er nie auf Bildunterschriften, was von vielen seiner Kollegen als eine »zu einfache Lösung« abgetan wird. »Ich glaube dage-

gen«, sagt Speirs, »daß die Betrachter daran interessiert sind, zu wissen, wann und wo ein Foto aufgenommen wurde.«
Speirs hat sich jahrelang mit den Fahrenden, Irlands diskriminierter Minderheit, beschäftigt. Er versuchte, die Fahrenden in ihren Lebensumständen zu zeigen, ohne sie auf diese Lebensumstände zu reduzieren. Genauso ging er mit den Arbeitslosen und den Obdachlosen um. »Die Frage der menschlichen Würde spielt dabei eine große Rolle«, sagt Speirs. »Den Mittelklassen gesteht man automatisch das Recht auf Menschenwürde zu, den Unterklassen und den Ausgestoßenen jedoch nicht. Dieser Art von Behandlung durch die bürgerliche Presse versuche ich entgegenzuwirken.«

Busker Grafton (Gerek Speirs)

Marmion Ct. Flats (Derek Speirs)

An einer Bushaltestelle (Derek Speirs)

Socialist Worker
The world is not for sale!
PEOPLE BEFORE PROFIT!
PEOPLE BEFORE PROFIT
Solidarit

Stop Deportations
Let Esther & Tamie stay!
let asylum seekers stay
AMNESTY FOR ALL
Let Esther & Tamie stay!
Stop Deportations Tallaght
YOUTH

Irland von unten (Derek Speirs)

irland almanach # 4, edition # 4

DEREK SPEIRS, *ALL THE SAME – ALL EQUAL (DEZEMBER 1998)*

Die Fotografie *All the same – all equal* (C-Print) hat die Maße 90 x 110 cm. Sie liegt in einer einmaligen Auflage von zehn signierten und numerierten Exemplaren vor und kostet EURO 450.00.

Der Erlös aus dem Verkauf der Editionen – Werke renommierter (nord)irischer Künstlerinnen und Künstler – soll helfen, den *irland almanach* zu erhalten.
Warum nicht mit der Sammlung irischer Kunst noch heute beginnen?

Bestellungen an: *irland almanach*, Kollwitzstraße 95, D-10435 Berlin.

Petra Dubilski

HYPERLINK HTTP://WWW.ENNIS.IE – HIGHWAY NACH ENNIS WIE EIN KLEINER MARKTFLECKEN IM COUNTY CLARE ZUR ERSTEN »INFORMATION AGE TOWN« IRLANDS WURDE

Wir waren ein trauriges Häufchen in Ennis, eine geschlagene Truppe, die einst siegesgewiß aus aller Herren Länder und vor allem aus smarten Großstädten in diesem verschlafenen Nest im Westen Irlands zusammenkam und sich ihrer Überlegenheit freute. »Blow-ins« aus Deutschland, England, Australien, Kanada und auch ein paar Avantgardisten aus Irland, kreative Freiberufler, die sich allein auf weiter, kuhbestandener Flur wähnten. Einmal im Monat trafen wir uns in einem trostlosen Hinterzimmer in der Brewery Lane, umgeben von flimmernden Computern und endlosen Batterien Rotweinflaschen, gaben vor, uns für die neueste Software zu interessieren, begrüßten enthusiastisch jeden Neuankömmling, kommunizierten über kulturelle Unterschiede hinweg und wußten uns einander zutiefst verbunden. Wir fühlten uns in diesen letzten Monaten, bevor unsere Gruppe endgültig auseinanderdriftete, wie eine kleine verschworene Gemeinschaft, in der Gewißheit, daß wir verloren hatten, daß der Zweck unserer Zusammenkünfte hinfällig war. Ennis war zu ersten und mittlerweile blühenden »Information Age Town« geworden, computerisiert mit Intel-PCs und Microsoft. Wir waren keine Avantgarde mehr. Wir hinkten hinterher. Wir waren Mac-User.
Die Ernennung einer irischen Kleinstadt zur »Information Age Town« scheint ein Widerspruch in sich zu sein. Informationen, gemeinhin auch Klatsch genannt, haben sich hier schon immer schneller verbreitet als über Glasfaserkabel, zudem noch viel ausgeschmückter, als man es in die Tastatur tippen kann. Wozu braucht man da also Informationstechnologien, wenn es bei der mündlichen Form des Informationsaustauschs immer noch ein Täßchen Tee dazu gibt und der Lustgewinn viel größer ist? Natürlich stößt alles, was mit Kommunikation zu tun hat, hierzulande auf helle Begeisterung, und ein bißchen Technologie kann nur hilfreich sein. Das Themenspektrum hat sich dank Massenzugang zum Internet in Ennis deswegen noch lange nicht verändert, wie die jüngste Umfrage im Jahre Vier seit Einführung der Kommunikationstechnologie ergeben hat: Per E-mail werden Freunde und Verwandte über familiäre Ereignisse wie Geburten, Hochzeiten und Todesfälle informiert und der neueste Klatsch ausgetauscht. Im Internet sucht der durchschnittliche Ennis-Bürger nach Informationen übers Reisen, Gesundheitstips für Frauen und Kinder, Unterhaltung – und das Wetter.
Seit Ennis im Jahr 1997 den Wettbewerb um die erste »Information Age Town« gewann, ist die Gemeinde die Stadt mit der höchsten Computerdichte der Welt und dem höchsten Verbrauch Irlands an Telefoneinheiten. Das ganze Projekt, von der damaligen Telecom Éireann, mittlerweile in Eircom umbenannt, erdacht, ist ein gigantisches Freiland-Experiment, eine schlaue Methode, Marktforschung zu betreiben. Ziel war, herauszufinden, welche Produktentwicklung für Eircom in der Zukunft lohnenswert, also profitabel wäre und welche Marktstrategien entwickelt werden müßten. 15 Millionen Pfund (ca. 19 Millionen Euro) waren für das Projekt angesetzt, das eine ganze Stadt mit Multimedia-Computern und neuester Komunikationstechnologie ausstatten sollte.

Am 3. April 1997 wurde der Wettbewerb ausgeschrieben. Jede Stadt in Irland mit einer Bevölkerung zwischen 5.000 und 30.000 Einwohnern konnte sich bewerben. 46 Städte traten in den Wettbewerb um den Preis von Geld, Ruhm und Fortschritt ein. Vier kamen ins Finale: Castlebar, Ennis, Kilkenny und Killarney. Die Auswahlkriterien waren schließlich u. a. die Erfolgsquote einer Stadt in der Wirtschaftsentwicklung und bei den Gemeindeaktivitäten, der Nachweis eines Interesses an Kommunikationstechnologie in Wirtschaft, Schulen und bei den Bürgern und natürlich, ob die Stadt auch medienwirksam repräsentabel wäre. Am 24. September 1997 verkündete die Jury aus fünf Männern, darunter zwei von Eircom und zwei vom University College Dublin, den Sieger: Ennis. Das Ereignis wurde als so bedeutend eingeschätzt, daß es live im ersten Programm des irischen Fernsehens übertragen wurde. In Ennis knallten die Champagnerkorken. 15 Millionen Pfund für jede Menge Computer, prima Telefonleitungen, Geschäfts-Incentives und erstklassige Werbung für eine Stadt, die Touristen und Investoren dringend braucht.

Ennis ist in der Tat ein zauberhaftes, und mithin repräsentables, Städtchen mit knapp 20.000 Einwohnern, sicherlich eine der schönsten Kleinstädte Irlands: Ein winzige Altstadt, die sich mit ein paar engen Straßen um den zentralen Square drängt und von den Ausläufern des River Fergus umgeben ist – daher der irische Name Inis, Insel, anglisiert zu Ennis –, einem Fluß, der in den Shannon mündet und über den man zumindest theoretisch bis nach Amerika paddeln kann; eine Altstadt mit bunten Häuschen und viel Blumenschmuck im Sommer, mit einer Abteiruine aus dem 13. Jahrhundert, einem gigantischen Denkmal für den »Befreier« Daniel O'Connell, dessen Statue auf dem zentralen Square auf einer so hohen Säule steht, daß man sie definitiv und wer weiß aus welchen Gründen nicht sehen kann oder muß, einem weiteren Denkmal für Eamon de Valera vor dem Gerichtsgebäude, den guten alten Dev, zu dessen Füßen sich abends die Alkis mit ihren Sixpacks treffen und dessen Großnichte Síle de Valera Kulturministerin mit Wahlkreis Ennis und Wohnsitz Tulla Road ist (meine einzige Nachbarin, die nie auf ein Täßchen Tee vorbeikommt), und einem bescheidenerem Denkmal für die gefallenen Kämpfer von 1916, das nur noch von Touristen gesucht wird. Um die Denkmalkultur neu zu beleben, diskutiert man im Ort, eines für Muhammed Ali, alias Cassius Clay, aufzustellen. Ein findiger Forscher fand nämlich heraus, daß einer seiner Vorfahren aus Ennis stammte. Das spricht vielleicht für den Kampfgeist, der in Ennis genetisch verwurzelt sein muß, für den Willen zu siegen, und sei es beim »Tidy Town«-Wettbewerb oder eben um den Titel als erste »Information Age Town«.

Das Komitee, das in Ennis seit dem Wettbewerb eingesetzt und mit 15.000 Pfund (19.000 Euro) subventioniert wurde, brauchte sich deswegen keine Gedanken zu machen. Schließlich war Shannon Development beteiligt, eine Initiative, die nicht nur Shannon zum zweitwichtigsten Flughafen Irlands machte und dort den ersten Duty Free Shop der Welt kreierte, sondern sich seit Jahrzehnten besonders um die touristische und wirtschaftliche Entwicklung der Shannon Region, zu der Ennis gehört, kümmert und genau weiß, wie man eine Stadt, eine Region oder ein Projekt erfolgreich vermarktet. Nun war Ennis also zur ersten »Information Age Town« der Welt erkoren. Und jetzt hieß es, wie geht es weiter? Wie transportiert man eine Gemeinde, die sich bislang

nur um Rinder- und Guinnesspreise, Arbeitsplätze in konservativen Betrieben, alltäglichen Klatsch und Hurling gekümmert hat, auf den High-Tech-Highway, wie also katapultiert man ein Großdorf, das gerne City wäre, in das 21. Jahrhundert mit allen Vorteilen, aber ohne Nachteile?
Um die Umsetzung des Experiments kümmerten sich die Marketing-Strategen von Eircom. Denn sie waren es, die die Fragestellung definierten und das Experimentierfeld auswählten. Was geschieht, so lautete die Fragestellung der Kommunikationsforscher, wenn alle Probanden in dieser Versuchsanordnung über ein intelligentes Telefon mit allen technischen Schikanen, also z. B. integriertem Anrufbeantworter-Service, Anrufer-Identifikationsdisplay, Warteschleife für Gesprächsumleitung, Konferenzschaltung und diversen anderen Finessen verfügen? Was geschieht in einer Stadt, wenn alle Einwohner, Geschäfte, Betriebe, öffentliche Einrichtungen, Schulen und Vereine mit Multimedia-Computern arbeiten?
Das Angebot für die Verbaucher war äußerst verlockend. Jeder Haushalt, der bislang noch über kein Telefon verfügte, und davon gab es zahlreiche in einer Stadt, in der viele Menschen der modernen Technologie, wozu manchmal auch das Telefon gehört, mißtrauen oder aber es sich einfach nicht leisten können, bekam auf Anfrage eine nagelneue und kostenfreie Telefonleitung. 600 Haushalte, in denen noch nie ein Telefon vorhanden war, konnten nun hemmungslos telefonieren. Das sollte besonders für ältere oder finanziell benachteiligte Menschen von enormer Bedeutung sein. Doch gerade solche Menschen waren nicht immer informiert, was ihnen da angeboten wurde. Letztlich war die Offerte, daß die Leitung für ein Jahr kostenlos sei, für viele über dieses Jahr hinaus nicht tragbar. 600 Personen bewarben sich ursprünglich um einen Telefonanschluß und erhielten ihn auch. Doch seit Beginn des Projekts ist die Zahl dieser ersten Neuanschlüsse gesunken. Die Monatsgebühren sind für Menschen mit niedrigem Einkommen nicht immer erschwinglich. Zumal die meisten, wenn sie schon die Wahl haben, es vorziehen, sich ein Handy zuzulegen.
Nach der Telefonanschlußoffensive folgte die zweite Kommunikationsschiene. Sämtliche Privattelephone in Ennis erhielten die oben beschriebenen kostenlosen Dienste. Allerdings mußte man, und muß immer noch, eine entsprechende Hardware besitzen, also ein Telefon mit Display, um zum Beispiel Anruferidentifikation in Anspruch nehmen zu können. Solche Telefone waren nicht im Angebot inbegriffen. Wer also nur über das Standardmodell verfügte, war aufgeschmissen oder mußte investieren. Bei Eircom.
Das »Information Age Town«-Projekt brachte im Lauf der Jahre deutliche Verbesserungen. So wurden im Stadtgebiet die alten abenteuerlichen Überlandleitungen, die in jedem Winter zumindest für ein paar Tage zusammenbrachen, durch unterirdische Glasfaserkabel ersetzt. Breitbandkabel wurden verlegt, und derzeit werden für zunächst einige wenige ausgewählte Siedlungen sogar Hochgeschwindigkeitsleitungen zur Verfügung gestellt. Der Sog der neuen Zeit erfaßte auch mich, und auch mein Schnäppchenbewußtsein klinkte ein, sowie ein gewisser Instinkt, daß ich mit meiner scheinbar überlegenen Mac-Kultur keine Zukunft haben könnte, als es um die Computer ging. Ich sprang auf den »Information Age Town«-Zug auf und beschloß, zum Mac-Dissidenten zu werden.

Mein damals neuer Mac hatte mich in Deutschland eine Stange Geld gekostet, mich nach dem Umzug nach Irland aber gewaltig ins Hintertreffen mit der neuesten Technologie gebracht. Zumindest gab es nach einiger Zeit etliche Kompatibilitätsprobleme zwischen der Eircom-Internetsoftware und meiner deutschen Systemsoftware. Das Angebot also, mir einen nagelneuen Computer zuzulegen, mit allen Vorteilen, die das Information Age Projekt versprach, war allzu verlockend.
Jeder Haushalt in Ennis, der sich bewarb und innerhalb der strikt definierten Stadtgrenzen wohnte – zu dumm, wenn man in einem der neuen Vororte lebte, die noch nicht eingemeindet waren –, erhielt von der Firma Dell einen subventionierten Intel Pentium-PC inklusive Modem und Software, wozu Windows 95, MS Office Pro, Anti-Virus-Guard und Internet-Software samt kostenfreiem Net-Zugang gehörten. Und das alles zu der Bedingung, daß man a) 260 Pfund (330 Euro) auf ein spezielles Konto deponierte, b) einen simplen Test absolvierte, daß man einen Computer bedienen kann, und c) sich andernfalls verpflichtete, einen achtstündigen Lehrgang zu absolvieren.
Ein Angebot, dem man kaum widerstehen kann, wenn man bedenkt, daß besagter Computer samt Software einen Marktwert von 1.800 Pfund (2.280 Euro) hatte. Daß dazu Installation, permanenter und freier Service und für ein Jahr freier Internet-Zugang gehörten – und daß man schließlich Teil der großen »Information Age«-Gemeinde von Ennis ist. 83 Prozent aller Ennis-Haushalte bewarben sich um einen Computer, über 4.600 wurden bislang ausgeliefert, 91 Prozent dieser Haushalte nutzen tatsächlich Internet und E-mail.
Leider jedoch kam nicht jedes Individuum in Ennis in den Genuß eines Computers. Er wurde nur einer per Haushalt bzw. Haus vergeben. Jeder Bewerber mußte nachweisen, daß ihm das Haus, in dem er lebt, entweder gehört oder daß er Mieter mit einem Mietvertrag von mindestens zwölf Monaten Dauer ist. In letztere Kategorie gehörte ich damals zwar, aber einen Computer bekam ich dennoch nicht. Meine Vermieter, die ja ohne Zweifel nachweisen konnten, daß ihnen das Haus gehörte, in dem ich lebte, hatten sich, ebenso schnäppchenbewußt wie ich, ebenfalls beworben, und zwar kurz vor meinem Einzug. Sie hatten den Computer erhalten und ihn mit ins Ausland genommen, wo sie für einige Jahre zu leben gedachten. Das war nicht nur gemein, sondern verstieß auch gegen die Regeln. Denn jeder Bewerber mußte unterschreiben, daß er den Computer während der fünfjährigen Projektzeit weder veräußert noch außerhalb der Stadtgrenzen mitnimmt. Aber wie soll man das kontrollieren? Ein mir persönlich bekannter Geschäftsmann, der ohnehin lieber an seinem Laptop arbeitet, hatte sich seinen Dell-Computer ins Haus bringen lassen und ihn anschließend gewinnbringend an jemandem im Nachbar-County verkauft. Ich bin sicher, daß das kein Einzelfall war. So blieb ich bis auf weiteres Mac-User mit Kompatibilitätsproblemen.
Die private Nutzung ist jedoch nur ein untergeordneter Aspekt der »Information Age Town«. Viel wichtiger war und ist die Auswirkung auf den öffentlichen Dienst, auf Unternehmen und die Wirtschaft. Nach fast fünf Jahren ist die Fähigkeit der Ennis-Bürger, einen Computer nicht nur zu bedienen, sondern auch kreativ mit ihm zu arbeiten, u. a. Websites zu erstellen, enorm gestiegen. In einer Dienstleistungsgesell-

schaft sind solche Fähigkeiten bei Arbeitnehmern natürlich sehr gefragt. Etliche kleinere Firmen, die entsprechend qualifizierte Arbeitskräfte benötigten, wählten sich daher Ennis zum Standort. Und Unternehmen, die bereits in Ennis stationiert waren, konnten sich dank des Projekts modernisieren oder gar expandieren. Viele kleinere Geschäfte konnten es sich bislang gar nicht leisten, die technologische Ausstattung anzuschaffen und die Mitarbeiter zu qualifizieren. Das gleiche gilt für Vereine und Initiativen, die aus ihren Hinterstübchen und ihrer Zettelwirtschaft den Sprung ins Net geschafft haben, da das Projekt auch kostenlose Kurse für Website-Design anbot. Etwa 30 Websites von Vereinen und Gemeindeinitiativen gibt es bereits in Ennis.
Die Wirtschaft der kleinen Stadt profitierte am meisten. Alle kleinen Unternehmen, und in Ennis sind alle klein, erhielten kostenlose Beratung in der Nutzung der Informations-Technologie, konnten probe- und/oder mietweise neueste geschäftsspezifische Software erwerben, erhielten einen finanziellen Zuschuß zum Kauf von weiterer Hardware, Software und von ISDN-Anschlüssen, des weiteren geschäftsspezifisches Training der Mitarbeiter sowie Webdesign-Software. Bis dato haben über 450 Kleinunternehmen das Programm auf die eine oder andere Art in Anspruch genommen, 35 Unternehmen haben mittlerweile ihre eigene Website, E-Commerce gehört im Geschäftsleben von Ennis beinahe schon zum Alltag, auch wenn gerade viele alteingesessene Kleinunternehmen damit noch recht zögerlich umgehen. Auch herrscht bei vielen Kunden noch ein gewisses Mißtrauen gegenüber elektronischer Geschäftemacherei. Schließlich ist Ennis ein Landstädtchen, wo hauptsächlich die Farmer aus dem Umland ihre Einkäufe und Geschäfte erledigen. Und der Farmer, der einen Rinderkauf noch per Handschlag besiegelt, schätzt allzu modernen Kram nicht gerade hoch ein.
Das Trainingsprogramm des Projekts geht jedoch über Unternehmen und Geschäfte hinaus. Die Stadt- und Grafschaftsverwaltungen nutzen die Möglichkeiten, Fortbildungs- und Umschulungsmaßnahmen insbesondere für Arbeitslose, für sozial Benachteiligte, ältere Menschen und Behinderte anzubieten, sei es, um die Chancen auf dem Arbeitsmarkt zu verbessern, sei es, um Initiativen die Möglichkeit zu geben, sich in einem breiteren Rahmen darzustellen und dadurch unter Umständen einen größeren politischen oder sozialen Einfluß zu erzielen.
Die Gewinner im »Information Age«-Projekt sind sicherlich die Kids. Selbst wenn sie zu Hause keinen Computer besitzen, erhalten sie nun schon von der Vorschule an die Möglichkeit, sich mit Computern vertraut zu machen, eigene Websites für Schülerzeitungen oder Projektarbeiten zu entwerfen und sich über das Net Informationen anzueignen. In das Erziehungsprogramm an den Schulen von Ennis wurden bislang 1,5 Millionen Pfund (1,9 Millionen Euro) investiert. Die Hürde, Computer an Schulen ins Curriculum einzuführen, war hoch. Das größte Problem dabei waren die Lehrer, die oft weniger Ahnung von Computern hatten als die Kids selbst. Auch akzeptable Software speziell für Bildungsmaßnahmen an Schulen, gemäß den Vorgaben des irischen Curriculums, war zunächst kaum entwickelt.
Als erstes wurden so auch die Lehrer ausgebildet. Hier wurde auch eine Ausnahme von den Regel mit den Stadtgrenzen gemacht. Um die Lehrer, die zwar in Ennis unterrichten, aber außerhalb leben, in Übung zu halten, erhielten sie einen Zuschuß

zum Kauf eines privaten Computers. Die Schulen wurden mit Computerräumen einschließlich Internetzugang ausgestattet, in den Klassenräumen, Lehrerzimmern und Büros wurden Computer aufgestellt, und schließlich erhielten 5.200 Schüler und 300 Lehrer ihre jeweils eigene E-mail-Adresse über die Schulcomputer.
Mittlerweile hat jede Schule in Ennis ihre eigene Website, etliche Schulen produzieren regelmäßig einen Newsletter und sind mit ähnlichen Computerprojekten in 13 Ländern in Kontakt. Und die Kids in Ennis können alle locker mit dem Computer umgehen.
Alles in allem also ist das Information Age-Projekt ein großer Erfolg für die Stadt. Aber hat sich Ennis dadurch verändert? Hat es den Schritt ins 21. Jahrhundert auf dem Daten-Highway geschafft? Die Stadt ist nach wie vor ein kleiner ruhiger Ort, sehr malerisch, sehr gemächlich, sehr freundlich, mit zahlreichen Pubs, in denen musiziert und das Guinness noch mindestens in zwei Phasen gezapft und in trinkfreundlicher Temperatur serviert wird. Die Boutiquen sind vollgestopft mit Blümchenschürzen für die Farmersfrau und Gummistiefeln, bei Brohan's am Square kann man neben abgezählten Nägeln (»vier Nägel für Bilder in etwa der Größe, bitte«), Sicherungen für Hauselektrizität, die anderswo längst verboten wäre, Reisigbesen, Blumenerde und Teekesseln auch Heiligenbildchen im Plastikgoldrahmen kaufen. Auf dem Wochenmarkt am Samstag gibt es gebrauchte Hämmer oder Zangen, Traktorteile und verbeulte Kamingitter, sowie säckeweise Kartoffeln, Weißkohl und Möhren. Ein paar Aussteiger verkaufen selbstgemachten Ziegenkäse, Bio-Tomaten oder Vollkornbrot. Und im Sommer stehen staunende Touristengruppen im Weg, die in Ennis das gemütliche Irland entdeckt zu haben glauben.
Es scheint sich nach außen hin nichts verändert zu haben, außer daß die Autodichte ärgerlicherweise stetig zunimmt, die Pubs ein bißchen lauter wurden, das Guinness oft eiskalt serviert wird, es ein paar Lifestyle-Läden für superdünne Teenies mehr gibt – wobei es einen wundert, wer dort einkauft, angesichts der üppigen Proportionen der Farmerskinder –, und jeder, aber auch wirklich jeder mit einem Handy am Ohr durch die Straßen eilt. Auch an den alten Gewohnheiten hat sich nicht viel geändert. Meine Nachbarin Mary, mittlerweile von ihrem Sohn in die E-mail-Nutzung ihres schönen neuen »Information Age«-Computers eingeführt, der nun im Eßzimmer mit Spitzendeckchen obendrauf und umgeben von Kinder- und Enkelbildern den Ehrenplatz innehat, ruft ihre Tochter in Australien lieber an, anstatt ihr eine Mail zu schikken. Plausch ist Plausch. Und sie marschiert immer noch lieber in der Nachbarschaft herum, um hier und da auf ein Täßchen Tee vorbeizuschauen und live zu chatten.
Ich bin meinem Mac dann doch untreu geworden, wenn auch nicht mit Hilfe des Ennis-Projekts. Mein Verlag hat auf Windows umgestellt, was bei der Übertragung von Dateien mit meinem Mac nicht mehr ohne weiteres kompatibel war. Und so kaufte ich mir einen schönen handlichen Laptop, auf dem ich vergeblich die Eircom-Netsoftware zu installieren versuchte. Was lag da näher, als das »Information Age«-Büro in Ennis um technische Hilfe anzugehen? Ennis im 21. Jahrhundert. Die Damen am Telefon wußten auch nicht, wie es geht, nannten mir aber die Telefonnummer einer kleinen Computerfirma. Der junge Mann am anderen Ende der Leitung grübelte, konnte das Problem auch nicht lösen, entschuldigte sich damit, daß er eigentlich nur

Computer verkaufe, und verwies mich auf das »Information Age«-Büro. Zwei Tage bemühte ich mich in der ganzen Stadt, technische Hilfe zu bekommen, doch niemand sah sich in der Lage, das einfache Problem zu lösen. Es war im Grunde einfach, ich löste es schließlich selber. Ich wundere mich jedoch, wie jemand wie Mary mit einem Computer-Problem zurechtkäme, wenn ihr nicht ihr Sohn zu Hilfe eilen würde.

Einen Verlierer gab es jedoch in der ganzen Angelegenheit. Das war Brendan, der australische Computerspezialist mit der blendenden Geschäftsidee, im Frühjahr 1997 im verschlafenen Ennis ein Internet-Café zu eröffnen. Mit lauter Mac-Computern. Eine ganze Weile ging es prima. Er und seine Leute erteilten Unterricht im Umgang mit Computern, in Web-Design und anderem mehr. Das Geschäft blühte, der Laden war stets voll, die Kids und ein paar interessierte Bürger aus Ennis und Umgebung surften im Net, Touristen checkten ihre E-mails. Und wir, die Blow-ins und Mac-User, trafen uns dort monatlich im besagten Hinterzimmer zum Rotwein und Gedankenaustausch. Das Timing für die Geschäftsidee war schlecht, sehr schlecht sogar. Denn kurz darauf wurde Ennis zur »Information Age Town«. Ein Internet-Café war angesichts der neuen Situation so notwendig wie Kühlschränke am Nordpol. Der finale Schlag für Brendan kam schließlich, als die County-Bücherei in Ennis im Jahr 2000 zwölf Computer erhielt, die kostenlosen Internetzugang für alle gewährten. Wer will da schon noch für sein Net-Vergnügen Geld bezahlen? Brendan betrieb sein Internet-Café noch eine Weile als Café. Doch seine Künste als Wirt reichten an seine Computerfähigkeiten bei weitem nicht heran. In dem Laden in der Brewery Lane ist keine Erinnerung an unsere elitären und rotweinseligen Abende mehr vorhanden. Und von Brendan hat man nichts mehr gehört.

Ich selbst habe Ennis vor kurzer Zeit verlassen und mich in die Pampa von East Clare begeben, nahe einem winzigen Dorf, in dem ich glaubte, mit meinem Laptop (und mit meinem Mac) noch auf sprichwörtlich einsamer Flur zu stehen. Aber dem »Information Age« kann man nirgends entgehen. Mein kleines Dorf namens Feakle hat nämlich eine eigene Website mit Chat-Programm, auf dem sich die Einwohner per Computer austauschen können. Feakle hat vier Pubs und 192 Einwohner. Das Chat-Forum zum Thema Guinness-Preise hat die meisten Einträge.

Connemara 1993 (Gerd Adloff)

Martin Alioth

ERINNERUNGEN AN DIE LANGSAMKEIT

Das Holz war durch und durch morsch, die kunstvolle Verzapfung ließ sich nur noch ansatzweise erkennen. Aus der hohlen Fensteröffnung blies ein bissig kalter Wind in die Küche, jenseits wogten ungezähmte Brombeerstauden bis zum Bach hinunter. Abhilfe war dringend nötig. Ein irisches *sash window* ist indessen ein kapriziöses Gebilde. Die beiden Rahmen gleiten vertikal aneinander vorbei, ihr Gewicht wird durch Bleikolben im Fensterrahmen aufgewogen. In diesem Falle lagen je zwei 9- und 10-Pfünder im versteckten Hohlraum, die Baumwollseile längst zerrissen, die kleinen Pully-Rädchen völlig eingerostet. Das untere Fensterteil ist etwas schwerer, weil der Basisbalken massiver ist.

Die traurigen Reste dieses einst tragenden Querbalkens hielt ich nun in meinen klammen Fingern, überzeugt, meine Fertigkeiten einmal mehr überschätzt zu haben. Nach über einstündiger Fahrt (die Dauer wurde damals allein durch die Distanz begründet, nicht durch den Verkehr) im klapprigen Fiat-Kombi fuhr ich im Werkhof von JOSEPH KELLY & SON (1944) LIMITED an der Dubliner Thomas Street ein. Es roch verführerisch nach frisch gesägtem Holz, an allen Wänden türmten sich die Bretter und Profile. Ich war der einzige, der nicht vom Baufach war, in diesen traditionsreichen Kavernen. Schüchtern streckte ich dem sachkundigen Verkäufer mein entstelltes Fensterteil entgegen. »Wieviel?« fragte er bloß, denn er erkannte auf den ersten Blick, daß es sich um den unteren Balken des unteren Flügels eines *sash window* handelte. »1.0.9 75x50 Sash Cill«, sagt die gestempelte Quittung vom 5. Dezember 1984 in metrischer und kalligraphischer Präzision, einmal 90 cm Simsteil, mit einem Querschnitt, der 7,5 auf 5 Zentimeter maß. Das frische Stück wies exakt dasselbe gefräste Ziermuster auf wie das alte und kostete zwei Pfund sechzig. Ein Normprodukt, auch sechzig Jahre nach seiner ursprünglichen Verwendung noch. Dazu erwarb ich, laut Quittung, für ein Pfund achtundfünfzig dieselbe Länge *transom moulding*, das muß der leichtere, obere Querbalken des unteren Flügels gewesen sein.

Tags darauf zogen wir in Rosemount, wo wir bis heute wohnen, ein, aber die Akten lassen den Schluß zu, daß wir unverändert froren. Denn es gibt noch zwei weitere Belege von Kelly, fünf Tage später datiert. Da erwarb ich auch noch das schwere Basisteil des Fensterrahmens (PAO sagt der Zettel, *plained all over*, ringsum gehobelt), das sich in der Zwischenzeit als ebenso verfault erwiesen hatte, und starke Bretter für einen breiten Sims im Innern des Küchenfensters. Das Küchenfenster steht noch immer, aber Kelly's ist längst verschwunden, ersetzt von einem Do-it-yourself Baumarkt, wo die Verkäufer ebenso ahnungslos sind, wie ich es damals war.

In den Zeiten, als wir Zimmerleute unsere spätviktorianischen Ersatzteile noch ab Lager kaufen konnten, wurde jeder Fremde gleich nach seinen Eindrücken von Irland befragt. »*Do you like it here?*« Dabei handelte es sich keineswegs um rhetorische Fragen, die Antwort wurde jeweils mit sichtlich gemischten Gefühlen erwartet. Wenn sie dann positiv ausfiel, strahlten die Einheimischen. Gelegentlich wollten irische Journalisten das gar aufschreiben oder hören. Diese Neugier ist erloschen, und mit ihr auch die Unsicherheit. Möglicherweise erweckt die Kritik von Neuankömmlingen gar Genugtuung; dann ziehen die vielleicht woanders hin.

Im Vorzimmer der Fremdenpolizei drängeln sich die Leute. Eine Gruppe von Männern aus Moldawien, eine ägyptische Lehrerin und ein beleibter Mann aus Schwarzafrika warten auf Lorraine Hogan, Aliens‹ Officer der Garda Siochána, der irischen Polizei, in der Provinzstadt Drogheda, rund 40 Kilometer nördlich von Dublin. Sie wollen ihre Aufenthalts- und Arbeitsbewilligung regeln. Am schwarzen Brett hängt ein Plakat, das die neuen Regelungen des Asylgesetzes erläutert, unter anderem auf arabisch und russisch.
Unser erster Besuch bei der irischen Fremdenpolizei spielte sich noch in Dublin ab, im Garda Hauptquartier in der Harcourt Street. Das moderne Wartezimmer war leer, die gläsernen Schalter geschlossen. Auf unser schüchternes Klopfen hin zeigte ein dicker Garda sein freundliches Gesicht, mit vollen Backen kauend. »*Give me five minutes*«, bat er und zog sich wieder zurück. Als er wieder erschien, streckten wir ihm dienstfertig unsere Reisepässe hin und erläuterten unsere Immigration. Er blätterte kurz in den roten Büchlein, dann fragte er sanft: »Und was soll ich denn tun, Martin?« Nachdem ich meine Sprachlosigkeit überwunden hatte, drückte er den Stempel mit der Aufenthaltsbewilligung auf und gab uns seine Telephonnummer, falls wir Hilfe brauchten. Nach unserer Übersiedlung war dann Drogheda zuständig, genauer gesagt, Detective Garda Joe Carley. Anfänglich mußte er unsere Reisepässe noch per Post ins Dubliner Justizministerium schicken, weil er selbst gar keinen entsprechenden Stempel besaß. Dafür brachte er dann die Papiere immer höchstpersönlich zu uns nach Hause zurück. Lorraine war noch nie bei uns.
Wir hatten ja Rosemount nur gekauft, weil im Flur ein Telephonapparat stand. Damals lagen die Wartezeiten für einen neuen Anschluß bei weit über sechs Monaten, gerüchteweise war von Fristen die Rede, die in Jahren gemessen wurden. Aber als wir den Hörer zum ersten Mal ans Ohr drückten, drang kein Ton aus der Leitung – die Rechnung war seit Monaten unbezahlt, die Verbindung gekappt. Nachdem sich die erste Panik gelegt hatte, besannen wir uns auf das frisch Gelernte und baten einen neuen Freund, der bei der staatlichen Telecom arbeitete, um Rat. Dank seinem Eingreifen dauerte die Wiederherstellung des Anschlusses bloß vierzehn Tage. Vierzehn Jahre später erhielt ich dann den allerersten ISDN-Anschluß im Bezirk, und der zuständige Abteilungsleiter, Frank, kam höchstpersönlich aus Navan, um die Installation zu leiten. Er war mindestens ebenso aufgeregt wie ich, als der erste Test funktionierte, und gewährte mir ein ganzes Wochenende kostenlose Benutzung, bevor er den Zähler in Betrieb setzte. Inzwischen hat auch Frank, der sich mehrmals als *troubleshooter* bewährte, eine lukrativere Stellung gefunden, und ich warte wie alle Sterblichen in der dudelnden elektronischen Schlaufe am Hörer, wenn ich eine Panne habe.
Die Hausglocke schrillt. Vor der Türe steht ein winziges Ehepaar, beide machen durch Leibesumfang wett, was ihnen an Körpergröße abgeht. Ob sie wohl im Garten Zwetschgen, Pflaumen und *damsons* pflücken dürften, die kleinen Damaszenerpflaumen, deren Säure sie im Rohzustand ungenießbar macht? Es dauert eine Weile, bis ihre kommerzielle Absicht klar wird: sie wollen in größerem Stil Konfitüre einkochen und verkaufen. Zögernd stimmen wir zu und beobachten mit wachsender Besorgnis, wie die Frau unsicher auf Leitern balanciert, während ihr Mann sich auf

seinen hohen Blutdruck beruft, um seine Untätigkeit zu begründen. Die Ernte wird in leeren Farbeimern abtransportiert, ein paar Tage später erhalten wir ein Glas völlig überzuckerter Konfitüre. Die beiden kamen im nächsten Jahr erneut, aber seither nicht mehr. Gelegentlich sehe ich den Mann noch in Drogheda und hoffe, daß er einen einträglicheren, weniger gefährlichen Broterwerb gefunden hat.

Mein eigener Broterwerb war in jenen ersten Jahren einigermaßen prekär, dafür hatte ich, wie die meisten Iren damals auch, reichlich Zeit. So saß ich eines Tages in der Kantine des irischen Parlaments vor einem Teller Kartoffelstock, als sich einige Abgeordnete dazusetzten. Wir kamen ins Plaudern, und das Gespräch wandte sich dem Herkunftsland des Fremden zu. In der offenkundigen Absicht, etwas Nettes zu sagen, lehnte sich ein Parlamentarier vertraulich zu mir herüber und bemerkte »*Switzerland? That's where they have the Yen, isn't it?*« Seine Kenntnisse über die Schweiz erwiesen sich damit meinem eigenen Wissensstand über Irland als durchaus ebenbürtig. Der Mann wurde allerdings später Staatssekretär mit besonderer Verantwortung für Forschung und Technologie.

Die Schnurren von der urbanisierten Ostküste sind höchstens siebzehn Jahre alt. Nur deshalb sind sie wohl bemerkenswert: Die *Geschwindigkeit* des Wandels ist atemberaubend in Irland, nicht der inzwischen erreichte Wohlstand selbst. Und vielleicht erleichtert diese teleskopische Verkürzung ja die Einsicht. Irland ist in diesem Zeitraum ganz einfach schweizerischer geworden, so bedauerlich das im Einzelfall auch sein mag. Es gibt sie, die direkte Korrelation zwischen Zeit und Geld. Was die Römer als *otium* bezeichneten, schöpferische Muße, erlaubte einst Überraschungen. In einer chronisch unterbeschäftigten Gesellschaft fanden sich geistreiche Gesprächspartner an den Orten, wo man sie am wenigsten erwartete. Das war aufregend. Mit steigendem Wohlstand trockneten diese Oasen aus, das globale Peter-Prinzip verschaffte sich Geltung: jeder erreicht die Stufe seiner Inkompetenz (der obige Minister war bloß seiner Zeit voraus). Sich darüber zu beschweren, scheint ebenso fruchtlos wie die Verwünschung des Wetters.

Voodoo
Shop
RUTH PADEL

Ruth Padel

TIGERSEX

In Orissa wird der Tag der Wintersonnenwende begangen. Am Luzientag, am Ende des zweiten Jahrtausend. Was mag die heilige Luzia angestellt haben, um den dunkelsten Tag im Jahr als ihr Fest zu bekommen? Aber hier sind wir in Indien, und das Nachmittagslicht zeichnet winterblasse Tupfer auf Kopf und Rücken des großen Tigermännchens, das aus seinem sexerfüllten Nickerchen in einem trockenen Bergwald erwacht.

Jeder Tiger hat zwei weiße Flecken, die sich wie zwei höhergelegene, größere Augen über den überraschend kleinen, mit Kayal nachgezogenen Rändern seiner eigentlichen Augen nach oben ziehen. Die Streifenmuster in diesen weißen Flecken können sehr stark variieren, und dieser Tiger ist asymmetrisch. Über dem rechten Auge hat er ein verwischtes kleines schwarzes Dreieck, darüber drei konzentrische Halbmonde. Über dem linken eine Augenbraue wie eine Schlange aus schwarzen Flammen. Sein massiver schmutzggelber Kopf schmiegt sich an den weißen Flauschhals einer Tigerin. Tageszeit ist Schlafenszeit für Tiger, aber diese hier haben seit drei Tagen und Nächten kaum ein Auge zugemacht. Der Dezember bringt den Höhepunkt der Paarungszeit. In all diesen Stunden war der Tiger ununterbrochen, zwei Tage und zwei Nächte lang, mit der Tigerin zusammen. Bisweilen haben sie pro halbe Stunde achtmal gefickt. Hundertmal pro Tag. Wenn er müde wird, knurrt sie, zappelt, schiebt sich rückwärts gegen ihn und bringt ihn wieder auf den richtigen Kurs. Sie haben nichts gegessen, sie haben kaum geschlafen. Sie sind obenauf, der König und die Königin des Dschungels. Weshalb der Handel mit Tigeraphrodisiaka blüht.

Dem Taoismus zufolge erschafft der Tigeratem den Wind, der Drachenatem dagegen die Wolken. Wenn sie sich zusammentun, dann entsteht dabei Regen, der Stoff, aus dem das Leben ist. Nach Jahren der Suche und nach tausend Tagen pflichtbewußten Lernens stieg der Begründer des Taoismus, Chang Tao-Ling, zum Himmel auf und entdeckte dort das Tiger-Drachen-Elixier der Unsterblichkeit. Das Rezept bleibt ein Geheimnis, doch Chang wird immer rittlings auf einem Tiger dargestellt, was dafür spricht, daß Tiger die Träger ewigen Lebens sind.

Das ist es nämlich. Deshalb sollen Tigerknochenpillen Sie von Ihrem Rheumatismus befreien, deshalb gilt daraus hergestellter Wein als Elixier der Jugend. In Apothekenschaufenstern auf Taiwan sehen Sie noch heute Tigerschädel, die für Tigermedizin werben oder für Stärkungstränke aus Tigerschnurrhaaren, die drinnen unter dem Ladentisch verkauft werden. Kein Wort, auch nicht auf chinesisch, teilt mit, daß dieser Schädel von einem Tiger stammt. Aber die, die diese Medizin brauchen oder zu brauchen glauben, wissen Bescheid. Nebenan werden Pillen aus zerstoßenen Tigeraugen verkauft, die gegen Star und Veitstanz helfen.

Vor allem aber geht es um Sex. Sex erinnert uns ans ewige Leben, nicht wahr? Im Augenblick der Tat jedenfalls. Weshalb Tigerpenissuppe zu $4000 den Teller verkauft wird und chinesische Geschäftsmänner, Pressezaren, Musikunternehmer und Politiker den Löffel schwingen, ehe sie zu einem Zug durch die Gemeinde aufbrechen. Tigersuppe ist verläßlicher, bodenständiger, glamouröser als blaue Pillen namens Viagra. Sie ist individueller und mystischer, eher ein geistiger Zustand. Sie leihen dem Körper Ihre Träume, Sie gürten sich mit königlichen, wilden, allmächtigen Lenden. Tigerpenisse, längliche, steife, düsterorange, schmuddelige Salami, mit eingeschrumpften Nieren, die wie Cherrytomaten an ihrem Stengel kleben, werden in diesem Moment illegal und für einen hohen Preis in den geheimen Ladenpassagen von Harbin feilgeboten.

In den sechziger Jahren versuchte die chinesische Regierung, den Tiger auszurotten, als landwirtschaftliche Pest und Hemmschuh für den bäuerlichen Fortschritt. Damals wurde gute Arbeit geleistet. Wenn die evolutionären Spekulationen zutreffen, dann war der chinesische Tiger die Spezies, von der alle anderen Tigerarten abstammten, die ursprüngliche *felis paleosinesis*. Maos Regierung erklärte dreitausend chinesischen Tigern den Krieg, und diese Tiger sind ihrem Ahnen in die Vernichtung gefolgt. Ihr Tod führte zu einem Berg aus toten Tigern und der einzigartigen Möglichkeit, den Handel mit traditionellen Tigerprodukten zu steigern.

Tiger mußten einen hohen Preis dafür zahlen, daß ihre Vorfahren die Phantasie der Menschen so beschäftigt hatten. Tiger sind stark; über ein Fünftel der Weltbevölkerung hält ihre zerstoßenen Knochen für mächtig genug, um Kreuzschmerzen zu kurieren und die Muskeln der Menschen zu stärken. Seit ein-, zwei-, vielleicht sogar viertausend Jahren sind Tigerknochen grundlegender Bestandteil eines traditionellen medizinischen Versorgungssystems, bei dem viele Menschen in ihrem Kampf gegen alle Arten von Schmerz Hilfe suchten – und noch suchen. Die meisten westlichen Zeitungen bringen noch immer Horoskope, viele haben inzwischen auch Hotlines: in China ist Tigerblut ein Stärkungstrunk, Tigerschwänze heilen Hautkrankheiten, Tigerschnurrhaare helfen gegen Zahnschmerzen. In Indien dagegen wurde Tigerfett immer schon gegen Aussatz angewandt, in Laos schließlich nutzt man zermahlene Tigerkrallen als Beruhigungsmittel. Die Tatsache, daß das in Tigerknochen enthaltene Calcium sich in nichts vom Calcium in Leoparden-, Pinguin-, Schweine- oder Menschenknochen unterscheidet, spielt dabei keine Rolle. Die Magie der eigenen Geschichte findet nur schwer den Tod.

Unendlich nutzbar ist dieser gefährliche, wilde Körper für die vielen Stellen, an denen der zahme, schwache, verängstigte Menschenleib wehtun und versagen kann. Der Humerus, der obere Teil des Beinknochens, gilt als der mächtigste Tigerknochen überhaupt, doch da der Nachschub immer mehr ausbleibt, werden inzwischen alle Tigerteile genutzt. Traditionelle chinesische Ärzte schreiben den Tigerknochen die besonderen Eigenschaften Scharf, Süß und Warm zu. Sie alle, heißt es, werden über Leber und Niere in den Blutkreislauf eingespeist. Tigerknochen haben auch einen lateinischen Namen (*os tigris*), was für ihre Zuverlässigkeit bürgt. Sie werden geröstet oder in Öl und Essig gebacken, werden mit entzündungshemmenden Heilpflanzen gemischt und dann zermahlen und zu individuell zubereiteten Arzneien verarbeitet. Sie werden aber auch, abhängig davon, wer diese illegalen Knochen erworben hat, zu Spezialmedizinen genutzt. Ein niedlicher runder getigerter Katzenkopf, in den Farbtönen Senf und Ruß, starrt Sie aus seinen tiefbraunen Augen vom Deckel eines weißen Döschens mit der Aufschrift »schmerzhemmendes Pflaster« her an. Verboten, aber Sie werden diese Pflaster überall dort finden, wo traditionelle chinesische Medikamente verkauft werden, von Shen Zehn in China über London bis Belgien, wenn

Sie nur wissen, wo Sie danach Ausschau halten sollten. Während Sie heute diesen Text lesen, wird gerade eine Packung an jemanden verkauft, der Schmerzen hat.
Mitte der achtziger Jahre gingen die Vorräte an Tigerknochen rapide zurück, die Nachfrage nach den Produkten wuchs jedoch immer weiter. Als Tiger auf die Liste der gefährdeten Tierarten gesetzt wurden, brach die chinesische Regierung mit ihrer Ausrottungspolitik. Doch inzwischen hatte sich ein moderner Markt für Tigermedizin entwickelt. In China, Taiwan, Hong Kong, Südkorea bedeutete die Tatsache, daß diese Mittel jetzt überall auf der Welt exotisch, verboten und selten waren, eine gewaltige Steigerung für Preise und Nachfrage.
Und wie Luft in das Vakuum strömt, das wir alle im wirklichen Leben nie gesehen haben, so strömten Wilderer aus allen Tigerländern in den Dschungel – oder, wie in Sibirien, in Nadelwälder und Schnee – und dann zurück in die Stadt, vor allem nach Neu-Delhi, um die wütende Nachfrage nach Tigerteilen zu befriedigen. Bei einer einzigen Razzia fand die Polizei 1993 in Neu-Delhi achthundertfünfzig Pfund Tigerknochen, die Überreste von zweiundvierzig Tigern. Zwischen 1991 und 1994 haben Wilderer allein in Indien angeblich ein gutes Tausend Tiger getötet und verkauft. Das bedeutet vielleicht ein Fünftel des derzeitigen Bestandes.
Auf dem Tiger zu reiten bedeutet ewiges Leben, bedeutet, so andauernd und unermüdlich Sex zu haben wie Tiger (angeblich – dieser Tiger hier ist wirklich ungeheuer müde) auf ihren Dreitageorgien. Hart für den Tiger, aber in einer so wichtigen Angelegenheit wie Ihrem Sexualleben muß eben irgendwer ein Opfer bringen.
In China wurden innerhalb von fünf Jahren sieben Menschen wegen »Verbrechen gegen Tiger« – was immer das auf chinesisch heißen mag – mit der Todesstrafe belegt. Aber wir können unternehmungslustige Männer nicht daran hindern, sich um ihre Potenz zu sorgen und sie für die folgende Nacht mit dem Mittel zu sichern, das den unbestrittenen Mythen ihrer uralten Kultur zufolge das beste ist.

Der männliche Tiger erhebt sich und reckt sich. Das buttergelbe Licht umtanzt sie beide, es fällt durch die zerfransten Bäume auf die rotgoldenen Felle, die sich in all diesen Tagen und Nächten nicht voneinander gelöst haben. Träge erhebt er sich auf die Hinterbeine, schiebt seine beängstigenden Krallen aus dem cremegelben, mit Zecken und Schmarotzern gefüllten Fell seiner riesigen Vorderfüße und streckt sich, reckt sich zu seiner vollen Höhe von acht Fuß, um an einem Baum zu kratzen. Sein Bauch und sein Rücken wölben sich wie dann, wenn er sich putzt. Er markiert sein Revier.
Er ist fünf Jahre alt, in seinen besten Jahren. sein Fell ist schwer und heiß. Er läßt sich fallen und beschnüffelt den Baum, den die Tigerin einige Stunden zuvor bespritzt hat, und seine Oberlippe zeiht sich zu einer besonderen Tigergrimasse zurück, begrüßt den Geruch, der ihm die wichtigsten Mitteilungen von allen macht: Alter, Geschlecht, Größe und körperlicher Zustand – und vielleicht sogar die emotionale Verfassung, wer weiß? – eines anderen Tigers.
Tiger sind zu schwer bewaffnet für häufige Begegnungen. Wie Atommächte sind sie auf eine friedliche Koexistenz mit den einzigen Wesen angewiesen, die ihnen ebenbürtig sind – anderen Tigern. Die dazu herangezogenen Konventionen sind so hierar-

chisch und byzantinisch wie das Protokoll der NATO. Sie haben ein schweigendes Klatschsystem entwickelt, das durch Duftmarken funktioniert, einen behutsamen Code, um Auseinandersetzungen zu vermeiden. Die Mischung von Urin und analen Drüsensekreten sorgt dafür, daß niemand Schwierigkeiten bekommt. Der männliche Tiger legt seinen kostbaren Penis zurück, zeigt damit zwischen seine goldweißen Hinterbeine, um seine Strahlen genau auf die gewünschte Stelle abzugeben. Diese Duftmarken stehen im Mittelpunkt seines sozialen Lebens, sind sein Smoking, sein Schaufenster, seine Poststelle: starkriechende Hieroglyphen einer zurückhaltenden Eigenwerbung. Die Tigerinnen benässen einfach den Felsen oder Busch hinter ihnen mit einer Kaskade aus schnellen Tropfen.
Die Geschlechter begegnen einander fast nie, abgesehen von diesen Dreitageorgien. Und jetzt ist der Sex und alles, was dazu gehört, fast zu Ende.
Tiger sind mißtrauisch, emotionale Einzelgänger. Die Grammatik ihres Umgangs miteinander ist für Menschenwesen auf deutsch dargestellt worden. Tigerverhalten: eine Wagneroper. Dieser Tiger weiß es nicht, und es wäre ihm auch egal, aber die Muskeln seiner Oberlippe haben soeben die Zuckung absolviert, die in der Tigerbeobachtungsszene *flehmen* genannt wird. Er hat einen Duft durch zwei Löcher in seinem Gaumen eingesogen und interpretiert den Aromenfächer in der Pisse eines anderen Tigers wie ein Weinsnob oder ein bei Armani angestellter Parfümtester, er zieht die Oberlippe über seinen Zähnen so weit hoch, das sich auf seiner Nase eine tiefe Furche auftut. So verharrt er für einen Moment und genießt den Duft mit der Kombination von Nervenzellen, die von Tigerforschern als sein Jacobsorgan bezeichnet werden.
Sein Schwanz streift den Leib der Tigerin. Sie bewegt ihren massiven Kopf und starrt ihn an.
Leidenschaftlich, würden wir sagen. Wir können ihrem Gesicht keinerlei Gefühle entnehmen. Aber was sieht er? Das hier ist Tigerliebe. Vorhin haben sie sich eine Stunde hingelegt, ihr Körper zur Hälfte im hellgrünen Pfützenwasser verborgen, ihre Pfoten auf seinen, als er erschöpft und mit allen Vieren von sich gestreckt auf dem Boden lag, ihr Kopf auf seiner blaßgoldenen und weißen Brust. Für die Zeit von sechsunddreißig Fußballspielen, ohne Unterbrechung gespielt, haben sie einander berührt, haben den anderen Körper zu ihrem eigenen Atemmedium gemacht.
Wenn sie nicht bei der Arbeit waren, haben sie gespielt, haben sich aneinander gerieben, sich umhergewälzt, immer eng umschlungen, haben sich kein einziges Mal nicht berührt. Manchmal scheuert sie ihm eine, eine Vorhand mit ausgefahrenen Krallen, die einen Axishirsch oder Sambar töten könnte, wenn ihr Kopf zufällig dazwischengeriete; und er duckt sich und bringt sich in Sicherheit und faucht dabei spielerisch. Aber ist es wirklich ein Spiel? Sie müssen sich voreinander in acht nehmen, auch bei der Liebe. Beim Sex muß sie ihm den Rücken zukehren, und er packt sie im Nacken, was für jedes andere Tier einen tödlichen Zugriff bedeuten würde, den er in seinen fünf Lebensjahren perfektioniert hat. Wenn er das nicht gelernt hätte, wäre er längst untergegangen. Wie das Rotkehlchen im Garten muß er töten, wenn er leben will.

Unterschiedliche Körper zeigen Glück auf unterschiedliche Weise, und Tiger können nicht schnurren. Das Gebrüll und Geknurr und Gegrunze und Gefauche der beiden hallt jetzt seit drei Tagen und Nächten ununterbrochen durch diesen Teil des Waldes. Die heutige Biologie klassifiziert einen Tiger als *panthera tigris*. Früher wurden sie mit den echten Katzen in die Art *felis* einsortiert, aber nachdem ein erleuchteter Geist namens Owen das Zungenbein des Katzenkehlkopfs untersucht hatte, wurde der Tiger zusammen mit Löwe, Leopard und Jaguar in die Art *panthera* verlegt. Bei Katzen wird das Zungenbein von einer Folge von kurzen, hintereinanderliegenden Knochen am Schädel festgehalten. Bei Löwen, Leoparden, Jaguaren und Tigern ist diese Knochenreihe nur unvollständig verhärtet. Dort gibt es statt dessen eine lange elastische Verbindung, eine biegsame knorpelige Stelle zwischen Kiefer und Kehlkopf, die dem Kehlkopf größere Beweglichkeit schenkt. Und das ermöglicht das Brüllen.
Doch obwohl Tiger nicht die zum Schnurren erforderlichen Kehlkopfknochen besitzen, verfügten sie doch über ein weites Repertoire an kleinen Geräuschen, wie das tiefe Keuchen, das *Prusten* genannt wird und verrät, daß dieser Tiger gerade in Stimmung ist, bereit ist, ich liebe dich – bis auf weiteres. Tigermütter stoßen für ihre Jungen ein vogelähnliches Zwitschern aus. Und alle Tiger haben einen seltsamen groben Schluckauf, der *pooking* genannt wird (bitte keine Fragen stellen), und der ihre Anwesenheit kundtut und riskante, gefährliche Begegnungen mit anderen Tigern verhindert.
Ihre Schnurrhaare zittern. Ein Ohr schnellt vor und zurück. Ein Bülbül stößt oben im Baum seinen witzigen und dringlichen Ruf aus. Es ist sehr still im Wald. Der Tiger dreht sich um und reibt sein flauschiges Kinn träge an ihrem Hals. Für einen Moment ist kein Vogel zu hören. Wir können uns vorstellen, daß sie allesamt den Atem anhalten. Vielleicht werden wir heute nacht endlich schlafen können und nicht vom Geheul und Gebrüll und Geknurre und Gefauche und Gestöhne des Tigerparadieses wachgehalten werden.
Dann ist der Moment verflogen, die Vögel nehmen ihre Abendrufe wieder auf, ein Langur, der große graue Affe des indischen Waldes, versucht in der Ferne sein Glück mit einem weichen, vagen fragenden Huuu-up, huuu-up.
Die Tigerin hatte an einem Felsen geruht, jetzt kommt sie langsam auf die Beine. Hat sie ein Signal gehört? Keins, das für die Außenwelt erkennbar gewesen wäre. Sie ist so groß wie er, doch ist sie bleicher, ihre Streifen sitzen weiter auseinander, sie ist weniger massiv und schwer. Die beiden gehen langsam weiter, Halskrause an Halskrause, Wildlederschulter an Wildlederschulter, hinunter zu dem grummibraunen Weiher. Tiger lieben Wasser. Sie entfernen sich nie weit davon, wenn das nicht unbedingt möglich ist. Diese beiden haben zwar nicht zusammen gegessen, aber sie müssen trinken. Jetzt ziehen sie los, drehten sich um, wie zwei Mähdrescher in einer Parklücke, und gehen rückwärts hinein. Es sieht unbeholfen und ein wenig lächerlich aus, diese beiden gewaltigen Schönheiten verwandeln sich plötzlich in wichtige und übergewichtige Geschäftsleute, die sich nicht zu tauchen trauen, die sich rückwärts in einen kühlen Weiher schieben. Tigern ist ihr Aussehen egal. Sie wollen Gesicht und Schnurrbart trocken halten.
Sie stinken, diese beiden, vom Kopf bis zum Arsch bis zum Zeh, nach Sex und Blut und verfaulenden Zähnen und Suhlen im Urin. Wenn Sie näher heranträten, würden

auch Sie sich aufs *flehmen* verlegen. Aber alle Gerüche verschwinden, als sie in den blutwarmen Weiher gleiten und nebeneinander losschwimmen. Wir können nur die beiden Köpfe sehen, nebeneinander im Wasser, gelassen wie Masken. Sie spielen ein wenig im gefleckten Licht, das jetzt fast horizontal fällt, übernehmen seine Bewegungen als lange schwarze Furchen, wie flüssige Gummibänder, die über die Wasseroberfläche huschen.

Dann beendet im Bruchteil einer Sekunde die Tigerin diese synchronisierten Bewegungen. Plötzlich gibt es nur noch sie. Sie berührt sein Gesicht mit ihrem, dreht ihren Kopf dem gegenüberliegenden Ufer zu und schwimmt langsam davon. Er bleibt mitten im Weiher und sieht ihr zu. Sie steigt an Land, ihr sieben Fuß langer Körper schwankt für einen uneleganten Moment auf dem Ufer, bis sie wieder ins Gleichgewicht kommt. Braunes Wasser tropft von ihrem Bauch wie Cappuccino auf trockenen Lehm und gespaltene Dschungelgrashalme. Sie hält inne, ihr Körper entfernt sich bereits von ihm, nur ihr Kopf ist noch dem Wasser zugekehrt.

Alle Markierungen auf ihrem breiten pelzigen Gesicht, ihre umkränzten gelben Augen, die seinen begegnen, als er ihr zusieht, wobei vom Weiher aus nur ihr Kopf zu sehen ist, sind von perfekter Symmetrie. Die sanften Kayalstriche um ihre rosenbraune Nase. Die beiden tiefschwarzen Hammer und Sichel-Schnörkel in den geschweiften Flügeln über ihren Augen. Schwarze Reklamestreifen fächern sich zu den Ohren hin auf.

Tiger entfernen sich im Wald sehr behutsam voneinander. Jeder beansprucht ein Revier für sich und kennt es schließlich so gut, daß er blind hindurchlaufen könnte, ohne einen Zweig zu brechen oder einen Stein zu lockern. Es geht ihnen nicht um Herrschaft, sondern nur um einen Platz, an dem sie genug Nahrung und – wenn die Zeit gekommen ist – Sex finden. Wenn es an Beute und Deckung hapert, leben Tiger weiter voneinander entfernt als im dichten Dschungel, wo es von allerlei Wild nur so wimmelt, von Pfauen – wir reden hier vom indischen Dschungel, dort stammen die Pfauen her, dort leben sie wild – und scharrenden Herden von grauschwarzen Schweinen.

Männliche und weibliche Tiger haben völlig unterschiedliche Vorstellungen von Territorien. Eine Tigerin hat ein kleines Revier, gerade groß genug, um sie und ihre Jungen zu ernähren. Unsere Tigerin hier steht vor einer anstrengenden zweijährigen Verpflichtung, der Basis der Tigerzivilisation, eine alleinstehende Mutter, die ihren Wurf aufzieht, die den Jungen sogar dann, wenn sie schon so groß sind wie sie selber, beibringt, zu überleben, zu lauschen, zu schauen, zu warten und zu töten. Ein männlicher Tiger hat ein viel größeres Revier, eine Art Superterritorium, zu dem die Reviere mehrerer Tigerinnen gehören, wenn er Glück hat. Von Zeit zu Zeit können auch jüngere Männchen hindurchziehen, die seine Marken riechen und ihn ausfindig machen und herausfordern, wenn sie sich stark fühlen, die aber wie ertappt zurückfahren, wenn der Geruch seiner Markierungen sie erreicht, und die in der entgegengesetzten Richtung verschwinden, wenn sie glauben, ihre Kraft reiche nicht aus.

Die Tigerin hat ihren Kopf jetzt abgewandt und geht in den Wald. Er sieht nur noch die beiden irren weißen Tupfer, die Zielscheiben auf der runden schwarzen Rückseite

der Tigerohren. Dann ist sie verschwunden und trägt die Spermien von drei Tagen zurück in die Tiefen ihres Territoriums, in die Dunkelheit.
Der Tiger schiebt sich tiefer ins Wasser, hält aber Kopf und Schnurrhaare weiterhin trocken und erreicht über eine Kette von kleinen Seen einen anderen Teil des Waldes, wo er oft allein jagt. Wo Sambar und wilder Eber in der Abenddämmerung zur Tränke kommen.
Leichter Regen fällt auf die sich beruhigende Oberfläche des leeren Weihers. Kleine Tiere, Wühlmäuse, Frösche, Eichhörnchen atmen jetzt, wo die Götter das Wasserloch verlassen haben, endlich auf. Das demütigere, scheuere Leben findet an den eingedrückten Grasflächen am Ufer zur Normalität zurück.

Aus dem Englischen von Gabriele Haefs

Bei IBM in Dublin (Derek Speirs)

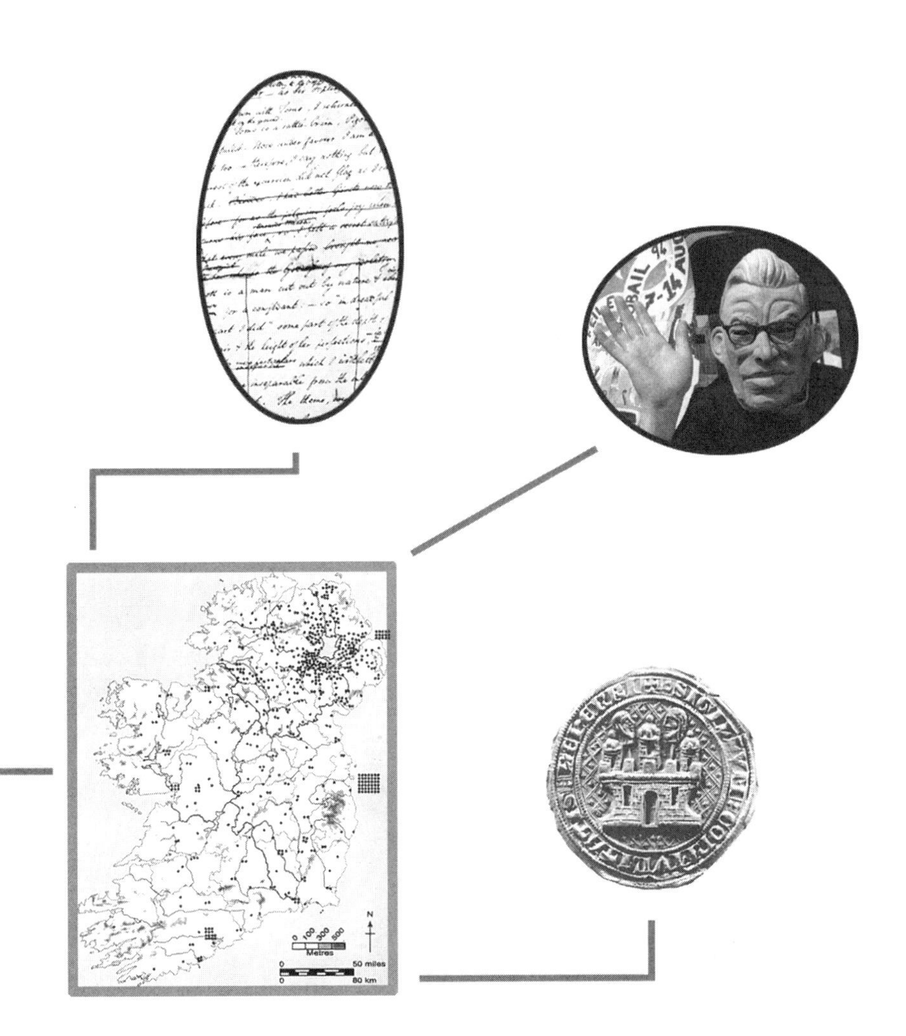

KORRESPONDENZEN

Politik

Kultur

Wirtschaft

Geschichte

Jürgen Schneider

SLÁN, COMRADE SEAN

Für Sean McGuffin, gestorben in Derry, Sonntag, 28. April 2002

Tübingen steht noch, Sean. Mitte der 1970er Jahre hattest du geschworen, solltest du je Verteidigungsminister der sozialistischen irischen Republik werden, deren Luftwaffe gegen die dortigen studentischen *peace wankers* einzusetzen, die dich zwingen wollten, auf dem Höhepunkt der Guerillakampagne der IRA gegen die *pox Britannica* den Frieden zu predigen. Dabei ging es doch darum, dass die Murrays, zwei irische Anarchisten, nicht am Galgen enden. Auf der Rundreise durch deutsche Lande zwecks der Veranstaltungen gegen die Todesstrafe in Irland sind wir Freunde geworden. Als Ulrike Meinhof in ihrer Zelle erhängt aufgefunden wurde, war es für dich eine Selbstverständlichkeit, Mitglied der internationalen Untersuchungskommission zu werden. Mit deinen Büchern *Internment* und *Guineapigs* warst du zur Autorität in Sachen Knast und Folterexperimenten an Gefangenen in der Isolation geworden. Wir wissen, dass sich die politische Klasse bei der Errichtung der modernen Zitadellen der Macht in der Bundesrepublik Deutschland der Ergebnisse der britischen Folterforschung, die du angeprangert hast, bedient hat. Heute versieht eine *tageszeitung* das Wort Isolationshaft mit Gänsefüßchen. Du hingegen wurdest nie müde, die Freilassung der Gefangenen aus der Roten Armee Fraktion zu fordern. Und noch als du schon erkrankt warst, kamst du nach Berlin, um als Beobachter am RZ-Prozeß teilzunehmen.

Als wir im März 1980 zusammen von der Royal Ulster Constabulary in das berüchtigte Verhörzentrum Castlereagh verbracht wurden, wo uns allerlei haltlose Vorhaltungen gemacht wurden, wußten wir voneinander, dass des anderen Mantra »Whatever you say, say nothing« sein würde, wenn die Herren (die jetzt unter einem neuen Namen operieren) auch drohten, sie könnten uns auch einer loyalistischen Todesschwadron übergeben und eliminieren lassen.

Kurz vor unserer Festnahme in Belfast hattest du Manuskripte unter deiner klapprigen Schreibmaschine verschwinden lassen. Es waren deine ersten Kurzgeschichten, die später unter dem Titel *Bomben, Bullen, Bars* bei Edition Nautilus erschienen. Bullen durftest du in deinem Leben zur Genüge kennen lernen, in Bars waren wir oft genug zusammen, und von Bomben wolltest du auch in deinen *Memoiren eines intellektuellen Hooligans* berichten. Das Kapitel sollte die Überschrift tragen: »Little boxes/timers. Bombenbau in Belfast.« Vor ein paar Tagen haben wir darüber noch gesprochen. Und auch über die anderen Gefallen, die du hin und wieder der Provisional IRA getan hast. Darüber etwa, wie gerne du ihr ›Brigadier‹ warst. [Für diejenigen, die es nicht wissen (dir war ja bewußt, wie es um das historische Wissen der ›Hunnen‹ steht): Unter dem Pseudonym ›The Brigadier‹ schrieb McGuffin von 1974 bis 1981 eine wöchentliche Kolumne für *An Phoblacht/Republican News*, die Wochenzeitung der Provos.]

Zuletzt warst du zutiefst enttäuscht über deine Ex-Genossen, weil dir bewußt war, dass die Friedenspolitik der Provos nicht auf eine sozialistische Republik Irland gerichtet ist, nicht auf Befreiung abzielt. Deren autoritäres Gehabe war dir, dem alten Anarchisten, der schon während der Bürgerrechtsbewegung die schwarz-rote Fahne schleppte, ein Gräuel. Sie haben dir nicht mal den Gefallen getan, deinen Roman

Der Hund zu veröffentlichen. Dabei wird es nie wieder ein Buch geben, dass ihren Kampf so meisterlich und solidarisch würdigt. »The I** wins«, hattest du mir einst aus den USA geschrieben, als ich wissen wollte, worum es in dem Buch geht. Mit der *political correctness* ihres sich ankündigenden Friedensprozesses war der Inhalt deines Buches aber offenbar dennoch nicht kompatibel. Dein opus magnum, *Der fette Bastard,* sagte ihnen ebenso wenig zu wie deine im letzten Jahr in Derry veröffentlichten Kurzgeschichten. *Last orders, please!* war ihnen nicht mal eine Besprechung in ihrer Hauspostille wert. Divil a bit of thanks.
Vor zwei Wochen konnten wir zusammen noch einen Sonntag lang an deinem Buch über den aus Derry stammenden Abenteurer Charles 'Nomad' McGuinness arbeiten, dessen Fertigstellung du ungeduldig entgegen fiebertest. Es wird gedruckt werden, Sean, dafür wird Christiane sorgen, dessen kannst du dir absolut sicher sein, das weißt du. Und auch eine deutsche Übersetzung wird es geben. Versprochen. Dabei wird mir allerdings die Korrespondenz über Übersetzungsprobleme sehr fehlen. Deine freundschaftlichen Bemerkungen à la "Kid, little do ya know..."
Und wer bitte wird jetzt die *Dispatches* schreiben, die du übers Netz verbreitet hast? Die, wie Anne dir nach dem Bild-Text-Dispatch über die Festnahme, Fesselung, Entkleidung und Hinrichtung des 23jährigen Palästinensers Mohammed Saleh durch Soldaten Scharons schrieb, der Freiheit des Wortes wegen so notwendig waren.
Für morgen hattest du einen Flug nach Berlin gebucht. Ich wollte dich am Flughafen abholen und dir verraten, dass wir für Dienstagabend im Kaffee Burger eine Party zu deinem 60. Geburtstag organisiert haben, samt Lesung und Musik. Wir werden lesen und Musik spielen, auch Songs deiner Freunde von The People of No Property, klar doch. Und auf dich anstoßen, O/C. Ein wenig vom kleinen Kraut werden die Krauts wohl auch auftreiben können. Don't worry, Lumberjacks will always rule okay! Und wenn wir gefragt werden »Was wollt ihr denn?«, werden wir mit deinen Worten antworten: »Gerechtigkeit, ihr Bastarde«.

Go to sleep, my weary friend, let the times go drifting by, can't you hear the bazookas humming, sure it's yer man's lullaby (he in the derelict house)...
Slán, yer old chum Jürgen, 28. April 2002

McGUFFINS WAKE
Zur Pflege des Erbes des Ende April 2002 verstorbenen irischen intellektuellen Hooligans und Schriftstellers Sean McGuffin findet ab Juli 2002 in Berlin einmal im Monat eine Veranstaltung mit dem Titel McGUFFINS WAKE statt (15. Juli, 19. August, 23. September, 7. Oktober, 18. November, 16. Dezember). Die Veranstalter stellen McGUFFINS WAKE unter das Motto, unter dem McGuffin seine Internetpostille Dispatches erstellte: „Schamlos irisch-republikanisch, sozialistisch, anarchistisch, guevaristisch und ikonoklastisch."
Ort: Kaffee Burger, Torstraße 60, 10119 Berlin. Näheres zu den jeweiligen Veranstaltungen unter: www.kaffeeburger.de

Aus der Fotoserie *fashion*, die Victor Sloan für Ali Maleks Agus Collection fotografiert und bearbeitet hat.

Gabriele Haefs

POMMES ALS LEBENSHILFE
ZUR ENTWICKLUNG VON MAEVE BINCHYS ROMANFIGUREN IM KONTEXT IHRER MAHLZEITEN

Die Behauptung, daß im Werk von Maeve Binchy keine Entwicklung zu entdecken sei, mag zunächst verblüffen, sind ihre Romane doch wirklich prallgefüllt mit Handlung, entwickelt sich doch die Ausgangssituation immer wieder in Richtungen, mit denen niemand rechnen konnte (zumindest nicht die beteiligten Personen). Doch angenommen, wir bezeichneten Maeve Binchy als »moderne Märchenerzählerin«, was in Rezensionen bisweilen geschieht, was ihr begeistertes Publikum sicher richtig fände und wogegen sie selber nichts einzuwenden hat, es sei denn, ihre Ansichten würden in Interviews aufs Gröbste verzeichnet? Wenn wir weiterhin ihr Werk wie das einer »herkömmlichen« Märchenerzählerin betrachteten, mit den Methoden der Volkserzählforschung also? Dann ergäbe sich ein eher statisches Bild.

Gut, die Ereignisse überschlagen sich in jedem Buch, die Heldin (seltener: der Held) büßt alles ein, woran sie geglaubt hat, muß sich auf den Trümmern ihres bisherigen Lebens ein neues aufbauen und daraus am Ende des Buches eine Lehre ziehen, die Moral von der Geschicht eben, womit ihr die typische Aufgabe der Märchenpersonen auferlegt wird. Maeve Binchy arbeitet, wie jede im Rahmen der Tradition vorgehende Erzählpersönlichkeit, mit einer festen Personengalerie und bestimmten Ereigniselementen, die sie immer neu kombiniert. Zu ihrer Grundausstattung gehören:

- zwei Freundinnen, die miteinander durch dick und dünn gehen (in jedem Roman, einzige Abweichung sind die Zwillinge Dara und Michael in *Firefly Summer*, wo Bruder Michael die Rolle der Freundin spielt);
- ein Charmeur, der unwiderstehlich wirkt und dessen Schurkereien erst im Laufe der Handlung an den Tag kommen. Der Charmeur sorgt, wie sein sympathischeres Pendant, der Märchenprinz (s. u.) häufig für eine unerwünschte Schwangerschaft und schlägt ganz selbstverständlich eine Abtreibung vor, mit dem Unterschied, daß der Märchenprinz selber ebenfalls unter der Sachlage leidet, während der Charmeur das alles ganz normal findet und gleich eine Adresse liefern kann. In fast allen Fällen endet die Schwangerschaft jedoch mit einer Fehlgeburt, nachdem die Heldin die Abtreibung verweigert hat, fast so, als wolle die Autorin, nachdem eine Romanheldin unter reichlich grauslichen Umständen abtreiben mußte (in *Light a Pennycandle*), sich, ihre Leserinnen und vor allem natürlich die armen Heldinnen in Zukunft mit solchen Belastungen verschonen. Charmeure dieser Art sind Johnny Stone (in *Light a Pennycandle*), Louis Gray (in *The Green Lake*) und Kerry O'Neill (in *Firefly Summer*) Der Märchenprinz, und darin unterscheidet er sich vom Charmeur, bietet die Ehe an, was aber auch nicht viel weiterhilft, wie sich im Verlauf des Buches zeigt;
- ein vernachlässigtes Kind, gern aus »gutem Hause«, das bei armen, aber ehrlichen Menschen das Glück und die Zuwendung findet, die ihm die eigene Familie versagt. Wobei hier die Stimme der Erzählerin überaus kritisch wird. Zwar zeigt sie wie immer Bilder und moralisiert nicht, doch die hier gezeigten Bilder zeigen deutlich, was ihr an den neueren Entwicklungen nicht paßt. Spielt der Roman vor 1990, so greifen irgendwelche Verwandten oder Bekannten ein, kümmern sich um das Kind, leisten

dabei überaus gute Arbeit, und alles ist gut, und die untaugliche »eigentliche« Familie soll sehen, was aus ihr wird (Beispiel: Eve in *Circle of Friends* und Elizabeth in *Light a Pennycandle*). Spielt der Roman heute, so mischt sich das Jugendamt ein, schickt eine Sozialarbeiterin, die sich in den Märchenprinzen verliebt und noch mehr Chaos anrichtet, entscheidet, daß ein Kind zu den biologischen Eltern gehört, auch wenn die es gar nicht haben wollen (wie die von Maud und Simon oder die von Una in *Scarlet Feather*) und macht auf jeden Fall alles noch schlimmer, als es ohnehin schon war, ehe am Ende das Kind dann doch bei den armen, aber ehrlichen Menschen bleiben darf, die nur sein Bestes wollen;

- eine weise Frau (manchmal auch ein weiser Mann), gern eine Nonne oder ein Geistlicher, denen nichts Menschliches fremd ist, und die, eben weil sie sich nicht aktiv am Geschehen beteiligen, klarer sehen als Held/Heldin und deshalb kluge Ratschläge geben, deren Weisheit die ungestüme Hauptperson zu spät erkennt. Solche Weisen sind Father Flynn (in *Light a Pennycandle*), Mother Francis (in *Circle of Friends*) und Eileen (in *Light a Pennycandle*);
- eine ältere Frau, in den Roman eingeführt als Nebenfigur, der in der Liebe plötzlich jener Erfolg beschieden ist, der den ungestümen jungen Heldinnen verwehrt bleibt, Beispiel: Kit Hegarty (in *Circle of Friends*);
- ein Parvenü, der glaubt, für sein schnödes Geld alles und alle kaufen zu können, wie etwa Patrick O'Neill (in *Firefly Summer*);
- eine perfekte Geliebte, die zwar auch nicht glücklich wird, die aber durch ihr gekonntes Liebhabermanagement immerhin zu Geld kommt (Beispiel: Geraldine in *Scarlet Feather*, Rachel Fine in *Firefly Summer*);
- ein Märchenprinz und ein Aschenbrödel, die trotz aller Widrigkeiten zusammenfinden, was aber niemals gutgeht. Der Märchenprinz ist viel zu sehr von seinem Märchenprinzentum durchdrungen, ist, auch wenn er das nie zugeben würde, im tiefsten Herzen doch davon überzeugt, daß er dem Aschenbrödel eine Gnade erweist. Im Laufe der Handlung entpuppt er sich als unzuverlässig und beziehungsunfähig, und irgendwann kommt auch Aschenbrödel zu der Erkenntnis, daß einer Frau mit einem Märchenprinzen »noch weniger gedient ist als mit einem Konfirmanden« (Knut Hamsun). Kombinationen von Märchenprinz und Aschenbrödel sind Jack und Benny (in *Circle of Friends*), Kathy und Neil (in *Scarlet Feather*), Clare und David (in *Echoes*) und Dara und Kerry (in *Firefly Summer*). Wenn Aschenbrödel dann noch erkannt hat, daß Liebe, Leidenschaft und materieller Besitz kein dauerhaftes Glück bringen, Freundschaft, ein tapferes Herz und die Fähigkeit, sich durch ehrliche Arbeit selber ernähren zu können, dagegen wohl – ja, dann ist das Märchen aus. Schöner und moralischer finden wir diese Lehren nicht einmal in Wilhelm Grimms Bearbeitung der von ihm und seinem Bruder Jacob gesammelten Märchen (unter dem Titel *Kinder- und Hausmärchen* seit geraumer Zeit ein Bestseller). Die umgekehrte Beziehung, die zwischen Märchenprinzessin und männlichem Aschenbrödel, oder, wie Max Lüthi schreibt, »Grindkopf oder Bauerntölpel«, die die Prinzessin heiraten, taucht in Binchys Romanen nicht auf;
- sowie ein Hund, der schrecklich nett, aber auch schrecklich doof ist und niemals als Wachhund zu gebrauchen wäre, der aber im entscheidenden Moment im Weg

herumsteht und als Katalysator fungiert – solche Hunde sind Leopold (in *Firefly Summer*) und Hooves (in *Scarlet Feather*)
In keinem Buch kommen alle diese Personen vor – ein Charmeur und ein Märchenprinz haben im selben Buch nichts zu suchen, der eine müßte zur überflüssigen Doublette des anderen werden und würde den Fortgang der Handlung nur aufhalten. Die in jedem Binchy-Roman immer neuen Personenkonstellationen sorgen wie im Märchen für immer neue Spannung, auch, wenn das Ende sich bereits früh abzeichnet, zumindest für die erfahrene Binchy-Leserin (oder die volkskundlich versierte Märchenforscherin), die genau weiß, wer sich nicht kriegt und warum nicht.
Als moderne, aber weiterhin der Technik und dem Stil der Tradition verhaftete Märchenerzählerin bringt Maeve Binchy auf andere Weise Entwicklung in ihr Werk als durch den Ausbau ihrer Persönlichkeiten, die eher zweidimensional bleiben, wie es sich für echte Märchenpersonen gehört – nämlich durch Requisitverschiebung bzw. -erweiterung. Ein in der Literatur oft zitiertes Beispiel für Requisitverschiebung liefert beispielsweise der emsländische Erzähler Egbert Gerrits (1853-1942), der seine Märchenhelden mit der Eisenbahn anreisen läßt. Für einen Drachentöter werden aus dem nächsten Wirtshaus eine Handvoll Zigarren und ein Schnaps geholt, ehe er der Bestie gegenübertritt, um die Prinzessin zu befreien. Diese Technik erschließt sich vor allem dann, wenn wir Binchys Romane insgesamt betrachten.
Die zwischen 1980 und 2000 erschienenen zwölf Romane spielen nicht alle in demselben Zeitraum; in einigen setzt die Handlung bereits um 1940 ein, greift durch Rückblicke der handelnden Personen zurück bis auf die Zeit nach 1932 (in *Light a Pennycandle*) vergleicht die *weise Frau* des Romans die vierziger und fünfziger Jahre immer wieder mit ihren Erfahrungen aus den ersten Jahren des irischen Freistaats. Die Konflikte, in die Maeve Binchy ihre Romanpersonen stürzt, ändern sich nicht, die äußeren Umstände dagegen sehr – vom Zwangszölibat für Lehrerinnen (auferlegt der einen *Freundin* in *Light a Pennycandle*) bis zur Tatsache, daß ein Model mit fünfundzwanzig für die große Karriere zu alt ist (in *Scarlet Feather),* von der dringenden Frage: »Was trägst du zum Rendezvous mit dem Märchenprinzen« (die die eine *Freundin* der anderen von Roman zu Roman stellt, wenn die Handlung nicht in der Gegenwart spielt, wo selbst das Aschenbrödel eine vielseitig kombinierbare Grundgarderobe besitzt, und sei sie auf dem Flohmarkt erworben) bis zu der Frage, die eine *Freundin* in schicksalhaften Momenten (*Märchenprinz* macht Zicken) immer wieder an die andere richtet:
»Would chips help?«
»When did they not?«
Die Gegenfrage (in *The Green Lake*) nimmt die Zukunft vorweg. Die Ernährungsgewohnheiten der Binchy-Heldinnen ändern sich mit denen der irischen Öffentlichkeit. In einer Zeit, in der die Bistros wie die Pilze aus dem Boden schießen, mit kontinentalen Delikatessen werben und, weil ihnen die kontinentale Unsitte, sich durch falsches Englisch als besonders hip darzustellen, verwehrt ist, zu falschem Französisch und Italienisch greifen (Plakatwerbung: »Le Panini«) – in einer solchen Zeit helfen Pommes aus keiner Lebenskrise mehr.
Bilden Kleidung und Nahrung eine Art Konstante, was die Requisiten betrifft, so spielt

Musik eine um so geringere Rolle, je näher die Handlung an die Gegenwart heranrückt. Spielt die Handlung in den fünfziger oder sechziger Jahren, einer Zeit, als ein Kofferradio und zwei EPs offenbar ausreichten, um ein rauschendes Fest in die Wege zu leiten, werden selbst die einzelnen Titel bei Namen genannt, wird aus den Texten zitiert, die alle kennen; schließlich hört jedes Teenie im ganzen Land abends heimlich Radio Luxemburg (*Circle of Friends*). Sie hören Elvis, Frankie Laine, Frank Ifield und überaus viel Calypso (die irische Popmusik jener Jahre wird schweigend übergangen). Daß jemand selber singt und dann gar auf den irischen Volksliedschatz zurückgreift, ist die absolute Ausnahme: Als Bill Dunne *She Moved through the Fair* singt, staunt alles und findet, er habe dieses Geheimnis wirklich gut bewahrt (*Circle of Friends*). Das gilt übrigens nur für die Jugend der fünfziger Jahre, die ältere Generation hat weniger Hemmungen und stimmt *Whiskey in the Jar* ebenso freudig an wie *Kevin Barry* (um dann peinlich berührt zu verstummen, weil englische Festgäste im Raum sind – in *Light a Pennycandle*). EPs erscheinen als der absolute Fortschritt; diese kleinen Schallplatten mit zwei Stücken auf jeder Seite, die mit 45 Umdrehungen abgespielt wurden, müssen eine Art Revolution bedeutet haben, im Vergleich zu 78er Schellackplatten, die in Stücke gingen, wenn der beschwipste Festgast beim Plattenwechsel ins Straucheln kam. Die noch viel strapazierfähigeren CDs werden in den Romanen keiner Erwähnung gewürdigt. Später ist vage von »Musik« die Rede, nur allgegenwärtige Scheußlichkeiten wie *River Dance* oder Abba werden ein seltenes Mal mit Namen genannt. »Vom persönlichen Geschmacke des Erzählers hängt die Auswahl aus dem Vorrate der Märchen ab, welcher in der betreffenden Gegend sich erhalten hat«, wie der Nestor der Erzählforschung, der Russe Asadowski schreibt, doch vom »Geschmacke der Erzählers« abhängig ist auch die Auswahl aus der zur Verfügung stehenden Requisitenkammer.

Bei Maeve Binchy ist in dieser Hinsicht offenbar historisch alles korrekt, meines Wissen ist ihr bisher kein Fauxpas von der Sorte nachgewiesen worden, die in historischen Romanen offenbar unvermeidlich sind, vermutlich einfach deshalb, weil niemand alles wissen oder recherchieren kann. Beispiele für solche Fauxpas aus der irischen Bestsellerliteratur liefern beispielsweise Deirdre Purcell und Rose Doyle. Deirdre Purcell läßt in *In Love with a Dancer* ihre Heldin ein Selbstwählferngespräch von Cork nach Dublin führen, als in Wirklichkeit die technische Möglichkeit der Selbstwahl noch um Jahrzehnte in der Ferne lag – bei Maeve Binchy dagegen muß sich der *Märchenprinz* in *Circle of Friends* mit grantigen TelefonistInnen herumschlagen, er möchte von Dublin aus sein *Aschenbrödel* im County Wicklow anrufen, die Vermittlung ist jedoch überlastet und hat wenig Lust, dermaßen belanglose Gespräche durchzustellen. Rose Doyle erwähnt in *Friends Indeed* eine Zehnjährige, die ein Jahr zuvor zu ihrer Erstkommunion einen Muff bekam – das Buch spielt 1867, die Erstkommunion in diesem frühen Alter wurde jedoch erst unter Papst Pius X. eingeführt, der sein Amt im Jahre 1903 antrat. Der überaus umsichtigen Requisiteurin passiert das, wie gesagt, nicht.

»Would chips help?« fragt die *Freundin,* und diese Frage steht als Beispiel für die Allgegenwärtigkeit von Pommes, jedenfalls in den »frühen« Romanen (die vor 1980 spielen). Pommes als Lebenshilfe ist hier das Motto, Pommes sind *das* Requisit in diesen Romanen, das die Situation prägt und kennzeichnet. Nicht nur die besorgte *Freundin* setzt sie als Trostmittel ein, auch *Charmeur* und *Märchenprinz* wissen um die wundersame Wirkung dieses Allheilmittels. Was als Seelentrost geeignet ist, läßt sich auch zur Kontaktanbahnung trefflich nutzen. Der *Märchenprinz* lädt *Aschenbrödel* samt *Freundin* zu einer Portion Pommes ein, und beide stimmen begeistert zu. Und dabei erweist er sich wirklich als Mann von Welt und ordert vier Portionen, für jede/n eine, dazu eine für alle, zum späteren allgemeinen Herumpicken (und natürlich jede Menge Ketchup) (*Circle of Friends*). Zwei andere Verehrer, die den beiden Freundinnen über den Weg laufen, möchten gern mit ihnen einen trinken. Als die Damen ablehnen, steigern sie ihre Angebote noch: Pommes bei Bewley's, gefolgt von klebrigen Mandelbrötchen. Als auch das verschmäht wird, ist ihnen klar, daß sie bei den beiden Frauen keine Chance haben (*Circle of Friends*). Und als die *Freundin* davonstürzen will, weil der *Märchenprinz* Zicken macht, und sie deshalb dem unglücklichen *Aschenbrödel* beistehen will, kann sie ihren Teller nicht mehr leer essen, und ihr Verehrer, der keinerlei *Märchenprinz*-Qualitäten (oder Untugenden) aufweist, sagt entsetzt: »Du hast deine Pommes ja nicht gegessen.« Er begreift das nicht, tumbes Mannsbild, das er ist: »Nichts kann doch so wichtig sein.« (*Circle of Friends*) Pommes sind das Nonplusultra, doch weil sie immer wieder erfolgreich als Lebenshilfe eingesetzt werden können, mögen sie noch so sehr vom Hauch von Freiheit und Abenteuer umschwärmt sein – zugleich sind sie kartoffelhaft erdverbunden und ehrsam. Der Jurastudent, der in *Echoes* das *Aschenbrödel* zu Bacon & Eggs einlädt, übermittelt damit auch ein klares Signal – eine Frau, die Bacon & Eggs annimmt, kann sich danach nicht verweigern; zu Pommes dagegen kann eine Dame sich einladen lassen, ohne ihren guten Ruf oder ihre Tugend zu gefährden.

Pommes gelten als auserlesene Köstlichkeit (wenn auch nicht als gewagte Extravaganz), so seltsam das heute auch klingen mag. Doch für die jungen Leute, die in Maeve Binchys »frühen« Romanen den Aufbruch ins Abenteuer von Freiheit und Liebe wagen, waren sie etwas Besonderes. Zu Hause gab es sie nie, keine irische Hausfrau besaß eine Friteuse. Dies war die Alltagskost: das Frühstück besteht unweigerlich aus Porridge, auf einer Seite gebackenem Toast (doppelseitige Toaster sind noch für Jahrzehnte ein technologischer Wunschtraum) und jeder Menge Tee, lediglich zu Weihnachten wird von diesem Speisezettel abgewichen, und es gibt Würstchen und Eier. Nur sehr reiche Leute, wie die Eltern des *Märchenprinzen* in *Circle of Friends* servieren auch zum Werktagsfrühstück gebratenen Speck (freitags natürlich nicht, dann werden sie durch Rührei ersetzt). Ein Postbote, der sich zum Frühstück Bacon aufs Brot packt, gerät wegen dieser Extravaganz in Verruf (in *Light a Pennycandle*). Mittags – zur Hauptmahlzeit – gibt es Bacon & Cabbage oder Suppe und selbstgebackenes Brot, es gibt Lammkoteletts und Kohl, und Freitags gibt es gekochten Kabeljau mit Petersiliensoße. Sonntags steht Hühnerfrikassee mit gekochtem Speck auf der Speisekarte, dazu Pellkartoffeln und Kohl (aber zum Nachtisch immerhin Apfeltorte mit Sahne). Lammstew mit mehligen Kartoffeln und Brot wird bereits zur erlesenen Delikatesse, mit der ein *vernachlässigtes Kind* nach Hause zurückgelockt werden kann (in *Circle of Friends*). Auf einer Hochzeit schließlich wird Chicken & Ham serviert, gefolgt von immerhin zwölf verschiedenen Kuchen.

Ganz anders die Alltagskost in späteren, reicheren Zeiten. Das freitägliche Fastengebot spielt keine Rolle mehr (was in diesem Fall weniger an der zurückgehenden Frömmigkeit der Romanpersonen liegt, sondern daran, daß dieses Gebot kirchlicherseits schon in den sechziger Jahren aufgehoben wurde). Die ältere, ärmere Generation ißt noch immer Kohl mit Speck, ihre wohlhabenden Altersgenossen haben die Wahl zwischen Fisch in Muschelsoße, Hähnchen in Thymian und vegatarischem Gulasch (*Scarlet Feather*). Bei den Vorbereitungen zu einem festlichen Büfett ist zu beachten, daß manche Leute Würstchen mögen, so seltsam das klingen mag, aber in einen glanzvollen Rahmen gehören glanzvolle Würstchen, und deswegen werden sie in Honig und Rotem Johnnisbeergelee glasiert. Heiße Spargelquiches erscheinen fast als alltäglicher Imbiß, und das typisch irische Sandwich – Weißbrot, pappiges Salatblatt, ein Stück Plastikkäse und eine müde Tomate – treiben dem Essenden die Schamröte ins Gesicht: Was sollen nur die Touristen denken, wenn ihnen das vorgesetzt wird? (in *Scarlet Feather*). Die Touristen jedoch haben offenbar frühere Binchy-Titel gelesen und wünschen sich Corned Beef & Cabbage, was den armen Mann so ungefähr in den nächsten Zusammenbruch treibt – die Gäste kommen aus Chicago, und der gewissenhafte Koch und Gastgeber hat sich genau darüber informiert, was in dieser Stadt der Schlachthöfe denn so gegessen wird, und wollte genau das servieren. Zu allem wird selbstverständlich Wein getrunken, in den »frühen« Romanen ein absoluter Luxusartikel, der mit Andacht genossen wurde, ob er schmeckte oder nicht (wer sich an das irische Weinangebot der sechziger und siebziger Jahre erinnern kann, wird annehmen, daß er nicht schmeckte). Heute dagegen wird er hinuntergekippt, egal wie er schmeckt: Tom (der frustrierte Koch aus *Scarlet Feather*) stellt fest, daß der Wein ungenießbar ist, und läßt sich dann vollaufen, es gibt gerade keinen anderen. Statt an der Pommesbude treffen die *Freundinnen* sich in einer »wine-bar«, und das *Aschenbrödel* spricht die geflügelten Worte: »Was für ein entsetzlicher Wein. Ich werde froh sein, wenn ich genug habe.« (alles *Scarlet Feather*)
Restaurants mit exotischer Kost (von denen es vor 1980 in Irland ohnehin nicht wimmelte) waren ganz einfach zu teuer; was blieb, waren Pommesbuden oder Imbisse, wo die Gäste sitzen und unter Umständen sogar den ersten Capuccino ihres Lebens trinken konnten (in *Circle of Friends* wird so ein Imbiß beschrieben, der sich deshalb auch alsbald vornehm »Café« nennt). Kein Wunder also, daß der sehnsüchtig erwartete »erste Italiener« in Knockglen (*Circle of Friends*) sich als Fish & Chips-Laden erweist – alles andere wäre zu kühn für damalige Zeiten, unerschwinglich, und in einem Buch, das die Alltagssorgen ganz normaler Menschen behandelt, einfach fehl am Platze. So sieht um 1955 die typische Speisekarte in einem Restaurant aus: Es gibt drei Gerichte, Steak, Hähnchen oder Fisch, davor gibt es Suppe, danach Eis, unweigerlich (*Echoes*).
Der Fall Pommes ist indes auch kennzeichnend für die Grenze, die selbst so kreativen Erzählpersönlichkeiten wie Maeve Binchy gesetzt ist: Requisiten lassen sich nicht beliebig verschieben, nichts hat bisher den Platz eingenommen, den Pommes in den Jahren der »frühen« Romane hatten. Stellen wir uns einen aktualisierten Dialog vor:
»Would Sushi help?«
»When did it not?«

Unmöglich! Die Moden, auch im Essen, ändern sich einfach zu schnell, so daß Sushi, Carpaccio oder auch heiße Spargelquiche in der aktuellen Notlage vielleicht hülfen, die Frage »When did it (they) not« jedoch muß an ihrer eigenen Zeitgebundenheit scheitern. Pommes, das allgegenwärtige Trost-, Hilfs- und Verführungsmittel der in früheren Jahrzehnten spielenden Bücher, hat diese Funktion verloren und wird nicht einmal mehr erwähnt. Ein Funktionsäquivalent ist bisher nicht aufgetreten, und das ist – gemessen mit den Maßstäben der Erzählforschung – die wirklich revolutionäre und frappante Entwicklung im Romanwerk von Maeve Binchy.
Maeve Binchy zeigt sich in ihren Romanen als Märchenerzählerin, die fest in ihrer Tradition verwurzelt ist, und volkskundlich gesehen, wäre es eine reizvolle Aufgabe, zu ihrem Werk passend einen Motivindex aufzustellen und die Verwendung von traditionsgebundenen Elementen und Requisiten genauer zu untersuchen. Doch Maeve Binchy nimmt sich die Freiheit, nach dem Geschmacke der Erzählerin auch andere literarische Traditionen heranzuziehen.
In *Light a Penny Candle* entscheidet die eine *Freundin* sich, nachdem sie den schönen Worten des *Charmeurs* erlegen ist, für eine Abtreibung. Dazu sucht sie, zusammen mit der anderen *Freundin,* eine in einer tristen englischen Industriestadt hausende Engelmacherin auf. Die treue *Freundin* heißt Aisling, doch da wir uns in den Jahren befinden, in denen der Film *Vom Winde verweht* die Kinosäle füllte, glaubt die Engelmacherin, sie heiße Ashley und staunt, hatte sie das doch bisher für einen typischen Märchenprinzennamen gehalten. Nach getaner Tat geht Aisling die Treppe hinunter und trauert dabei um das Kind der anderen, das nun nie das Licht der Welt erblicken wird – genau diese Szene finden wir im Roman *Vom Winde verweht*, mit einem kleinen Unterschied: Aisling geht die Treppe *hinauf,* sie kann sich ausruhen, ihre Aufgabe ist beendet. Die Freundin im Roman geht die Treppe *hinunter,* dort ist das Kind geboren worden, die Aufgabe fängt erst an. Maeve Binchys Romane sind reich an solchen Anspielungen auf bekannte Romane und Erzählungen, und auch diese Art von Requisitenverwendung fordert zu weiteren Untersuchungen heraus.

Romane von Maeve Binchy

Light a Pennycandle, London 1982.
Echoes, London 1985.
Firefly Summer, London 1987.
Circle of Friends, London 1990.
Scarlet Feather, London 2000.

Verwendete Literatur

Mark Asadowski, *Eine sibirische Märchenerzählerin*, Helsinki 1926.
Rose Doyle, *Friends Indeed*, London 2001.
Gottfried Henßen, *Überlieferung und Persönlichkeit, Die Erzählungen und Lieder des Egbert Gerrits*, Münster 1951.
Knut Hamsun, *Konerne ved vannposten*, Kristiania 1912.
Max Lüthi, *Das europäische Volksmärchen*, Bern 1947.
Deirdre Purcell, *In Love with a Dancer*, London 1996.

Holger Zimmer

THEATER IM AUFWIND

AUTORENFÖRDERUNG UND NEUE THEMEN BESCHEREN DER IRISCHEN DRAMATIK EINE BLÜTE

In den letzten Jahren erlebten die deutschen Bühnen eine wahre Invasion von Stükken junger englischsprachiger Autoren. Ein großer Teil davon kam aus Irland – die irischen Stücke schienen einen Nerv zu treffen. Sie gaben Gas wie Enda Walshs lebenshungrige *Disco Pigs*, waren skurril wie Martin McDonaghs Dorfbewohner oder sympathische Loser wie Conor McPhersons junge Männer, die beim Bier Geschichten erzählen. Nun ist die erste Welle vorüber: Die Disco-Schweine sind landauf landab über die Theater getobt, die Schönheitskönigin hat ihren kurzen Ruhm genossen, und das Guinness-Glas ist leer.

Trotzdem sind die Iren weiterhin in Deutschland gefragt: Die Berliner Schaubühne hat Walshs Monolog *Misterman* im Programm, und nach der Mainzer Erstaufführung wird in Bremen demnächst sein frühes Werk *The Ginger Ale Boy* nachgespielt. Am häufigsten war in der Spielzeit 2001/2002 wohl Conor McPherson vertreten. Seine Stücke *Salzwasser*, *St. Nicholas*, *Der gute Dieb* und *Das Wehr* erfreuen sich großer Beliebtheit, und auf Filmfestivals waren die Verfilmung von *Salzwasser* sowie sein spritziger Road-Movie *I Went Down* zu sehen.

McDonagh, McPherson und Walsh bildeten die Vorhut. Bereiten sich derzeit in Irland schon die nächsten »young playwrights« für den Export auf den Kontinent vor? Anna McMullan kennt sich aus in der vielschichtigen Theaterlandschaft Irlands, denn sie ist Dozentin für irisches Drama am Trinity College Dublin, einer der ältesten Universitäten des Landes. Ihr winziges Büro liegt versteckt im dritten Stock des renommierten Samuel Beckett Centre, der Theaterfakultät des College. Im selben Gebäude sind auch zwei gut besuchte Theater untergebracht: Theorie und Praxis gehen in Irland Hand in Hand. »Manche Leute ringen die Hände und rufen: 'Es ist vorbei, das irische Theater ist in einem schrecklichen Zustand!'« berichtet Anna McMullan aufgeräumt. »Aber das glaube ich nicht. Wir befinden uns in einer Art Inventurphase. Die Sturm-und-Drang-Zeit der letzten Jahre ist vorbei. Was im Moment als eine Art Flaute empfunden wird, ist möglicherweise einfach die Vorbereitung auf Kommendes. Oder aber«, fügt sie lachend hinzu, »uns geht wirklich einfach der Dampf aus...«

Die Theaterszene der Republik Irland ist tatsächlich ein wenig zur Ruhe gekommen. Nach der wirtschaftlichen Rezession der achtziger Jahre kam es in den Neunzigern zu einem Boom, von dem auch die Kultur profitierte. Das Budget des in Dublin angesiedelten Arts Council, einer Art Kulturministerium, wuchs zwischen 1989 und 1993 um 61 Prozent, verdoppelte sich bis 1997 erneut und lag 2001 bei ca. 34 Millionen irischer Pfund. Da in den Neunzigern allein ein Drittel dieses Geldes in die dramatischen Künste floß, gründeten sich auch viele neue Theater. Eine vom Arts Council Mitte der neunziger Jahre durchgeführte Untersuchung ergab, daß von den ca. 70 professionellen Theatergruppen Irlands zwei Drittel in der Dekade zwischen 1985 und 1995 gegründet worden waren. Die ältesten wie Druid in Galway, Rough Magic in Dublin oder Red Kettle in Waterford gehören mittlerweile zum Urgestein der Szene. Man muß allerdings wissen, daß etwa drei Viertel dieser Gruppen freie

»production companies« sind. Sie sind unabhängig in dem Sinne, daß sie keine eigenen Spielstätten haben, sondern an wechselnden Orten inszenieren bzw. mit ihren Stücken durch Irland touren. Ein Stadttheatersystem mit einer großen Anzahl fester Häuser wie hierzulande existiert in Irland nicht.

Nach den vielen Theaterneugründungen der neunziger Jahre und der Regionalisierung der staatlichen Förderung geht es nun um Konsolidierung. Senkrechtstarter wie McDonagh, McPherson oder Walsh sind nicht zu sehen. Trotzdem ist durchaus noch eine Menge Dampf im Kessel, und das ist der intensiven Förderung des Dramatiker-Nachwuchses zu verdanken.

Ein Hauptmerkmal irischen Theaters ist immer noch die zentrale Stellung des von einem Autor geschriebenen Textes; Körpertheater, Pantomime, visuelle Akzente sind hier noch relativ junge Entwicklungen. Dies bedeutet einerseits eine Begrenzung, ist andererseits aber auch die Stärke der irischen Theaterszene. Improvisierte oder im Team entwickelte Stücke werden selten gespielt, dafür jedoch gibt es kaum eine Theatergruppe ohne »New Writing Policy«. Dieses Konzept steht für die erklärte Absicht, junge Autoren zu fördern und deren Stücke vor allem auch aufzuführen. Die neuen Theater der Neunziger wollten oft nicht nur das seit Jahrzehnten angestaubte konventionelle Theater formal aufwecken, sondern auch inhaltlich neue Akzente setzen, indem sie Gegenwartsthemen aufgriffen und dazu eigens Autoren mit dem Schreiben neuer, oft zeitgenössischer Stücke beauftragten.

Aber auch das traditionsreiche Abbey Theatre, das Nationaltheater Irlands, verfügt über ein sogenanntes »Script Department«. Dieses arbeitet ähnlich wie die Schreibwerkstatt des Royal Court in London, der bekannten Talentschmiede englischsprachigen Gegenwartstheaters. Pro Jahr erreichen das Abbey etwa 500 unaufgefordert eingesandte Manuskripte, die alle auf ihre Theatertauglichkeit geprüft werden. Stücke mit Potential werden weiterentwickelt und einige davon dann im Peacock produziert, der Studiobühne des Abbey. Auf diese Weise kommen immer wieder Entdekkungen an die Öffentlichkeit, die es anders vielleicht nicht geschafft hätten.

Der Dramatiker Jimmy Murphy zum Beispiel ist eigentlich Anstreicher von Beruf. Er begann seine Theaterkarriere, indem er nach der Arbeit auf der Baustelle Stücke schrieb und sie eines Tages ans Abbey Theatre schickte. Sein Erstling *Brothers of the Brush* wurde ein Erfolg, seitdem rückt er in bester irischer Tradition die Dubliner Arbeiter- und Arbeitslosenklasse in die Mitte der Bühne. *A Picture of Paradise* beschreibt die Situation Obdachloser und *The Muesli Belt* zeigt die ambivalenten Mechanismen der »gentrification«, der ökonomischen Aufwertung von Stadtvierteln. Hier ist Boomtown Dublin durchaus mit Berlin zu vergleichen. Die ehemals heruntergekommenen Künstler- oder Studentenviertel werden renoviert und ziehen Touristen, Kneipen und Eigentumswohnungen an. Murphy ist deshalb auch ein Antipode Martin McDonaghs. Dessen Welt ist eine imaginäre zeitlose Dorfgesellschaft am Rande der Zivilisation, während Murphy konkret die schäbige Rückseite des »keltischen Tigers« zeigt, wie der phänomenale Wirtschaftsaufschwung der letzten Dekade bezeichnet wird.

Eine anderes Thema, einen anderen Stil pflegt der 30-jährige Mark O'Rowe. Der gelernte Elektriker ist Konkurrent McPhersons im neuerdings trendigen Genre »Dublin Gangster Comedy«. Sein zweites Stück *Howie the Rookie* wurde am Londoner

Bush-Theater ur- und am Düsseldorfer Schauspielhaus erstaufgeführt, demnächst ist es in Aachen zu sehen. *Howie the Rookie* – das sind zwei Monologe von »petty thieves« (Kleingangstern) voller Straßensprache, Sex und Gewalt. O'Rowe bekennt, er wolle den Erfolgen McDonaghs und McPhersons nacheifern. Sein Vorgängerstück *From Both Hips*, in der kleinen Exilspielstätte der bekannten Off-Bühne Project Arts Centre produziert, besitzt jedoch lange nicht die psychologische Substanz, die Conor McPhersons Skizzen auszeichnet.

Nicht nur das ehrwürdige Abbey, auch die freien Gruppen fungieren als Talentschmieden für Nachwuchsdramatiker. Eine der aktivsten unter ihnen ist die Gruppe Rough Magic. Ihr Hauptquartier liegt in der Great Georges Street, am Rande des neu renovierten Vergnügungsviertels Temple Bar in der Innenstadt Dublins. Nachdem ich mich die schmale Treppe hinaufgequält habe, empfängt mich Lynne Parker, eine zierliche, aber zäh wirkende Frau mit dunklen, lockigen Haaren. Lynne Parker ist die Mitbegründerin der Gruppe und schon seit mehr als sechzehn Jahren als Regisseurin und künstlerische Leiterin für Rough Magic aktiv. »Wir haben vor zehn Jahren angefangen, neue Stücke in Auftrag zu geben und zu produzieren«, erklärt sie. »Und das ist noch immer einer der wichtigsten Aspekte unserer Arbeit.« Aus dem Stall der »ungeschliffenen Magie« stammen zum Beispiel Gina Moxley, Paula Meehan und Donal O'Kelly.

Donal O'Kelly, ein exzellenter Schauspieler, ist einer der wenigen irischen Dramatiker, die durch ständige Experimente mit Form und Inhalt auffallen: Enda Walsh zählt zu seinen erklärten Bewunderern. Vor allem greift O'Kelly auch politische Themen der Gegenwart auf, was in Irland nicht so häufig vorkommt. Durch den Wirtschaftsaufschwung ist Irland zum ersten Mal in seiner Geschichte zum Einwanderungsland geworden. Statt die eigenen Arbeitslosen nach Europa und in die USA zu exportieren, wird die Insel zu einem Anziehungspunkt für Flüchtlinge aus Afrika und Osteuropa. Eine Atmosphäre gefährlichen Futterneids macht sich breit: Auch im gastfreundlichen Irland, dem »Land der hunderttausend Willkommen« (so die Tourismuswerbung) brennen Asylbewerberheime und werden afrikanische Geschäfte demoliert. O'Kelly ist einer der wenigen Dramatiker, der in Stücken wie *Asylum! Asylum!* oder dem spektakulären *Farawayan* den zunehmenden Rassismus des Landes auf die Bühne bringt.

Während des Dublin Theatre Festival im Oktober 2001 ließ sich jedoch auch Romanautor Roddy Doyle dazu hinreißen, für die dezidiert politische Theatergruppe Calipso über diese Thematik ein Theaterstück zu schreiben. *Guess Who's Coming for the Dinner* spielt in einer Dubliner Arbeiterfamilie. Tochter Stephanie bringt einen Nigerianer mit zum Sonntagsessen und beschwört damit fast eine Katastrophe herauf. Roddy Doyle schildert den täglichen Rassismus ohne moralischen Zeigefinger. Er bringt das Publikum zum Lachen und dennoch zum Nachdenken.

Eines ist jedoch augenfällig: Bisher waren es fast ausschließlich Männer, die im Ausland als Avantgarde irischer Dramatik galten. Wo sind die Frauen, die Stücke schreiben? »There are no women playwrights!« Dies konstatierte vor ein paar Jahren eine Konferenz zum Thema. In der Tat sind bekannte Dramatikerinnen oder Regisseurinnen in Irland selten, obwohl an Talenten kein Mangel herrscht. Für Preise wie den Women's Writing Award, von Rough Magic seit 1992 ausgeschrieben, reichten 150

Frauen Stücke ein. Es scheint also doch eine große Anzahl »women playwrights« zu geben, die in der männerdominierten irischen Theaterwelt bis jetzt jedoch wenig Chancen hatten. Nach dem Erfolg der jungen Männer ist nun aber die Zeit für Dramatikerinnen gekommen.
Für Gina Moxley zum Beispiel, auch sie aus dem Stall von Rough Magic. Als Schauspielerin in der Verfilmung von Pat McCabes *Butcher Boy* und in Filmen von Conor McPherson zu sehen, gastierte sie im Sommer mit dem Meridian Theatre aus Cork in Berlin. Auch sie schreibt eigene Stücke. Ihr Debüt *Danti Dan*, eine leichtfüßige, aber scharfsinnige Studie über die Probleme pubertierender Teenager, läuft schon in Dortmund. Auf den Trend des Kleinkriminellen-Milieus angesprochen, lacht sie: »Das ist solch ein Jungsthema: Die Möchtegern-Machos der Vorstädte. Mich langweilt das sehr schnell. Es hat mehr mit Wünschen und Wollen zu tun als mit Realität. Die würden einfach so gerne in einer Großstadt leben. Es ist so, als ob man versucht, vor dem Spiegel Robert DeNiro nachzumachen.«
Auch Paula Meehan zeigt Kriminalität und Gewalt anders als beispielsweise O'Rowe. Die Dubliner Autorin schreibt Theaterstücke für Kinder und Erwachsene. *Mrs. Sweeney* spielt in einem heruntergekommenen Wohnviertel Dublins. Kontrastierend zur Beschreibung bitterer Verhältnisse voller Drogen und Aids läßt Meehan einen Mann auftreten, der sich nach und nach in einen Vogel verwandelt. Solche transzendenten Momente fehlen ihrem nächsten Stück völlig. Aufgrund ihrer Erfahrung als Lehrerin für kreatives Schreiben im berüchtigten Dubliner Mountjoy-Gefängnis schrieb Paula Meehan *Cell. Die Zelle* ist eine klaustrophobische Studie über Macht und Gewalt im abgeschlossenen System Gefängnis. Hier weichen Flapsigkeit und vermeintliche Gangster-Romantik schnell einer harschen Wirklichkeit.
Eine weitere Irin erlebte kürzlich ihre deutschsprachige Erstaufführung: Im Theater Oberhausen inszenierte Klaus Weise *Portia Coughlan* von Marina Carr. Die 36-jährige Carr ist in Irland schon seit einigen Jahren etabliert. Ihre Dramen haben oft starke Frauenfiguren im Zentrum, so zum Beispiel *The Mai*, mit dem Carr 1994 bekannt wurde, oder eben *Portia Coughlan*. Das frühe Stück *Low in the Dark* aus dem Jahr 1989 orientierte sich formal noch stark an ihrem Vorbild Samuel Beckett, mittlerweile hat Carr den lakonischen Stil abgestreift. Dennoch unterscheidet sie sich stark von ihren männlichen Kollegen, da sie anstelle des Lebens von Underdogs in den Vorstädten eher surreale Orte auf dem Land beschreibt. Oft verwendet Carr dazu den Dialekt ihrer Heimatregion Offaly. Ihre Figuren haben Beziehungen zu verstorbenen oder sagenhaften Vorfahren und leben in einem mythischen Zwischenreich. Sie kann klar und hart beschreiben, wenn sie aber poetische Töne anschlägt, wird ihre Diktion symbolgetränkt, ja sogar pathetisch.
Die Frauenfront wird verstärkt durch Marie Jones, die aus Belfast stammt. Dort arbeitete sie in den achtziger Jahren bei der bahnbrechenden Frauentheatergruppe Charabanc. Ihre letzten Erfolge waren der Monolog *A Night in November* über einen protestantischen Fan einer katholischen Fußballmannschaft und *Stones in his Pockets*. Diese Tragikomödie handelt von den Verwirrungen, die eine große amerikanische Filmproduktion in einem kleinen Dorf an der Westküste Irlands hervorruft. Wo Martin McDonaghs thematisch ähnlicher *Krüppel von Inishmaan* ein kalt konstruiertes

Szenario voller Klischees ausbreitet, schreibt Jones zwei Schauspielern eine Vielzahl von genauestens beobachteten Charakteren auf den Leib. *Stones in His Pockets* tourte erfolgreich durch Irland, wurde am Broadway gegeben und ist seit mittlerweile zwei Jahren auch im Londoner West End ein Dauerbrenner. Jones besitzt ein erstaunliches Talent für treffende Sprache und vielschichtige Charaktere, vor allem für die Mischung aus Tragik und Komik im selben Atemzug.
Auch Elizabeth Kuti ist hier zu nennen. Die 31-jährige Schauspielerin kommt zwar aus England, lebt und arbeitet aber seit Jahren in Irland. Sie beschäftigt sich vorwiegend mit historischen Dramen. 1993 vervollständigte sie ein fragmentarisches Drama einer Schriftstellerin aus dem 18. Jahrhundert, das von Rough Magic produziert wurde. Ihr erstes eigenes Stück *Treehouses* hatte im Frühjahr im Peacock Premiere, wo auch Marina Carr zu größerem Ruhm gelangte. *Treehouses* handelt von Flucht und Vertreibung.
Beim letzten Dublin Theatre Festival machten zwei neue Autorinnen auf sich aufmerksam: Morna Regan brachte mit *Midden* ein reines Frauenstück auf die Bühne des nagelneuen Draíocht Theatre und gewann gleich den Jayne Snow Award, den Fringe-Sonderpreis für das beste Erstlingswerk. *Midden* ist das dicht komponierte Drama einer Familie in Derry über drei Generationen hinweg.
Trotz des schnellfüßigen Humors wirkt das Stück jedoch manchmal wie eine weibliche Version des im irischen Drama schon so oft behandelten Themas »Exile and Homecoming«: Auswanderer kehren zurück, um von Erfolgen oder dem Scheitern in der Fremde zu berichten, und sitzen dabei wie schon vor hundert Jahren am liebsten in der Küche.
Ein moderneres Gewand hat Irma Grothius ihrem Drama *Getting to Level Ten* gegeben. Sie schreibt Theater für Kinder, und ihr erstes Stück für die große Bühne entstand in Kollaboration mit der Theatergruppe Calipo aus Drogheda. Es lief im Rahmen des Dublin Fringe Festivals im Project Arts Centre und begibt sich direkt ins kalte Herz des keltischen Tigers. *Getting to Level Ten* beschreibt den profanen Tagesablauf von vier jungen Iren, die in einem der vielen anonymen Callcenter der New Economy arbeiten. Ihre Hoffnungen, Träume und Enttäuschungen werden mit gekonnten Schwenks und Rückblenden durch halbdokumentarische Videoprojektionen effektvoll in Szene gesetzt.
Der konkrete Ort, oft so bedeutend im irischen Theater, ist einer global-konformen Umgebung gewichen, die sowohl in Vororten von Dublin, Galway und Sligo als auch in Salzgitter-Ost angesiedelt sein könnte. Stilistisch innovativ und inhaltlich nah am heutigen Lebensgefühl: *Getting to Level Ten* ist eine Entdeckung dieses Festivals.
Obwohl Frauen im irischen Theater nach wie vor unterrepräsentiert sind, scheinen alte Muster ins Wanken zu geraten. Die Erfolge Marina Carrs, Gina Moxleys oder Paula Meehans sprechen für sich. Und die Verleihung des US-amerikanischen Tony Award, des Theater-Oscars, an die irische Regisseurin Garry Hynes markierte einen Einbruch in die letzte Männerdomäne. Zum ersten Mal wurde der Regiepreis an eine Frau vergeben. Das wird wohl die nächste Welle sein, die aus Irland zu erwarten ist: international erfolgreiche Regisseurinnen.

Jürgen Schneider

9 + 8 = 17 ODER ALLE FOLGEN ST. PATRICK

St. Patrick ist weltbekannt, dabei verfügen wir kaum über gesicherte Erkenntnisse, wer er war und was er in seinem Leben wirklich getrieben hat. Ja, vielleicht hat es ihn gar nicht gegeben. Die uns erhalten gebliebenen Zeugnisse über die Bekehrung Irlands stimmen darin überein, daß sie das Hauptverdienst dem heiligen Patrick zuschreiben. Wie weit aber bei dessen Ankunft die Christianisierung bereits vollzogen war, liegt weitgehend im dunkeln. Im südöstlichen Leinster gab es dank der prächtigen Verbindungen zum benachbarten Wales und Westbritannien bereits im 4. Jahrhundert Christen. Und im Südwesten Irlands war vermutlich eine direkt von Gallien ausgehende Mission erfolgt. Rom hatte schon 431 Grund gesehen, den Iren einen Bischof zu senden. In diesem Jahr notiert nämlich der Chronist Prosper von Aquitanien: »Zu den Iren, die an Christus glauben, wird Palladius als erster Bischof geschickt, geweiht von Papst Coelestin.« Die Mission des gallorömischen Aristokraten Palladius wurde von derjenigen, die dann der hl. Patrick unternahm, ganz in den Schatten gestellt. Diejenigen, die im frühen 7. Jahrhundert den Patrick-Kult und seine Verbreitung vorantrieben, tilgten alle näheren Einzelheiten über Palladius.

St. Patrick, der sich Patricius nannte, lebt im Bewußtsein der Iren noch heute als »ihr Apostel« und »ihr Heiliger«, als dessen Verdienst die friedliche Christianisierung ihres Lande erachtet wird. Die Große Oranierloge von Irland hat ihn allerdings »Apostel von Ulster« getauft und betont, Patrick habe nichts über die Jungfrau Maria, nichts über Reliquien und auch nichts über den Papst gesagt. Gegen jede Logik implizieren die Logenbrüder, Patrick habe sich somit gegen Rom gewandt. Über Ulster hat unser Heiliger allerdings auch geschwiegen.

Der 17. März ist Irlands Nationalfeiertag, St. Patrick's Day. Dieser wurde laut dem irischen Historiker Liam de Paor von Iren in Europa schon im 9. und 10. Jahrhundert gefeiert. In Irland gibt es ihn seit dem 17. Jahrhundert. Ob an diesem Tag allerdings Patricks Grablegung gedacht wird, die in den *Annalen von Ulster* für das Jahr 493 notiert ist, seines Ablebens (üblicherweise auf das Jahr 461 datiert) oder aber seines Geburtstages, ist ebenso umstritten, wie es das Datum 17. März lange war. Die Debatte beendete der irische Schriftsteller, Maler und Songwriter Samuel Lover (1797-1868), der in seinem Poem *The Birth of St. Patrick* einen Pater Mulcahy »den ersten Parteikampf im ollen Irland« schlichten läßt. Der Pater sagt frei übersetzt: »Jungs, streitet nicht, ob acht, ob neun, / nicht an Spaltung, am Zusammenzählen sollt ihr euch erfreu'n. / Acht plus neun macht siebzehn, / die soll als Geburtsdatum durchgeh'n. / ›Amen‹, murmelte der fromme Mann. / Dann besoff sich die ganze Meute, / und so halten sie's bis heute.« Mit dem Datum. Und den geistigen Getränken. Denen war unser Heiliger keineswegs abgeneigt, glauben wir seinem Biographen Muirchú (Ende 7. Jahrhundert). In Tara, »ihrem Babylon«, soll Patrick sich 433 einem Weingelage des Königs Loíguire angeschlossen haben, bevor er sich daran machte, die heidnischen Gastgeber zu bekehren. Um den Sieg des neuen Glaubens über den druidischen Kult des keltischen Irlands zu verkünden, entfachte er das erste Osterfeuer. Bei der Missionsarbeit wurde Patrick ohnehin von seinem Lieblingsbrauer begleitet. Dessen Ale soll allerdings nicht so gut gewesen sein wie das der hl. Brigid,

einer Druidentochter, die zum weiblichen Pendant des hl. Patrick wurde und den Ruf genießt, das beste Ale Irlands gebraut zu haben.
Beim ausschweifigen Muirchú ist St. Patrick, Sohn eines *decurio*, eines Zivilbeamten im römischen Britannien, ein Superdruide, der die Toten erwecken sowie über die Elemente gebieten und feindselige ungläubige Barbaren besiegen kann. Von wechselseitiger Durchdringung druidischer und christlicher Elemente zeugt das Wahrzeichen der gälischen Kirche, das dreiblättrige Kleeblatt. Der *shamrock*, einst druidisches Zauberkraut, soll Patrick dazu gedient haben, den Iren, denen sich keltischer Tradition nach – so Sylvia und Paul Botheroyd – ohnehin alles als Triade vermittelte, das Prinzip der Dreifaltigkeit zu erläutern. Ein Sträußchen dieses Trinitätssymbols wird am St. Patrick's Day ans grüne Revers geheftet.
Die Kontroversen um das Geburtsdatum und den Geburtsort St. Patricks – in seiner *Confessio* nennt er die Ortschaft Bannavem Taburniae (die heute im Raum des in den Bristolkanal mündenden Flusses Severn gesucht wird und eventuell mit dem Ort Banwen identisch ist) – wurde so ernst genommen, daß der Zeitpunkt von St. Patricks Mission vom irischen Klerus im *Katechismus von Maynooth* (1882) in TV-kompatibler Quizform zu einer Glaubensfrage stilisiert wurde: »Frage: ›Wer hat Irland zum wahren Glauben bekehrt?‹ Antwort: ›Irland wurde von St. Patrick, den Papst Coelestin im Jahre 432 auf unsere Insel entsandte, zum wahren Glauben bekehrt.‹«
Dieses Datum ist seither genauso ein Dogma, wie es die Besteigung des majestätischen Kegelberges Cruach Aigle (Adlerberg) an der schönen Clew Bay mit ihren 365 Inselchen durch den Irenapostel ist. Der Berg war schon in keltischer Zeit Ziel von Sommerwallfahrten. Der hl. Patrick soll sich 441 auf den Berg zurückgezogen und vierzig Tage und Nächte »ohne Speis und Trank« gelebt haben. Mit inbrünstigem Gebet habe er mit Dämonen, schwarzen Vögeln und Schlangen gerungen und sie schließlich per Glockenwurf vertrieben. Religiöse Legende und zoologische Wirklichkeit fügen sich hier zusammen. Denn tatsächlich ist die Insel infolge des frühzeitigen Abbruchs der Landverbindung zwischen Irland und England frei von Reptilien und Amphibien jeder Art mit Ausnahme der harmlosen Eidechse und des Wassermolchs. Schon im 3. Jahrhundert hatte ein römischer Historiker notiert, daß es in Irland keine Schlangen gebe. Jedes Jahr am letzten Sonntag im Juli brechen Pilger zu Zehntausenden auf, viele von ihnen gar barfuß, um über eine steile Geröllpiste himmelwärts zu klettern, und so dem Berg, der heute Croagh Patrick heißt, sowie dem Schutzpatron die Ehre zu erweisen.
Zwar gelang es 1185 dem Anglo-Normannen John de Courcy mit der Behauptung, er habe die Gebeine Patricks gefunden, die Herrschaft über die sich ihm widersetzenden Iren zu festigen, doch statt des Grabes in Downpatrick zog Patricks »Purgatorium« auf einer Insel im Lough Derg (»Roter See«) seit 1140 Pilger aus ganz Europa an. Hier, an einem Eingang zur Anderswelt, soll der hl. Patrick die letzte Schlange zerstückelt haben – daher der Name »Roter See«. Anderen Legenden nach wurden ihm schon in der düsteren »Hoele oder Speluncк«, so Thomæ Carve 1640 in seiner Schrift *Von unserer Reise, die wir auß Irrlandt durch Britannien in Teutschlandt gethan*, die Qualen der Sünder und Wonnen der Seligen offenbart. Wie dem auch sei, der Ruf des Purgatoriums und anderer *mirabilia* (»Wunderdinge«) Irlands war in Europa weit

verbreitet. Von den Höllenvisionen ließ sich Dante Alighieri (1265-1321), der zum Lough Dergh gepilgert sein soll, für seine *Divina Commedia* ebenso inspirieren wie Lope de Vega (1562-1635) und Pedero Calderon de la Barca (1600-1681). De Vegas Theaterstück trägt den Titel *El Mayor Prodigio*, Calderons Stück heißt *El Purgatorio de San Patricio.* Shakespeare läßt Hamlet, dem der Geist seines von einer Schlange »gestochenen« Vaters erscheint, ausrufen: »Bei Sankt Patrick!« Auch im Joyceschen *Ulysses* erscheint der Irenapostel dann und wann. Und Joyces Schriftstellerkollege Oliver St John Gogarty hat gar einen historischen Wälzer über Patricius geschrieben – *I Follow Saint Patrick.*
25.000 Pilger folgen dem hl. Patrick jährlich auf Station Island im Lough Derg zur drei Tage dauernden rigorosen Bußübung, die sowohl dem nach dem Apostel benannten Dichter Patrick Kavanagh (1904-67), dem Poeten Denis Devlin (1908-59) wie auch dem irischen Literaturnobelpreisträger Seamus Heaney Inspiration zu einem längeren Poem bot. Heaneys Preisvorgänger Samuel Beckett mag an Lough Derg gedacht haben, als er *Krapp's Last Tape* schrieb, zumindest lassen einige Details dies vermuten.
An keinem Tag jedoch folgen so viele Menschen dem hl. Patrick wie am 17. März. Wo immer drei Iren in der Diaspora zusammen sind, wird an diesem Tag ausgiebigst gefeiert. Überall, wo irische Emigranten leben, wird dem Apostel zugeprostet, vor allem in den USA – mit grüngefärbtem Dünnbier. In England hingegen wird mit Guinness auf den Heiligen angestoßen. Im Jahre 2000 flossen dort sieben Millionen Pints zu Paddys Ehren durch die Kehlen. Passend das, wird doch das Dunkelbier wegen des fülligen, schwarzen Gewandes und des weißen Kragens auch als »Gemeindepriester« bezeichnet.
Und am 17. März wird natürlich marschiert, vornehmlich in shamrockgrüner Kluft. In Washington DC sahen in diesem Jahr bereits eine Woche vor Paddys Ehrentag Zehntausende, wie Angehörige des Loyal and Patriotic Order of Irish-American Reaganites oder des Fairfax County Ancient Order of Hibernians hinter der Metropolitan Police, der Feuerwehr und Ami-Armeeinheiten über die Constitution Avenue paradierten.
In Chicago wurde am St. Patrick's Day die irische Bestsellerautorin Maeve Binchy auf einem goldenen Thron durch die Straßen gekarrt, und, wie es Tradition ist, ein Flußabschnitt des Chicago River grün gefärbt, während es in Boston das bewährte Corned Beef- und Kohl-Frühstück gab, gefolgt von einer Irish-Setters-Hundeshow sowie einem Irish-Coffee-Wettbewerb.
Das Highlight des St.-Patrick-Kultes in den USA war allerdings wie in jedem Jahr die Parade auf der GI-ehrungserprobten 5th Avenue in Manhattan, die Hunderttausende von Patricksirren anzog. Mehrere Lesben, die dagegen protestiert hatten, daß sie und ihre schwulen Freunde erneut von der Verehrung des hl. Patrick ausgeschlossen waren und nicht an der Parade teilnehmen durften, wurden festgenommen. Während New Yorks Bürgermeister und Saubermann Rudy Giuliani, auf dem Kopf eine smaragdgrüne Base-Cap der Yankees, die Parade zum »Frühlingsanfang« deklarierte, legten Mitglieder des Ancient Order of Hibernians (AOH) in Washington am Grab von John F. Kennedy einen Kranz nieder. JFK war der einzige Präsident, der auch AOH-Mitglied war.

Zu Bill Clintons Zeiten diente der St. Patrick's Day dem Vorantreiben des irischen Friedensprozesses. Abgesehen aber von Bushs Erklärung, dieser liege »im nationalen Interesse der USA«, blieb es in diesem Jahr bei der schon traditionellen Geste des Überreichens einer mit Shamrock gefüllten Kristallschale durch den US-Präsidenten an den irischen Premier. Der einstige Texas-Ranger reichte aber nicht nur Bertie Ahern die Hand, sondern auch dem neuen, schottischen Nordirlandminister Reid, Gerry Adams (Sinn Fein) sowie John Hume (Social Democratic Labour Party). Zum stilechten Politikeroutfit zählten grüne Krawatten. Nur Unionistenchef David Trimble war ohne Grün gekommen. Und natürlich trat auch der militante Pfaffe Ian Paisley, Chef der Democratic Unionist Party, bei seinem ersten Besuch im Weißen Haus nicht mit einem grünen Binder auf.
15.000 Russen, die ja Paraden durchaus gewohnt sind, sahen in Moskau den Umzug zu Ehren des hl. Patrick, während in der Volksrepublik China 650 Menschen zu einem von Irish Network China organisierten Paddy-Ball im Great Wall Sheraton Hotel zu Peking zusammenkamen, wo die irische Chanteuse Dolores Keane und die chinesische Rockkapelle »Die Rhythmushunde« für musikalische Unterhaltung bis ins Morgengrauen sorgten. Einen Patrick's Ball gab es auch in Hongkong, während im malaysischen Kuala Lumpur ein Irish Ball gefeiert, und in Singapur gleich sieben Tage lang mit der irischen Gruppe Gaelic Storm gesungen, getanzt und Synges Theaterstück *The Playboy of the Western World* gegeben wurde.
In Tokio säumten in die irische Trikolore gehüllte japanische Paddy-Fans schon eine Woche vor dem St. Patrick's Day die Einkaufsmeile Omotesando, um die von Ms Mary Harney angeführte Parade zu sehen. Tánaiste Harney vertrat den irischen Premier Ahern, der wegen dringender Nordirlandgespräche die geplante Reise ins Land der aufgehenden Sonne abgesagt hatte. Den St. Patrick mimte ein Tom Quinn aus Ennis, der im Irish Pub Roundstone arbeitet, Tokios jüngster Paddywhackery-Institution. Und »Großmarschall« der Parade war der Asienstratege der Keltentiger, Declan Collins, dem auch 64 Repäsentanten irischer Unternehmen zujubelten, die von Enterprise Ireland mit Ms Harney auf eine Handelsmission in Japans Kapitale entsandt worden waren.
Glück gehabt, denn auf der heimischen St.-Patricks-Tag-grünen Insel waren wegen der jenseits der von 2.000 irischen MKS-Abwehr-Soldaten bewachten Grenze zu Nordirland und im benachbarten »perfiden Albion« (so einige französische Zeitungen) lauernden Maul-und-Klauenseuche die Paraden zum St. Patrick's Day, die längst Rosenmontagszügen rheinischer Provenienz ähneln, entweder abgesagt oder verschoben worden. So kam es wenigstens nicht zu Szenen wie im vergangenen Jahr, als in einem Dorf in den irischen Midlands ein paar Landmänner in Nazi-Uniformen und »Sieg Heil!« brüllend an der Parade teilnahmen, wie die *Midland and Tullamore Tribune* zu berichten wußte. Zwar meldete die *Sunday Times*, dieses Jahr sei es »unerträglich still in Irland gewesen«, doch ganz auf den Märzumzug verzichten wollten einige Bürgerinnen und Bürger auf Paddys Insel trotz MKS denn auch 2001 nicht.
In Belfast bewarfen sturztrunkene Studenten am Vorabend des St. Patrick's Day Polizisten der Royal Ulster Constabulary mit Bierflaschen und Steinen. Die Einwohner der 50-Seelen-Gemeinde Keshcerrigan in der Grafschaft Leitrim hingegen paradierten

am folgenden Vormittag vor dem Tresen ihres einzigen Pubs friedlich auf und ab, im Schlepptau Spielzeugautos und garantiert BSE- und MKS-freie Plastiktierchen.
Aus dem Buckingham Palast traf unter Mißachtung aller staatsoffiziellen irischen Seuchenwarnungen eine St.-Patricks-Botschaft von Königin Elizabeth II. bei der irischen Präsidentin Mary McAleese ein, die erste überhaupt, was als Zeichen dafür gewertet wurde, daß die Monarchin wohl bald der von McAleese im Dezember 1999 ausgesprochenen Einladung zum Irlandbesuch Folge leisten wird. Es wäre der erste Besuch Ihrer Majestät in der Republik Irland. Der letzte Trip einer englischen Königin in die Hauptstadt der Nachbarinsel, von Queen Victoria, um genau zu sein, hatte sich im Jahre 1900 zugetragen. Das Victoria zu Ehren errichtete Denkmal wurde schnell kohlrabenschwarz und daher vom Volksmund »The'ould Black Bitch« getauft, schließlich entfernt und, nachdem es einige Zeit auf dem Grundstück des Royal Hospital Kilmainham, damals noch Alterssitz für Soldaten, heute Kunstmuseum geruht hatte, nach Australien verschifft, um in Sydney wieder aufgestellt zu werden.
Was wohl der hl. Patrick von den MKS-bedingten Paradeabsagen in seinem einstigen Missionsgebiet hält? Als Knabe war er von Piraten nach Nordirland verschleppt worden und hatte sein sechs Jahre währendes Sklavendasein am Fuße des erloschenen Vulkans Slemish Mountain als Hirte glücklicher Schweine fristen müssen. Auf seinen Missionsreisen durfte er später schon mal Vieh als Wegzoll an die »barbarischen Fremden« abgeben, und in seiner *Epistola* an die Soldaten des Tyrannen Coroticus wettert er nicht nur gegen die Sklaverei, sondern auch dagegen, daß »verdammte Kreaturen ihren Kindern und Freunden tödliches Gift als Nahrung anbieten«. Weise und von langer Haltbarkeit, diese Einsicht.
Im MKS-freien Berlin wurde der St. Patrick's Day nicht auf der Straße, sondern zunächst auf einem Bolzplatz in Kreuzberg begangen. Dort trat die von Ralf Sotscheck angeführte Fußballmannschaft der Dublin Elves während des St.-Patrick-Turniers gegen Kicker aus Berlin an. Gewinner des häßlichen Messingpokals, der schließlich auf einem Stapel druckfrischer Ausgaben der *tageszeitung* (die gleich zwei mediokre Mannschaften ins Turnier geschickt hatte) am Spielfeldrand zurückblieb, waren aber nicht die guinnessbäuchigen Elfen aus der irischen Kapitale, die sich mit dem Altherrenteam der *taz* Platz 3 teilten, sondern die Kettenraucher der Mannschaft Schwarze Lunge.
Am Abend gab es dann Irish Rock in der Columbiahalle. Deren Namensgebung verweist auf den 615 verstorbenen Columbán. Und der ist der bekannteste der *peregrini*, der irischen Mönche also, die am Rhein und anderswo die Heiden bekehrten.
Rechtzeitig zum St. Patrick's Day hatte die International Astronomical Society zwei 1997 von Eleanor Helin entdeckten Asteroiden Namen verliehen, um den irischen Beitrag zur Raumforschung zu würdigen. Einer der Asteroiden wurde auf den Namen Ardmacha getauft. Ardmacha lautete der alte Name der nordirischen Stadt Armagh. Auf einem ihrer sieben Hügel soll der walisische Römer Patricius, der Ardmacha zum Zentrum seiner Missionstätigkeit gemacht hatte, im Jahre 445 eine Kirche errichtet haben. Seit 1790 verfügt Armagh über ein Observatorium. Dieses wurde geehrt, indem ein zweiter Asteroid auf den Namen Armaghobs getauft wurde. Der Asteroid Armaghobs, so heißt es, trudele relativ unberechenbar durchs All und könne in ferner Zukunft mit der Erde kollidieren – was der hl. Patrick verhindern möge.

Petr Pandula

GOOD BYE GUINNESS

Guinness und Irish Folk, für viele gehört das zusammen. Doch irische traditionelle Musik gab es lange vor Guinness. Es gibt sie immer wieder auch ohne Guinness, und das Verfallsdatum eines guten traditionellen Stücks kann man im Gegensatz zu einem Pint in Jahrhunderten zählen. Daher hat irische traditionelle Musik eine höhere Lebenserwartung als irgendeine Biermarke. In vielen Ländern sind beide allerdings eine Symbiose eingegangen, die von den Guinness-Werbestrategen schon lange angepeilt worden ist.
Es ist an der Zeit, sich von dem multinationalen Konzern zu emanzipieren. Guinness und Irish Folk in Deutschland – Szenen einer Ehe. Die Flitterwochen fanden Anfang der siebziger Jahre statt. Im Troß der Dubliners und der Fureys eroberte das schwarze Bier so manche deutsche Theke. Die leidenschaftliche, ungestüme Musik verdrehte den Menschen den Kopf, das schwarze Bier tat ein übriges. Irish Folk und Guinness wurden ein wohl gelittenes Traumpaar.
In den Achtzigern konsolidierte sich die Ehe. Jetzt hieß es die Ärmel hochkrempeln, denn die ersten Kinder stellten sich ein. Es waren die Irish Pubs, die hier und da aufmachten und von enthusiastischen Iren betrieben wurden. Ihre Botschaft war Gastfreundschaft, Gemütlichkeit und ein irisches Gastronomiekonzept, zu dem das schwarze Bier gehörte. Guinness förderte jetzt auch Kulturveranstaltungen von deutsch-irischen Gesellschaften und Tourneen von Gruppen, die kommerziell gesehen nicht zur Bundesliga des Irish Folk zählten, aber Qualität hatten. Das war ein sinnvolles Kulturengagement, das der Verbreitung irischer Kultur in Deutschland nützte.
Anfang der Neunziger kamen die ersten Enkel zur Welt. Es waren unzählige »Plastic Irish Pubs«, die nach Schema X von der Stange zu kaufen waren und wie McDonald's-Filialen aus dem Boden schossen. Es begann ein Wettlauf zwischen Guinness und Murphy's, dem schwarzen Bier aus Cork, bei dem es darum ging, wichtige Städte zu besetzen. Doch mit der Quantität sank die Qualität. Pubs aus der Retorte, deren Wirte nicht einmal den Namen der Dubliners richtig aussprechen können, sind keine gute Visitenkarte für das, was Irland anzubieten hat. Diese Plastic Irish Pubs sind leere Hüllen, die inkompetente Gastronomen und Brauereien verzweifelt mit Inhalt zu füllen versuchen. Irish Folk ist das Zauberwort für Inhalt. Doch was wissen schon deutsche Wirtschaftswissenschaftler in der Marketing-Abteilung der deutschen Guinness-Niederlassung von irischer Kultur? Genauso wenig wie schwäbische Gastronomen, die auf eine eingekaufte Geschäftsidee setzen.
Um es etwas überzogen zu formulieren: Ein paar Sozialfälle aus der Fußgängerzone dürfen Abend für Abend für ein Almosen »Wild Rover« und »Whiskey in the Jar« mit drei Akkorden auf der Gitarre zum Besten geben und anschließend auf einer schmutzigen Matratze im Kühlraum des Pubs übernachten. Deutsche Studenten kaufen sich Irish-Folk-Platten und fangen an, die Lieder nachzuspielen, das Herz randvoll mit romantischen Vorstellungen von ihrer Trauminsel. Das Irlandbild, das in den Plastic Irish Pubs seinen Nährboden findet, kann man mit Schlagworten zusammenfassen: Iren sind wilde, vorlaute, trunksüchtige Raufbolde. Bezeichnenderweise ist ein irisches Frauenbild in dieser Art von Irish Pub nicht präsent.

Präsent ist dagegen der Soundtrack zum Bier. Wirte und Guinness-Brauerei setzen auf Bands, die die Leute zum Trinken animieren. Leise, subtile und virtuose Spektren des Irish Folk gehen in dem Saufgelage der Irish Pubs unter, sie werden als geschäftsschädigend betrachtet und ausgeklammert. Es findet eine Art kulturelle Drainage statt. Die in diesen Irish Pubs auftretenden irischen und deutschen Musiker haben eines gemeinsam: Sie müssen billig sein, denn es wird in der Regel kein Eintritt erhoben. Die Musiker werden über den Getränkeumsatz finanziert. Was dabei für sie abfällt, ist vergleichbar mit dem, was ein albanischer Schwarzarbeiter auf einer deutschen Baustelle verdient. Und dies hat zur Folge, daß sich bei den deutschen Pub-Besuchern die Meinung festgesetzt hat, Irish Folk sei kostenlos. Und was nichts kostet, ist auch nicht viel wert. Diese Ansicht setzte sich auch bei den deutschen Medien durch. Allmählich wurde Irish Folk immer weniger einer redaktionellen Berichterstattung für wert befunden, und der Unterschied zwischen Irish *traditional music* und Irish Folk verwischte sich.

Mitte der neunziger Jahre brachen in jeder Stadt, wo einer dieser Plastic Irish Pubs aufmachte, die Besucherzahlen für Irish-Folk-Veranstaltungen mit Konzertcharakter um zwanzig bis vierzig Prozent ein. Allmählich begann sich das Engagement von Guinness auf die irische Kultur negativ auszuwirken. Ende der Neunziger kam für Guinness und Murphy's die Zeit, wo sich die Katze in den Schwanz beißt. Man hatte den Markt überheizt. Die Verbraucher erkannten allmählich, daß diese Pubs nur eine Fassade sind. Die Irland-Kenner hatten sich ohnehin schon lange vorher mit Grauen abgewandt. Es gab die ersten Pleiten unter den Plastic Irish Pubs, die Guinness-Bilanzen entwickelten sich abwärts. Viele Wirte hatten bei Guinness Kredite aufgenommen, die sie nicht mehr zurückzahlen konnten. Da begann es in der Ehe zwischen Guinness und Irish Folk zu kriseln.

Murphy´s ist inzwischen an Heineken verkauft worden, Guinness an ein weltweites Konglomerat namens Diageo. Von irischen Firmen kann keine Rede mehr sein. Die Managementriege der beiden Konzerne ist auf der Entscheidungsebene kaum noch mit Iren besetzt. Man merkt das im Umgang mit irischer Kultur und ihren Kulturschaffenden. Die Manager versuchen, dem Negativtrend entgegenzuwirken, indem sie in ihrer Werbung besonders auf das Lebensgefühl der jungen Generation eingehen. Doch ist diese Werbung so einseitig, daß sie nicht mehr zu einem generationsübergreifenden Kulturereignis wie dem Irish Folk Festival, dem Celtic Hallowe'en Festival oder dem St. Patrick's Day Celebration Festival paßt. Die Werbebotschaft an die junge Generation führt zu einer Irritation der älteren Generationen.

Mit Werbeaktionen wie »Hexe sucht Meister«, bei der zu Hallowe'en 1999 eine junge Frau mit Schlafzimmerblick und halbnacktem Oberkörper zu sehen war, verprellt man aber nicht nur die ältere Generation. So weigerten sich bei einer Konzerttournee irischer Bands sowohl die Künstler und Künstlerinnen als auch das Thekenpersonal, dieses Guinness-Werbe-T-Shirt zu tragen. Die Marketing-Fachleute von Guinness Deutschland waren von ihren irischen Musikern schwer enttäuscht.

Aber noch enttäuschter sind sie von ihren Absatzzahlen. Die gehen von Jahr zu Jahr zurück, und zwar weltweit. Im Sommer 2000 begann die Entlassungswelle bei Guinness in Irland, eine Abfüllstation in Dundalk wurde geschlossen, 200 Jobs gin-

gen verloren. Murphy's geht es nicht besser, die Firma hat fast den gesamten Stab aus Deutschland abgezogen, der Vertrieb brach in einigen Bundesländern zusammen. Um den weltweiten Abwärtstrend zu stoppen, greift Guinness zum blinden Aktionismus. Man kam auf die Idee, ein Yuppie-orientiertes Produkt namens »Breo« auf den Markt zu bringen. Obwohl die Zahl der Yuppies in Irland durch den Wirtschaftsboom zugenommen hat und auch viele gut ausgebildete junge Europäer den Weg nach Irland gefunden haben, konnte sich das weiße Guinness in den schicken Trendbars von Temple Bar nicht durchsetzen – ebensowenig wie die schwarze Version, obwohl man auf Ratschlag von Trendforschern neuerdings Guinness »extra cold« anbietet, weil junge Leute angeblich eiskalte Getränke bevorzugen. Der gestandene Guinnesstrinker ist es leid, daß ihm ein Lebensgefühl aufdrängt werden soll, das dem der jungen Skateboard- und Raveszene entspricht.
Irish Folk war seinerzeit das Transportmittel, durch das Guinness in Konzertsäle, Kneipen oder Kulturzentren eingeschleust wurde. Heute meint der Biermulti, an diesen Orten fest im Sattel zu sitzen, so daß man die Werbung auf neue Zielgruppen konzentrieren kann. Irish Folk hat seine Schuldigkeit getan. In der Guinness-Chefetage denkt man offenbar, daß ein Irish-Folk-Konzert ohne Beteiligung des großen schwarzen Kraken undenkbar ist. Guinness betrachtet die Folkfans als Pawlowsche Hunde, die beim ersten Ton eines Jigs oder Reels einen Durstanfall nach Guinness erleiden. Es ist an der Zeit, daß die Verbraucher Konsequenzen daraus ziehen.
Vor über hundert Jahren hat es auch in Irland ähnlich wie in Deutschland eine sehr lebendige und vielfältige Braukultur gegeben. Allein Dublin hatte eine dreistellige Zahl an Brauereien. Doch Guinness schaffte es durch stetiges Unterlaufen von Preisbindungen, die die Brauzunft erlassen hatte, die Konkurrenz in den Ruin zu treiben. Kein Wunder, daß Guinness es auf diese Weise erreicht hat, als Synonym für irisches Bier zu gelten. Es gibt viele Gründe, sich von Guinness zu emanzipieren.

Ein Gespräch mit Hugo Hamilton über Rassismus und Toleranz in Irland

»JEDER, DER KEIN KELTE, JEDER, DER KEIN IRE IST, WIRD ALS EIN MENSCH ZWEITER KLASSE ANGESEHEN...«

Peter Lamborn Wilson schreibt in seinem Buch Sacred Drift[1], *die Wahrheit hinter der Legende von der Vertreibung der Schlangen aus Irland durch den hl. Patrick sei die Vertreibung der Mauren von der Insel, eine der letzten Bastionen des maurischen Empires.*
Und weiter heißt es da, daß 1929 in Chicago der St. Patrick's Day als 'Moorish Day' gefeiert wurde. Später hätten einige Mauren in den USA diesen Tag als Gedenktag an die aus Irland vertriebenen Mauren begangen.
Lebt Irland mit seinem Nationalheiligen St. Patrick auf religiöser Ebene also seit Jahrhunderten mit einer Lüge, um einen Akt der Vertreibung vergessen zu machen?

Das ist sehr interessant. Das nationale Symbol wird zum Inbegriff für Isolation und insulare Beschränktheit. Wenn es stimmt, was Wilson schreibt, könnten wir den St. Patrick's Day auf völlig neue Weise begehen. Die Iren sehen sich ja gerne selbst als Volk, das vertrieben und bis an den Rand des Verschwindens dezimiert wurde.
Natürlich stellt sich die Frage, wie sich die Iren selber sehen, worin sie ihre Identität begreifen, wie sie es mit dem Rassismus halten. Seit der Unabhängigkeit leidet Irland unter einer Identitätskrise, mit der die Iren auf verschiedenen Ebenen umzugehen versuchen, auf wirtschaftlicher ebenso wie auf kultureller Ebene, mittels der irischen Sprache, durch Formen des Nationalismus, durch nationalistische Aspirationen im Norden usw.
Einige der Probleme scheinen gelöst zu sein. Irland steht wirtschaftlich einigermaßen gut da, kulturell ebenfalls. Wir haben nicht nur Schriftsteller, sondern auch Musiker, die internationales Ansehen genießen. Eigentlich gilt dies für alle Kunstgattungen. Es gibt Riverdance und die Corrs, und auf einer anderen Ebene haben wir einen Seamus Heaney. In Sachen Identität hat Irland einen ganz schönen Sprung gemacht. Irland könnte sich somit eigentlich sicher fühlen, wenn es um die Integration anderer geht. Es befindet sich nicht mehr in der postkolonialen Krise, wie ich sie gerade skizziert habe. Für uns Inselbewohner waren Ausländer, sei es als Urlauber, sei es als Auswanderer, die bei uns leben wollen, bis in die 1990er Jahre etwas Neues. Insofern ist Irland auch sehr interessant, Irland muß quasi die Erfahrungen nachholen, die anderswo in der Welt, sei es in den USA, in England oder Deutschland, bereits gemacht wurden.

In Irland gab es zwar nicht die tödlichen Angriffe auf Immigranten oder Flüchtlinge wie etwa in Deutschland, laut einer Umfrage der Zeitung The Star *vom April 2000 aber ist die Zahl derjenigen Iren, die sich gegen Menschen anderer Hautfarbe, Religion oder Kultur wenden, in nur drei Jahren um das dreifache gestiegen, und knapp*

1 vgl. Peter Lamborn Wilson, *Sacred Drift. Essays on the Margins of Islam.* – San Francisco: City Lights Books, 1993, S. 17

zwanzig Prozent der Befragten, viermal soviel wie vor drei Jahren, sagten, Irland würde es ohne Immigranten aus Nicht-EU-Staaten besser gehen.
Und Sean Love von der irischen Sektion von Amnesty International hat kürzlich erklärt: »Der Rassismus breitet sich aus. Menschen werden auf der Straße angepöbelt oder in ihren Wohnungen angegriffen. Das Problem ist nicht auf Dublin beschränkt, und nicht nur Immigranten werden zur Zielscheibe. Schwarze Iren und Traveller sind dem Rassismus schon seit Generationen ausgesetzt. Wartet die Regierung, bis wir das Level rassistischer Gewalt anderer Länder erreicht haben, bevor sie etwas unternimmt?« Das ist doch sehr besorgniserregend.

In der Tat. Anders als in anderen Ländern gab es bis vor kurzem keine Aufklärungskampagne In Irland, wie sie von Amnesty jetzt mit Plakaten, Fernsehspots usw. durchführt wird. Aber es bedarf natürlich mehr als nur dieser Kampagne. Was allerdings zu tun ist, das ist nicht leicht zu bestimmen. Die Polizei rufen, weil es um kriminelle Handlungen geht? Es sind kriminelle Handlungen, die auch als solche zu behandeln sind.
Es geht um mehr. Auf der Ebene der schreibenden Zunft, der ich angehöre, bewundere ich diejenigen meiner Kolleginnen und Kollegen, denen es gelingt, Irland und die Welt vor dem Hintergrund einer neuen, sehr viel toleranteren, multiethnischen Atmosphäre zu analysieren. Nehmen wir zum Beispiel Colum McCann, der in New York lebt und über die Menschen schreibt, die in den Tunneln unter der Stadt leben. Oder über eine südamerikanische Frau, die nach Irland kommt. Am Ende dieser Geschichte gibt es eine schöne Szene, in der McCann schildert, wie diese Frau eine Trockensteinmauer baut, also etwas tut, was die Iren seit ewigen Zeiten tun. Es ist fast so etwas wie ein Loblieb auf die Immigrantin, nicht auf den irischen Emigranten in einem fernen Land, sondern auf die Immigrantin, die nach Irland kommt.
Dies gehört zur Verantwortung von Schriftstellern, und das Land schult sich daran und macht sich mit den Erfahrungen und Werten der nach Irland kommenden Immigranten vertraut.
Als in den 1940er Jahren die Juden in Deutschland und anderswo vor den Nazis flüchteten, hat Irland versagt. Die offizielle Politik bestand darin, Juden nicht ins Land zu lassen, sie wurden mit der Begründung abgewiesen, man wolle keinen Antisemitismus im Land haben. Hätte man 100.000 Juden Zuflucht gewährt, wäre Irland heute natürlich ein ganz anderes Land. Es gäbe etwa die Erfahrung mit Litauern oder Weißrussen, die weiter ihre Sprache gesprochen hätten, und darüber hinaus unter normalen Umständen natürlich Verbindungen auf einer ganz anderen Ebene in all die Länder, aus denen die Juden kamen. So pflegen wir hauptsächlich Verbindungen zu Ländern, in die Iren emigriert sind. Ich frage mich oft, wie sich Irland verändert hätte, wenn wir die Juden nicht abgewiesen hätten.

In den letzten Jahren hat sich Irland verändert. Im Nordteil Dublin etwa gibt es mittlerweile eine afrikanische Community, während noch vor zehn Jahren, ähnlich wie in Berlin, kaum ein Afrikaner zu sehen war.
Der zunehmende Rassismus hat meines Erachtens viel mit einer gescheiterten Regierungspolitik zu tun. Wenn man Flüchtlinge und Immigranten in Armenvierteln Nord-

Dublins unterbringt, legt man bewußt einen Sprengsatz. Wenn man kleinen Gemeinden ohne Diskussion ein Kontingent an Flüchtlingen zuweist, bleiben negative Reaktionen nicht aus.
In den kleinen Dörfern geht es eben noch dörflich zu, ist die irische Dorfgemeinschaft noch weitgehend intakt, wenn es auch den einen oder anderen Niederländer oder Deutschen im Ort gibt.
Als die irische Regierung anfing, einfach kleinen Ortschaften ein bestimmtes Flüchtlingskontingent zuzuweisen, wehrten sich die Dorfgemeinschaften. Als eine Diskussion in Gang kam, änderte sich die Haltung in den Gemeinden.

Ja, das ist genau das Problem, besonders in Dublin. Just die Viertel, in denen die Arbeitslosenziffer hoch ist, in denen es ein Drogenproblem gibt, werden gezwungen, Flüchtlinge und Immigranten aufzunehmen. Hier betreibt die Regierung eine falsche Flüchtlingspolitik, weshalb auch Druck auf sie ausgeübt werden muß. Ein solcher Druck ist wirksam, das hat sich in der Vergangenheit gezeigt. Ursprünglich sollten Flüchtlinge und Immigranten ja auf »Gefängnisschiffen« untergebracht werden, ein Plan, von dem die Regierung aber wegen der öffentlichen Proteste Abstands nehmen mußte. Es kann also durchaus etwas getan werden.
Ich möchte von einer faszinierenden Beobachtung berichten, die ich in jüngster Vergangenheit gemacht habe. In der Nähe meines Wohnsitzes in Dún Laoghaire gab es in den frühen 1980er Jahren ein Toprestaurant namens The Mirabeau mit einem sehr berühmten Chefkoch. Auf der Karte waren keine Preise angegeben. Wer also dort speiste, mußte bereit sein, den Preis zu zahlen, der am Ende verlangt wurde. Wenn ein Gast die Höhe der Rechnung anzweifelte, kam der Restaurantbesitzer, zerriß die Rechnung und forderte den Gast auf, er möge auf der Stelle gehen und sich nie wieder blicken lassen. Es war ein Nobelschuppen, zu dessen Gästen u. a. unser Ex-Premier Charles Haughey und solche Leute gehörten.

Um Steuergelder zu verprassen.

Ja, um reichlich Steuergelder zu verprassen. In den 90er Jahren, als immer mehr Restaurants in Dublin florierten, wurde dieses Restaurant dann dichtgemacht. Es hieß, wegen Steuerschulden, aber die Gründe blieben nebulös. Die Räume standen dann eine ganze Weile leer. Schließlich erweiterten die Nachbarn ihre Stadtpension, ihr Bed & Breakfast, und übernahmen die Räume. Mittlerweile leben allerdings Immigranten dort – eine wunderbare Wende: das Restaurant, in dem einst nur Irlands Reiche verkehrten, ist von Immigranten okkupiert, die auf dem zur Irischen See hin gelegenen Rasen Fußball spielen. Es passieren auch gute Dinge in Irland.
Im allgemeinen sind die Bürger Irlands allerdings dagegen, daß Immigranten in der Nähe der von ihnen bewohnten Häuser untergebracht werden. Sie bekommen schlichtweg Angst, wenn sie hören, daß Immigranten in ihrem Wohnviertel einquartiert werden sollen. Da ist noch viel zu tun, nicht nur seitens der Regierung. Warum sollten wir Angst vor diesen Leuten haben? Sind sie tatsächlich so anders als wir? Werden sie wirklich unsere Kinder verspeisen?

Wenn ich über Rassismus nachdenke, kommen mir nicht sofort Angriffe auf der Straße in den Sinn. Ich denke darüber nach im Kontext meines Arbeitsgebiets, der Literatur, der Kunst. Dort ist für mich der Ort, darüber nachzudenken, wie ein toleranteres, offeneres Irland aussehen könnte.
Derzeit lebe ich dank eines Stipendiums des Deutschen Akademischen Austauschdienstes in Berlin. Und ich frage mich, wie viele ausländische Künstler und Schriftsteller werden nach Irland eingeladen?
In Irland wird der Rassismus durch Zeitungsberichte geschürt, in denen etwa über einen Nigerianer geschrieben wird, der beim Stehlen erwischt wurde. Ein solcher Vorfall bekommt große Publicity. Aber wann laden wir denn jemanden nach Irland ein? Wir zeigen keinerlei Interesse an den Ländern, aus denen die Immigranten und Flüchtlinge zu uns kommen. Informieren wir uns denn über das Leben in Nigeria, indem wir etwa einen nigerianischen Schriftsteller zu uns einladen? Aus diesem Grund ist mir dieses Aufenthaltsstipendium für Berlin so wichtig. Ich habe den Eindruck, daß hier das Interesse daran, was in der Welt vor sich geht, sehr viel größer ist. Schriftsteller aus aller Herren Länder kommen zu Lesungen hier her. In Irland sind wir immer noch ausschließlich daran interessiert, irische Kultur im Ausland zu fördern.

Als Lar Cassidy, der Literaturverantwortliche des Arts Council, aber noch am Leben war, hat er immer wieder ausländische Schriftsteller nach Dublin eingeladen.

Ja, Lar hat das Dublin Writers' Festival ins Leben gerufen, und es werden auch jetzt noch jedes Jahr ein paar Schriftsteller aus dem Ausland eingeladen. Ich frage mich allerdings, ob dies absichtsvoll und mit Nachdruck geschieht. Irland könnte sich das mittlerweile wirklich leisten. Hätten wir jedes Jahr für längere Zeit einen afrikanischen Schriftsteller zu Gast, müßten die irischen Zeitungen auch darüber berichten. Und es entstünde ein anderes Bild von Nigeria, über das ansonsten nur berichtet wird, wenn es dort zu innenpolitischen Spannungen oder Auseinandersetzungen mit dem Militär oder der Polizei kommt.

Die irische Einwanderungsbehörde führt seit geraumer Zeit ihre Kontrollen schon auf französischem Boden durch, so daß die Zahl der Asylbewerber drastisch gesunken ist.

Ja. Was die Immigranten betrifft, ist Irland ohnehin nicht an vorderster Front, wie etwa Österreich und Deutschland. Und wie viele Menschen wollen denn überhaupt nach Irland? Hier ist das Wetter schlecht, und die Lebensbedingungen für Immigranten sind auch nicht besonders komfortabel.

Die Immigranten, die in Wexford tot in einem Container gefunden wurden, wollten eigentlich nach England.

Ja. Wir reden die ganze Zeit von Rassismus, aber eigentlich mag ich den Begriff nicht so recht. Zu leicht könnte man zu dem Schluß kommen, daß die Iren das rassistischste Volk der Welt sind. Ich glaube nicht, daß dies stimmt. Und warum sollten die Iren besser sein als andere, besser etwa als die Deutschen oder die Franzosen? Der Rassis-

mus ist doch ein weltweites Problem. Irland muß von anderen Ländern, etwa von England oder den USA lernen, ohne jedoch die dort gemachten Fehler zu wiederholen.
Es gab neulich so eine Art dokumentarisches Drama im irischen Fernsehen über das Problem Rassismus. Der Beitrag von RTÉ endete mit Bildern von brennenden Häusern. Es wurde der Eindruck erweckt, als würde in Irland ein Rassenkrieg geführt. Es besteht natürlich immer die Gefahr einer Eskalation, aber es wurde in dem Fernsehbeitrag quasi angenommen, daß die anderswo gemachten Fehler hier wiederholt werden. Das ist wenig hilfreich.
Ich kann nur noch einmal sagen: Wir müssen Leute nach Irland einladen. Wenn wir hier sehr viele Rumänen haben, dann benötigen sie jemanden, der für sie spricht. Wir müssen jemanden einladen, der für sie sprechen kann. Wir müssen Verbindungen stiften mit Rumänien. Wir können aber nicht Leute einladen und hoffen, daß sie über Nacht zu Iren werden.
Dies ist aber nicht nur ein irisches Problem. Überall wird erwartet, daß sich die Immigranten anpassen, einfügen, ihre Identität aufgeben. Wir sind verärgert, wenn die rumänischen Immigranten Rumänen bleiben, an ihrer Sprache festhalten wollen...

In seinem Buch Von der Gastfreundschaft[2] *nennt Derrida es eine Gewalttat, einen Fremden oder Ausländer zu zwingen, die Gastfreundschaft in einer Sprache zu erbitten, die per definitionem nicht die seine ist. Er fährt fort: »Hier beginnt die Frage (nach) der Gastfreundschaft: Sollen wir vom Fremden, bevor und damit wir ihn bei uns aufnehmen können, verlangen, uns zu verstehen, unsere Sprache zu sprechen, in allen Bedeutungen dieses Ausdrucks, in all seinen möglichen Extensionen? Wenn er – mit all dem, was dies impliziert – unsere Sprache spräche, wenn wir bereits alles teilten, was mit einer Sprache geteilt wird, wäre der Fremde dann noch ein Fremder, und könnte man auf ihn bezogen dann noch von Asyl oder Gastfreundschaft sprechen?«*

Jeder, der kein Kelte ist, jeder der kein Ire ist, wird als ein Mensch zweiter Klasse angesehen. Darüber wird die Vorstellung, die Iren seien das wichtigste Volk überhaupt, ein Volk erster Klasse, verstärkt.
In Irland, genauer im Norden, verweist die Spaltung in Protestanten und Katholiken, in Loyalisten und Nationalisten auf das Problem der Differenzierung in Menschen erster und Menschen zweiter Klasse.

In ihrem Essay 'Multi-Culturalism and Northern Ireland: Making Differences Fruitful'[3] schreibt Edna Longley, Nordirland sei eine europäische Region, in der man an drei Orten gleichzeitig leben könne: Irland, Britannien und Ulster.

---

2 vgl. Jacques Derrida, *Von der Gastfreundschaft.* Mit einer »Einladung« von Anne Dufourmantelle. Übertragungn ins Deutsche von Markus Sedlaczek. Herausgegeben von Peter Engelmann. – Wien: Passagen Verlag, 2001, S. 20/21
3 vgl. Edna Longley, Multi-Culturalism and Northern Ireland: Making Differences Fruitful, in: Edna Longley/Declan Kiberd, *Multi-Culturalism: The View from the Two Irelands.* – Cork: Cork University Press, 2001, S. 43

Ich möchte aber auf ein anderes Problem zu sprechen kommen, das der Ablehnung der Travellers. Während der Ulster-Says-No-Kampagne – die Unionisten/Loyalisten nahmen in der Zeit nicht an Gemeinderats- oder Stadtratssitzungen teil – schlug eine Gruppe von Traveller-Familien bei Newry ihr Lager auf. Da waren alle Differenzen zwischen Nationalisten und Unionisten vergessen. Die örtlichen Politiker kamen zusammen, um sicherzustellen, daß die Travellers vertrieben werden. Danach pflegten sie weiter ihre gegenseitigen Vorurteile, verhielten sich wieder wie Erzfeinde, nachdem sie sich kurzfristig gegen eine vermeintlichen »neue Bedrohung« verbündet hatten. Vielleicht ist das ohnehin unser Verhältnis zu Immigranten – wir sehen in ihnen eine »neue Bedrohung«, eine Bedrohung für unsere Identität.
Irland hat seine nationalen Symbole: das Book of Kells, den Hügel von Tara, Glendalough, die Aran-Inseln. Stellen wir uns doch mal vor, zwanzig Immigrantenfamilien kämen auf die Aran-Inseln. Dies würde als Entwertung eines nationalen Symbols angesehen werden. Solche reaktionären Ansichten existieren vor allem in abgelegenen Gegenden, etwa in der wunderschönen Grafschaft Kerry, wo es diesen Politiker gibt, der sich den Kampf gegen Immigranten auf die Fahne geschrieben hat, nach dem Motto: Wer eine andere Hautfarbe hat, nicht irisch genug aussieht, paßt nicht in unsere schöne Landschaft.

Du hast mir die Geschichte von einer Traveller-Frau erzählt, die in einem Supermarkt zur unerwünschten Person erklärt wurde und von einem Richter Entschädigung zugesprochen bekam.

Das Equality Tribunal in Waterford hat sich dieses Falles angenommen. Der Frau wurden tausend Pfund zugesprochen, für die sie bei Tesco einkaufen darf, und weitere 1500 Pfund für die Beleidigung und die Diskriminierung, die der Rausschmiß bedeutete. Diese Gerichtsentscheidung ist wunderbar für Irland. Eine Supermarktkette wie Tesco kann niemanden mehr diskriminieren, muß ihre Filialen für alle öffnen.

Du bist der Sohn einer deutschen Mutter und eines irischen Vaters. Eine deiner Kurzgeschichten trägt den Titel »Nazi-Weihnacht«. Darin schilderst du, wie du als Junge in Irland gehänselt wurdest, weil du kein »richtiger« Ire warst.

Das war zu einer Zeit, als Irland noch sehr isoliert war. Ich wurde von Gleichaltrigen nicht gehänselt, weil ich halb Deutscher, halb Ire bin, sondern weil wir eben anders waren. Die Iren um uns herum hatten noch nicht gelernt, mit Nachbarn zu leben, die anders sind als sie, was vermutlich zu tun hat mit der von den Iren in der postkolonialen Phase erlebten Unsicherheit, mit deren Identitätskrise.
Ich kenne den Wirt des ältesten Irish Pub in Deutschland. Der Pub ist in Düsseldorf. Der Wirt kommt aus dem Nordteil Dublins und spricht längst fließend Deutsch. Jedes Mal, wenn er seine Familie besuchen fährt, wird er in Dublin »Nazi« oder »Kraut« genannt. Dabei kann man sich kaum jemanden vorstellen, der irischer sein könnte als er. Er sagt, daß es ihn jedes Mal völlig fertig macht, wenn er nach Dublin kommt.

Manche Erfahrungen muten naiv oder lustig an, weil Irland so insular und rückständig erscheint, daß es noch nicht mal Gelegenheit hatte, einen Rassismus zu institutionalisieren. Wir haben es mit allerersten Reaktionen auf alles zu tun, was anders ist. Ein gutes Beispiel hierfür ist auch der Slogan, der an einer Norddubliner Hauswand stand: »Nigers out!« Es fehlt das zweite g, aber das ist bezeichnend. Irland macht nun mal erst seit kurzem seine Erfahrungen mit Immigranten. Da muß auch erst ins Bewußtsein gerückt werden, daß man Menschen nicht mit Schmähwörtern bezeichnet. Aufgrund meiner eigenen negativen Erfahrungen frage ich mich, warum kommen Flüchtlinge und Immigranten nach Irland. Irland steht eben wirtschaftlich sehr viel besser da als all die Länder, aus denen Menschen zu uns kommen, etwa aus Rumänien. Die Welt wird sich der moralischen Herausforderung stellen müssen, daß wir diese Leute in ihren Ländern nicht einfach ihrem Schicksal überlassen können. Wir sind für sie verantwortlich und nicht erst, wenn sie bei uns vor der Tür stehen. Nein, ständig.

Schreibst du in deinem neuen Buch mehr über deine irisch-deutschen Erfahrungen?

Ja, es geht darin um die historischen Bürden Irlands und Deutschlands und wie diese sich auf die kindliche Vorstellungswelt niedergeschlagen haben. Und es geht auch um das Problem, welches Land man mehr mag, wenn man das Kind zweier Länder ist. Bin ich mehr irisch oder mehr deutsch?

Du hattest kaum ein Wahl. Wenn du nicht in Dublin, sondern in Düsseldorf aufgewachsen wärest, sähe die Fragestellung unter Umständen anders aus.

Wer weiß, vielleicht wäre ich um so irischer.

Interview und Übersetzung: Jürgen Schneider
Das Gespräch wurde am 19. Dezember 2001 in Berlin geführt.

Aus der Fotoserie *fashion*, die Victor Sloan für Ali Maleks Agus Collection fotografiert und bearbeitet hat.

Molly McCloskey

DER FREMDE

Als Frederick achtunddreißig wurde, merkte er, daß er dick war. Nicht allzu dick, aber doch auch nicht mehr so wie früher, als er über ein zweites Stück Apfelkuchen oder die offenbar flacheren Bäuche anderer Männer nicht weiter nachzudenken brauchte. Es geschah plötzlich, als habe er das Alter erreicht, in dem derartige Dinge lawinenartig anwachsen. Er ist einem Fitneßcenter beigetreten, geht aber nicht oft hin, weil die meisten Männer dort jung und schlank und selbstsicher sind wie die, mit denen er in letzter Zeit geschäftlich zu tun hat. Wenn er mit seiner Frau schläft, drückt die Schwerkraft seinen Bauch nach unten, in die Mulde ihres Magens. Und wenn er auf dem Rücken liegt, scheint sein Bauch nach allen Seiten hin zu schwabbern, und er schämt sich dafür, daß sie ihn sieht. Morgens zieht er sich das Laken über die Brust, als fürchte er sich, oder geht hastig unter die Dusche, bevor sie aufwacht.

Das Komische daran ist, daß Fredericks Frau trotz seiner verstohlenen Fresserei und seinen noch verstohleneren Zärtlichkeiten auf die paar Pfunde, die er zugenommen hat, noch gar nicht aufmerksam geworden ist. Früher, ja da lehnte sich Julia nachts zurück und sah besitzgierig zu, wie Frederick seine Krawatte lockerte, langsam sein Frackhemd aufknöpfte und umständlich seine Hose zusammenfaltete. Doch eines Abends war Julia eingeschlafen, noch bevor er sich die Schuhe ausgezogen hatte, und es dauerte Monate, ehe einer von ihnen merkte, daß etwas anders geworden war.

Frederick ist immer noch in seine Frau verliebt. Wenn sie ein bestimmtes rotes Kleid anhat, das ihren Leib umschmiegt wie ein Liebhaber, wird er vor Bewunderung ganz schüchtern. Er ist gerne in ihrer Nähe, die Art, wie sie an der Küchentheke steht und in Romanen liest, während das Radio spielt und das ausgetüftelte Abendessen vor sich hinköchelt. Die Art, wie sie ihm morgens unter der Bettdecke hervor einen Abschiedsgruß zuschnurrt, warm und träge wie eine Katze.

Neuerdings freilich hat Frederick sich zu Hause abendlichen Weinkrämpfen ergeben. Sie sind Teil jenes seltsamen, lawinenartig zunehmenden Verlusts an Selbstbeherrschung. Er schließt sich ins Badezimmer ein und setzt sich, die Ellbogen auf die Knie gestützt, auf den Rand der olivgrünen Wanne. Sachte stößt er mit der Stirn gegen seine Handteller und flüstert, Was ist nur los mit mir? Was zum Teufel ist nur los mit mir? Sein einziger Trost besteht darin, daß Julia von alledem nichts bemerkt hat.

Frederick schlittert in die Sache hinein. Er ist nicht der Typ Mann, der hinter Frauen her ist, und meistens ist er auch nicht der Typ Mann, der es mitkriegt, wenn Frauen hinter ihm her sind.

Soll das etwa heißen, du hast es nicht mitgekriegt? fragen seine Arbeitskollegen.

Freddie ... wie sie dich anschaut – die eine von oben ...

Ach, fragt ein anderer, die eine, die am Salatbüfett immer nach Rosinen Ausschau hält?

Sheila, glaube ich, sagt ein dritter.

M-m, sagt der erste, ich rede von der anderen. Von der Blondine.

Es ist nicht Sheila oder die Blondine von oben oder die Rosinenliebhaberin, mit der Frederick in die Sache hineinschlittert. Es ist eine Frau namens Beth, die eines Tages in seiner Werbeagentur vorspricht und sich danach erkundigt, wie man innovativ über Telefone sprechen kann. Als sie, über seine Schulter gebeugt, eine Skizze studiert, lächelt sie zu allem, was er sagt, und befindet, daß sie seinen Geruch mag. Als sie noch am selben Abend etwas trinken, setzt er sich in einer Ecke der Bar in rechtem Winkel zu ihr hin. Indem er sich so plaziert, kann er die Illusion wahren, daß ja nichts passiert. Doch schon nach zwei Gläsern legt Beth, wenn sie lachen, ihre Hand auf Fredericks Hüfte. Er fühlt sich wieder schlank und selbstsicher und merkt, wie lange es her ist, daß eine Frau ihn berührt hat und er nicht das Gefühl hat, daß sie ihm Vorwürfe macht.
Sie ist nicht mehr die Jüngste, jedenfalls nicht viel jünger als er. Vielleicht sechsunddreißig. Gut erhaltene Sechsunddreißig. Sehr nette, warme, einsame Sechsunddreißig. Frisch geschieden.
Du würdest dich wundern, sagt sie, du würdest dich wundern, was die Leute sich alles gefallen lassen, wenn sie meinen, verliebt zu sein. Sie wirft ihm einen durchtriebenen, leicht beschwipsten Blick zu und fragt, Bist du verliebt, Fred?
Ich denke, so könnte man's sagen, sagte er. Ich bin verheiratet.
M-m, sagt sie, und wie die süße, rote Flüssigkeit, die sie durch zwei Strohhalme einsaugt, steigt ihr die Röte ins Gesicht. Danach habe ich dich nicht gefragt.
Nun ja, ich bin's, sagt er und knetet die Hände auf dem Schoß. Verliebt, meine ich.
Warum dann das hier?
Warum was?
Was soll DAS? Warum bist du hier? Und denkst daran?
Vielleicht weil Frederick auf diese Frage keine Antwort weiß, geht er schon in dieser ersten Nacht mit ihr nach Hause. Während sie sich lieben, schaut er sich eine Hochgeschwindigkeits-Diaschau von seiner Frau an, als würde sie andauernd in einem Zug an ihm vorüberbrausen, während er an einem Scheideweg wartet. Während er sich auf Beth rhythmisch bewegt, kann er fast das gleichmäßige Läuten der Warnglocke hören.
Hinterher geht er ins Badezimmer und starrt in den Spiegel, in der halben Erwartung, sich verändert zu haben. Hinter sich sieht er einen Haufen schmutziger Bettwäsche, die nachlässig in einen Wäschekorb aus Plastik gestopft ist. Er kommt sich beliebig vor, wie ein austauschbares Ersatzteil, und mehr als ein klein wenig albern.
Trotzdem, sein Körpergewicht hat ihn nun schon den ganzen Abend nicht gestört, und erst später, als er seine Kordhose anzieht, spürt er wieder den Bauchspeck um seine Taille, und alles fällt ihm wieder ein.
Als er zu Fuß nach Hause läuft, ist ihm, als habe er seine halbe Lebensgeschichte abgestreift – die Hälfte, die durch Julias Augen destilliert ist. Destilliert, interpretiert, applaudiert oder für unzureichend befunden. Er hat, er weiß nicht für wie lange, eine Art Traurigkeit abgestreift, die davon herrührt, daß er zuviel von sich oder jemand anderem weiß. Und plötzlich nimmt er sich wahr wie einen interessanten, wenn auch leicht beängstigenden Fremden.
In der Hoffnung, daß die frische Luft Beths Geruch schon noch vertreiben wird, be-

schließt er, Julia zu erzählen, er habe mit einem Kunden zu Abend gepeist. Doch Julia fragt gar nicht nach, und als er seine Nachttischlampe anknipst, um sich in deren Lichtschein auszukleiden, dreht sie sich im Schlafe um. Im Bett versucht er, sich Beths Gesicht vorzustellen, doch schon nach wenigen Bruchteilen einer Sekunde verflüchtigt es sich immer wieder, und er muß sich fragen, was für eine Sorte Mann er ist.

Wenn Frederick ausgeht, um sich mit seiner Geliebten zu treffen – ein Begriff, auf den er immer wieder stößt und den er von sich weist –, winkt Julia ihm vom Fenster im zweiten Stock ihres Eckhauses zum Abschied nach und wünscht ihm Glück bei einem weiteren Geschäftsabschluß. Sie sind dazu übergegangen, die Fenster offenstehen zu lassen – es wird allmählich wärmer –, und eines Abends, als Julia ihm zum Abschied wieder einmal nachwinkt, hört sie Frederick fluchen. Da erst beginnt sie zu überlegen, ob er sie wohl belügt.
An dem Abend bleibt sie auf und schaut sich Fotoalben an – stumme, lächelnde, sonnengebräunte Gesichter starren ihr entgegen. Sie versucht herauszufinden, ob wohl eine Veränderung in Fredericks Gesichtsausdruck von einer Seite zur nächsten enthüllt, wann genau eine Veränderung eingetreten ist. Aber sie findet nicht viele Fotos jüngeren Datums, und sie gibt auf und denkt, Vielleicht können wir unseren Anblick nicht mehr ertragen.

Als Frederick an diesem Donnerstag von der Arbeit nach Hause kommt, legt er seinen Anzug ab und zieht ein frisches Hemd und eine saubere Unterhose an. Als er sich bückt, schwillt eine Halsader an und verleiht ihm mit einem Mal etwas Männlich-Kraftvolles. Da er jedoch zu schnell an seinem Schnürsenkel nestelt, verheddert dieser sich zu einem Knoten, den er mit seinen dicken, männlichen Fingern nicht lösen kann. Julia steht in der Diele und sieht ihm, zum ersten Mal seit Monaten, beim Auskleiden zu. Alles ist so offensichtlich, denkt sie. Wie dumm wir beide sind.
Du brauchst mir das Abendessen nicht warmzuhalten, sagt er, ohne aufzublicken.
Ist gut, sagt sie und betrachtet seinen Scheitel, den er über seine Aufgabe gebeugt hält – er streift sich ein sauberes Paar beiger Socken über die dicken Waden. Weißt du, daß dein Haar schütter wird, sagt sie nach einer Pause.
Frederick starrt sie einen Augenblick lang an. Danke, sagt er, verwirrt darüber, was seiner Frau auffällt und was nicht mehr. Ich komme nicht so spät zurück.
Vom Fenster aus winkt sie ihm nach, und als er um die Ecke biegt, legt sie sich eine zitronenfarbene Strickjacke um die Schultern und folgt ihm. Ihre flachen Absätze klappern. Sie verwünscht sich, hat aber keine Zeit mehr, zurückzugehen und die Schuhe zu wechseln. So läuft sie die gesamte Strecke auf den Fußballen, und nach ein paar Häuserblocks fangen ihre Waden an zu brennen.
Sie folgt Frederick zu einem Restaurant im Hafenviertel. Zwei Fronten sind aus Glas, so daß man den Ausblick auf die Bucht genießen kann. Julia setzt sich mit dem Rücken zum Wasser auf eine Bank. Frederick hat das Gesicht dem Oberkellner zugewendet, der auf den Kassentisch blickt und ihn sodann zu einem Tisch am Fenster führt.

Er bestellt ein Getränk, und ein Junge mit schwarzer Fliege und weißer Schürze bringt ihm ein sehr hohes Glas. Es sieht nach einem doppelten Bourbon aus. Er ist nervös, denkt Julia. Sie möchte lachen, vermag es aber nicht. Mehrere Minuten verstreichen, fünfzehn, vielleicht zwanzig, und Frederick ist immer noch allein. Mit dem Zeigefinger schnipst er gegen die kurzen Quasten, die von dem winzigen Lampenschirm in der Mitte des Tisches baumeln. Er beugt sich hierhin und dorthin, wie wenn er sich den Anschein geben wollte, als gehöre er zu der Gruppe an den beiden Nachbartischen. Einen Augenblick lang stützt er den Kopf in die Hände, bis er merkt, wie verzweifelt das wirkt.
Jämmerlich, denkt Julia.
Er lehnt sich zurück, so daß die Vorderbeine seines Stuhls sich vom Boden heben. Er ist sich bewußt, daß er allein ist. Beth und er gehen nicht sehr oft gemeinsam aus. Er überlegt, ob er aufbrechen soll. Aber Frederick ist zu höflich, sogar dann, wenn er seine Frau betrügt. Dies ist der Eindruck, den er von seinem Charakter hat, er kennt sich gut und ist von sich angewidert. Er hat das Gefühl, als setze seine Persönlichkeit – ja, sein Leben – sich aus Bytes zusammen, die er in- und auswendig kennt und stets nur wiederholt. Er wünscht sich, er wäre ein anderer Mann. Er stellt sich Julia zu Hause vor, und alles erscheint ihm so komisch, als gäben sie sich die größte Mühe, einander etwas Unsinniges anzutun. Dinge, bei denen sie früher nicht einmal gewußt hätten, wie.
Julia rutscht an die Kante der Sitzbank, als seien ihr die Umstände einen Moment lang entfallen und als wolle sie ihm in einer Krise zu Hilfe eilen. Vielleicht irre ich mich ja, denkt sie. Das mit seinen Haaren hätte ich nicht sagen sollen. Ich hätte es niemals sagen dürfen. Ich hätte ihn fragen sollen, wohin er geht. Ich habe ihn nicht einmal danach gefragt. Als sie erkennt, daß sie nicht zu ihm gehen kann, dämmert ihr zum ersten Mal, daß sie ihrem Mann nachspioniert.
Julia erblickt eine Frau, die an der Kasse steht. Sie geht auf Fredericks Tisch zu, aber er sieht sie nicht. An einem anderen Tisch erheben sich die Leute und verstellen ihr den Weg. Julia lächelt. Diese blasse Frau, die geduldig mitten in einem Restaurant steht, als warte sie darauf, daß sich die Beleuchtung ändert, kann doch wohl nicht Fredericks Geliebte sein. Sie ist zu unscheinbar, um irgend jemandes Geliebte zu sein. Sie ist ganz in Grau gekleidet – grauer Rock und kurze, graue Jacke, beides zu schwer für diese Jahreszeit. Ihre weiße Bluse hat eine von diesen gebauschten Schleifen am Ausschnitt, die Julia verabscheut. Sie hat etwas entschieden Robustes, und sie tut Julia leid, die sich ausmalt, daß sie arbeitsam, unverheiratet und kinderlos ist.
Doch da steht Frederick auf, lächelt und küßt sie aufs Ohr. Dort verweilt sein Mund. Was sagt er? Julias Lippen formen eine Frage, dann formen sie den Namen ihres Mannes und wiederholen ihn. Etwas ist eingerastet und stehengeblieben, wie die Zeiger einer Uhr, die sich verklemmt haben.
Also ist es wahr, denkt sie. Was jetzt?
Die Frau erklärt etwas. Sie gestikuliert mit den Händen. Julia nimmt an, daß sie erklärt, weshalb sie sich verspätet hat. Mit der Handfläche berührt sie Fredericks Wange. Sie geht um den Tisch herum, um sich zu setzen, wobei sie ihren Hintern zwischen zwei Stuhllehnen hindurchquetscht. Als Frederick ihr aus der grauen Jacke

hilft, schiebt die Frau ihre Brüste vor, und angesichts ihrer Üppigkeit erbleicht Julia. Frederick und Beth plaudern, gelegentlich berühren sie einander. Wenn sie von ihrem Wein trinken, stoßen sie an. Worauf? fragt sich Julia. Gibt er etwas Poetisches von sich? Etwas Vulgäres? Etwas Verheißungsvolles? Wenn sie essen, schenken sie, anders als Leute, die einander nicht genug zu sagen haben, den Gerichten nicht ihre volle Aufmerksamkeit, Und doch, denkt Julia, kann es nicht um Sex gehen, und sie kann nicht glauben, daß es Liebe ist. Natürlich spielt auch Sex eine Rolle, muß er ja wohl. Guter Sex. Immer sind es diese trägen, an etwas Bleiernes erinnernden Frauen, die voller Überraschungen stecken. Aber sie kann nicht verstehen, weshalb die Frau nicht jünger ist oder hübscher. Frederick dagegen sieht gut aus. Sie empfindet eine Regung für ihn, die sie schockiert. Frederick fährt sich durchs Haar und denkt – Julia weiß es –, daß es schütter wird. Sie ist von einer überraschenden Mischung aus Mitleid und Genugtuung darüber durchdrungen, daß sie ihn vor seiner Geliebten befangen gemacht hat.
Frederick lacht. Alle beide lachen. Was zum Teufel ist so lustig? Plötzlich will Julia, daß er zu Hause ist und mit ihr lacht. Ihr Haus mit lautem, unbezähmbarem Gelächter erfüllt. Auf ihrer Bettkante sitzt, sich die Krawatte lockert und wegen etwas, irgend etwas in sich hineinlacht. Julia fängt an zu weinen. Die großen Panoramafenster, die bunten Kleider drinnen und die kleinen Lampen mit den Quasten verschwimmen ihr vor den Augen. Frederick ist wie ein Fremder, den sie unbedingt kennenlernten möchte.
Frederick und Beth lassen Dessert und Kaffee aus, und als Julia aufschaut, ist ihr Tisch leer. In dem Glauben, sie könnten einen Spaziergang an der Promenade machen, zieht sie, wie um sich dahinter zu verstecken, ihren Pullover und ihr Portemonnaie näher an ihre Brust. Aber sie begleichen nur ihre Rechnung.
Aus der Gesäßtasche seiner Hose holt Frederick seine Scheintasche hervor. Sein Anblick, wie er den Ellbogen anwinkelt und mit einem Arm hinter sich greift, ist Julia ebenso vertraut wie der Geruch, den er jeden Abend mit sich nach Hause trägt. Seine ganz eigene Geruchsmischung: Schweiß, Deodorant, Kohlenmonoxid, Kaffee, seine Arbeit, der Barbesuch nach Feierabend, andere Leute, mit denen er verkehrt. Manchmal stellt er sich nach der Arbeit unter die Dusche, und von der Küche aus kann Julia hören, wie über ihr das Wasser läuft. Sie erinnert sich an das Geräusch, als wäre es eine Erinnerung an einen Menschen, der aus ihrem Leben getreten ist. Sie erinnert sich an ihren Mann – sauber, feucht und erhitzt von der heißen Dusche; der Dampf steigt in Schwaden aus der geöffneten Badezimmertür. Sie sieht sein Handtuch vor sich, das er um die Hüfte geknotet hat, den weichen Wirbel dunklen Haars auf seinem Bauch. Sie hört, wie er über ihr den Flur entlangstapft und mit seinem eigenen Vorrat an Seelenqualen zu kämpfen hat. Woran denkt er, während er sich ankleidet? Wenn er ihre Fläschchen auf dem Toilettentisch betrachtet und ihre über die Korbstuhllehne geworfenen Kleider? Was denkt er, wenn er in den Spiegel schaut, wenn er die Treppe herunterkommt, um sich zu ihr zu setzen, oder wenn ihm das erste Aroma des Abendessens in die Nase steigt? Sie nimmt sich vor, ihn zu fragen. Frederick zahlt die Rechnung und winkt ab, als ihm der Kellner herausgeben will. Großzügig war er schon immer, denkt sie.

Sie überqueren die Hauptstraße und gehen nicht zu Fredericks und Julias Haus, sondern in die entgegengesetzte Richtung. Als Beth stehenbleibt und sich vorneigt, um eine erleuchtete Schaufensterauslage zu betrachten, sieht Frederick auf seine Armbanduhr, und Julia verflucht ihn. Als Beth sich wieder aufrichtet, ist er überschwenglich, lacht immer noch, redet, legt ihr mitunter die Hand auf den Arm und beugt sich dicht zu ihr, um zu verstehen, was sie sagt. Sie deutet auf ein anderes Schaufenster, und sie lachen alle beide. Als Julia an demselben Schaufenster vorbekommt, kann sie sich nicht vorstellen, was daran so lustig gewesen sein soll.
Sie erreichen Beths Wohnhaus, und Julia begreift, daß sie so weit gekommen ist, wie sie kann, und daß der Lohn für all ihre Mühe darin besteht, ihrem Mann dabei zuzusehen, wie er die Treppe zum Schlafzimmer einer anderen Frau hinaufsteigt. Doch als Beth ihre Schlüssel hervorholt, legt Frederick seine Hand darauf und küßt sie auf die Wange. Er denkt, was für ein Feigling er ist.
Heute abend nicht, sagt er.
Er sagt ihr, daß es schon spät ist und er morgen früh aus dem Bett muß, und sie wirft ihm vor, einfach nicht zu wollen. Sag's doch gleich, bittet sie ihn.
Er senkt den Kopf und schüttelt ihn verneinend, und sie versucht es noch einmal, indem sie den Zeigefinger unter sein Kinn legt und es anhebt.
Doch er denkt nur daran, wie unglücklich er ist, und fragt sich immer noch, Warum bin ich hier? Sie wiederholt seinen Namen, einmal verführerisch, ein zweites Mal flehend. Er wirft ihr nur einen traurigen Blick zu und sagt mit einer Stimme, die sie kaum hören kann, Heute abend eben nicht.
Als sie die Treppe hinaufsteigt, denkt Beth, Er wird mich verlassen. Sie weiß es, noch bevor Frederick es sich eingestanden hat, jedenfalls bevor er es ihr gesteht. Ich habe dafür gesorgt, daß er sich schmutzig fühlt, denkt sie, und er wird mich verlassen.
Julia sieht zu, wie ihr Mann sich von dem erleuchteten Treppenhaus mit der Glastür entfernt, und sie erinnert sich daran, wie sie im Frühling vergangener Jahre nachts immer spazierengegangen waren. Wie sie sich in Cafés und Kinos verkrochen oder zugesehen hatten, wie die Schiffe im Hafen anlegten. Einige Schiffe kannten sie – beide hatten sie ihre Lieblinge –, und sie begrüßten sie wie alte Bekannte. Sie standen am Rand des Anlegeplatzes, deuteten auf Schiffe und Vögel und auf sonderbare Fremde, die ihnen ins Auge fielen. Gingen gemeinsam nach Hause.
Frederick bleibt stehen und lehnt sich an eine Hauswand, mit dem Kopf berührt er die Mauer, die sich im Lauf des Abends abgekühlt hat. Wieder schaut er auf die Uhr, und selbst die unwillkommene Dankbarkeit, die Julia empfunden hat, verliert sich. Er glaubt, doch noch genügend Zeit zu haben, sagt sie zu sich selbst. Aber in Wirklichkeit denkt er, daß er nicht nach Hause gehen kann. Ich bin ein Feigling, denkt er, und ich rieche nach Lügen. Meine Frau wird mich beobachten, oder sie wird mich ignorieren, und beides könnte ich nicht verkraften.
Er läuft drei, vier Häuserblocks weiter, bevor er in eine Bar geht. Julia ist erschüttert. Obwohl sie es ist, die ihn in die Falle gelockt hat, hat sie das Gefühl, daß es sich genau umgekehrt verhält. Sie tritt ans Fenster der Bar. Sie stellt sich auf die Zehenspitzen, damit sie durch die Neonlettern hineinspähen kann. An kleinen runden Tischen sitzen grüppchenweise schlaksige junge Paare. Alte Männer mit Knollennase,

die entweder zu dick sind oder zu dünn, sitzen für sich. Im Fernsehen läuft ein Boxkampf. Hinter der Theke bewegt sich ein Mann mittleren Alters in einem Hemd mit offenem Kragen hin und her. Julia sieht das Profil ihres Mannes, dasselbe, das sie schon den ganzen Abend über gesehen hat. Er schluckt, dann füllt er seine Backen mit Luft, so daß sie sich aufblähen, und atmet langsam aus. Er bestellt eine Flasche Bier und stützt den Kopf in die Hände wie zuvor, nur daß er ihn diesmal dort ruhen läßt.

Als Julie eintritt, hebt Frederick den Kopf und wendet sich in der Erwartung, Beth zu sehen, auf seinem Drehhocker der quietschenden Tür zu. Kaum wahrnehmbar durchläuft ihn ein Schauder des Entsetzens. Und dann bemächtigt sich seiner ein Gefühl der Traurigkeit. Es ist dieselbe Traurigkeit, die nach jener ersten Nacht von ihm abgefallen war, nur daß er sich von ihrer Rückkehr jetzt getröstet fühlt. Er schaut seine Frau an und preßt den Handteller auf den leeren Barhocker neben ihm.

Aus dem Englischen von Hans-Christian Oeser

Brendan Behan

TORCA HILL WEGEN DER SCHÖNHEIT

Zu meinen Lehrern gehörte auch eine junge Dame, die sehr vornehm war.
Diese vornehme junge Lehrerin kam eines Montagmorgens in die Klasse und erzählte uns, sie habe den Sonntag in Killiney verbracht.
»Aber«, sprach sie in einem Tonfall vornehmer Trauer, »die Ausflügler ruinieren die Sache. Es wimmelt nur so von ihnen.«
Zwar wußte ich nicht, wovon sie redete, aber darauf bedacht, die Klasse zum Kichern zu bringen, bevor sie mich nach einer Hausaufgabe fragte, die ich nicht gemacht hatte, schaltete ich mich mit verschlagener Gewandtheit ins Gespräch ein.
»Aber, Frau Lehrerin«, sagte ich, »ist es in Dollymount nicht genauso, alles voller Ausflügler? Gestern war ich mit meinem Papi und meiner Mami da und mit Rory und Seán und Seamus und Brian und Dominic und Carmel im Kinderwagen, und von Ausflüglern hat es nur so geprasselt.«
»Aber Dollymount«, sprach meine vornehme Lehrerin, »Dollymount *ist* für Ausflügler.«
Seitdem bin ich nie nach Killiney gefahren, ohne an sie zu denken.
Sonntag und Montag war ich wieder einmal draußen. Wenn man von der Eisenbahnbrücke am White Rock den geschwungenen Strand entlang auf die waldigen Hügel dahinter schaut, hält das Ganze durchaus einem Vergleich mit der Côte d'Azur stand. Bernard Shaw hat gesagt, der Blick von Torca Hill sei so herrlich, daß niemand, der von dort hinunterblickt, der alte bleibt. Aber der Strand ist nicht so gut wie der von Portmarnock oder auch nur die eigentümlich vernachlässigte Küste bei Baldoyle.
Zwischen Howth und Kilbarrack liegt ein Strand, wo das Meer bis an den Rand der Pferderennbahn reicht – für Züchter von Favoriten, die verzweifeln, wenn ihr gutes Stück eine Länge vor dem Ziel tot zusammenbricht, sehr gut geeignet, meint Billy Carroll, der Buchmacher.
Mein Vater hat immer behauptet, Kilbarrack sei der gesündeste Friedhof im ganzen Land, von wegen der Seeluft. Am vergangenen St.-Patricks-Tag hielt ich auf dem Weg zum Pferderennen nach der Trikolore Ausschau, die früher immer über dem Grab des Freiwilligen Dan Head geflattert hat – der, welcher am Custom House gefallen ist. Es ist noch kein Trauergefolge von der Dubliner Nordseite nach Kilbarrack gezogen, ohne daß die Leute, nachdem sie ihre eigenen Toten beerdigt hatten, hinübergegangen wären, um sich um die Fahne zu versammeln und ein Gebet für Dan Head zu sprechen. Ganz gewöhnliche Leute, ohne daß irgendeine Organisation sie dazu veranlaßt hätte.
Und bevor ich mich wieder auf die andere Seite der Bucht nach Killiney begebe, kann ich Ihnen mitteilen, daß es in Howth eine eigene Zeitung gibt, in der die Hochzeit eines Mädchens von Howth Hill vermeldet wird. Nach allem, was man hört, wurde die Feier mit gehörigem Flair und Zeremoniell ausgerichtet, doch mein Kollege vom *Howth Review* will sich aufs bloße Hörensagen nicht verlassen.
Er schreibt: »Die Flitterwochen verbringt das Paar auf Menorca (wie verlautet, eine Insel im Mittelmeer).«
Ich hoffe, es gab die Insel noch, als das glückliche Paar dort eintraf.
Aber um wieder auf Killiney zurückzukommen. Auf dem Hügel, in einem Park, der

vom Steuerzahler unterhalten wird, findet sich ein seltsam aussehendes Relikt aus der Zeit, als ein exzentrischer und mildtätiger Grundbesitzer seinen dumpfen Grillen kostengünstig freien Lauf lassen konnte, indem er die Menschen dazu brachte, sinnlose Prachtbauten und wundersame Klötze zu errichten, und sich zugleich einen guten Ruf als Philanthrop erwarb.
Dieses Bauwerk hat eine Marmorinschrift, die besagt: »Da die ARMEN im vergangenen Jahr ein schweres Los hatten, ließ Herr JOHN MAPAS im Juni 1842 die MAUER um diese Hügel und das ETC. errichten.«
JOHN MAPAS und sein ETC. sind schlimm genug, könnten aber als Kuriosität und um die Bevölkerung daran zu erinnen, was unseren Vorfahren zugemutet wurde, dort belassen werden; eine andere Inschrift indes ist ein bleibendes Zeugnis für die Impertinenz des ehemaligen Herrenvolks. Sie lautet:

»Victoria Hill.
Erworben von der Queen's Jubilee Association Dublin, den 21. Juni 1887, dem von seiner Königlichen Hoheit Prinz Albert Victor von Wales für die Feier der Regierungszeit Queen Victorias am 30. Juni festgesetzten Tag.«

Wir mögen JOHN MAPAS' Gefallen an ETC.s bedauern, doch mag deren Errichtung wenigstens ein armes Geschöpf vor der Hungersnot bewahrt haben. Queen Victorias gute Tat für den Tag während ihrer berüchtigtsten Hungersnot wenige Jahre später war die feierliche Überreichung von fünf Pfund an den Hilfsfonds. Es heißt, daß sie, um Neidgefühlen vorzubeugen, dem Hundeasyl in Battersea noch am gleichen Tag weitere fünf Pfund zukommen ließ.

Aus dem Englischen von Hans-Christian Oeser

Jürgen Schneider

MUHAMMAD ALI UND DIE IRISCHE FLUSSWIESE

Ob Reagan, Clinton oder Bush, alle US-Präsidenten wollen ihre *roots* in Irland haben, schließlich gibt es 40 Millionen irischstämmige US-Bürger und also potentielle Wähler. Hollywood, mit Namen wie James Cagney, John Ford, Buster Keaton, Grace Kelly, Sharon Stone, John Travolta, Harrison Ford und Marlon Brando, ist ohnehin ein exilirisches Filmkaff. Auch US-Außenminister Colin Powell, der ja nun ganz und gar nicht dem Klischee des rothaarigen und sommersprossigen Iren entspricht, behauptet stolz, er habe seine Wurzeln in Irland. Die Vorfahren des Sohnes jamaikanischer Einwanderer sind unter den 50.000 Iren zu suchen, die zwischen 1652 und 1659 als Sklaven nach Barbados oder Jamaika verschleppt wurden, nachdem Englands König James I. das Motto ausgegeben hatte: »Rottet die Papisten aus und füllt Irland mit Protestanten.« Der Golfkrieger, ex und in spe, kann allerdings auch ein Nachfahre jenes Henry Powell sein, der 1627 mit achtzig Siedlern und zehn Sklaven aus England nach Barbados aufbrach. Ennis (irisch: *Inis* = Flußwiese) ist ein Städtchen im Westen Irlands, durch das sich der River Fergus schlängelt und das Verwaltungssitz der Grafschaft Clare ist. Im Norden von Clare liegt der hübsche Ort Corofin. Die im dortigen Heritage Centre arbeitenden Genealogen konnten letzte Woche mit einer sensationellen Entdeckung aufwarten: Der Urgroßvater des dreifachen Boxweltmeisters Cassius Clay, ein Mann namens Abe Grady, stammte aus Ennis.

Abe ist in den 1860er Jahren von Cappa Harbour bei Kilrush im Westen Clares in die USA emigriert. Er hat sich in Kentucky niedergelassen und eine afro-amerikanische Frau geheiratet. Der aus der Ehe hervorgegangene Sohn ehelichte ebenfalls eine Afro-Amerikanerin. Und eine Tochter aus diesem Lebensbund ist Cassius Clays Mutter, Odessa Lee Grady, die einen Cassius Clay senior heiratete. 1942 wurde Cassius Clay junior geboren. Als dieser Cassius Clay nach dem Sieg über Sonny Liston im Februar 1964 zur Nation of Islam konvertierte und sich fortan Muhammad Ali nannte, behauptete er, weißes Blut sei durch Schändung in seine Familie gekommen. Nach den Enthüllungen der westirischen Stammbaumforscher sagte eine Sprecherin von Ali, der Boxstar habe schon länger von der Grady-Linie in seiner Familie gewußt.

Die Stadtoberen von Ennis jedenfalls sind froh über die genealogische Entdeckung, die ein erhebliches touristisches Potential in sich birgt. Pläne für ein Ali-Zentrum oder für Rundreisen auf den Spuren von Abe Grady werden sicher längst geschmiedet. Die Keltentiger-Absichten, das Städtchen Ennis in die virtuelle Realität zu hieven und dadurch weltweit bekannt zu machen, sind völlig gescheitert. Die jedem Haushalt gestifteten Computer, selbstverständlich mit Internetanschluß, stauben in den Abstellkammern vor sich hin. Und das International Irish Folk Music Centre von Ennis wäre beinahe am Protest der frommen Nachfahren des hl. Patrick gescheitert, die ein Klosterdomizil neben dem neuen Musikzentrum ihr eigen nennen.

Der Übertritt von Cassius Clay zum Islam läßt sich auch als Rache dafür verstehen, daß der hl. Patrick, Irlands Nationalheiliger, einst seine maurischen Glaubensbrüder von der Grünen Insel vertrieben hat. Bis zum heutigen Tag hält sich freilich hartnäckig die Mär, es seien damals Schlangen verscheucht worden. Millionen Menschen in aller Welt stoßen jedes Jahr am 17. März, dem St. Patrick's Day, mit Guinness auf diese Lüge an.

Wolfgang Streit

IRISCHES FLEISCH: DIE WURZELN VON FRANCIS BACONS MALEREI

Rohes Fleisch, verkrümmte Gestalten, schreiende Münder und immer wieder rohes Fleisch. Francis Bacon kennt man. Ein Maler der internationalen Moderne, der seit der Mitte des 20. Jahrhunderts das Kunstestablishment schockierte – und damit überwältigenden Erfolg hatte. Stolz präsentiert jede Sammlung moderner Kunst, die etwas auf sich hält, ein Bild von ihm, sofern das Geld reicht, auch mehrere. Nach kurzem Kramen im Gedächtnis sagt man vor sich hin: 1992 verstorben, neben Lucian Freud und vielleicht noch Frank Auerbach der letzte gegenständliche Maler Englands von Rang. Doch hier schleicht sich schon die erste Unsicherheit ein: Englands? Sicherlich lebte Bacon die meiste Zeit seines Lebens in London, aber weshalb befindet sich nun die Rekonstruktion von dessen Londoner Atelier in einem irischen Museum? Bacons Leben ist zu komplex, als daß man ihn als Engländer bezeichnen könnte: Unter anderem lebte er in Berlin, Paris, Monaco, Tanger und London. Er starb in Barcelona, aber geboren ist er 1909 in Irland und aufgewachsen auch überwiegend dort.
Die Geburt und das Heranwachsen des Malers im Irland der Unabhängigkeitskriege öffnen den Blick auf die bislang kunsthistorisch vernachlässigte Verzahnung zwischen der irischen Jugend und dem gewaltzerrissenen Werk. Der Ursprung einer Vielzahl von Leitmotiven, Themen und Attributen läßt sich in Irland lokalisieren: Der geschwungene Bogen, der Triptychon-Dreischritt, der Papst, der Schrei, das rohe Fleisch und die Entstellung, die Gewalt, der Käfig, das Gras und Elemente, die dem Unheimlichen zuzuordnen sind, wie der Vorhang, die senkrechten Linienparallelen und deplazierte, verzerrte Interieurs.
Zu Francis Bacons geheimnisumwittertem Londoner Atelier hatten nur engste Freunde Zutritt. Unter dem Eindruck von Bacons Herkunft und Prägung durch dessen irische Kindheit und frühe Jugend stiftet der Alleinerbe des Malers, John Edwards, dies Atelier 1998 der Dubliner Städtischen Hugh Lane Gallery of Modern Art. Bacons besondere Beziehung zu seinem Atelier und die Spuren, die er bei seinem Tod darin hinterließ, machen diesen Ort zu einem kunsthistorischen Kleinod. Der Maler reagierte außerordentlich sensibel auf die Umgebung seiner Ateliers, die Lichtverhältnisse und die Abmessungen. Entsprach ein Raum nicht seiner Grundstimmung, konnte er dort kein Bild malen. Doch mit dem Atelier in 7 Reece Mews war er nach Einbau eines Oberlichtes so zufrieden, daß er 31 Jahre lang dort arbeitete. Dabei sind Wohnung und Arbeitsplatz für den zuletzt 82jährigen alles andere als bequem erreichbar. Über einer Garage gelegen, hangelt man sich rechts an einem Geländer, links an einem dicken Tau die steile Treppe empor, bis man in einer kleinen Wohnung anlangt.
Der Wohn-Schlafraum-Schlauch mit abgewetztem Holzbohlen-Fußboden wirkt wie eine Studentenbude. Ein gesplitterter Wandspiegel, der Staubsauger unter den Schreibtisch verräumt, schlichtes Mobiliar, bis auf eine reich verzierte Kommode. In der Küche offenliegende Abwasserrohre, ein vierflammiger Gasherd mit Backofen, daneben speckige Arbeitsplatten und in einer aus dem Holz gesägten Lücke ein Emaillespülbecken mit Kaltwasserhahn. Von Komfort zu sprechen verbietet sich. Während hier jedoch alles relativ aufgeräumt ist und in der Küche höchstens die Badewanne etwas deplaziert und exzentrisch wirkt, ist das Atelier ein Schock:

Scheinbar eine Müllhalde haufenweise eingetrockneter Farbeimer, ein ganzer Pinselwald in verklebten Tassen und Gläsern, farbgetränkte Lappen von Jahrzehnten, leere Champagnerkartons *en masse*. Der Abfall verwehrt den Zugang zum Großteil des ursprünglich gut dreißig Quadratmeter großen Raumes. Edwards bekennt freimütig, bereits in den siebziger Jahren, als er Bacon kennenlernte und der sich im Atelier kaum noch bewegen konnte, zehn Mülleimer solchen Materials entsorgt zu haben. Auf Bacons Anweisung zerschneidet er verworfene Leinwände mit Bildern, die auf Edwards vollendet wirken, und wirft sie weg. Bei der Gelegenheit findet er auch haufenweise von Gummibändern zusammengehaltene Papiergeldrollen. Bacon hatte sie vor einem vorherigen Lebensgefährten versteckt und dann vergessen; der Großteil davon ist bereits entwertet. Doch zu Bacons Tod, fünfzehn Jahre später, türmen sich dort erneut die Gegenstände.

Malen kann Bacon hier überhaupt nur, weil ihm als Vorlage keine Modelle dienen, für deren Drapierung kein Platz wäre, sondern Fotos und Abbildungen aus Büchern und Zeitungen, die sich im Atelier häufen. Unter seinem Schritt zerfleddern und zerreißen die Reproduktionen. Die Form der Fragmente dient ihm als Vorlage (Sylvester 162). Wer sich fragt, ob es nicht ein Witz sei, ein solches Chaos einem Museum zu vermachen, oder ein Trick, um die Entrümpelungskosten zu sparen, findet in dieser Arbeitsweise des Malers den Schlüssel zur Antwort. Zwar birgt das Atelier kaum neue Werke, dafür aber einen großen Teil von Bacons Quellenmaterial. Bei der eklektizistischen Arbeitsweise des Malers enthält es ein Füllhorn an Verweisen zum Œuvre, wie der Maler selbst andeutet: »Vergiß nicht, daß ich mir alles ansehe. Und alles was ich sehe wird sehr fein zermahlen. Am Ende weiß man nie – ich jedenfalls sicher nicht –, aus was sich meine Bilder zusammensetzen« (Peppiat 30 f). Fotos von Freunden lugen unter medizinischen Handbüchern hervor, Streifen aus Fotoautomaten, die den Maler zeigen, liegen neben Muybridges Bewegungsstudien, Tierbilder, die Bacon stets faszinierten, finden sich ebenso wie das Fachbuch zur Röntgenpositionierung, das Aufschluß über die Anordnung seiner Figuren auf der Bildfläche gibt.

Der Umzug dieses Ateliers ist ein zweijähriges Abenteuer, überwacht von der Kuratorin Margarita Cappock. Vier Archäologen sind damit betraut, das Objektsediment wie eine antike Grabungsstätte zu kartographieren. Ein Netz von Flächenkoordinaten wird über das Atelier geworfen und der räumliche Aufbau über fünf Schichtebenen erfaßt. Jeder der über 7.000 Artikel wird exakt vermessen, nach weitgehend standardisiertem Thesaurus beschrieben und mit einem hochauflösenden Scan abgespeichert. Diese gewaltige Datenbank ist eine Schatzkarte. Zusammen mit einem Barcode auf jedem Objekt sichert sie die exakte Plazierung am Zielort in Dublin. Dort entsteht das Atelier originalgetreu, samt der farbverschmierten Tür, die Bacon zusammen mit den Wänden als Palette nutzte. Das Ergebnis dieser weltweit einmaligen Rekonstruktion ist seit dem Sommer 2000 in der Hugh Lane Gallery zu besichtigen. Der Ertrag daraus ist weit mehr als ein oberflächlicher Einblick in Bacons Arbeitsroutine. Zum einen gibt die Datenbank den Kunsthistorikern ein wertvolles Werkzeug in die Hand: Die Volltext-Suchmöglichkeit führt zu themenrelevanten Objekten. Tatsächlich liegt das Hauptverdienst der kostspieligen Rekonstruktion zum anderen darin, daß sich der Schwerpunkt der Exegese erstmals aus dem internationalen Bereich nach Irland verlagert.

Zeit seines Lebens leugnet Bacon, daß seine Bilder eine Bedeutung hätten, und gibt nur spärlich Auskunft, wenn er nach seinen Inspirationsquellen befragt wird. Die Namen Diego Velázquez und Pablo Picasso fallen, Edward Muybridge und Sergeij Eisenstein. Er bekennt seine große Zuneigung zu Iren, doch das Ausmaß, in dem Bacon durch seine irische Kindheit geprägt ist, wird bislang unterschätzt. Nun zeigt sich, daß Bacon, der in den dreißiger Jahren Joyce verehrt (Peppiat 36), auf seinen Regalen in der Wohnung dessen Prosa ebenso stehen hatte wie Fotobände über den Autor und Sekundärliteratur zu *Finnegans Wake*. Von Oscar Wilde besitzt er eine Werkausgabe, von Richard Ellmann die Biographie des Iren ebenso wie die von Joyce und W. B. Yeats und die Yeats-Biographie von A. Norman Jeffares. Bacons Bewunderung für Yeats ist immens. Dessen Karriere zum politisch einflußreichen Senator des Freistaates kann dem Maler nicht entgangen sein, kaum auch dessen Schwenk zum glühenden Verteidiger der protestantischen Führungsschicht. Zwar leugnet Bacon, direkt von Texten beeinflußt zu sein, aber er sieht sie als Anstachelung zur Weiterarbeit, und diese Wirkung übt »eine große Anzahl« von Yeats' Gedichten auf ihn aus (Sylvester 141). Auswendig zitiert Bacon das Gedicht »The Second Coming«, von dem er sagt, daß es ihm »ein Grauen mit einzigartigem Widerhall« einflöße (Hugh Lane Municipal Gallery). Bacon sieht Irland als Land der Literatur, nicht der Malerei, und diese Literatur internationalisiert er keineswegs: »Natürlich liegt es an der Kirche, daß die Leute Joyce mögen und Yeats eine Menge seiner Zeit außerhalb Irlands leben mußte« (Sinclair 40). In seinem Bücherregal steht auch Becketts Prosa-Band, *The Expelled and Other Stories*, und der Maler vereinigt sich mit diesem Iren auf einer Fotocollage. Trotz des auch dadurch belegten außerordentlichen Interesses Bacons an irischer Kultur aus protestantischer wie katholischer Sicht gelingt es einem Autor wie Milan Kundera (12; 14) bei seiner Parallele zwischen Bacon und Beckett beider Geburtsland, Irland, unter den Tisch fallen zu lassen. Eine solche Haltung überrascht jedoch weniger, wenn man hört, daß sich sogar das Dubliner Museum, in dem das Atelier nun zu besichtigen ist, scheut, die irische Dimension Bacons offensiv einzufordern.
Die Neufokussierung des Blicks auf Bacon als Iren macht ein Problem der Forschung offenkundig, das für die dominanten Epochenzuordnungen und werkimmanenten Zugänge zum Œuvre kein Problem zu sein schien, nämlich den Mangel an Zeitzeugen. Nahezu alle bekannten Details zum Leben des Malers sind durch Bacons eigene Wahrnehmung und seine eigene, höchst selektive Mitteilungsbereitschaft gefiltert. Dabei macht es hellhörig, daß der Maler, der ein Buch über Flüssigkeitsfilter als Motivquelle verwendet, sich in einem seiner vielen Gespräche mit David Sylvester (199) zu genau dieser Rolle des Menschen als Filter bekennt. Immerhin entmystifiziert die Forschung der neunziger Jahre nach Bacons Tod einige der Selbstäußerungen zum Werdegang. So erklärt der Maler wiederholt, er habe erst 1943/44 wirklich mit dem Malen begonnen und sich vorher lediglich gut amüsieren wollen (Sylvester 70; 189). Tatsächlich berichtet aber eine irische Freundin, zu der er jahrzehntelang Kontakt hält, daß er schon als Kind wie besessen zeichnete (Dawson 9). Auch seine Karriere beginnt erheblich früher, als er behauptet. Schon Anfang der Dreißiger schlägt seine Ölmalerei in der Londoner Kunstszene wie eine Bombe ein. 1933 stellt Herbert Reads Einführung in die Moderne Kunst, *Art Now*, ein Bild Bacons einem

Picasso gegenüber. Zu dieser Zeit kauft auch ein einflußreicher Sammler zwei Bilder, um sofort ein weiteres in Auftrag zu geben.
Doch die Presse macht aus diesem Erfolg ein Strohfeuer. Eines von Bacons Bildern wertet der *Observer* als »Situationskomik«, wohingegen das Kulturmagazin *Time and Tide* mehr ins Detail geht: »Als Kopf besitzt die 'Lady' von Francis Bacon am Ende eines Stockes ein kleines rotes Stück Mäusekäse« (Peppiat 64). Ermutigende Erfolge münden in den Ausschluß von der ersten englischen Surrealisten-Ausstellung von 1936 (ebd. 43-76). Dieser erste Abschnitt von Bacons Werdegang als Maler verläuft parallel zu der von ihm ebenfalls heruntergespielten und gleichfalls kurzlebigen Karriere als Möbeldesigner einige Jahre vorher. Ende der Zwanziger sind seine Bauhaus-Adaptionen und Teppichdesigns britische Avantgarde und ein großer Erfolg. Nach der Weltwirtschaftskrise haben aber nur noch wenige seiner Freunde dafür Geld übrig. Dies Muster von Höhenflügen und Abstürzen wird erst nach dem Zweiten Weltkrieg durchbrochen. Nun ist die Zeit für Bacons Räume reif und für die Körper darin, deren rohes Fleisch sie an der Grenze von Leben und Tod, von Geburt und Verwesung ansiedelt (Borel 187). Mit dem untoten Fleisch bricht sich das Unheimliche in seinem Schaffen Bahn.
Die irische Freundin erinnert sich, wie der kleine Francis sie in eine Metzgerei zerrt, um sich die hängenden Fleischstücke zu besehen und sich zu seiner Faszination dafür bekennt (Dawson 9). Die Erinnerung an diese ersten Fleisch-Erlebnisse in irischen Metzgereien speist sein lebenslanges Schaffen. Der Maler plant wahre malerische Fleisch-Orgien, »eine Art strukturiertes Malen, in dem die Bilder gleichsam aus einem Fleischfluß entsteigen, [...] da gäbe es wahrscheinlich ein hoch über sein naturalistisches Umfeld erhobenes Straßenpflaster, aus dem [die Figuren] treten würden, als ob sich die Bilder von bestimmten Menschen aus Fleischpfützen erhöben und, falls möglich, ihre tägliche Runde drehten. Ich hoffe in der Lage zu sein, Figuren zu malen, die sich aus ihrem eigenen Fleisch erheben« (Sylvester 83). Dabei erscheint ihm das Fleisch in den Metzgereien im Grunde fehl am Platz, und er selbst sieht sich an dem Ort, an dem das Fleisch ist: »Jedesmal, wenn ich in eine Metzgerei gehe, denke ich, daß es überraschend ist, daß ich nicht an Stelle des Tieres dort hänge« (Sylvester 46). Setzt man seine Äußerungen und Bilder miteinander in Beziehung, entpuppt sich Bacons Malerei als schier endlose Abfolge von Selbstporträts vor irischem Hintergrund.
Als englischer Soldat ist der Vater Francis Bacons zunächst in England stationiert, wird dann nach Irland abkommandiert, um das Kolonialregime zu stabilisieren. Kurz nach dem Burenkrieg, der vier Monate nach seiner Ankunft endet, heiratet er eine Erbin der Stahlfamilie Firth, läßt sich mit Ordensauszeichnung im Alter von 33 Jahren pensionieren – und kehrt nach Irland zurück. Ihn als Erbschleicher zu bezeichnen, mag leicht übertrieben sein, aber erst durch das Geld seiner Frau gelingt es ihm, eine Pferdezucht aufzubauen. Er profitiert von den niedrigen irischen Personalkosten. Die englische Besatzungsarmee ist der potentielle Kunde, aber wegen der schlechten Umgangsformen des Züchters bleiben Stall und Dressur Zuschußgeschäft. Francis wird 1909 in Dublin, in der Lower Baggot Street, geboren. Die vielen Häuser, in denen die Familie leben wird, sind stets Wohnsitze auf Zeit. Marktorientiert wählt sie der Vater nach ihrer Nähe zu englischen Stützpunkten aus, so daß sie stets mit der

Kolonialmacht verbunden sind. Francis Bacon erinnert sich an Cannycourt in der Grafschaft Kildare. Als er vier oder fünf Jahre ist, gewährleistet die benachbarte Armeekaserne von Curragh die Sicherheit der Protestanten. Doch der Manöverlärm der Reiter, die vor den Toren des Bacon-Anwesens auf- und abgaloppieren (Peppiat 11), kündet davon, wie instabil die Lage der Engländer in Irland geworden ist. 1913 setzen in Ulster die Protestanten-Aufstände ein. 1914 meutern 57 Curragh-Offiziere ungestraft gegen Zugeständnisse an die Katholiken. Von Cannycourt aus fährt die Familie in die Ferien in ein Cottage bei Letterfrack in der Grafschaft Galway. Die Wohnortswechsel Francis Bacons lassen daran denken, daß seine Familie ihn wie auf einer Flucht durch rasches Umziehen in Sicherheit bringen will: Bishopcourt, Canalway Lodge und Straffan Lodge. Auf Einladung ziehen die Bacons zudem von Protestantenhaus zu Protestantenhaus, um mit den gesellschaftlichen Verpflichtungen Schritt zu halten (Sinclair 13).

Im Ersten Weltkrieg findet sich der reaktivierte Vater auf einen Büroposten im Kriegsministerium geschoben. Konfessionsübergreifend vereinen sich Engländer und Iren gegen die deutschen »Hunnen«. Francis Bacons erste Kriegserlebnisse sind die deutschen Zeppeline, die ihre Bomben auf London werfen, doch jedesmal wenn die Familie nach Irland zurückkehrt, ist der Junge mit den dortigen Unruhen konfrontiert. Bacon gilt als Porträtmaler, aber es läßt sich ebenso argumentieren, daß er ein Maler des Interieurs ist und mit Grey Gowries (20) Worten »die Landschaft der Hölle als Höllenschlafzimmer« malt. Tatsächlich bilden mit Ausnahme der wenigen Brustbildserien nahezu alle seine Bilder unheimliche Innenräume ab. Gleich abgetrennten Organen erinnern isolierte Wohnungsattribute an unheimliche Zerstückelung. In diese Räume projiziert der Maler als in der katholischen Kolonie aufgewachsener Protestant seine Identitätszweifel.

Auf die unheimliche Dimension Bacons weist Forge (26 f) kursorisch hin, ohne jedoch nach der konkreten Motivation des Malers für dies Mittel zu suchen. Die jüngere Postkolonialismus-Forschung erkennt im Kolonialismus die unheimliche Situation par excellence, und die Familie Bacon macht die für koloniale Subjekte typische Erfahrung des »Unheimlichen« (Gelder / Jacobs 23-26). So erklärt sich Bacons Faszination für Yeats' Gedicht »The Second Coming«: Unheimlich wird die Erde darin durch die zum Monströsen pervertierte »Offenbarung« einer zweiten Wiederkehr Christi heimgesucht. Weil sich die Identität eines Volkes in der Architektur ausdrückt (Baucom 35), wird die verunsicherte Identität auf Häuser projiziert, die unheimliche Züge annehmen. Lange bevor Bacon selbst unheimliche Häuser malen wird, erlebt er deren Schrecken am eigenen Leib, als die Familie bei ihren Reisen auch in einem Herrenhaus nächtigt, in dem es spuken soll: Nach eigener Aussage ist der zehnjährige Francis aus Angst vor den Geistern und dem drohenden Verhängnis halb wahnsinnig (Sinclair 35). Der Sohn ist mit seiner Familie in Irland deplaziert, zwar nach den hegemonial legitimierten Vorstellungen des Vaters am richtigen Ort, aber, wie Krieg und persönliche Bedrohung zeigen, gleichzeitig am falschen. Schon sein Elternhaus konfrontiert ihn durch die segregierende Hackordnung von katholischen und protestantischen Dienern mit den Konfessionsunterschieden und deren kolonialer Bedeutung. Ob Francis privat von einem katholischen Priester unterrichtet wird (Davies 3), oder von einem protestantischen Pfarrer (Sinclair 27) – später behauptet er, in Irland

keinem religiösen Einfluß ausgesetzt gewesen zu sein (Davies 3 f). Familienkirchgänge durchschaut er als politische Demonstrationen (Sinclair 26 f). Einer der wenigen Freunde des Vaters, den der Junge auch kennenlernt, ist ein grundbesitzender und mit der Krone kollaborierender Katholik (Sinclair 6).
Bei Bacon wird die aus dem Bewußtsein des konfessionalisierten Kolonialregimes resultierende Zerrissenheit deutlich, wenn er am Grad seiner »Irishness« demonstrativ kein Interesse bekundet und im Gespräch mit Iren eigene Einstellungen mit den Charakterzügen von »euch Iren« konfrontiert (Cronin 24). Zugleich überhöht er Irland als Land, in dem das Leben besonders frei sei (Sylvester 68), und begibt sich mit diesem Bezug auf die protestantischen Privilegien in die Position des Engländers. Daß er sich auch England nicht zugehörig fühlt, zeigt im Gespräch seine Entgegnung auf die Erwähnung der Kunstkritik, die ihn als »manieristisch« ablehne: »Tja, so sehen sie mich also, nicht wahr? Die Engländer, die haben meine Bilder hier schon immer gehaßt« (Sinclair 3). Dennoch wäre es verfehlt, Sinclairs Bezeichnung von Bacon als anglo-irischem Gentleman wörtlich zu nehmen.
Dabei leuchtet es ein, daß Bacon nicht nur in seiner »Englishness« angesichts der überwältigend präsenten »Irishness« verunsichert ist, sondern auch durch seine Homosexualität in überwiegend heterosexueller Umgebung. Zwar äußert er gegenüber Vertrauten die Auffassung, er sei homosexuell geboren worden (Peppiat 78), und er hat in den Subkulturen, in denen er sich bewegt, dazu Gelegenheit, seine Neigungen hemmungslos auszuleben. Doch der Konflikt mit seinem Vater eskaliert aus Anlaß der entdeckten Sexualneigung und konfrontiert den Jungen mit seiner Andersartigkeit. Das Strafrecht diktiert in der Öffentlichkeit das Verbergen seiner Neigung (Peppiat 78 f). Wer die Grenzen stillschweigender Toleranz austesten möchte, das zeigen die auch zu Bacons Jugendzeit noch diskutierten Prozesse Oscar Wildes (Sinclair 36 f), riskiert eine Zuchthausstrafe. So ist die verunsicherte Identität der Zentralschlüssel zum Verständnis des Übernatürlichen und Geisterhaften in der Malerei des homosexuellen Imperialistenkindes und auch zu seinen Vorstellungen von der künstlerischen Form.
Die Freundin aus Bacons Kindheit weiß davon zu erzählen, daß er sie in Irland unablässig die Gegenstände, die er zeichnete, erraten ließ (Dawson 9). Dies Spiel zwischen realistischer Abbildung und Verzerrung, die unheimliche Züge trägt, charakterisiert die Privatästhetik Bacons, die sich aus seinen Interviewäußerungen rekonstruieren läßt. Bacon lehnt abstrakte wie realistische Malerei gleichermaßen ab. Fotografie und Film erscheinen ihm in 99 Prozent aller Fälle interessanter als figürliche Malerei oder abstrakte mit ihrer »undisziplinierten Emotion« (Sylvester 30; 60). Die beinahe zwangsläufig zwischen Figuren entstehenden »erzählerischen« oder »illustrativen« Seiten sucht er zu vermeiden (ebd. 63-65). Doch trotz dieser scharfen Abgrenzung bekennt er sich schweren Herzens zur Notwendigkeit, illustrative Elemente zu verarbeiten. Er erklärt jedoch, Menschen nicht wirklichkeitsgetreu (»literal«) malen zu können und sie verzerren zu müssen: »Ich hoffe stets, die Leute durch Deformation in Erscheinung zu bringen« (ebd. 146).
Das heißt jedoch auch, daß seinem Malprozeß zunächst realistisches Malen zugrundeliegt, das er dann bewußt unterläuft: »Die Hälfte meiner Malbeschäftigung besteht im Durchbrechen dessen, was mir leicht von der Hand geht« (ebd. 91). Da-

her wirft Bacon Farbe auf das Bild, hofft auf Verwirbelungen im groben Pinselstrich, reibt mit farbgetränktem Lappen über das Bild oder wirft Staub auf die frische Farbe (ebd. 90 ff; 16 f; 93; 121). Dieser Grenzgang ist jedoch gefährlich. Wenn nämlich das Illustrative, das erst das Verständnis ermöglicht, überhandnimmt, muß das ruinierte Bild mit Korrekturversuchen gerettet werden, und dabei verklumpt häufig die Farbe: Das Weiterarbeiten ist unmöglich (ebd. 196), und die einzige Lösung für den Maler ist die Zerstörung des Bildes, und die erscheint ihm häufig als erforderlich. Dabei betont er, daß der Verzerrung keine bewußte, illustrative Absicht zugrundeliegen dürfe (ebd. 126), und auch die Rationalität ausgeschaltet werden müsse. Zufall oder Versehen sind wichtige Hilfsmittel (ebd. 105 f) dafür,daß sich das Bild dem Grenzfall der Selbstgenerierung annähert: »Falls die Sache überhaupt etwas zu werden verspricht, dann wird sie etwas wegen einer Art Dunkelheit, die ihr die Andersartigkeit der Form, die unbekannt ist, gleichsam vermittelt« (ebd. 106 f). Als Katalysatoren solchen nicht-intentionalen Malens können dem Maler Müdigkeit oder, seltener, Alkoholisierung dienen, aber das wichtigste Mittel ist der verzweifelte Wille, den eigenen Willen auszuschalten (ebd. 13; 121).
Wenn schließlich die »Unvermeidlichkeit des Bildes« entsteht, entstammt das Bild »aus dem Bereich [...], den Unbewußtes zu nennen wir gewählt haben. Dies Unbewußte ist von einem Schaum umschlossen, der dessen Neuheit ist« (ebd. 120). Doch nicht nur der Entstehungsprozeß, auch der Rezeptionsprozeß soll Bacon zufolge das Bewußtsein ausschalten. Das perfekte Bild offenbart sich direkt dem Nervensystem, im Gegensatz zur »Geschichte«, die bei der illustrativen Malerei einen langen Umweg über das Gehirn nimmt (ebd. 18). Weil aber die Anwesenheit mehrerer Figuren auf der Leinwand unweigerlich, so Bacon, eine Geschichte evoziert – und damit Langeweile einsetzt (ebd. 22) –, bedarf es ikonoklastischer Strategien. Wenn Bacon dabei immer wieder auf literarische Kategorien wie das Wörtliche, die Erzählung oder die Geschichte zurückgreift, unterstreicht er unbewußt seine Prägung durch die Literatur. Weil er jedoch unbedingt verhindern will, daß die Geschichte »lauter als die Farbe« spricht (ebd.), sucht er das Bezeichnete als Folge eines Verständnisprozesses des Betrachters auszuschließen und postuliert ein Erkennen ohne Signifikationsprozeß.
Daher rührt die frühe Begeisterung Bacons für abstrakte, unverständliche Graffiti, die auf ein Londoner Brückengeländer gekritzelt ist (Peppiat 50). Wenn seine Bilder Schriftzeichen enthalten – wie etwa zwei Tafeln des *Triptych: Studies from the Human Body* (1970) –, ist die Schrift durch die teils aleatorische, teils repetitive Reihenfolge der Zeichen dem Signifikationsprozeß entzogen. Was die von Bacon aufbewahrte Bürgerkriegsfotografie andeutet, vollzieht seine Malerei. Als *pars pro toto* der Malerei besitzen die hereinbrechenden Schriftstücke keinen anderen Sinn als den des Verweises auf die Schriftlichkeit, aber nicht, um die Schrift nicht zu lesen, sondern um sie als solche zu identifizieren und den Betrachter mit der sich aus der Neukontextualisierung zwingend ergebenden Unlesbarkeit des Objekts zu konfrontieren. In dieser verzerrten Wiederkehr des zugleich Traumatischen und Vertrauten liegt der unheimliche Grundzug von Bacons Malerei.
Derselben Strategie liegt Bacons Wahl der Form des Triptychons zugrunde. Die skandierenden Einzelbilder sollen die Geschichte abschneiden (ebd. 23) und die Konzen-

tration auf das Bild ermöglichen, das zwar vom abzubildenden Objekt ausgeht, dies aber ersetzt und als das »Äquivalent« dieses Objektes übrig bleibt (ebd. 180-82). Es überrascht nicht, daß Kritiker vom Bild aus den Weg zurück zu den Objekten, den Porträtierten, gehen, und so nach dem Objekt vor der unheimlichen Entstellung suchen. Im Urteil über die Porträttriptychen Bacons stimmen sie darin überein, daß die Darstellung »getreu« ist (Kundera 11) und »die Ähnlichkeit [...] offensichtlich«: »der geschulte Blick [wird] die Person erkennen, das Individuum identifizieren können. Ohne jeden Zweifel« (Borel 188). Zwar läuft diese Rekonstruktion konträr zu Bacons Wunsch der Ersetzung des Objektes, aber sie trifft sich mit einer der Begründungen für die Wahl des Triptychons. Bacon will seine Malerei Polizeifotos, und es ließe sich ergänzen, irischen Polizeifotos, annähern, die der schonungslosen Identifizierung des Objektes dienen.

Diese Vorsätze Bacons zur irrationalen Entstellung des Bildes machen die Wahl einer seiner wichtigsten Quellen sinnfällig. Neben Muybridges Bewegungsstudien ist die englische Ausgabe von Albert Freiherr von Schrenck-Notzings Buch, *Materialisationsphänomene* (1914), diejenige Vorlage, die Bacon während der Arbeit am häufigsten konsultiert. Die farbigen Fingerabdrücke des Malers auf nahezu jeder Seite des Buches mit Abbildungen unheimlicher Phantome und anderer paranormaler Phänomene lassen diesen Rückschluß zu (Hugh Lane Municipal Gallery). Begreift man Werke der bildenden Kunst mit dem Kunsthistoriker Michael O'Toole (4 f) als visuelle Texte, kann man vom intertextuellen Transport des Unheimlichen von Schrenck-Notzings in die Malerei Bacons sprechen. Auf der Bildfläche tritt dies Unheimliche in den Kontext von Bacons Irland-Vergangenheit ein und sucht die verunsicherte Identität das Malers heim. Wie in der Vorlage tauchen die Materialisationen auf Gemälden wie *Man at Curtain* (1950 / 1951) vorzugsweise neben Vorhängen auf.

Das Unheimliche dieses Bandes eignet sich Bacon – etwa im *Portrait of George Dyer in a Mirror* (1968) – auch in Form monochromer Flecken an, die in der Vorlage Gesichter entstellen. Schrenck-Notzings Bezeichnung dieser Erscheinungen als »Teleplasma«, »teleplastische Strukturen« oder »Konglomerate« beläßt die Phänomene im Bereich des Pseudowissenschaftlichen, wohingegen ihre gleichzeitige Beschreibung als »Splitter«, »Fetzen« oder »Wölkchen« (Schrenck-Notzing 274-83) die offenbar manipulierten Szenen so veranschaulicht, wie Bacon sie verarbeitet. Cappock (34) erklärt das Zentralbild von *Triptych* (1974-77) als nahezu exakte Kopie der Abbildung des ebenfalls durch eine solche Erscheinung entstellten Bildes des französischen Staatsmannes Raymond Poincaré bei Schrenck-Notzing. Bacons erneute Verarbeitung weist die Kunsthistorikerin in *Study for a Pope III* (1961) nach. Diese Quellenwahl legt die Frage nach Bacons persönlicher Haltung zu solchen Phänomenen wie Séancen und Geisterbeschwörungen nahe. Zunächst überrascht es daher, daß der Maler auf die Interviewfrage zur Trance, in die er während des Malens verfalle, diesen Begriff als modisch ablehnt (Sylvester 96). Doch seine Erzählung von einer Glückssträhne im Casino von Monte Carlo, während der er an drei Roulette-Tischen gleichzeitig gewann, weil er die Nummern vorher gehört habe (Peppiat 121), läßt keinen Zweifel an seinem Glauben an übersinnliche Phänomene. So überrascht es nicht, daß er im Interview Übernatürliches zum Bestandteil seines Schaffensprozesses

Study for a Pope III (1961), Abb. No. 28 (Seite 81).

macht und sich als »Medium des Zufalls und Versehens« beschreibt (Sylvester 96; 140). Auch weist er den Begriff der künstlerischen Begabung zurück, um sich als aufnahmefähig für »Energie« zu charakterisieren: »Dinge werden mir gereicht und ich benutze sie einfach« (Sylvester 141). Zudem bekennt er sich in einem 1982/1984 geführten Interview dazu, von den Modellen aus Fleisch und Blut die »Emanationen« aufzunehmen (Sylvester 174). Mag er sich auch im gleichen Atemzug von spiritistischen Phänomenen distanzieren, so beharrt er doch auf diesem Begriff und reklamiert damit das Übersinnliche und Unheimliche für sich und seine Malerei.
Wenn Bacon schließlich die eigene Porträtmalerei als Technik beschreibt, sich an seine Modelle zu erinnern und sie »wieder herzuholen« (Sylvester 40), kann kein Zweifel am Wunsch des Malers, in seinen Bildern Geister zu beschwören, bestehen. Ein visuelles Ausdrucksmittel dafür ist das »shuttering«. Analog zum Foto einer Cinerama- Leinwand, das Bacon in seinem Atelier aufbewahrt, mit Mal- und Zeichensspuren bedeckt, legt er als visuellen Text senkrechte Linienparallelen über die Figur, deren Aufgabe das Verbergen ist. Wie bei einer Séance materialisieren und entmaterialisieren sich so die Figuren (Hugh Lane Municipal Gallery) – etwa auf *Study after Velázquez* (1950). Weitere Bilder wie *Man in Blue I* (1954) halten die Struktur des »shuttering« im Hintergrund als Selbstzitat im Spiel. Doch Bacon bekennt sich zu einem weiteren der von Freud als unheimlich bestimmten Phänomene, zur Zerstückelung. Den Versuch, Objekte gleichsam auszuschneiden und so in ein Fragment zu verwandeln (Sylvester 148), bestimmt er als seine Schaffensstrategie.
Vor dem Hintergrund dieser Bekenntnisse zum Unheimlichen kann die Aussage des Malers zum Heimeligen nicht mehr überraschen: »Ich hasse eine heimelige Atmosphäre, und ich denke immer, daß 'malerische' [Orig. deutsch; Anm. d. Verf.] Malerei einen zu heimeligen Hintergrund aufbaut. Ich bevorzuge immer die Intimität der Figur vor einem sehr groben Hintergrund. Ich will die Figur isolieren und aus dem Innenraum und dem Heim herausnehmen« (Sylvester 120). Bacons Fixierung auf das Heimische und das Heim schließt im Englischen an den Begriff »canny« an, dem Pendant zum deutschen »heimelig«, das Maria M. Tatar zufolge ebenso wie der deutsche Begriff mit seinem Antonym zusammenfallen kann. Dabei drängt sich erneut der irische Bezug des Malers in den Vordergrund: Das nominell heimelige Cannycourt entpuppt sich durch die nahen Kavallerie-Manöver als bedroht und damit unheimlich. Bacons Projektion des Heimeligen und Unheimlichen auf das Haus wird noch deutlicher, wenn er im Gespräch mit Sylvester (76) von einer Reflexion über Exorzismus, Tod, zerstörerische Liebe und Besessenheit übergangslos zu einem Gedankenexperiment übergeht: »Nimmt man einmal an, man hätte immer nur irgendwo in einem Cottage gelebt und hätte keinerlei Erfahrungen gemacht, das ganze Leben lang, würde man dann vielleicht genau das gleiche machen, oder etwas besseres?« Sicherlich ist dies spekulative Cottage, in dem sich Bacon versuchsweise einquartiert, nicht ausdrücklich irisch. Dennoch machen es die langjährigen Ferien der Bacon-Familie in einem Cottage bei Galway *auch* zum irischen Haus. In dem Moment, als Bacon seine hypothetische einfache Lebensweise zur Identität konkretisiert, die als einziges weiteres Attribut ebendies Cottage besitzt, lokalisiert Bacon seine Identität im Haus. Ebenso wie das Cottage als Archetyp des Heimeligen gelten kann, so läßt sich schlie-

ßen, findet Bacons malerischer Exorzismus des Heimeligen im Haus seinen Fluchtpunkt.
Die häufigen Hauswechsel machen die Familie Bacon zu Nomaden, und diese Lebensweise offenbart angesichts der offenen und verdeckten Verfolgung die koloniale Verunsicherung. Der Maler macht diese Ortlosigkeit über weite Strecken auch zur Struktur seines Lebens und drückt sie in seinen Raumdarstellungen aus. Dabei spricht es für Bacons Bewußtsein von den kolonialen Mechanismen, daß er sich als einziger der Familie, die Bacons langjähriger Freund und Biograph Michael Peppiat (10 f) als »in der Wolle gefärbte Kolonisten« charakterisiert, in keiner ehemaligen Kolonie ansiedelt. In vielen Fällen besitzen die unheimlichen Räume auf Bacons Bildern Attribute des Hauses, das die Bacon nach der Rückkehr nach Irland beziehen. Francis' Großmutter mütterlicherseits, Winifred Margaret, die ein großbürgerliches Leben führt und den Aga Khan in Irland empfängt, mietet Häuser, die sie kurz danach ihrer Tochter und deren Familie überläßt. So ein Haus ist Farmleigh, Co. Leix, an das Bacon sich im Gespräch noch nach Jahrzehnten erinnert (Sylvester 184). Zwar ist das Bekenntnis das Malers, daß die bogenförmige Fensteranordnung der rückwärtigen Zimmer von Farmleigh ihn dazu motivierte, für seine Triptychen »oft einen bogenförmigen Hintergrund« zu wählen, mit einem »vielleicht« versehen (Sylvester 184), aber Bacons seltenes Eingeständnis zu seiner irischen Motivwahl läßt keinen Zweifel an dieser Herkunft des Bogens in seinen Bildern. Diese Linie, die gelegentlich auch den Vordergrund strukturiert und sich in keine Raumperspektive einordnen läßt, ist in so erdrückender Häufigkeit auf Bacons Bildern vorhanden, daß sich die Aufzählung von Beispielen erübrigt. Zudem stößt man bei der Suche nach Häusern in der Datenbank der Hugh Lane Gallery auf ein Foto von einem irischen Interieur, das Bacon bis zu seinem Tod aufbewahrte. Es weist dieselbe Fensterlinie auf.
Da sich diese Quelle keiner Publikation zuordnen läßt, untersagt das irische Copyright nach Auskunft der Hugh Lane Gallery deren Abdruck. Die Wandtäfelung des Zimmers läßt auf ein irisches Haus schließen. Im zentralen Fenster ist im Gegenlicht eine Madonna sichtbar. Mehrere pultähnliche Tische und Bänke lassen an ein Pfarrhaus denken, in dessen Raum kleine Kinder unterrichtet werden. Der genaue Blick zeigt aber Gegenstände, die dem widersprechen: Auf dem Tisch, an den ein Miniaturstuhl gerückt ist, von dem aus kein kleines Kind im Sitzen nach oben reichen könnte, stehen zwei Spielbretter mit Steinen einander gegenüber, die Spitze jeweils auf die Tischkante gerichtet, so daß keine Spielseite eindeutig zum Stuhl weist. Der Spielzeugkinderwagen wäre in einem Schulraum ebenso deplaziert wie eine feingliedrige Skulptur auf einem weiteren sichtbaren Stuhl. Dies Rätselfoto verzerrter Proportionen und deplazierter Objekte besitzt ähnlich surreale Züge wie eine Vielzahl von Bacons Räumen. Zudem erinnern die drei isolierten und durch die Wandkrümmung doch integrierten Fenster an Bacons Vorliebe für Triptychen. Der Maler selbst verweist auf eine weitere an Irland gekoppelte Motivation dieser Struktur, wenn er die symmetrische Sicht auf jede der Gesichtshälften und die Frontsicht in der Mitteltafel mit Polizeifotos vergleicht (ebd. 86).
Zur Polizei hat der kleine Francis wiederum ein besonderes Verhältnis. Kurz nach der Rückkehr der Bacon-Familie flammt der Unabhängigkeitskrieg (1919-1921) auf,

danach folgt der Bürgerkrieg (1922–1923). Bacon akkumuliert Wissen von arbiträrer Gewalt. Nicht erst in den Balkankriegen des ausgehenden zwanzigsten Jahrhunderts verwandeln sich langjährige Bekannte in ruchlose Feinde. Francis Bacon ist damit konfrontiert, daß die eigene Soldatenfamilie im Umfeld ihrer wechselnden Wohnsitze ebenso verhaßt ist wie andere befreundete Familien, deren Häuser brennen (Dawson 8). Noch im Alter erinnert sich Bacon an den Aufstieg der Sinn Fein. Von der Familie getrennt wohnt der Junge kurzzeitig bei Oma Winifred. Sie hat zum dritten Mal geheiratet, und die Ehe mit dem Polizeipräsidenten von Kildare bedroht auch den Jungen.

Straffan Lodge wird wie ein Schützengraben mit Sandsäcken verbarrikadiert. Heckenschützen sind eine alltägliche Gefahr, und sie werden in Bacons Bildern als bedrohliche »Begleiter« wie auf dem Bild *Study of Nude with Figure in a Mirror* von 1969 wiederkehren (Peppiat 13 f). Die Wachsoldaten des Hauses werden eines Morgens erschossen am Tor eines anderen Anwesens aufgehängt. Zwar sieht Francis das nicht, erzählt aber später, daß er es sich nach Mitteilung durch die Großmutter bildlich vorstellt. Von Dienern hört der Junge, daß Guerillakämpfer die Wache umschlichen und bis ins Eßzimmer der Großeltern vordrangen, um das Paar, das unter dem Tisch Deckung genommen hat, schließlich doch zu verschonen (Sinclair 32). Republikaner schachten Fallgruben aus, um die in der Regel protestantischen Autofahrer zu fangen (Sylvester 81). Wenn Francis im Auto mitfährt, verläßt der Fahrer wiederholt die Straße und holpert über Felder. Eine Szene: Nachts ist der Junge mit dem Polizeipräsidenten unterwegs. Im Bog of Allen, einem Sumpfgebiet, das die Rebellen als Stützpunkt nutzen, bleibt ihr Auto stecken. Als die beiden das Gefährt verlassen, schreien sich Rebellengruppen gegenseitig die freudige Nachricht zu. Taschenlampenfinger tasten nach ihnen. Im Schutz der Dunkelheit schlagen sich Großvater und Enkel zu einem Herrenhaus durch und bitten um Aufnahme. Die Bewohner treten ihnen mit Gewehren entgegen. Nach der Inspektion der Papiere gewähren sie ihnen Zuflucht (Sinclair 27 f). Später, als die englische Vorherrschaft endgültig fällt, sind die Herrenhäuser nicht mehr zu halten und werden als Projektionsfläche des Unterdrückungsregimes dutzendweise geplündert und niedergebrannt. Der in Irland angesiedelte Zweig der Familie der Mutter erhält drei Tage Zeit zur Räumung von Canalway Lodge und zur Flucht in die letzte Bastion des Dubliner Schlosses (Sinclair 34).

Bacon erzählt von den Schreien irischer Gefangener während des Krieges, die von Aufsehern mit neunschwänzigen Katzen gemartert werden. Als »so gut wie vorhanden« beschreibt er den Schatten der Henkersschlinge auf den Feldern, in denen er spielt (Peppiat 16). Das Grundgefühl der Angst zeigt der Befehl des Vaters: »Wenn irgend jemand Dich anspricht, renn los und hol die Polizei« (Peppiat 25). Die Bacons selbst, als englische Soldatenfamilie im Bürgerkrieg zu Opfern prädestiniert, kommen ungeschoren davon, möglicherweise auf Initiative eines Angestellten, so reimt es sich die jüngere Schwester hinterher zusammen. Der habe die Kinder geliebt und als IRA-Mitglied wohl mäßigend auf die irischen Kämpfer eingewirkt. Der Schatten des Todes fällt auch auf Francis, als er erfährt, daß Sinn Fein am Blutsonntag von 1920 einige Straßennummern von seinem Geburtshaus entfernt zwei protestantische Armeerichter hinrichtet (Sinclair 9). Doch unverletzt zu bleiben, heißt nicht, unbe-

schadet davongekommen zu sein. Seine Kindheit buchstabiert Bacon in Erzählungen als Abfolge von Katastrophen (Peppiat 10). Bacons Mutter ist so traumatisiert, daß sie bis zu ihrem Tod abends nicht mehr mit dem Rücken zu einem Fenster zu sitzen wagt (Dawson 8). Die eigene seelische Erschütterung leugnet Bacon immer wieder. Er bekennt, daß das Erlebnis der irischen Kriege nicht nur traumatisch, sondern auch wichtig für ihn war (Dawson 7 f), und läßt seinen Sarkasmus spielen, wenn er Gowrie (17 f) gegenüber gar erklärt, er habe die Spannungen, die der Einsatz der Black and Tans – hastig ausgebildeter englischer Truppen, die Aufstände teilweise in sadistischen Exzessen niederschlugen – erzeugte, ebenso »geliebt« wie den Bürgerkrieg.
In Interviews mag Bacon Einflüsse des Lebens auf seine Bilder stets leugnen und sich selbst als Rätsel inszenieren, möglicherweise um die Wucht der Bilder nicht durch Erklärungen zur Motivation seiner Repräsentationen zu reduzieren (Peppiat 96 f). Doch die Tatsache, daß die Rede des Malers im Interview immer wieder um den Begriff der Gewalt kreist, ist Anzeichen der Prägung durch die Gewalt in der irischen Kindheit. So bestimmt er den »gewalttätigen« Eindruck des Figürlichen auf das Nervensystem als erstrebenswert, hofft, daß seine Bilder die Betrachter »gewalttätiger« ins Leben zurückwerfen, und reklamiert dieselbe Wirkung mit denselben Worten für sich, wenn er von Fotografie und Kunstwerken der Londoner National Gallery spricht. Schließlich preist er Picasso, indem er ihm eine »Brutalität der Tatsache« zuschreibt (Sylvester 12; 17; 30; 141; 182). Und auch die Bestimmung seines Malens ist von dieser Gewalttätigkeit geprägt: Er fühlt sich durch Modelle, die er persönlich mag, in der Arbeit behindert, wenn sie während des Malens vor ihm sitzen, da er sich dann zur »Verletzung«, die er ihnen mit seiner Arbeit zufüge, außerstande sieht (Sylvester 41).
Immer wieder fügt sich dieser Weg der Gewalt zu einem Kreislauf. Entstanden aus der Erfahrung der Gewalt und in den Bildraum projiziert, genügt das Bild nicht den eigenen Ansprüchen, und der Maler zerstört sein Produkt. Brutalität und Gewalt sind für Francis Bacon so prägend, daß mehrere Monographien zu ihm die Gewalt im Titel tragen (Sylvester, Sinclair). Schließlich erhält die Herleitung von Bacons Fixierung auf Gewalt von der irischen Erfahrung ihre Plausibilität nicht nur aus der Analogie. In Bacons eigenem Bewußtsein ist dieser Nexus so tief verankert, daß er sein Gespräch strukturiert. Als Sylvester den Maler auf den Eindruck der Gewalt anspricht, den die meisten Besucher seiner Ausstellungen mit nach Hause nähmen, kommt Bacon nahtlos auf Irland zu sprechen und auf seine dortigen Kriegserlebnisse (Sylvester 81). Diese Kontiguität der Gewaltausstrahlung seiner Bilder mit Irland konstituiert die irische Kindheit als zentrale Quelle seiner Malerei.
Bei genauerer Einschätzung der Bedeutung von Bacons Leben für seine Malerei sind wir auf seine wenigen Erzählungen zur irischen Herkunft verwiesen und auf die Analogien zwischen diesen Geschichten und der Malerei. Die Prägung durch das Erlebnis der Kriege belegt aber auch sehr deutlich der Bestand seines Ateliers. Margarita Cappock findet in der Datenbank Hunderte von Objekten, die aus dem Umfeld des Krieges stammen, seien es Kriege zwischen Staaten, Bürgerkriege oder andere kriegerische Handlungen. Ein mit »Kampf um die Unabhängigkeit« überschriebenes Dokument befaßt sich direkt mit dem irischen Bürgerkrieg. Es darf ebenfalls nicht reproduziert werden. Urteilt man nach den Spuren der typischen Fleischfarbe darauf, benutz-

te er es während des Malens als Vorlage. Es handelt sich um ein Blatt aus einer Illustrierten oder einem großformatigen Geschichtsbuch, auf dem der vormalige Premierminister Asquith die englischen Gewalttaten brandmarkt: Diese würden die düstersten Geschichtschroniken der verworfensten Tyranneien an Schändlichkeit übertreffen.

Ein Schwarzweißbild zeigt Demonstranten, die mit Schildern die Morde an ihren Angehörigen anprangern: »Harry Boland, ermordet in Balbriccan«. Die Aussage des Grauens hat die Form dicker schwarzer Lettern auf weißem Untergrund, wie sie Bacon etwa im Triptychon *Studies from the Human Body* (1970) als sinnloses Verstreuen von Letraset-Buchstaben – deren Bögen sich auch noch im Atelier finden – auf heller Fläche im Kontext des Grauens wieder aufnimmt. Ähnlich unverständlich wirken die Erklärungen auf der Rückseite des Blattes zum Krieg: Vermittlungsversuche eines australischen Bischofs, George V. gibt einen Friedensappell von sich, der englische Premier, Lloyd George, zögert Verhandlungen hinaus. Aber unter diesem kaum verständlichen, weil aus dem Zusammenhang gerissenem Text streckt sich mit brutaler Wucht eine Feldhaubitze ins Blatt hinein, erneut mit deplazierten Schriftzeichen versehen, wohl mit der Bezeichnung einer Transportfirma.

Die Familie oszilliert zwischen Irland und England, doch mit Ausnahme der kurzen Zeit bei den Großeltern ist Francis mit einem Vater konfrontiert, der ihn verachtet. Noch bevor der Junge seine homosexuellen Züge entfaltet, mißfällt dem Vater dessen schwache Gesundheit. Als Asthmatiker läßt der Kontakt mit Hunden und Pferden den Jungen tagelang nach Luft ringen. Doch der Vater will erzwingen, was die Konstitution des Sohnes ausschließt. Wieder und wieder muß der Junge auf einem Pony zur Jagd mitreiten und kämpft während des zwangsläufigen Anfalls mit dem Erstickungstod (Peppiat 9). Bei blau angelaufenem Gesicht erhält er hohe Dosen Morphium. Zur Abhärtung läßt ihn der Vater gar von denselben katholischen Pferdeknechten auspeitschen, die den Jungen in die Homosexualität einführen (Peppiat 16; Sylvester 72). Gleichzeitig fühlt er sich inzestuös vom Vater angezogen (Sylvester 71 f). Den jungen Bacon prägt eine unerträgliche Spannung zwischen Anziehung und Abstoßung, väterlicher Zurückweisung und katholisch semantisierter Erotik, während das homosexuelle Begehren zugleich auf den Vater projiziert wird, zwischen »Englishness« und Angst vor der daraus resultierenden Bedrohung durch Iren, zwischen der Unterordnung unter vorherrschende Stereotypen der Heterosexualität und der Selbstmodellierung zum Homosexuellen und damit zum Anderen. Diese Spannung entlädt sich in den Papstbildern.

Es gibt wohl keine brutalere kunstgeschichtliche Darstellung des Heiligen Vaters als Bacons Bilder, auf denen sich Innozenz X. und Pius XII. wieder und wieder in den Armlehnen verkrallen und den Mund zum Schrei aufreißen. Wieland Schmied (17) zählt 46 Variationen. Die Wahl dieses Sujets durch einen in Irland aufgewachsenen Protestanten macht aus den abstoßenden Grimassen erschütternde Ikonen kolonialer protestantischer Angst. Zugleich repräsentieren diese Variationen von *il papa* auch den Archetyp des Vaters (Sylvester 71), und dies erklärt die Besessenheit der Beschäftigung mit diesem visuellen Text – Bacon erklärt, Buch über Buch mit Illustrationen von Velázquez' Papst Innozenz X. zu kaufen, da dieser ihn »schlichtweg heimsucht«

(ebd. 24) – und der Arbeit daran. Immer wieder muß er den Papst malen, und das »shuttering« vor der Figur macht aus den Bildern spiritistische Beschwörungen. Im Schrei scheint sich die Spannung, die das Objekt als Vertretung des Feindes der protestantischen Kolonistenfamilie symbolisiert, lösen zu wollen, und dieser Schrei wird eines der in Bacons Malerei kraftvoll wiederkehrenden Details bleiben. Zwar schält Bacon diesen Päpsten nicht die Haut vom Fleisch, aber der Schrei, der zuvor bereits die Rachedämonen der Orestie markiert, die Eumeniden, macht auch aus dem Papst einen Racheengel.
In der Aufladung mit Aggression arbeitet Bacon seine Ängste ab, aber auch in der Anordnung der Figur im Raum: »Es stimmt natürlich, daß der Papst einmalig ist. Dadurch daß er der Papst ist, wird ihm eine einmalige Position zugewiesen, und deshalb wird er wie in einigen großen Tragödien auf ein Podest gehoben, auf dem der Welt die Pracht seines Bildnisses zur Schau gestellt wird« (Sylvester 26). Daran ist zweierlei bemerkenswert: Zum einen ist Bacons Wahrnehmung offenbar so stark durch das kontinuierliche intertextuelle Aufbereiten und Umarbeiten von Quellenmaterial geprägt, daß der Austausch zwischen Abbildung und Abgebildetem selbstverständlich ist. Zum anderen siedelt er die metaphysische Überhöhung des Papstes, die er als Protestant nur anzweifeln kann, auf topographischer Ebene an. Auf dem Bild *Study of Red Pope* (1962) ist dies Podest wiederum in vier Ebenen untergliedert, so daß sich die Teilpodeste gleichsam in die Höhe schrauben (Schmied 26), mit ihnen vor allem aber auch der Papst. Der *Rote Papst* übersetzt damit die Heiligkeit des Papstes in eine absurde Erhöhung, so daß das Podest den Papst *de facto* erniedrigt und profaniert. Auch wenn Bacon das Sujet des Papstes später fallen läßt, wird er seine Figuren häufig auf diesem Podest plazieren und so die verkrümmten, gehäuteten und kopulierenden Figuren mit päpstlichen Zügen ausstatten, die auch an diese Profanierung erinnern und sie weitertreiben.
Doch die Kindheit Bacons legt eine weitere Motivation für diesen Schrei nahe und verbindet ihn mit der Gestaltung von Häusern als Orten der Bedrohung, der Klaustrophobie und des Unheimlichen: Francis im Alter von drei, vier Jahren in Cannycourt, die Eltern sind verreist, eine Haushälterin soll auf ihn aufpassen, kann es aber nicht erwarten, denn ihr Geliebter kommt. Ein Soldat. Der Junge ist nur noch im Weg. Francis ist eifersüchtig, verlangt Aufmerksamkeit, gibt keine Ruhe. Wieder und wieder trennt sein Nörgeln das Paar. Vielleicht auf den entnervten Einfall des Soldaten hin greift sie zu drastischen Mitteln. Sie sperrt den Jungen in einen Schrank. Eine Stunde, zwei Stunden, während der Kleine schreit und schreit, womöglich asthmatisch um Atem ringt, doch alles ungehört von dem Paar, das sich in einem anderen Hausteil dem Liebesspiel hingibt (Cronin 25). Das ikonographische Echo seines eigenen Schreis findet Bacon sehr viel später in der Malerei Edvard Munchs, in Nicolas Poussins *Massaker der Unschuldigen* und im Szenenbild des blutverschmierten Kindermädchens in Sergeij Eisensteins Film *Panzerkreuzer Potemkin*.
Der Schrei in Gefangenschaft läßt auch Rückschlüsse auf eines der wichtigsten anderen Leitmotive des Malers zu, auf den Käfig. Mit Giacomettis *Palace at 4 a.m.* existiert dafür ein kunstgeschichtliches Vorbild, das Bacon aus der Surrealisten-Ausstellung hätte kennen müssen, von der er ausgeschlossen worden war (Peppiat 73). Auf

den Bildern Bacons wie etwa *Head Surrounded by Sides of Beef* (1954) sind die hellen Linienquader allgegenwärtig und gaben gar zur abstrusen Interpretation Anlaß, Bacon habe damit Eichmanns Glaskäfig im Jerusalemer Prozeß des Judenmörders vorausgeahnt. Mit Heideggerschem Unterton bezeichnet ihn Schmied als »Gehäuse« (25). Der Maler selbst erklärt die Linienkonstruktion wie folgt: »Ich benutze diesen Rahmen dazu, die Figur zu sehen [...]. Ich reduziere die Ausmaße der Leinwand, indem ich diese Rechtecke einzeichne, die die Figur zusammenballen. Nur um sie besser zu sehen.«

Doch diese Beschreibung der Striche als optische Krücke, die er »so wenig wie möglich« zu verwenden suche (Sylvester 22 f), kann nicht befriedigen. So zeichnet Bacon einen solchen Käfig auf die Cinerama-Abbildung, auf der ein Geist zu materialisieren scheint. Zudem spannt sich eine metonymische Kette vom Ort der traumatischen Gefangennahme, dem Schrank, zum Elternhaus als Ganzes und verlängert sich zum Käfig. Dieser kehrt auf den Bildern Bacons über Jahrzehnte konstant wieder und ist, neben den Figuren selbst, der wichtigste Bildbaustein des Malers. Der Käfig beschwört die Angst, vielleicht die Todesangst des asthmatischen Jungen, wieder herauf. Als Surrogat des Hauses ist der Käfig im Innenraum, wo er überwiegend eingebaut ist, aber auch ein Haus im Haus – wie dessen Embryo – und das Haus der Leib, in dem Unheimliches heranreift. Die Aufnahmefähigkeit Bacons und die Archive seines Ateliers und seines Gedächtnisses sind das künstlerisches Kapital, das immer wieder neu in Umlauf gebracht wird. Oftmals ergänzt durch die irische Fensterlinie von Farmleigh, halten diese Häusersurrogate in Innen- wie in Außenräumen die Erinnerung an das unheimliche Haus und dessen Ursprung wach. Bacons Figuren bewohnen diese Käfige wie Häuser und verleihen der geometrischen Konstruktion durch die unheimlichen Attribute ebenfalls eine unheimliche Aura. Sogar einige der wenigen Landschafts- und Stadtansichten Bacons enthalten solche stilisierten Häuser. So mauert etwa die Konstruktion auf dem *Portrait of Isabel Rawsthorne Standing in a Street in Soho* (1967) die Figur in der Straße ein. Doch allein diese Käfige würden noch nicht David Sylvesters Beschreibung der Wirkung von Bacons Räumen rechtfertigen: »Die Bilder von Menschen, die in Räumen allein sind, scheinen jedem das Gefühl von Klaustrophobie und Unbehagen zu vermitteln, das ziemlich schrecklich ist« (Sylvester 48). Tatsächlich tragen zu dieser unheimlichen Ausstrahlung auch die Kahlheit der Räume bei und eine Reihe isolierter, wiederkehrender Elemente wie die gnadenlos leuchtende blanke Glühbirne, beziehungslose Steckdosen, die durch fehlende Elektrogeräte jeden Sinns beraubt scheinen, isolierte Möbelstücke, offenstehende Türen und starrende Spiegel, die den Raum aufreißen und Geborgenheit verhindern. Auch der harte Schatten im Treppenhaus, auf den eine Figur im Zentralbild des *Triptych* (1971) gebannt starrt, während sie einen Schlüssel im Schloß fixiert hält, leisten mit dem deutlichen Bezug zum unvorhergesehenen Schrecken des Schauerromans ihren Beitrag zu dieser unheimlichen Ausstrahlung. Dabei ist die Perspektive oftmals nicht nur durch die gebogene Farmleigh-Linie manipuliert.

Bacon nimmt den im Grunde seit der Renaissance entschiedenen Kampf zwischen Fläche und Raum wieder auf, ohne jedoch der Regression in präraffaelitische Tiefenlosigkeit zu erliegen. Oftmals sprechen seine Fleischverwindungen konventio-

nell dreidimensionalen Körpern Hohn, und eine unbeholfen wirkende Perspektivierung verzerrt den Raum, so daß Zimmer und Inventar aus den Fugen sind. Anläßlich des Bildes *Pope II* (1951) geht Schmied (25) auf die unstimmige Perspektive ein, zieht jedoch zugleich einen Vergleich zwischen dem Maler und einem unangefochtenen Meister der Perspektive und des Unheimlichen Hauses, Giovanni Battista Piranesi. Damit ist einmal mehr das Augenmerk auf das Unheimliche bei Bacon gelenkt, das auf *Pope II* die angedeuteten Gewölbebögen evoziert. Wenn Schmied dabei jedoch Bacons Raumdarstellung untersucht, geht er nicht darauf ein, daß der unheimliche Innenraum für beinahe alle Bilder charakteristisch ist. Zudem verweist Schmieds Begriff des »Raumes« bei Bacon stets auch auf das Zimmer, das der Maler wiederum als Metonymie für das damit ebenfalls als unheimlich zu begreifende Haus konstruiert.
Paradoxerweise wird dies Phänomen besonders an einer Reihe von Bildern von Außenräumen deutlich, die die Landschaft interiorisieren, wie etwa *Two Figures in the Grass* (1954). Mögen die beiden ineinander verschlungenen Figuren auch scheinbar im Freien angesiedelt sein, so ist das grüne Gras doch lediglich ein Außenraum-Attribut, dem weitere Merkmale zur Plausibilisierung einer Landschaft fehlen. Die verschiedenartigen Einrahmungen der Rasenfläche, der dunkle Balken im Vordergrund und die Raumlinien im Hintergrund stellen das Bild als Landschaftsdarstellung in Frage. Weil unheimliche Gardinen die Grasfläche begrenzen und die Landschaft damit keine über das homogene Grün hinausgreifende Tiefe gewinnt, stülpt sich der Raum um und entpuppt sich als unheimliches, grasbewachsenes Zimmer, die Grasfläche als Surrogat des Bettes, auf dem schon die zwei Körper in *Two Figures* (1953) kopulierten. Doch wenn schon das frühere Bild durch die senkrechten Gardinenlinien das Paranormale und Geisterhafte unheimlich evoziert, so steigert *Two Figures in the Grass* das Unheimliche durch die Integration des kategorial Ausgeschlossenen in das Haus. Dies Unheimliche nimmt weiter zu, wenn sich die Ausstülpung 1978 auf dem Bild *Landscape* erneut unerwartet umkehrt und ein deformiertes Grasstück, das auf Bacons fragmentarisches Foto eines Grasstreifens zurückgeht (Sylvester 161 f), im Innenraum, von einem Käfig begrenzt, als Zerstückelung auftaucht. Das Kobaltblau als Grassaum nimmt dem Gras jegliche Natürlichkeit, und der Pfeil, der auf das Grün verweist, entfernt das Objekt von der unheimlichen Realitätsebene des Bildes, um es auf der Ebene lediglich graphischer Verweisung anzusiedeln. So wird aus dem Grasstreifen ein kontextlos in den Raum hineingebrülltes Zitat, dessen Grün im Innenraum des Zimmers den Kontext der Insel evoziert, der Bacon entstammt, und Irland mit der Aura des Unheimlichen versieht.
Seine logische Fortsetzung findet dieser Einbruch des Unheimlichen in das Haus in *Jet of Water* (1979): Ein Farbstrom ergießt sich über den Innenraum, der durch Armaturen von Maschinen und durch Rohrfragmente desolat wirkt. Das Haus büßt seine Schutzfunktion so weit ein, daß die Bewohner dem Wasserstrahl hilflos ausgeliefert sind. Diese Bedrohung des Hauses eskaliert auf dem Bild *Sand Dune* (1981 / 1983). Hier hat es keinen Sinn mehr, das Subjekt mit Cricket-Protektoren gegen den Einbruch des Unheimlichen zu wappnen, wie das Bacon auf dem Zentralbild des *Triptych 1986-7* andeutet (Sylvester 180 f). Der Sandfluß sprengt das stilisierte Gebäude mit von der Decke baumelnden Glühbirnen und irischer Fensterlinie auf. Man

kann sich Grey Gowries (15) Interpretation des Bildes anschließen: »Der Sand ist reinste Bewegung, dynamisch; das Gebäude wird aufgefressen, und das wird auch sein Ende sein«. Als unheimliches Komplement zu den irischen Herrenhäusern von Francis Bacons Kindheit bietet dies Haus keinen Schutz und keine Heimeligkeit. Unheimlich wendet sich das Teleplasma des kolonialen Geistes, aus dem es entstand, statt dessen gegen seine Bewohner, und zieht ebenso wie die Herrenhäuser nach dem irischen Bürgerkrieg die Zerstörung auf sich.
Bei der Betonung von Bacons Ungebundenheit und exzessiver Promiskuität wird oftmals ein Ankerpunkt übersehen, den er aus Irland mitnimmt. Sein Kindermädchen, Jessie Lightfoot, ist nach seinem Rauswurf von zu Hause arbeitslos. Zwar hat Bacon mit dem selbstzerstörerischen Peter Lacey und George Dyer, der mit einer Überdosis seiner Drogensucht erliegt (Dunne), langjährige Beziehungen, aber Lightfoot wird im Anschluß an sein Bohemien-Leben in Berlin und Paris in London zum längsten Begleiter, den Bacon in seinem Leben jemals haben wird (Peppiat 54-56). Mit der gebürtigen Cornwallerin schlägt er sich durch die Metropole, zieht im Wochenrhythmus mit ihr um, immer auf der Flucht vor Vermietern und anderen Gläubigern. Sie schläft auf seinem Küchentisch und stiehlt, um beide über Wasser zu halten, deckt seine illegale Spielleidenschaft, wählt aus Offertenzuschriften die vielversprechendsten Liebhaber für ihn aus und trifft dabei stets die rechte Wahl. In Monte Carlo sitzt sie in der von Spielgewinnen gemieteten Prachtvilla mit erlesener erotischer Bibliothek und strickt. Dabei gilt als verbürgt, daß der durch und durch homosexuelle Zwanzigjährigen und die knapp vierzig Jahre Ältere keine sexuell Bindung aneinander haben. Bis sie im Alter von 80 Jahren stirbt, ist sie sein Muttersatz und allgegenwärtige Erinnerung an das Irland, aus dem ihn sein Vater vertrieb.

Literatur

Ian Baucom, *Out of Place: Englishness, Empire, and the Locations of Identity*. – Princeton: Princeton University Press, 1999

France Borel, »Francis Bacon, das Gesicht der Eingeweide«, in: *Francis Bacon, Portraits und Selbstportraits*. – München: Schirmer und Mosel, 1996, 187-202

Margarita Cappock, »The Studio«, in: *Francis Bacon in Dublin*, hg. von Hugh Lane Municipal Gallery of Modern Art Dublin. – Dublin: Thames and Hudson, 2000, 34-36

Anthony Cronin, »An Irish Fear of Death?«, in: *Francis Bacon in Dublin*, hg. von Hugh Lane Municipal Gallery of Modern Art Dublin. – Dublin: Thames and Hudson, 2000, 24-26

Hugh M. Davies, *Francis Bacon: The Early and Middle Years, 1928-1958*. – New York und London: Garland, 1978

Barbara Dawson, »Introduction«, in *Francis Bacon in Dublin*, hg. von Hugh Lane Municipal Gallery of Modern Art Dublin. – Dublin: Thames and Hudson, 2000, 7-10.

Aidan Dunne, »Bringing home the Bacon«. – *The Irish Times*, 27. Mai 2000, 60.

John Edwards, »Foreword«, in: *7 Reece Mews: Francis Bacon's Studio*, hg.von Thames and Hudson. – London: Thames and Hudson, 2001

Andrew Forge, »About Bacon«, in: *Francis Bacon*, hg. von Tate Gallery London. – New York: Harry N. Abrams, 1985, 24-31

Ken Gelder und Jane M. Jacobs, *Uncanny Australia: Sacredness and Identity in a Postcolonial Nation.* – Melbourne: Melbourne University Press, 1998
Grey Gowrie, »Documentaries of Stress«, in: *Francis Bacon in Dublin*, hg. von Hugh Lane Municipal Gallery of Modern Art Dublin. – Dublin: Thames and Hudson, 2000, 13-20
Hugh Lane Municipal Gallery, *Bacon-Studio Micro Gallery.* – Dublin: Hugh Lane Gallery, 2000
Milan Kundera, »Die brutale Geste des Malers«, in: Francis Bacon, *Portraits und Selbstportraits.* – München: Schirmer und Mosel, 1996, 7-18
Michael O'Toole, *The Language of Displayed Art.* – London: Leicester University Press, 1994
Michael Peppiat, *Francis Bacon: Anatomy of an Enigma.* – New York: Farrar, Straus & Giroux, 1996
Andrew Sinclair, *Francis Bacon: His Life and Violent Times.* – New York: Crown Publishers, 1993
David Sylvester, *The Brutality of Fact: Interviews with Francis Bacon*, 3. erweiterte Auflage. – London: Thames and Hudson, 1987
Wieland Schmied, *Francis Bacon: Das Bewußtsein der Gewalt.* – München und New York: Prestel 1996
Albert Freiherr von Schrenck-Notzing, *Phenomena of Materialisation: A Contribution to the Investigation of Mediumistic Teleplastics.* – London: Kegan Paul, Trench, Trubner & Co und New York: E.P. Dutton & Co., 1920
Maria M Tatar, »The Houses of Fiction: Toward a Definition of the Uncanny«, *Comparative Literature* 33 (1981), 167-182

Francis Bacon in Dublin reproduziert als Katalog zur Bacon-Ausstellung aus Anlaß des Atelierumzuges Einzelbilder und ausgezeichnete ausklappbare Triptychen-Reproduktionen vom Früh- bis zum Spätwerk Bacons. Trotz des kleinen Formats von 18,5 x 21,5 cm wird neben der Vielseitigkeit des Malers auch dessen Festhalten an leitmotivischen Elementen klar erkennbar. Das Fehlen von Bacons bekanntestem Werk, des Triptychons *Three Studies of Figures at the Base of a Crucifixion* (1944), wird mehr als kompensiert durch die großartige *Second Version of Triptych 1944* (1988), auf dem vormalig grelles Orange durch feierliches Purpurrot ersetzt ist und der Raum um die Eumeniden stärker zur Geltung kommt. Noch kurz vor seinem Tod versah David Sylvester jedes der Werke mit einer sachkundigen Kurzeinführung. Allein diese vorbildliche Hilfe zur ersten Orientierung im Werk lohnt den Kauf.
Der Band enthält zwar Vignetten zu Bacons irischer Kindheit und Jugend, doch die umfassende Einordnung Bacons in den irischen Kontext, die hier angebracht wäre, wird nicht gewagt. Margarita Cappocks kurze Ausführungen zu den von Schrenck-Notzing postulierten paranormalen Erscheinungen, deren Fotos Bacon als zentrale Quelle dienten, wecken Neugierde auf den bevorstehenden Aufsatz der Kunsthistorikerin.

Francis Bacon in Dublin, hg. von Hugh Lane Municipal Gallery of Modern Art Dublin. – Dublin: Thames and Hudson, 2000, 128 Seiten, 66 Farbtafeln, ca. 22 Euro

Jürgen Schneider

DAS HISTORISCHE EREIGNIS VON MAUDABAWN UND DUMGOON

In der Grafschaft Cavan mit dem Seengewirr des oberen Lough Erne dominieren Wasser, Weiden und Gehölze. Hier schlug im Oktober 2001 Tage die Sternstunde für Sean McMahon, den Lokalreporter des Wochenblatts *The Anglo-Celt*. In zwei Artikeln durfte Mr. McMahon schildern, wie sich im Unterholz Cavans nahezu die gesamte Special Branch, die politische Polizei der Republik Irland also, drängelte, um auszuspähen, wie die Irisch-Republikanische Armee (IRA) einen Teil ihres Waffenarsenals unbrauchbar machte. War sich Mr. McMahon zunächst noch unsicher, was wirklich in der nahe der Grenze zu Nordirland gelegenen, normalerweise äußerst ereignisarmen Grafschaft geschehen war, so legte er nach: »Wenn in den kommenden Jahren die detaillierte Geschichte des Friedensprozesses geschrieben werden wird, werden uns die Ortsnamen Maudabawn und Dumgoon von den Buchseiten entgegen springen.« In dem Aufmacher des *Anglo-Celt* aus McMahons Feder heißt es, das IRA-Waffenlager befinde sich auf einem Acker in der Nähe eines abgelegenen bäuerlichen Anwesen. Von diesem biete sich ein hervorragender Blick über den malerischen Lough Sillan. Dieser liegt in der Mitte eines von den geographischen Punkten Cavan, Dundalk, Kells und Monaghan gebildeten Rechtecks. Das Waffenlager, so freute sich McMahon, »blieb während der dreißig Jahre der nordirischen Troubles intakt und unentdeckt«. McMahon kommt das Verdienst des ersten Berichtes über den genauen Ablauf der irisch-republikanischen Dekommissionierungsaktion zu. Demnach habe sich am Morgen des 23. Oktober 2001 der Armeerat der IRA in Maudabawn zusammen gefunden, um sodann mit zwei PKWs zum Waffenbunker zu fahren. »Zwei weitere Wagen rauschten durch Shercock, an Bord der kanadische General John de Chastelain, Leiter der Internationalen Abrüstungskommission, der frühere finnische Präsident Martti Ahtisaari sowie Cyril Ramaphosa, der frühere Generalsekretär des südafrikanischen African National Congress (ANC).« Der Sinn-Fein-Chefunterhändler und nordirische Bildungsminister Martin McGuinness und sein Team hätten sich mit den Herren Abrüstern getroffen, dann seien alle zusammen zu dem abgelegenen Gehöft gefahren. Dort hätte De Chastelain Waffen und Munition gezählt sowie den Plastiksprengstoff gewogen, dann sei schnell trocknender Zement über die unterirdisch in einer Art Faulbehälter gelagerten Waffen gekippt worden: »Der Zement wurde mit großem fachmännischen Geschick in den Bunker gegossen und die gesamte Operation mit großer Präzision ausgeführt. Vor dem Hereinbrechen der Abenddämmerung war alles erledigt. Als die ländliche Gegend von Dumgoon zur Normalität zurückkehrte, rosteten die Kriegswaffen bereits friedlich vor sich hin.« Die Betonierungsexperten, so hatte McMahon schon in seinem ersten Artikel geschrieben, hätten auch nicht vergessen, eine rostfördernde Chemikalie über das Kriegsgerät zu gießen. Aus irischen Regierungs- und Polizeikreisen verlautete derweil, der Bericht von Mr. McMahon könne nicht bestätigt werden. Dieses Dementi gehört gewiß zu den Vereinbarungen über die Modalitäten der Waffenabgabe durch die IRA. Spätestens seit Ramaphosa und Ahtisaari zum ersten Mal deren Waffenlager inspizieren durften und nach weiteren Besuchen »ungebrochene Siegel« meldeten, wußte auch die südirische Polizei, wo sich Semtex und die Kalaschnikows befanden, schließlich hatten Special-Branch-Polizisten die Inspekteure eskortiert.

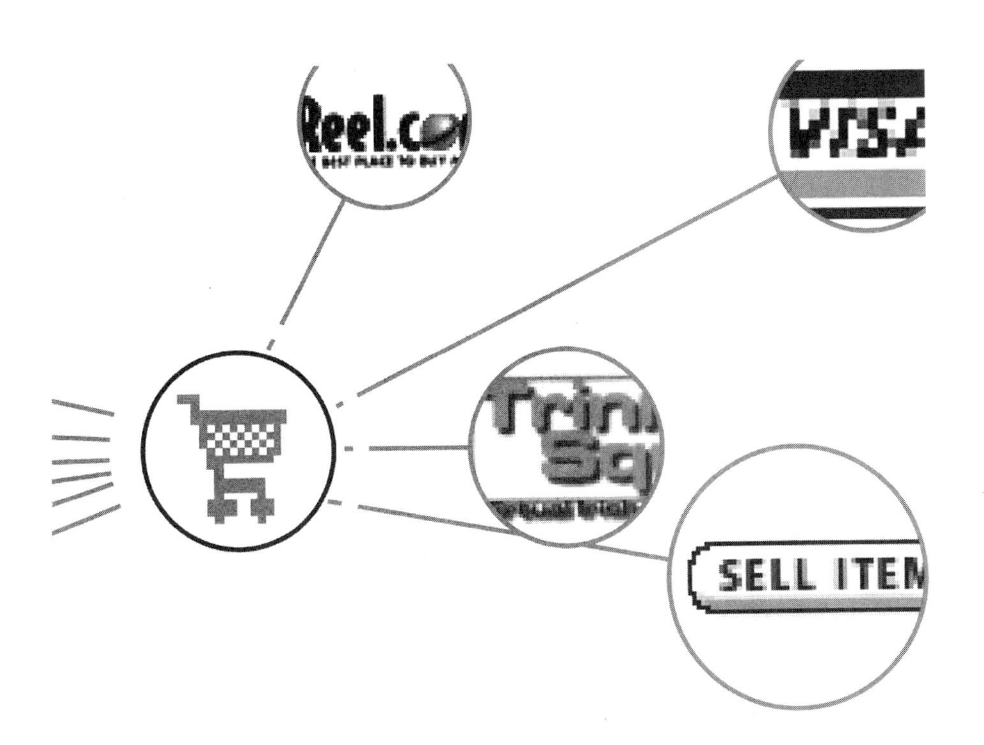

KURZWAREN

Bücher

Tonträger

Theater

Film

Ausstellungen

BMW, BSE, Brazen Head O'Connell Monument und Bread and Butter Pudding

In Irland gibt es sieben verschiedene Cream Liqueurs. Mindestens. Cream Liqueur ist Sahnelikör und besteht im wesentlichen aus irischer Sahne und irischem Whiskey. Neben den sieben irischen dickflüssigen Exportschlagern, die erst seit etwa fünfundzwanzig Jahren in einem besonderen Homogenisierungsverfahren hergestellt werden, sind auch Meadow Cream und Millwood Whiskey Cream im Angebot. Meadow Cream ist ein englischer Mix aus niederländischer Sahne, irischem Whiskey und Weißwein, dessen Herkunftsland nicht genannt wird. Millwood Whiskey Cream ist ein Produkt aus S'Hertogenbosch, das aus holländischer Sahne und irischem Lebenswasser hergestellt wird.

Probleme gab es einst, als der Irish Cream Liqueur mit dem eigentlich vielversprechenden Namen Irish Mist auf dem deutschen Markt eingeführt werden sollte. Erst beim schwach besuchten offiziellen Launching erklärte ein deutscher Sahnelikörfreund den Verantwortlichen der Irish Mist Company, was es mit dem Wort Mist im Deutschen auf sich hat. Was auf der Grünen Insel einen Nebelschleier bezeichnet, ist hier einfach nur Mist. Die Brauer des Bieres Smithwicks haben aus diesem peinlichen Vorfall gelernt. In deutschsprachigen Gefilden heißt das Gebräu daher Kilkennys. Wer würde auch eine Plörre trinken, die Schmidtwichs heißt?

Neben The Dubliner, O'Darby, Emmets und einem nach dem wegen seiner Suche nach der *terra reprommissionis sanctorum* bekannten Abt St. Brendan (6. Jh.) benannten St. Brendan's findet sich auf der Sahnelikör-Palette auch Carolans Finest Irish Cream Liqueur. Der verdankt seinen Namen dem blinden Harfenisten, Komponisten und Wandermusiker Turlough Carolan (1670-1738), dessen Werk ein Crossover aus irischer Volks- und italienischer Barockmusik ist. Der Belfaster Lehrer Brian Keenan, der Ende der 1980er Jahre viereinhalb Jahre von schiitischen Milizen im Libanon als Geisel gehalten wurde und in dieser Zeit immer wieder an seinen blinden Landsmann denken mußte, hat Carolan mit seinem Roman *Turlough* ein literarisches Denkmal gesetzt.

Während beim Carolans Karamel- und Sahnebonbongeschmack den Whiskey verdrängen, zeigt Baileys – so der Whisk(e)y-Kenner Jim Murray – den »irischen Whiskey zwischen seinen Zähnen«. Kein irischer Sahnelikör sei so »sexy« wie Baileys. Kein Wunder also, daß Baileys in 160 Länder ausgeführt wird. 1994 belegte Baileys Rang fünfzehn auf der Weltbestsellerliste geistiger Getränke und hatte einen Anteil am irischen Gesamtexport von einem Prozent. Über 40.000 Kühe von 2.000 Bauern liefern jährlich 40 Millionen Gallonen Milch für die Sahneproduktion des Dubliner Likörunternehmens, das einen Jahresoutput von 51 Millionen Flaschen Baileys hat.

Im einstigen IRA-Stabschef Seamus Twomey (1919-1989) hatte Baileys einen Freund der allerersten Stunde. Im Oktober 1973 war Twomey nach kurzem Aufenthalt im Dubliner Mountjoy-Knast zusammen mit zwei weiteren IRAlern von gewieften Altgenossen per Helikopter befreit worden. Nach seiner geglückten Flucht, die von den Gefängniswärtern mit dem der Ernst der Situation nicht angemessenen Worten »Schließt die Tore, schließt die Tore!« begleitet worden war, arbeitete der Meistgesuchte an der Restrukturierung der IRA von einer Brigade- in eine Zellenstruktur und empfing seine Gäste in den über einer Dubliner Bäckerei gelegenen Räumen. Dort ließ der von seinen Feinden als »einer der aggressivsten IRA-Terroristen« be-

zeichnete Twomey ganz gentleman-like Baileys sowie Irish Mist kredenzen und kippte sich die Liköre, die von den meisten seiner Kampfgefährten als »woman's drink« klassifiziert und nicht angerührt wurden, gerne auch selbst hinter die Binde. Wie alle Sahneliköre wird Baileys *on the rocks* getrunken oder pur, also so, wie er aus der Flasche flutscht.
In ihrem Buch *pure indulgence* zeigen R. & A. Bailey nun darüber hinaus, welche edlen Cocktails sich mit Baileys mixen lassen und wie mit dem Sahnelikör gekocht, gebacken und auch sonst in der Küche gezaubert werden kann. Die Prostmoderne läßt grüßen. Das reich bebilderte Buch ist in der Gestaltung dem Chic der irischen *nouveau riches* angemessen, die ihre Prosperität dem sogenannten »Keltischen Tiger«, also dem wesentlich auf dem Treiben transnationaler Chemie- und Computerkonzerne beruhenden Wirtschaftsboom, verdanken.
Schon vor dem Boom haben die Iren, denen ansonsten Zurückhaltung Cocktailrezepturen gegenüber nachgesagt wird, der Welt ein unvergleichliches Getränk geschenkt: Irish Coffee. Es war ein Joe Sheridan, um genau zu sein. Der war Barkeeper auf dem Shannon Airport bei Limerick. Und er »erfand« Irish Coffee, um die Piloten und Passagiere aufzutauen, die eine Atlantiküberquerung hinter sich hatten, damals, als die Flieger noch nicht überheizt waren. Der irische Dandy und Schriftsteller Oliver St John Gogarty (1878-1957) bezeichnete in seinem Opus magnum *As I Was Going Down Sackville Street* Cocktails als »mixed drink for a mixed race« und erteilte damit einer Leitkultur eine deutliche Absage.
Wie alle Erfinder von Cocktails denken sich auch die Iren interessante Namen für ihre Bargetränke aus. In *pure indulgence* finden wir z. B. Anleitungen für Mixgetränke, die schlüpfrig Slippery Nipple (Geiler Nippel), auf Pamela Anderson anspielend Beach Baby oder antibombermäßig Frozen B52 (Tiefgefrorener B-52) heißen. Oder BMW. Dieser Cocktail wird folgendermaßen gemixt: Man gebe in ein Glas einige Eiswürfel und gieße jeweils die gleiche Menge Baileys, Malibu und irischen Whiskey darüber – und zwar in der genannten Reihenfolge, erst B, dann M, dann W. Wo bloß das i für irisch geblieben ist? BMW klingt *posh*, nach Markenartikel, BMIW hingegen nach nichts.
Kaum war die erste BSE-Kuh aus deutschen Landen höchstamtlich »entdeckt«, plante man auf der Grünen Insel eine Rindfleischverkaufsoffensive mit dem Slogan »Irisches Beef ist BSE-frei«. Und nur mit dem Fleisch von glücklichen irischen Kühen, die auf in vierzig Farbtönen schillernden sattgrünen Weiden grasen, gelingt das Brazen Head O'Connell Monument, das so heißt, weil das Rezept aus dem Lokal Brazen Head in Limericks O'Connell Street stammt. Hinter dem großspurigen Namen verbirgt sich allerdings nur eine mit Rinderhackfleisch gefüllte Pastete. Das Hackfleisch wird mit Zwiebeln und Knoblauch angebraten. Dann kommen ein paar Scheibchen Ingwer hinzu und schließlich ein halber Eßlöffel Baileys.
Das Neptune Restaurant in New Ross, Grafschaft Wexford, steuerte für *pure indulgence* das Rezept für gebackene Perlhuhnbrust mit einer Sauce aus Baileys und Shitake-Pilzen bei. Jean François Bernard, Chefkoch des Barn Restaurant in Glanmire, Grafschaft Cork, lieferte das Rezept für eine Truthahn-Terrine mit einem Jus aus Baileys. Und aus dem Blue Haven Hotel in Kinsale, ebenfalls Grafschaft Cork, stammt

das Rezept für Seebarsch mit einem Kartoffel-Hummer-Püree und einem Sabayon aus Baileys und Dalkey Mustard, also einem süßen Senf mit Senfkörnern.
Von wegen Lightkultur – wenn schon Völlerei, dann richtig. Also gibt es als Dessert Brot-und-Butter-Pudding, und zwar mit Pfefferminzblättern, Zitronenmelisse und Himbeeren. Dazu muß man aber erst mal wissen, wie Baileys Bread gebacken wird. Aber auch das läßt sich leicht mit *pure indulgence* lernen, dem Kochbuch, das wieder einmal beweist, daß die *cuisine irlandaise* um einiges besser ist als ihr Ruf. Mehr Genuß, denn nichts anderes heißt *indulgence*, unter www.baileys.com.

Jürgen Schneider

R. & A. Bailey, *pure indulgence*. – Dublin: A. & A. Farmar, 2000, 142 S., geb. IR£ 9,99

Publocked

So heißt die Debüt-CD der Dubliner Singegruppe Ding Dong Denny O'Reilly & The Hairy Bowsies, auf die uns Joe Mulheron aus Derry mit der Warnung aufmerksam machte, Denny und seinen Jungs könne nur »real bad taste« bescheinigt werden. Beim weißen Turban der PLO, danke, Joe. Ding Dong Denny O'Reilly gründete die Band The Hairy Bowsies im Jahre 2000 zusammen mit seinem Saufkumpan Scribbler O'Donoghue, der laut Ding Dong »ein wahrer irischer Intellektueller und wie ich mehr an ›the Cause' als an den Corrs interessiert ist«.
Der allzeit verläßliche Bernard Share erklärt uns in Slanguage, seinem Diktionär des irischen Slangs, daß sich *bowsie* bzw. *bowsy* von dem deutschen Wort böse herleiten läßt, das im Englischen *bad*, *evil* oder *malicious* bedeutet. Ein *bowsie*, so Share weiter, ist ein *gurrier* bzw. *lout*. Das dem französischen *guerrier* (Krieger) verwandte Wort *gurrier* läßt sich mit Rotzbengel übersetzen, während ein *lout* ein Lümmel ist. Die Haarigen Rotzbengel, »eine Band mit Mission, nämlich der, die wahren irischen Werte – kotzen, kämpfen, saufen, spucken – zu re-etablieren«, machen ihrem Namen alle Ehre. Sie dekonstruieren mit traditionellen irischen Weisen, die sie mit Texten versehen haben, die – so Ding Dong – »unseren größten Balladendichtern zur Ehre gereichen würden«, und mit in einem unnachahmlichen Dubliner Akzent gesprochenen Ansagen alles, was in Irland heilig ist, angefangen von der katholischen Kirche und dem »hard lad Jaysus Christ«, über die Musik-Ikone Christy Moore (»I Shot Christy Moore«) bis hin zum Exportschlager River Dance. Wo andere hüpfen, wenn das hibernophile Publikum in Boston oder Bochum es verlangt, wird bei Ding Dongs gewichst: »When I was just a young man / I'd sit on the river bank / I loved your waters / So much I'd have a wank....« (»Flow River Flow«) Auch die Große Hungersnot gerät ins Visier unserer Bowsies, wenn in dem Song »The Potatoes« konstatiert wird: »The Potatoes aren't looking too bad / The Potatoes aren't looking too bad / (...No...hang on a sec...they are... / It's just that I was hallucinating...) / With all the grass and the clay that I've had.« Zu Ehren eines jeden irischen Märtyrers, der im Kampf gegen den britischen Feind gefallen ist, kennt das fundamentalfolkloristische irisch-republikanische Liedgut, wie es auch im deutschsprachigen Raum stets gerne

goutiert wird, mindestens einen Song. Ein derartiges Heroentum erledigen O'Reilly und seine Lümmel quasi live aus dem Pint-Depot mit dem Lied »The crack we had the day we died for Ireland«. Die Briten werden bespuckt (»Spit at the Brits«), und selbstverständlich gerät auch der keltische Tiger ins Ding-Dong-Visier: »...Let's cheer O'Duignan's Tiger / He's a Celtic Tiger true / He has a big willy of orange / But he's a Fenian through and through / Cos he's striped like Glasgow Celtic / Shamrock Rovers bud to you / Let's cheer O'Duignan's Tiger / He's a Celtic Tiger true...« (»O'Duignan's Tiger«).

Jürgen Schneider

Ding Dong Denny O'Reilly & The Hairy Bowsies, *Publocked* (ROCD20). Zu beziehen über Claddagh Records, Dublin (Website: www.claddaghrecords.com, E-mail: mailorder@crl.ie)

Fotografie in Irland

Wer war der erste Fotograf Irlands? Es war Francis Stewart Beatty, ein Graveur aus Belfast, der in einem an den *Belfast News Letter* adressierten Brief vom 20. September 1839 mitteilte, daß es ihm gelungen sei, die Daguerreschen Erkenntnisse praktisch anzuwenden. Daguerres Lichtbilder waren jodierte, in der *camera obscura* belichtete Silberplatten, die hin- und hergewendet sein wollten, bis man in richtiger Beleuchtung ein zartgraues Bild darauf erkennen konnte. Beatty ist ein Kapitel in dem hervorragend produzierten Band *Photography in Ireland. The Nineteenth Century* von Edward Chandler gewidmet.

Chandler gibt einen fundierten Überblick über die Frühzeit der Fotografie in Irland, über die ersten Daguerreotypien, über die »Gentlemen Amateurs« sowie über die ersten Berufsfotografen der Jahre 1850 bis 1880. Ebenfalls gewürdigt werden die 1854 gegründete Dublin Photographic Society und die ersten großen Dubliner Fotoausstellungen der Jahre 1865 und 1872. In einem umfangreichen Appendix bietet Chandler historische Textbeiträge zur Geschichte der Fotografie, wie etwa »Some Historical Recollections of Photography« aus der Feder des bereits erwähnten Francis Stewart Beatty oder »On a New Patent Compound View Lens« von Thomas Grubb. Vor den Textteil wurden 44 frühe fotografische Abbildungen gestellt, Porträtminiaturen (etwa eine Daguerrotypie der Schriftstellerin Maria Edgeworth oder ein im Gefängnis entstandenes Foto von den Anführern der Young Ireland-Bewegung, William Smith O'Brien und Thomas Francis Meagher) ebenso wie Stadtansichten (z. B. von Dublin, Cork und Waterford).

Jürgen Schneider

Edward Chandler, *Photography in Ireland. The Nineteenth Century*. – Dublin: Edmund Burke Publisher, 2001, 190 S., Großformat, geb., € 40,00

Im Rachen der See

Heinrich Becker taucht in David O'Donoghues Studie *Hitler's Irish Voices* in einem Nebensatz auf: als Student, der sich in den Westen absetzte, als Hitler bei Kriegsausbruch die Deutschen in Irland heim ins Reich rief. Becker kehrte erst 1952 nach Deutschland zurück, und hatte seine Zeit in Connemara gut zu nutzen gewußt. Fließend Irischsprechen hatte er schon vor dem Krieg gelernt, und da er sein Volkskundestudium mit einer Untersuchung der Erzähltraditionen der Elbfischer beendet hatte, war seine Beschäftigung fast schon vorgegeben: Er ließ sich Geschichten über das Leben an der irischen Westküste erzählen, sein Schwergewicht lag auf der Seetangwirtschaft, über die er später auch Fachliteratur veröffentlichte. Die Herausgabe seiner *Seetanggeschichten* (für die er in den fünfziger und sechziger Jahren weiteres Material sammelte) hat ewig gedauert, offenbar hat er sich diesen Wunsch zum 90. Geburtstag endlich erfüllen können – wenngleich er seine Sammlung auch in den Jahrzehnten zuvor überaus nutzbringend verwenden konnte, als er an der Universität Bonn Irisch (und ganz nebenbei auch Bretonisch) unterrichtete.

Erstmals erschien die jetzt in englischer Übersetzung vorliegende Auswahl unter dem Titel *I mBéal na Farraige* bei Cló Iar-Chonnachta (1997). Die insgesamt 86 in dieses Buch aufgenommenen Erzählungen sind thematisch eingeteilt: Ein Kapitel widmet sich Abenteuer- und Wundergeschichten, ein anderes Gewinn und Verlust, ein drittes trägt den Titel »Diskussionen und Kämpfe«. Als unsinnig empfundene Gesetze werden ebenso als Erzählstoff genutzt wie Konfrontationen mit Meerfrauen oder Sturmhexen oder ganz einfach mit betrügerischen Händlern an Land.

Das alles bietet spannende, kurzweilige Lektüre – und doch wurde bei der Herausgabe dieses Bandes eine große Chance verschenkt: Es fehlt ganz einfach an Informationen. Wann während der Jahrzehnte, in denen sie zusammengetragen wurden, wurden diese Geschichten erzählt, unter welchen Bedingungen, von wem? Von den Erzählern – es sind wirklich nur Männer vertreten – erfahren wir die Namen, sonst nichts. Nach welchen Maßstäben wurden die in diesem Band vertretenen Texte ausgewählt, warum gibt es kein Glossar für die übernommenen irischen Ausdrücke (wer nicht weiß, was *dúirling* oder *bocán* bedeutet, muß erst zum Wörterbuch greifen)?

Geschichte 48 – »Thief, Beggar, Murderer« – hat den in Klammern gesetzten Untertitel A. Th. 921 b. Das klingt rätselhaft, bezieht sich aber auf den von Aarne und Thompson erstellten Index der Märchenmotive – dürfen wir also annehmen, daß der Autor eigentlich seine Sammlung in den Kontext der internationalen Erzählforschung stellen wollte und nur an dieser Stelle vergessen hat, den Verweis zu löschen? Daß die Sammlung ohne weitere fachliche Erklärung und Erläuterung in die Welt hinausgeschickt worden ist, ist von allen Enttäuschungen, die dieses Buch bereitet, sicher die ärgste.

Gabriele Haefs

Heinrich Becker: *Seeweedmemories. In the Jaws of the Sea.* – Dublin: Wolfhound Press, 2000, 160 S., IR£ 8,99

Miss Elliott
Dies ist das Debüt der jungen irischen Autorin Marian O'Neill, und für ein Debüt kommt dieser Roman erstaunlich selbstsicher daher. Die Geschichte, die hier erzählt wird, besteht in Wahrheit aus zwei Geschichten. Die eine, offensichtliche Geschichte ist die eines Mädchens vom Lande, das nach dem Ende der Schule in die Großstadt geschickt wird. Ihre neue Stelle als Verkäuferin in einem großen Warenhaus füllt die »mausgraue Mary Moore« ungeschickt und lustlos aus; ebenso freudlos ist die ihr von den Eltern zugewiesene billige Pension. In dieser Pension lernt sie aber die einzige Freundin kennen, die sie je haben wird, Miss Harrie Elliott. Harrie führt Mary in die Freuden des Lebens ein, macht sie mit Chancen und Tücken der Großstadt bekannt und stachelt vor allem ihre natürliche Begabung für Phantastereien und parodistische Rollenspiele an: »Wir beide hielten zusammen. Wir beide gegen die Traummänner.« Unglückseligerweise verfällt Harrie einem der »Traummänner«, und unglückseligerweise geht Mary in ihren Versuchen, die alte Vertrautheit mit Harrie wiederzugewinnen, ein paar Schritte zu weit. Am Ende geht das Leben dreier Menschen zuschanden, und ihr eigenes zählt dazu. Das also ist die eine Geschichte, erzählt mit einer Mischung aus Lethargie, Aufgekratztheit und freudlosem Witz.
Aber eigentlich gehört dieses Mischungsverhältnis schon zu der zweiten Geschichte. Es ist die Geschichte der alten Miss Moore, die versucht, sich an jenen einzigen Sommer ihres Lebens zu erinnern und die alten Versehrungen gleichzeitig auf Distanz zu halten. Es gelingt ihr nie wirklich, trotz Sarkasmus und Gefühlskälte. *Miss Elliott* ist nicht nur eine sentimentale Erinnerung an die Geschichte einer schmerzenden Schuld, sondern gleichzeitig ein Lehrstück über die Kunst, eine unzuverlässige Erzählerin ins Werk zu setzen: die Alte spintisiert, wie uns schließlich aufgeht. Im Spannungsfeld zwischen der vorgeblichen Frische der Jugend (die in Wahrheit ein Geflecht aus Naivität und Fiesheit ist) und der vermeintlichen Abgeklärtheit des Alters (die in Wahrheit – ja, was eigentlich ist?) erzeugt Marian O'Neill die Energien, die sich in der Prosa ihres ersten Romans entladen.

Friedhelm Rathjen

Marian O'Neill, *Miss Elliott*, Roman, aus dem Englischen von Bernhard Robben. – Stuttgart: Klett-Cotta, 2001, 254 S., € 19,00

Swifts Briefe II
Der zweite Band der Korrespondenz des anglo-irischen Schriftstellers und Klerikers ist nunmehr erschienen. Er enthält die Briefe der Jahre 1714 bis 1726, also vom Tod der Königin Anna bis zur Erscheinung des *Gulliver* und orientiert sich an denselben editorischen Prinzipien wie der Vorgängerband, deren abermals gelungene Umsetzung jede Lektüre zu einem Vergnügen macht (siehe *irland almanach* # 2, S. 177-178). Einen besseren Zugang zur Biographie des großen Satirikers gibt es nicht.
Swifts unmittelbarer Wirkungskreis ist ein recht beschränkter gewesen, woran sich bis zu seinem Tode nichts mehr änderte. Selbst kurze Reisen erweisen sich als be-

schwerlich. Es gibt Ärger mit alkoholisiertem Dienstpersonal. Als Dekan von St. Patrick's muß er sich mit dem Domkapitel herumschlagen. So handelt die Korrespondenz unter anderem von seinen Tätigkeiten als Kirchenadministrator in der irischen Kapitale. Ein gewisses Lokalkolorit haben auch die vermeintlichen »Frauengeschichten«. Der Wunsch Esther Vanhomrighs nach einem Treffen wird abschlägig beschieden. Der Dekan verlangt Diskretion, da er sich vor dem Geschwätz der Dubliner fürchtet: »I ever feared the tattle of this nasty town.« Obschon er damit seiner Umgebung nicht gerade ein Kompliment ausstellt, nimmt er seine vielfältigen Aufgaben penibel wahr. Später wird er durch die *Tuchhändlerbriefe* (1724), die die Ausbeutung durch das englische Kolonialregime anprangern, zum gefeierten irischen Patrioten.

Mit seiner Wirkung als Schriftsteller durchbricht er die Enge des klerikalen Lebenskreises. Gleichwohl zeichnet sich die Korrespondenz bisweilen durch einen resignativen Grundton aus, hat die ostentative Selbstbescheidung etwas Verkrampftes, und nur die Klassiker scheinen die Ödnis der Provinz halbwegs erträglich zu machen. Das mag unfair klingen. Und besser noch als auf Swift paßt eine solche Beschreibung auf Bolingbroke, dessen abgelöster Regierung Swift als *spin doctor* zu Diensten war. Tief gesunken befindet sich der ehemalige Staatssekretär des Äußeren, der für Großbritannien den Vertrag von Utrecht (1713) ausgehandelt hatte, wegen seiner jakobitischen Verirrungen im französischen Exil. Von seinem politischen Weggefährten Oxford enttäuscht, tröstet sich der spätere Vordenker der Tory-Partei mit Ciceros Dialogschrift über die Freundschaft und träumt davon, Gouverneur der Bermuda-Inseln zu sein.

Für den, der sich ganz auf Swifts Gesinnungsfreunde konzentriert, besteht der Reiz der Briefwechsel dieser Jahre darin, daß sie alle irgendwie Exilanten sind, selbst wenn sie sich auf englischem Boden befinden, also auch John Arbuthnot, der Schöpfer des John Bull und ehemalige Leibarzt der Königin Anna, oder Alexander Pope, der katholische Dichter, der im Begriff ist, Deist zu werden. Was sie eint, ist ihr Torytum, das sie in der nun beginnenden Walpole-Ära zu Außenseitern stempelt. Und doch repräsentieren sie zugleich die schrifstellerische Elite des Landes, die sich in einem einig weiß, in der Ablehnung des Mannes, der zu Recht als erster Premierminister Englands gilt, Robert Walpole, der große Whig und Held der *commercial classes*, dessen Herrschaft sie später als *Robinocracy* diffamieren oder gar wie John Gay in der *Bettleroper* (1728) im Gaunermilieu ansiedeln. Der Geschmähte rächte sich mit einem unsterblichen Verdikt, das den verschlagenen Bolingbroke zur größten Schande der menschlichen Natur erklärt: »Can there be a greater disgrace to human nature than such a wretch as this?«

Der Freigeist Bolingbroke unterhielt nicht nur Verbindungen zu den Stuarts, sondern hatte unter Anna auch die hochkirchliche Richtung gefördert, um dann in den dreißiger Jahren wie einst die alten Whigs die »mittelalterlichen Freiheiten unserer Verfassung« gegen das schleichende Gift der »Korruption« zu verteidigen. Doch vorerst verwehren ihm seine Feinde die Rückkehr nach England. Da hat er viel Zeit für schöne, ja ausschweifende Briefe an den Dekan. Bei gutem Wein mit diesem und Pope im Gespräch vereint, eine aufrichtigere Freundschaft mit Seelenverwandten (»quibus neque animi candidiores«) könne er sich nicht vorstellen, heißt es bereits einen Monat vor seiner Demission im Juli 1714. Daß in diesen Worten eine Utopie aufscheint, die zugleich realistischer und verlockender ist, als die imaginäre Herrschaft über die 1684 erworbene nordatlantische Kronkolonie, beweist die vorliegende Briefsammlung mühelos.

Michael Szczekalla

Woolley, David (Hg.), *The Correspondence of Jonathan Swift*, Bd. 2. – Bern: Peter Lang, 2001, xix + 661 S. + 16 Abbildungen, € 65,40 (zur Subskription bis zum Erscheinen des vierten Bandes, späterer Preis € 75,70).

Katholizismus und Kunst

Was, fragt der niederländische Biograph Caspar Wintermans, verbindet Gustav Mahler, Oscar Wilde, Lionel Johnson und Lord Alfred Douglas, wenn nicht ihr »Übertritt [...] zu der Konfession, die sich [...] wie keine andere der *Schönheit* bedient [...], um sich dem Göttlichen zu nähern; mit anderen Worten: ihr Übertritt zum Katholizismus«. Obwohl zentral für das Leben der Iren Oscar Wilde und Lionel Johnson wie des Lord Alfred Douglas, steht die Frage nicht im Mittelpunkt von Wintermans' Buch. Eher geht es ihm, der als Teenager den verfemten Schotten entdeckte und in Kleinstauflagen raubdrucken ließ (wie die als Lektüre besonderer Art zu empfehlende Bibliographie verrät), um Rechtfertigung und Richtigstellung.

Ausgehend von Artikeln, die in den achtziger Jahren in den Niederlanden erschienen, und gegen deren verzerrende Darstellung er anschreibt, hat Wintermans ein Porträt der Beziehung zwischen Wilde und Douglas in Worte gefaßt. Er bietet keine Biographie, denn wesentliche Lebensabschnitte erfahren allzu kursorische Betrachtung, auch fehlt wie so oft eine Zeittafel. Als Streitschrift eines jungen Mannes erkennbar und fast ohne Ausflüge in die Psychologie, enthält das Buch etliche Funde, nach denen Wintermans wohl lange fahnden mußte, eine englisch-deutsche Anthologie von dreißig Gedichten des Lord Alfred Douglas und die Behauptung: »Douglas' Gedichte, deren Musikalität erst zu ihrem Recht kommt, wenn man sie laut liest, bedürfen keiner eingehenden Exegese. Sie sind nicht hermetisch, was nicht bedeutet, daß ihnen Tiefsinn fehlt.« Die Biographie eines Künstlers, der, so Wintermans, den Elfenbeinturm besser nie verlassen hätte, ist meines Erachtens unvollständig, wird in ihr nicht das Werk in seinen Facetten ausführlich erörtert. Ansonsten ist kaum nachvollziehbar, warum Douglas, so der Klappentext, ein »ernstzunehmender Dichter« sein soll.

Wie Oscar Wilde verzichtet Douglas, einem ästhetischen Katholizismus folgend, nie auf Reim und Rhythmus, um seinen Gedichten Form zu geben. Ja, bei genauem Vergleich ließen sich weit mehr literarische Bezüge als bisher erkannt herstellen, schließlich haben sie 1894 beide ein Gedicht mit dem Titel »The Sphinx« verfaßt, Douglas ein Sonett, Wilde das bekannte Langgedicht. Wer das zu einer Klärung ihrer Beziehung erforderliche Doppelporträt verfaßte, müßte nicht nur die Katholizität *beider* Autoren abwägen, darauf verzichten, die wechselseitigen Vorwürfe über ihren Verrat gegeneinander auszuspielen, sondern vor allem verdeutlichen, daß der Skan-

dal von 1895 auf beiden Seiten der Verfemung Vorschub geleistet hat. So ist Douglas etwa 1932 in Levin Ludwig Schückings *Anthology of Modern English Poetry* vertreten mit »Forgetfulness« und »The Travelling Companion«, nicht aber 2000 in *Englische und amerikanische Dichtung*. Fehlte der verfemte tote Wilde lange in vielen Anthologien, ist Douglas aus den gleichen Gründen bis heute nicht hoffähig, dabei haben Skandale inzwischen selten die drastischen Konsequenzen von 1895. Nur in der Literaturgeschichtsschreibung wie in der Biographik wird weiterhin gestritten, als sei nicht wesentlicher, was Wintermans über die niederländische Rezeption des Skandals wie der Werke von Oscar Wilde und Lord Alfred Douglas ausgegraben hat: So erwähnt und zitiert er das Stück *Oscar Wilde, Tragödie in fünf Akten* des Niederländers Adolph Engers (1888-1945), das 1917 erschien, in der Anmerkung erwähnt ist als Ideengeber ein Dr. Fritz Löhner. Wintermans weiß von keiner Aufführung in den Niederlanden. Löhner, eigentlich Löhner-Beda (1883-1942), jüdischer Rechtsanwalt und erfolgreicher Librettist, hat 1919 in Wien *Der König des Lebens*, ein Oscar-Wilde-Drama, aufführen lassen. Ob das Engers' Stück war oder auf diesem beruhte?
Wintermans hat neben Literaturwissenschaft auch Archäologie studiert. Eine Lord-Alfred-Douglas-Archäologie ist sein Buch allemal und daher wichtig für all diejenigen, die hinter dem Skandalon den Literaten entdecken wollen. Doch das Thema ›Katholizismus und Kunst‹, in dem der Konflikt von Gestalt und Gehalt steckt, der jüdische wie protestantische Konvertiten des Fin de siècle beschäftigt, ist bei Wintermans ebensowenig ausdiskutiert wie in Gustav Seibts historischer Studie *Rom oder Tod. Der Kampf um die italienische Hauptstadt*. Dabei gebietet es die Fairneß zu sagen, keiner der Autoren dürfte dies Thema von Anfang an im Sinn gehabt haben. Aber wer sich mit dem Fin de Siècle in der Kunst beschäftigt, trifft unweigerlich auf Autoren wie Wilde und Douglas, die Rom nach der Besetzung durch die Italiener besuchten, auf die die römische Kirche stark anziehend wirkte, vielleicht gerade weil sie in der Ewigen Stadt ihre weltliche Macht so sichtbar verloren hatte. Ganz anders – und sehr negativ – hat James Joyce, als Katholik in Dublin geboren und von Jesuiten erzogen, 1906/1907 auf Rom reagiert, als er einige Monate samt Lebensgefährtin und Kind versuchte, als Bankangestellter eine bürgerliche Existenz zu führen. Abstoßend findet er die Stadt und die Römer, die lebendige Antike wie die noch immer sichtbare klerikale Macht, die ihm aus Irland, wo die Kirche mehr und mehr ins tägliche Leben hineinregiert, ach so vertraut ist. Nur ist in Rom alles größer und größer als in Dublin. Warum die italienische Hauptstadt auf Joyce so wirken konnte, das und vieles mehr ist in Seibts Studie nachzulesen. Mit historischen Stadtplänen und Abbildungen versehen, gedacht als Untersuchung der italienischen Hauptstadtdebatte analog zur deutschen der letzten zehn Jahre, gibt das Buch auch Auskunft über die religiöse und politische Identität der Italiener wie der Deutschen im 19. und 20. Jahrhundert. Befreiungs- und Einigungskriege, emotionale Debatten, der Kampf um Rom gegen den Papst als weltlichen Herrscher und der Kulturkampf, Konkordate Mussolinis und Hitlers – kein Wunder, daß Künstler in jenen Jahren, wenn sie nicht wie Joyce eine klerikal-katholische Kindheit und Jugend erlebt hatten, in der Ästhetik des Katholizismus eine Wahlverwandtschaft fanden, wobei Joyce wie Wilde zeitlebens vom Meßritus wie gebannt war. Im Sinne der Konvertiten-Künstler gelesen, be-

deutet Seibts Titel, übrigens ein politischer Wahlspruch der Zeit, nichts anderes als römisch-katholisch oder tot, eine Lesart, die auf Juden, Iren und Männerliebhaber gleichermaßen zutraf, Außenseiter ihrer Gesellschaft, die im Katholizismus eine letzte Zuflucht suchten.

Jörg W. Rademacher

Caspar Wintermans, *Lord Alfred Douglas. Ein Leben im Schatten von Oscar Wilde*, aus dem Niederländischen von Christiane Kuby und Herbert Post, mit einer Auswahl von Douglas' Gedichten, aus dem Englischen von Christa Schuenke. – München: Karl Blessing, 2001, 352 S., € 23,00
Gustav Seibt, *Rom oder Tod. Der Kampf um die italienische Hauptstadt*. – Berlin: Siedler, 2001, 352 S., € 24,95

Troubled Images

Am 9. Oktober 2001 wurde in der Linen Hall Library in Belfast eine Ausstellung mit dem Titel *Troubled Images* eröffnet, die zum ersten Mal in großem Umfang die vielfältigen Gegenstände des Sammelgebietes Political Collection einer großen Öffentlichkeit vorstellte. Im gesamten neu gestalteten Treppenhaus wie im großen Seminarraum waren sorgfältig kommentiert nicht nur an die Hundert Plakate ausgestellt, sondern in Vitrinen auch andere der Bibliothek zur Verfügung gestellte politische Erinnerungsstücke. Gleichzeitig zur Ausstellung, die in der Öffentlichkeit großes Interesse fand, und von allen politischen Gruppierungen durchaus positiv aufgenommen wurde, erschien ein sehr gut gestalteter Katalog mit gleichem Titel, der viele Plakate gut kommentiert in hervorragendem Farbdruck vorstellt. Viel wichtiger ist jedoch die gleichzeitig erschienen CD-ROM mit gleichem Titel, denn sie ermöglicht einem, das gesamte Archiv der Political Collection auf den eigenen Bildschirm zu holen. Jeder Gegenstand der Sammlung wird per Bild vorgestellt, wobei man sich einer Zeitschiene bedienen kann, um einzelne Perioden abzurufen. Die Gegenstände werden mit der entsprechenden Katalogisierungsnummer der Collection vorgestellt und gleichzeitig werden Verbindungen mit anderen Objekten der Collection benannt. Am wertvollsten sind jedoch die 50 Aufsätze, in denen namhafte WissenschaftlerInnen einzelne Aspekte des Themas Troubled Images mit Beispielen aus der Collection vorstellen, alphabetisch geordnet, von American bis Women. Besonders interessant sind die Essays zur Ikonographie der Plakate, zur Symbolik, zur Herstellung der Plakate wie zum Internationalismus. Hinzu kommen Interviews mit Politikern, Schriftstellern, Gewerkschaftlern und Künstlern, die per Audio zu hören sind. Ein Landkartenteil läßt einen die archivierten Materialien sowohl innerhalb Nordirlands als auch europa- wie weltweit zugänglich werden, und so ist es nicht erstaunlich, auch etliche deutsche Plakatbeispiele aus Berlin, Bochum, Heidelberg, Frankfurt zu finden, die von Jürgen Schneider zur Verfügung gestellt wurden. Besonders angenehm ist die notepad-Funktion, mit der man sich seinen eigenen Vortrag bildlich zusammenstellen oder Seminare mit ausdruckbaren Beispielen vorbereiten kann. Es wäre sicherlich eine ausgezeichnete Idee, die

Ausstellung, die als Wanderausstellung konzipiert ist, nach Deutschland zu holen, da sie exemplarisch politische Agitationskunst sinnvoll und überzeugend konzipiert vorstellt. Zum anderen sei die Anschaffung der CD-ROM allen an der politischen Entwicklung Nordirlands Interessierten sehr empfohlen. Sie kosten für Nichtmitglieder der Linen Hall Library 25 Pfund. (www.linenhall.com; email: info@linenhall.com) Von gleicher Qualität ist die vom Nerve Centre in Derry entwickelte CD-ROM Lest We Forget – 1916. Hier werden Bezüge zwischen dem 1.Weltkrieg und der Beteiligung irischer und nordirischer Bataillone an der Schlacht an der Somme und dem Easter Rising hergestellt, mit phantastischen Materialien, die nicht nur Bilder, sondern auch Handschriften, Briefe, Musikstücke, Gedichte und andere Materialien umfassen. Nach Gesichtspunkten wie Symbolik oder Identität geordnet lassen sich viele der im weiteren Verlauf der (nord)irischen Geschichte wesentlichen symbolischen Akte besser einordnen und verstehen. In beiden Abteilungen werden für den Schulunterricht sorgfältig gestaltete Arbeitsmaterialien angeboten. Auch diese CD-ROM verfügt über hervorragend kommentierte photographische Materialien, aber auch kommentierte Filmausschnitte. Näheres zu dieser CD-ROM unter www.symbols.org.uk.

Jürgen Martini

The Irish Storyteller

Eine Literaturkritikerin der *Irish Times* konstatierte kürzlich, der zeitgenössische irische Roman werde völlig überbewertet. Die Stärke der irischen Schriftsteller sei nach wie vor eher für die Genres Poesie, Drama und Kurzgeschichte zu konstatieren. Völlig unerwähnt ließ unsere kritische Kritikerin dabei die ansonsten bei der Zuschreibung des typisch Irischen gern hervorgehobene Fabulierkunst der Geschichtenerzähler von der smaragdgrünen Insel. Dafür aber bietet Georges Denis Zimmermann in seinem materialreichen Werk *The Irish Storyteller* alles, was man über die durchaus nicht geradlinige Tradition des *storytelling* in Irland und seine wechselnden Protagonisten sowie über Begegnungen mit ihnen, über Geschichtensammler, Linguisten und Philologen wissen muß.

Los geht es mit *Acallam na Senórach*, einem literarischen Kompendium, das um 1200 entstand und in das ein unbekannter Geschichtenüberlieferer Episoden aus dem Leben des legendären Fionn mac Cumhaill und seiner Krieger gestreut hat, und es endet quasi mit der Feststellung, daß die Geschichtenerzähler, deren Ausbildung, Techniken und gesellschaftlicher Status über die Jahrhunderte hinweg ebenso Untersuchungsgegenstand sind, empört waren, wenn der Wahrheitsgehalt ihrer sich ohnehin von Mal zu Mal ändernden Geschichten in Frage gestellt wurde. Dabei muß eine Geschichte ja nicht wahr, sondern zuallererst gut sein. Dies gilt natürlich auch für die Geschichten irischer Romanschriftsteller des 19. Jahrhunderts, deren Verhältnis und Beeinflussung durch das *traditional storytelling* Zimmermann ebenfalls würdigt.

Jürgen Schneider

Georges Denis Zimmermann, *The Irish Storyteller*. – Dublin: Four Courts Press, 2001, 634 S., € 45,00

Der sich den Wolf schreibt. Ein Dichter auf Großwildjagd

Jahre-, ja jahrzehntelang werden die Bewohner von Achill Island an der Westküste Irlands von einem mysteriösen Wesen heimgesucht, das niemand je richtig zu Gesicht bekommt, das sich aber ganz wie ein gefräßiger Wolf verhält – obwohl es doch in Irland seit Jahrhunderten keine Wölfe mehr gibt. Das Untier, das Schafe raubt, furchterregend jault und einen ekligen Verwesungsgeruch hinterläßt, versetzt die Insulaner in einen Zustand angespannten Unbehagens. Und so wie ihre Sehnsüchte ständig enttäuscht werden, selbst dann, wenn einmal ein Wunsch in Erfüllung geht, entzieht sich auch die Bestie jedem Zugriff.

Wenige Monate, nachdem die ersten Heultöne erklingen, wird auf der Insel ein Rotkäppchen geboren, die kleine Patty O'Higgins, die bald die ersten Symptome der unheilbaren Autoimmunkrankheit Lupus (!) erythematodes entwickelt. Ihr Schicksal steht neben den Attacken des Ungeheuers im Mittelpunkt des Buches, und sie ist auch die einzige, die dem Monster kurz ins grünlich-graue Auge blicken darf.

John Deane, der Verfasser dieser Geschichte, zeichnet ein Sittengemälde seiner Heimat, deren Bewohner sich in ihrem Streben nach Glück gerne selbst im Wege stehen. Ein »Gruselroman« jedoch, wie der Klappentext verkündet, ist das Buch kaum: Die anfängliche Spannung geht nach immer wieder ähnlichen Ereignissen irgendwann verloren, und schließlich ist es einem egal, was für ein Wesen da die Insel terrorisiert.

Wie die Spuren an den Schauplätzen des Geschehens führt leider auch so mancher Erzählstrang ins Nichts, das Geschehen verdichtet sich ebensowenig wie die Indizien, und so droht die Geschichte langsam zu zerbröseln, bevor kurz vor Schluß die Fäden noch einmal eilig zusammengeführt werden und der Roman zielbewußt auf sein seltsames Ende zusteuert.

Daß John F. Deane von Hause aus wohl in erster Linie Dichter ist, macht sich immer wieder deutlich bemerkbar. Er findet treffende Bilder und Metaphern von poetischer Kraft, und so manche Episode ist für sich gesehen eine sehr gelungene Miniatur. Der Nachteil ist, daß sich diese Episoden gelegentlich nicht recht in den Gesamtzusammenhang einfügen wollen und so den Eindruck erwecken, daß der Dichter mit der großen Form des Romans nicht ganz zurechtkommt. Dazu gesellen sich Albernheiten wie das Faible einiger Insulaner für das zusammenhanglose Aufsagen von Schlagwörtern, Stilblüten wie »im heißen, überlaufenen Dorf ihres Bettes« und inhaltliche Schludrigkeiten – da steht ein Mann vom Stuhl auf, um gleich danach aufzuspringen, ein anderer fährt nachts an einen einsamen Ort, wo dann die Dunkelheit hereinbricht, und an einem windstillen Tag hört man das Tosen von Wind und Wellen.

Leider trübt die deutsche Übersetzung das Lesevergnügen zusätzlich – oder sie sorgt für unfreiwillige Komik. Da wird ein Kneipenraum zum »Kabuff«, zwei junge Liebesleute sind »unerprobt«, einige Männer »brüllen dringlich«, ein anderer »putzt sich heraus« statt sich aufzuplustern, und statt »seine beiden Schafe« heißt es »beide seine Schafe«.

Fazit: Wer sich schwer damit tut, auf seine Mitmenschen zuzugehen, der findet hier eindringliche Beispiele, wie es einem ergehen kann, wenn man sich zu sehr in sich selbst vergräbt. Wer einen guten Gruselroman lesen will, der greife zu *Dracula*. Bei Bram Stoker heulen auch die Wölfe schöner.

Cristoforo Schweeger

John F. Deane, *Im Namen des Wolfes. Roman*, aus dem Englischen von Hans-Christian Oeser. – Hamburg: Rotbuch, 2001, 230 S.

Banks of Green Willows

Ich habe – das soll euch nicht verschwiegen werden – durchaus schon mal ein schlechteres Buch gelesen, und das stammte aus der Feder von Barbara Cartland. Der Fairneß halber sollte ich auch darauf hinweisen, daß ich wie alle klar denkenden und empfindsamen menschlichen Wesen Kevin Myers nicht ausstehen kann, weswegen meine Ausführungen mit einer Dosis Strychnin goutiert werden sollten.

Es gibt offenbar auch Menschen, wie etwa den exzellenten Romanschriftsteller John Banville, die uns einreden wollen – man schaue nur auf den Waschzettel des Verlages –, Kevin Myers verfüge über ein nicht unbeträchtliches Talent. Caligula war einst, was sein Pferd Incitatus betraf, ebenfalls einer solchen Meinung gewesen. Die Geschichte, wenn denn das Wenige überhaupt so genannt werden kann, handelt von der Amerikanerin Gina, die während eines Dublin-Aufenthaltes in den frühen siebziger Jahren von einem Kerl dick gemacht wird, der behauptet, ein irischer Serbo-Kroate zu sein. Er spreche allerdings kein Serbo-Kroatisch. Dafür spricht er lispelnd Englisch, was mit der Zeit etwas ermüdend ist. Sie sagt ihm nicht, daß sie schwanger ist, und kehrt in die USA zurück.

Da sie eine Schönheit aus dem Süden ist, müssen sie und ihr reizender Sohn (Tom – merkt euch diesen Namen, er ist wichtig!) nicht zu sehr unter wirtschaftlicher und sozialer Deprivation leiden. Sie geht eine Beziehung mit einem in sie verliebten Verehrer ein (der ein »guter Fang« und ein Freund von Noam Chomsky ist, welcher allerdings nicht auftaucht). Der heiratet Gina trotz des bosnischen Bastards von einem Kind. In Baile Átha Cliath hat der bosnische Bursche natürlich jahrelang versucht, mit ihr Kontakt aufzunehmen, aber ihre verrückte Mutter hatte sich die Briefe angeeignet. So ein Pech aber auch, ihr von einem Unstern verfolgte Liebende!

Parallel zu diesen Ereignissen des Jahres 1973 wartet Myers mit »Kriegsberichterstattung« auf, geschrieben im Präsens. Er schildert das Massaker von Kevins serbischen Kumpanen an einer Großmutter, einer Mutter und einer Tochter, die enthauptet werden. Diese Greueltaten ereignen sich auf dem kriegszerrissenen, aber schönen jugoslawischen Land, das reichlich »Ufer mit grünen Weiden« zu bieten hat (die George Butterworth-Version, natürlich).

Freunde (sic!) und regelmäßige Leser der Myers'schen Kolumne in der *Irish Times* machen sich schon seit geraumer Zeit Sorgen, daß Myers offenbar den Zeitpunkt seines Leben erreicht, an dem Männer mittleren Alters wie er sexbessenen zu sein scheinen. In der *Irish Times* enthüllte Kevin unlängst, er habe »nackt Somnambulismus« betrieben und sei im Schlafzimmer eines britischen Armeeoffiziers in den

Curragh-Unterkünften für Ehepaare aufgewacht. Ein andermal führte er aus, wie gerne er doch ein Luffaschwamm wäre – dann könne er Geri Halliwell unter der Dusche hautnah sein. Besonders besorgniserregend war allerdings seine Enthüllung, ihm wachse eine Beule am Hals, groß wie eine kleine Kartoffel. Ein Gerücht von einem Geschwür ging um. Doch was immer es auch war oder ist, es hat Kevin inspiriert, weiter an dem Verschwinden der knappen Ressourcen des Regenwaldes zu arbeiten und seine sexuellen Phantasien zu Papier zu bringen.
Von dem Magazin *The Literary Review* wird jedes Jahr ein Preis für den schlechtesten Sex-Roman verliehen. Es ist jammerschade, daß Myers' »Opus« zu spät veröffentlicht wurde und somit keine Berücksichtigung mehr finden konnte. Er wäre ein sicherer Anwärter auf den Preis gewesen. »Er widmete sich jedem Detail, während er ihre Vulva und diese verborgene Stelle zwischen ihren Hinterbacken einseifte.« »Sein Penis war voll ausgefahren und pulsierte im Rhythmus seines Herzens. Sie war in ziemlicher Versuchung, ihm einen runterzuholen und ihn über ihr Gesicht, ihre Brüste, in sein Bad ejakulieren zu lassen.« »Auf ihrem Po wurde sein Penis knochenhart. Sie griff nach hinten und massierte ihm die Hoden.« *Caveat Emptor.* Es gibt jede Menge Seiten solchen Unfugs. Ja, seitenweise derartigen Müll. Und was noch schlimmer ist, »eingeflochten« sind Ausführungen über französische Literatur von einer älteren amerikanischen Lesbe, die das kleine Baby stillt, um ihre Kicks zu bekommen. Ebenso penetrantes wie irrelevantes literarisches Name-dropping – Alain-Fournier, Apollinaire, Simone de Beauvoir, George Eliot – ein Tribut an Woman's Lib (wie Myers sie sieht, lesbische Masturbationsfantasien inklusive).
Dazu kommen absurde Dialoge, die Kevin altmodischen Bauern in den Mund legt und die – kotz, würg – kaum weniger authentisch sein könnten. Glaubt mir, niemand, wirklich kein Mensch spricht so: »Meine fünf Sinne sind überall verstreut, wie die Schlüpfer einer Verrückten.« Und so auch nicht: »Ist sie nicht oberschlau, so super-, ober-, oberschlau.« Alle sagen aber häufig »fuck«, also muß es befreiend sein. Schriftsteller leben allerdings nicht von lesbischen Liebesriten allein, also werden uns auch bosnische Machoszenen geboten. Hierbei beweist Kevin, daß er ein ganzer Kerl ist, indem er jedes Kriegsgerät nennt, auf das er in dem von ihm geliebten *Magazin Jane's Defence* gestoßen ist. Es ist nicht einfach nur ein Maschinengewehr, sondern »ein MG 42, eine Kopie eines polnischen Maschinengewehrs, das aus dem amerikanischen Browning Automatic entwickelt wurde, das wiederum auf das Lewis-Gewehr des Ersten Weltkriegs zurückging.«
Für all das gibt es aber durchaus einen Grund. Es handelt sich um eine subtile Nacherzählung der Göttersagen von Kronos und Zeus. Und dann ist da noch diese Szene während einer Dinner-Party, bei der ein Flußkrebs ausbüxt und die Gäste alle ihre Zeit damit verbringen, zu furzen und zu kotzen. Auweia! Ich habe mir fast in die Hosen gemacht! Schließlich ist aber doch noch Gutes zu vermelden. Die amerikanische Trulle bekommt das Big C, ihr Sohn verduftet nach Bosnien, um für die Kroaten zu kämpfen, und sie kommt wieder mit seinem Vater zusammen – ihr erinnert euch, es ist der lispelnde Bosnier. Und der enthüllt, daß er einen Sohn hat, der, *quelle coincidence*, auf serbischer Seite kämpft (weil er annimmt, sein Großvater sei Serbe, dabei ist er SAS-Mann gewesen). Dieser Sohn entwickelt sich zu einem richtigen

Haudegen, schlachtet Zivilisten ab und erschießt dann den armen Tom und einen abscheulichen Iren, der mit Tommys Schlampenmutter geschlafen hatte, die nun in Dublin weilt und unheilbar an Krebs leidet. Die banalen Stereotypen sind zunächst gar nicht so übel, aber bald und unerwartet auch schon wieder verschwunden, und der Roman nimmt mit dem Hinweis, die amerikanische Heroine könne auf wundersame Weise genesen, eine Wende zum Schlechten.
Genug davon. Macht euch nicht über die Gebrechlichen oder die zerebral Gefährdeten lustig. Teufel! Verflucht, Kevin, du Sabberer, ist dir nie in den Sinn gekommen, daß es an der Zeit sein könnte, den alten Federkiel wegzulegen? Wir jedenfalls fürchten, daß du vom Romanschreiben soviel verstehst wie eine Kuh von einer Urlaubsreise. Nicht eben superoberschlau.

John McGuffin
Aus dem Englischen von Jürgen Schneider

Kevin Myers, *Banks of Green Willows.* – London: Scribner and Townhouse, 2001, 282 S., £ 12,99 (Sterling)

The Blue Tango
Um sich in den drei Tagen, während man ihn verhörte, bei Laune zu halten, pfiff Iain Hay Gordon, Wehrpflichtiger der Royal Air Force, »The Blue Tango« von Ray Martin. Dann verpfiff er sein Leben mit dem Geständnis, die neunzehnjährige Patricia Curran erstochen zu haben, die Tochter des Generalanwaltes im Norden, des Richters Lance Curran (später Lord Chief Justice [Lordoberrichter; A.d.Ü.]). Im März 1953, vier Monate nach dem Mord, erging das Urteil »Nicht schuldig wegen Unzurechnungsfähigkeit«, und Gordon verbrachte mehrere Jahre in einer Nervenheilanstalt, bis er vom verstorbenen Brian Faulkner unter der Bedingung vorzeitig entlassen wurde, daß er den Namen ändere und verschwinde. Gordon jedoch verbrachte die folgenden vierzig Jahre damit, seine Unschuld zu bekunden, bis seine Verurteilung im Jahr 2000 von der Berufungsinstanz gekippt wurde.
Aus den Umständen dieses Mordfalles hat Eoin McNamee eine faszinierende Neuschöpfung gemacht, vermischt mit manchen Hypothesen und streut unterwegs eine ganze Menge Überraschungen ein. McNamee riskiert, daß seine Leser sich unsicher und frustriert fühlen, weil die Linie zwischen Fakten und Fiktion (oder Spekulation) nicht immer markiert ist. Auch kann die Prosa mitunter ein wenig sentenziös sein – im Unterschied zur unheimlichen Sprache, die er brillant in *The Resurrection Man* einsetzte. Jedoch ist es ein Hinweis auf seine Stilsicherheit, daß ihm am Ende doch alles gelingt.
Mit Ausnahme weniger Anachronismen hat McNamee ein graues »Fünfzigergefühl« für die Periode geschaffen, den Dialog, die Empfindsamkeiten der Zeit. Die Nachkriegsatmosphäre. Die Kodes und die Moral. Kartenspiel im Hinterzimmer des Reform Club; der Generalanwalt als Mitglied des Oranierordens und des Black Preceptory; die Funktion der Royal Ulster Constabulary als persönliches Werkzeug

der unionistischen Behörden. Eine Figur vom Rummelplatz. Ein »homosexueller« Friseur. Katholiken am angestammten Ort. Ein Chief Superintendent namens John Capstick herübergeholt von [Scotland] »Yard«, um den Fall von einem örtlichen, anständigen, zu gewissenhaften Kriminalbeamten, Inspektor McConnell, zu übernehmen.
McConnell hielt Gordon für unschuldig und glaubte, der wahre Mörder sei in Richter Currans dunklem Haus zu finden, namens The Glen, das zu durchsuchen Hauptkonstabler Pim ihm verbot, wie er ihm auch die Befragung der Familie Curran nach einem Alibi untersagte. Wird auch die Spannung eines Horrorromans nicht ganz erreicht, gibt es Spuren von Manderley in The Glen, wo Jahre später auf Bohlenbrettern unter einem Teppich Blutflecken gefunden werden, kurz bevor das Haus abbrennt.
Richter Currans Vater war ein Metzger, doch der Sohn stieg auf ins höchste Richteramt des Landes. Der Richter war passionierter Spieler, ständig verschuldet bei einem katholischen Buchmacher. Seine Frau Doris war gesellschaftlich sehr ehrgeizig gewesen, nervenkrank, vergötterte den Sohn, der tagsüber Anwalt war und nachts Erweckungsprediger, im Bett härene Kleidung trug und sich selbst auspeitschte. Doris endete, wie Gordon, in einem Heim. Doris stritt ständig mit der flatterhaften Tochter, Patricia, die als sexuell promisk galt.
Iain Hay Gordon, der Sündenbock, war ein einsamer Mann, der Amüsierarkaden besuchte, Fremde ansprach, sie bat, mit ihm spazierenzugehen, ihnen Pommes frites anbot. Er war Wachs in den Händen des Establishment. Es war sein Fehler, in den Bann Desmond Currans zu geraten, der in »die Schlacht um die moralische Wiederbewaffnung der Provinz« verstrickt war. Desmond lud ihn zum Besuch von The Glen ein, und dort traf Gordon auch Patricia. Er war wie besessen von ihrem Tod, redete zu viel darüber. Sein zweiter Fehler war, einem Mitwehrpflichtigen zu bitten, für ihn zu lügen, als er begriff, daß er zur vermeintlichen Zeit ihres Todes (obwohl die nie richtig festgestellt wurde) kein Alibi hatte.
Obwohl der Mord an Patricia Curran offiziell ungeklärt bleibt, fördert der Spürhund McNamee einige unbequeme Tatsachen zutage; auch ist dieses ausgezeichnete Dokudrama zuweilen hervorragend geschrieben.

Danny Morrison
Aus dem Englischen von Jörg W. Rademacher$

Eoin McNamee, *The Blue Tango*. – London: Faber and Faber, 2001, 265 S., £ 10.99

The Big Snow

Während ich diese Rezension schreibe, fällt leise der Schnee auf Belfast, worauf die Stadt friedvoll und malerisch wirkt. Ich erinnere mich an den »großen Schnee« von 1963, als wir uns den Weg aus dem Haus freischaufeln mußten, das Leben zum Stillstand kam, der Strom abgestellt wurde, alle Verkehrsmittel lahmgelegt und alle Lieferungen gestoppt waren. Die Erwachsenen waren bestürzt über den arktischen Belagerungszustand; wir Kinder fühlten uns befreit.
Vor sechs Jahren lobte ich David Parks letzten Roman *Stone Kingdoms*, der zumeist

in Afrika angesiedelt ist. Park ist der große Schweiger unter den Schriftstellern im Norden. Nie habe ich davon gehört, daß er in einem Kulturprogramm aufträte, eine Lesung abhielte oder Bücher in Zeitungen bespräche. Als Autor dreier Romane und einem Band Kurzgeschichten hat er sein jüngstes Werk im Februar 1963, als die Schneestürme, also die Natur, das Sagen haben, in Belfast und County Down angesiedelt. Ohne Frage hat er die allgemeine Stimmung jener Zeit und die Erinnerungen daran gut getroffen.

In fünf separaten Erzählsträngen kämpfen die Figuren alle unter der gleichen Schneedecke (obwohl sie auch in eisiger Atmosphäre des untertriebenen Fundamentalismus und ebensolcher Bigotterie kämpfen). Einige der Erzählstränge sind lose verbunden durch Zeit und Ort der Handlung oder die Tatsache, daß die Figuren vom Mord an einer jungen Frau, Alma Simons, in Belfast gehört haben. Park ist konzentriert auf die Themen von Liebe und Verlust, Besessenheit, Moral und Anstand und Wahnsinn (sowie einer unheimlichen Geschichte über das Vermächtnis des Inzests).

Die Titelgeschichte des Bandes, etwa hundertvierzig Seiten lang, handelt von einem rätselhaften Mordfall mit Detective Constable Swift, einem Anfänger, der Herkunft nach aus der Mittelklasse, dem übelnehmerisch der ältere, kernigere, brutale Detectice Sergeant Gracey der Royal Ulster Constabulary gegenübersteht. Gracey, ein kleiner Witzbold, glaubt, der Mord an der jungen Frau sei sonnenklar, aber dank seiner Beharrlichkeit legt Swift das Belfaster Milieu der Zeit offen: Korruption im Rathaus, die Halbwelt der Boxer, die Engelmacherin im Hinterzimmer.

Swifts Motive sind gemischt: sein Wunsch, das mangelnde Vertrauen des Vaters zu ihm zu widerlegen, das Trachten nach Gerechtigkeit und Rache, beruhend auf einer perversen Zuneigung, die er für das ermordete Mädchen hegt. Seine Besessenheit von dem toten Mädchen, die dazu führt, daß er in ihr leeres Bett steigt und ihren Ring trägt, und seine Träumereien darüber, was sie für ihn hätte sein können und er für sie, lassen die Geschichte in der Mitte etwas ins Schlingern kommen, und das ist nur gerechtfertigt, falls der Autor uns aus der Bahn werfen wollte. Indes ist das nur eine geringfügige Kritik.

In einer anderen Geschichte wacht ein Ehemann, Martin Stevenson, am Bett seiner sterbenden Frau, Hannah, und belügt sie über eine Reise, die sie quer durch die USA machen werden. Er fragt sich, ob bei der Enge Irlands ihre Leben nicht hätten ganz anders sein, und ob sie ihrer Krankheit hätte entkommen können, hätten sie anderswo gelebt: »War der Ort, wo man lebte, entscheidend für die Grenzen dessen, was Leben sein konnte? Wurde der Ort, wo man lebte, dadurch unentrinnbar klein, unfähig zu wachsen und sich zu erweitern?«

In der nächsten Geschichte, »Snow Trails«, verliebt sich ein Student im ersten Jahr, der im väterlichen Eisenwarenladen aushilft und Hannah Stevenson beerdigen wird, heimlich in eine kultivierte, verheiratete Frau, Mrs. Richmond, die gerade in ein benachbartes Gutshaus gezogen ist. Er ist am Scheitelpunkt seiner Liebe angelangt, als er begreift, daß »die Welt schön war, die Welt war seltsam. Und ihm widerfuhr jetzt etwas.« Da er verletzt wird, als er Mr. Richmond hilft, dessen Wagen in einer Schneewehe verunglückt ist, verbringt er schließlich die Nacht in ihrem Haus. Vollends erwacht seine Eifersucht, als er nachts hört, wie das Paar sich liebt.

Park wurde wegen seines lyrischen Stils weithin gepriesen, und dieses Buch ist voller brillanter Bilder: Ein Baum scheint plötzlich zu zittern, »den Kieferrnduft freisetzend«; »Der Wind nahm ein wenig zu und blies rauchgleich den Schnee«; »Der Schnee kam herunter in großen federgleichen Flocken, als wäre das dicke Kissen des Himmels aufgeschlitzt und leergeschüttelt worden.«
Noch ein gutes Buch in der Tasche dieses bescheidenen Mannes.

Danny Morrison
Aus dem Englischen von Jörg W. Rademacher

David Park, *The Big Snow.* – London: Bloomsbury, 2001, £ 14,99

Frei sein, high sein, Terror muß dabei sein
beim barte des fetten bastards! ich versichere, das buch diesmal auch wirklich gelesen zu haben. es ist zwar einfacher, sich über ein druckwerk auszulassen, das man noch nie gesehen hat oder das es überhaupt nicht gibt. aber in dieser zeit der gotteskriegerei zwischen texas und dem rest der welt soll ja alles anders sein als je zuvor, also fange ich am besten am anfang an. LAST ORDERS kam unaufgefordert mit der schneckenpost, als ich mich gerade abmühte, die pointen und globalrundschläge der englischsprachigen ausgabe im collins nachzuschlagen, eine menge wörter standen da gar nicht drin. das werk handelt hauptsächlich von loyalistischen flachwichsern und revolutionären guinnesskläranlagen jeder schattierung. ob man es stocknüchtern oder teilblau liest, ist völlig egal, auf jeden fall sollte man ausgeschlafen sein (was ich natürlich nicht bin). allerdings erfuhr ich gerade, dass auch amigo dottore aus macerata seine schwierigkeiten mit der enormen PPP-poitín-porter-pot-verdichtung der geschichten haben soll. in wahrheit scheint es ein roman zu sein, fast ein entwicklungsroman des brian artur grimshaw, den man besser vom anfang bis zum bitteren ende liest, und nicht wie ich, der gewohnheit folgend, die wildesten titel aus dem inhaltsverzeichnis zuerst – das verwirrt, man kommt sich schnell vor wie am nächsten morgen mit gestörter hirnstromschaltung. zumindest beim erstenmal lesen sollte man sich daran halten. das buch verdient es, täglich gelesen zu werden; das hilft den kassen auch antidepressiva sparen. wer hat nicht schon einmal in einer umnebelten nacht einen gleichgesinnten auf offener straße gesehen, der seine sachen stück für stück auf ein ruhendes auto breitet, die uhr abnimmt und sorgfältig auf einer fensterbank ablegt, um sich dann in den schlaf des gerechten bzw. in die hundescheiße zu begeben? dem revolutionär brian artur grimshaw passierte dies in einer weitaus unangenehmeren situation mit entsprechend bösen folgen. in diesem kürzesten aller kapitel enthüllt brian artur eine unumstößliche lebensweisheit: »Mein Sohn, wenn du auf diesen elenden Erdhügel kommst, bewerfen sie dich mit Wasser. Wenn du heiratest, bewerfen sie dich mit Reis. Und wenn du tot in der Kiste liegst, bewerfen sie dich mit Dreck. Das Geheimnis des Lebens, mein Sohn besteht darin, dass dich immer irgendein Bastard mit irgendetwas bewirft.« gewöhnlich spielt, ballert, gurgelt sich alles im gälischen sprachraum ab, weshalb man den daumen dauernd im glossar hintendrin haben muß. ein haufen

kollateralschädlinge ist ständig zur richtigen zeit am falschen ort und zur falschen zeit am richtigen. die revolutionäre phantasie ist an der macht, solang die füße tragen, danach geht's auf dem boden weiter.
die superbetrüger von flowtex scheinen den englischen text gekannt zu haben. eine westcoastgeschichte leitet an, wie man genau auf diese art zu reichtum kommt. diese geschichte enthält auch einen semtex-witz, der hier nicht ausgeplaudert wird. RA mcguffin, »im allgemeinen nur als Anwalt der GEKs, der gewöhnlichen Kriminellen« tätig, muß im sold eines kommerziellen rechtsverdrehers eine bande raushauen, die mit schwitzbuden und sweatshirtstrickautomaten das große luftgeschäft macht und verdienstkreuze aller art umgehängt kriegt. die geschichte verläuft für alle irgendwie erfolgreich, bloß für den braven anwalt nicht. man wundert sich, wie unbefangen herr mcguffin höchste geheimhaltungsstufen fremder mächte ausplaudern darf. daß die queen oder der präsident »nicht auf den Thron gehen, sondern der Thron zu ihnen kommt« verblüfft schon ein wenig. daß die eigenhändig clintons staatstragenden stuhl einsammelt, damit der nicht in die griffel und labors der mächte des bösen gerät. um den fremdthron bei staatsbesuchen machterhaltend zu modifizieren (statt ihm einfach eine plastiktüte hinzuhalten), bedarf es eines ausgewiesenen sanitätsfachmanns, im irischen fall der kompetenz des als arbeitssuchend gemeldeten brian artur grimshaw, der am arbeitsamt vorbei in motorradjacke und helm vermummt mit einem stück rohr sämtliche kontrollen bis ins allerheiligste von mr. president überwindet. lesen Sie es doch selbst! und ständig hat man das durchaus nicht unangenehme gefühl, der fette bastard himself hockt im selbstgemachten nebel aus PPPP – poitín porter pot & pointen – hier im zimmer und prostet herum, während lach- und freudentränen rinnen, selbst wenn man bei »Cadillac-Kommunisten« diesen kleinen stich kriegt, weil man ja selber so was verrottetes ist.

Jörg Burkhard

Sean McGuffin, *Last Orders. Neue Geschichten*, unter Mitwirkung von Christiane Kühn aus dem Englischen übersetzt von Jürgen Schneider sowie mit einem Vorwort von Bernadette Devlin McAliskey und einem Cartoon von Cormac. – Hamburg: Edition Nautilus, 2001, 192 S., € 14,50

Familiendramen

Die Flut der Romane, deren Hauptpersonen in die Wirren des irischen Unabhängigkeitskampfes geraten, nimmt noch immer kein Ende, aber manche davon sind lesenswerter als andere. Brian Manus, eigentlich Arzt, gebürtig aus Cork und heute in Galway im Ruhestand lebend, hat nach allerlei Veröffentlichungen in medizinischen Fachzeitschriften seinen ersten Roman vorgelegt. Die Geschichte der titelgebenden Blutsbrüder Colm und Sean setzt 1914 ein. Dritte Hauptperson ist ihre etwas ältere Kusine Rosetta, Frühemanze und Femme fatale, die den unbedarften Colm zuerst in ihr Bett und dann in die Reihen von Sinn Féin lockt. Ehe es so weit ist, müssen alle drei jedoch den Ersten Weltkrieg überleben; Rosettas französischer Verlobter fällt an der Front, die Brüder melden sich zum Roten Kreuz (Sean) und in den Sanitätsdienst (Colm). Bei allen geht es mit der Liebe pausenlos schief, auch die Liaison zwischen Rosetta und Sean dient nur Überlebenszwecken.

Das klingt nach Schmonzette, soll es aber nicht. Brian Manus ist ein fesselndes Zeitbild gelungen, jedes Detail scheint zu stimmen, von der Kleidung über den Wein bis zur nationalen Arroganz der damaligen westbritischen Elite (denn dazu gehören die drei Hauptpersonen zu Anfang des Buches, ehe sie sich dann im Verlauf der turbulenten Handlung zur Sache Irlands bekehren). Der westbritische Reisende findet es skandalös, daß der Schaffner in der bayerischen Eisenbahn kein Englisch spricht (1914), erwartet aber ganz selbstverständlich, ohne Kenntnisse der jeweiligen Landessprachen problemlos durch Europa reisen zu können. Die westbritische Malerin in Paris erklärt ihren erstaunten französischen Gastgebern, das französische Theater habe ja wohl niemanden, der sich mit »Shakespeare, Sheridan und Shaw« messen könne, und nimmt es für bare Münze, als die Gastgeber freundlich nicken und sagen, ganz recht, Molière könne man wirklich niemandem zumuten.

Bei allem Lob, einige typische Anfängerfehler gibt es auch – der Autor weiß ungeheuer viel, und das muß nun alles ins Buch, und so erklärt er Ortsnamen, Redensarten, historische Gegebenheiten, und wann immer möglich, so läßt er eine prominente Persönlichkeit durchs Bild gehen, von Lady Wilde über Michael Collins bis zu William Butler Yeats – und selbst Ludwig Wittgenstein gibt auf S. 342 eine stumme Hintergrundfigur. Der Roman *Brothers in Blood* wurde zum 80. Geburtstag des Autors im Selbstverlag herausgegeben, eine »richtige« Ausgabe mit ISBN-Nummer usw. erscheint 2002, Details liegen noch nicht vor.

Gabriele Haefs

Brian Manus: *Brothers in Blood.* – Dublin, 2000, 415 S.

Jähe Zeiten

Ollie Ewing ist ein armes Schwein: in einem Supermarkt gibt er die Einkaufswagen aus und stapelt nachts Ware; in einer Studentenbude haust er unter dem Dach; tagsüber träumt er, aber nachts kann er nicht schlafen. Das alles in Sligo, wohin er zurückgekehrt ist, nachdem die schlimmen Dinge passierten, die in seinem Kopf rotieren. Passiert sind sie in England, und als er mit einer jungen Mitbewohnerin dorthin reist, um seinen mit ihm verkrachten Vater zu besuchen, kommen ihm diese Dinge alle wieder hoch. In kurzen Szenen, die sich zu einem kaleidoskopartigen Bilderwirbel wie im Fieberwahn addieren, erzählt er uns seine Vergangenheit: er erzählt vom tristen Leben irischer Hilfsarbeiter auf den Baustellen Londons, von Schutzgelderpressung und Mord und Totschlag, von Haß und Liebe und allerlei Gefühlen irgendwo dazwischen.

Am Ende verstehen wir, was uns anfangs nur bizarr vorgekommen ist, zum Beispiel Ollies Geisteszustand, der immer hart an der Grenze zum Irrsinn ist, seinen Verfolgungswahn, der womöglich gar kein Wahn ist, und seine Unfähigkeit, anders zu sprechen, als er träumt. Ollie erzählt uns sein Leben so, wie er auch seine Träume erzählt: sprunghaft in der Abfolge, präzis und anschaulich im Detail, sprachmächtig und auf spröde Weise poetisch noch im vergeblichen Versuch, Dinge und Worte in Einklang zu bringen. Ollie nimmt keine Drogen, dennoch ist er ständig high wie auf einem Trip, hat Schweißausbrüche, phantasiert, hört Stimmen. All das bestimmt Struktur und Sprache des Romans *Jähe Zeiten*, und die Raffinesse des Autors Dermot Healy liegt nicht zuletzt in der Virtuosität, mit der er die Wirrnis der Wahrnehmungen und Erinnerungen Ollies in einen klug und souverän gebauten Roman überführt. Der Roman beginnt mit dem Nachleben, mit einer Existenz, die wir als Leser zwar fasziniert verfolgen, aber gar nicht recht begreifen, und dann erst in der zweiten Hälfte wird das Vorleben, die Vorgeschichte erzählt. Dadurch gewinnt das Buch neben dem ungeheuren sprachlichen Drive auch eine inhaltliche Spannung, die passagenweise einen Druck wie ein Thriller erzeugt. Über Dermot Healys ersten ins Deutsche übersetzten Roman *Der Lachsfischer* konnte man viele gute, aber auch einige weniger gute Worte finden. *Jähe Zeiten* erlaubt nur noch gute, preisende Worte, und davon eine ganze Menge.

Friedhelm Rathjen

Dermot Healy, *Jähe Zeiten*, Roman, aus dem Englischen von Hans-Christian Oeser. – Hamburg: Hoffmann und Campe, 2001, 351 S., € 2,95

Gärten, heilige Quellen, Dubliner Pubs und Friedhöfe

Wenn der Herausgeber eines auf Irland spezialisierten deutschen Reisemagazins, den Eingeweihte »Häuptling White Socks« nennen, fünfzig Ausgaben lang jeden Artikel und jede Reportage über irische Gärten ablehnt, dann muß er, salopp gesprochen, einen Sockenschuß haben. Jedenfalls ist ihm wohl das folgende chinesische Sprichwort völlig unbekannt: »Willst du eine Stunde glücklich sein, betrinke dich. Willst du drei Tage glücklich sein, heirate. Willst du acht Tage glücklich sein, schlachte ein Schwein und verspeise es. Willst du aber immer glücklich sein, werde Gärtner.« Eine Gartentour durch Irland jedenfalls ist, ob man nun Gärtner wird oder nicht, eine äußerst inspirierende Angelegenheit, dazu noch eine, die mit Hilfe eines umfangreichen Handbuch svöllig problem- und mühelos anzugehen ist.

Shirley Lanigan beschreibt in ihrem *O'Brien Guide to Irish Gardens* nach irischen Grafschaften gegliedert über 300 öffentlich zugängliche Gärten, deren Geschichte sowie deren Spezifika und bietet auch alle für potentielle Besucher notwendigen Informationen, wie etwa die Wegbeschreibung oder die Öffnungszeiten. In seinem Aufsatz »Der Garten eines Gutsbesitzers im County Wicklow« schwärmt John Milington Synge (1871-1909) von der Wildheit eines Gartens der Landbesitzerklasse und glaubt, zwischen zerstörten Gewächshäusern und Überresten von schönen und seltenen Pflanzen auch die Tragödie dieser Klasse und der zahllosen alten Familien zu spüren, deren schnelles Schwinden er konstatieren mußte. *A Landlord's Garden* heißt ein wohlproduziertes Büchlein von Nigel Everett, in dem es ausschließlich um die Geschichte des Gutsbesitzergartens von Derreen bei Kenmare in der Grafschaft Kerry geht, den Shirley Lanigan »den Inbegriff der Exotik« nennt, wachsen hier doch allerlei weitere exotische Pflanzen.

»The wild garden« ist die von einem William Robinson im 19. Jahrhundert geprägte Bezeichnung für Anlagen à la Derreen, die sich vor allem im Südwesten Irlands finden, dort eben, wo das Klima vom Golfstrom beeinflußt wird. Die Geschichte einiger dieser Gärten und der dazugehörigen Aristokratensitze beschreibt Nigel Everett in seinem Buch *Wild Gardens: The Lost Demesnes of Bantry Bay*. Der ökonomische Erfolg Irlands, so heißt es dort, bringe beispiellose Risiken, aber auch Möglichkeiten für die Bewahrung von historischen Garten- oder Parkanlagen, wie etwa der von Glengarriff, mit sich.

Die Gärten von Irland von Melanie Eclare ist ein durchgängig mit ansprechenden Farbfotografien illustriertes *Coffee Table*-Buch. Eclare beschreibt auch einige (Privat-)Gärten, die Lanigan auslassen mußte. Ein Kapitel widmet Eclare dem Anwesen von Larchill in der Grafschaft Kildare, der einzigen in Irland und auf den Britischen Inseln noch existierenden *ferme ornée*. Die so genannten *fermes ornées* (»geschmückte Gutshöfe«) waren im 18. Jahrhundert relativ kurze Zeit in Mode. Sie symbolisierten eine philosophische Strömung weg von dem geometrischen, formalen Stil der vorausgegangenen Jahrhunderte hin zu natürlichen Landschaften. Die Erbauer dieser Höfe verfolgten das Ziel, Landwirtschaft und Gartenbau zu vereinen, Funktion und Vergnügen miteinander zu verbinden.

Fish Stone Water – Holy Wells of Ireland lautet der Titel eines prächtigen Bildbandes, in dem 47 heilige Quellen und ihre Geschichte sowie die vermeintlichen Heilwirkungen ihres Wassers dokumentiert sind. Auf das Heilungsversprechen ist freilich wenig zu geben. Wie viele Quellen habe ich schon besucht, deren heiliges Wasser die Sehkraft verbessern sollte. Doch jedes Mal mußte von der Anwendung Abstand genommen werden, weil es sich bei dem »Wasser« um Viehseiche handelte. Auffällig sind in *Fish Stone Water* neben den hervorragenden Fotos vor allem die Auslassungen. So werden für Nordirland lediglich zwei Quellen aufgeführt, fehlen etwa die idyllisch in der Nähe von Downpatrick gelegenen Struell Wells, vier von einem unterirdisch verlaufenden Fluß gespeiste Quellen samt zwei steinernen Badehäusern. Hier soll Irlands Nationalheiliger St. Patrick einst meditiert und sich gereinigt haben.

James Joyce meditiert in seinem *Ulysses*, welch spannendes Puzzle es wäre, Dublin zu durchqueren, ohne an einem Pub vorbeizukommen. Die meisten der Pubs, die er in seinem Werk erwähnt, sind freilich längst dem Modernisierungseifer zum Opfer gefallen. Dublins neue Feuchtbiotope entstanden im Pastiche-Stil der 1990er Prä-Keltentiger-Jahre, der auch für Irish Pubs in Deutschland typisch ist. Danach folgten Themenpubs und cool gestylte Bars für die Klientel, die sich *upwardly mobile* nennt und um deren Gunst die Brauereien mit immer neuen Designerbieren wetteifern. Aubrey Malone bietet in seinem Führer *Historic Pubs of Dublin* nun alles, was man über sechzig schon lange etablierte städtische Nahalkoholungsgebiete wissen muß, wenn auch der informative Führer zu altehrwürdigen Guinnesszapfstationen, wie etwa Mulligan's, Toner's oder in die Palace Bar, leider zu sperrig ausgefallen ist, um als Bierfilz in die jeweiligen Pubs mitgenommen zu werden.

Schon ein flüchtiger Blick in Vivien Igoes Mammutwerk *Dublin Burial Grounds & Graveyards*, das noch unhandlicher als der Traditionspubführer ausgefallen ist, läßt einen ahnen, daß es auch ein Puzzle wäre, durch Dublin zu flanieren, ohne an einem Friedhof vorbeizukommen. Von den etwa 200 Friedhöfen Dublins beschreibt Igoe 72 en gros und en detail. An erster Stelle sind natürlich die großen Totenacker Glasnevin Cemetery, der Protestanten vorbehaltene Mount Jerome-Friedhof sowie Dean's Grange Cemetery zu nennen. Ins Blickfeld rückt Igoe zudem die kleinen Kirchhöfe, aber auch die wenig bekannte jüdische Ruhestätte Ballybough oder den 1798 Croppies' Acre Memorial Park, eine Gedenkstätte für die von der Französischen Revolution inspirierten irischen Aufständischen (die wegen ihrer ultrakurzen Haare »Croppies« [Geschorene] genannt wurden). In eine Steinwand des Memorial Parks ist das Gedicht »Requiem for the Croppies« aus der Feder des Literaturnobelpreisträgers Seamus Heaney eingemeißelt.

Jürgen Schneider

Shirley Lanigan, *O'Brien Guide to Irish Gardens*. – Dublin: O'Brien Press, 2001, 425 S., Paperback, € 19,00
Nigel Everett, *A Landlord's Garden: Deerren Demesne, County Kerry*. – Borlin, Bantry: Hafod Press, 2001, 96 S., IR£ 9,95
Nigel Everett, *Wild Gardens: The Lost Demesnes of Bantry Bay*. – Borlin, Bantry: Hafod Press, 2001, 176 S., IR£ 12,95 Melanie Eclare, *Die Gärten von Irland*. Mit einem Vorwort von Jim Reynolds. Übersetzt von Kirsten Sonntag. – München: Wilhelm Heyne Verlag, 2001, 160 S., Großformat, geb., € 26,00
Anna Rackard/Liam O'Callaghan, *Fish Stone Water: Holy Wells of Ireland*. Einführung von Angela Bourke. – Cork: Atrium, 2001, 160 S., geb., € 25,50
Aubrey Malone, *Historic Pubs of Dublin*. Fotos von Trevor Hart. – Dublin: New Island Books, 2001, 224 S., Paperback
Vivien Igoe, *Dublin Burial Grounds & Graveyards*. – Dublin: Wolfhound Press, 2001, 364 S., geb., € 25,00

Inishowen Blues

Zehn Tage am Ende des Jahres 1994, und auch die drei Hauptfiguren sind mit etwas am Ende: Martin Aitkins mit seiner beruflichen Karriere, Milton Amery mit seiner Ehe, Ellen Donnelly mit ihrem Leben. Von Dublin und New York, den beiden Welten, in denen das Buch anfänglich spielt, geht es schließlich an ein Ende der Welt, an den nördlichsten Zipfel der irischen Insel. Martin ist ein Polizist in Dublin, dessen Karriere einen Knick bekam, als sein kleiner Sohn bei einem Unfall starb.
Ellen Donnelly führt ein äußerlich sorgenfreies Leben in New York, doch innerlich wird sie zerfressen, von Bauchspeicheldrüsenkrebs und von der Suche nach sich selbst. Als Säugling wurde sie ausgesetzt; ihre Versuche, den Kontakt mit der irgendwo in Irland lebenden Mutter aufzunehmen, sind gescheitert; jetzt hat sie ihren Mann, den Schönheitschirurgen Milton, und die Kinder sitzen lassen und ist nach Irland

gekommen, um kurz vor ihrem eigenen Tod doch noch ihre Mutter zu finden und den Ort, von dem sie stammt: Inishowen. Martin ist knallharter Bulle, aber auch zärtlicher Familienvater, dem es nur an dem Menschen mangelt, dem er sich öffnen kann: da kommt Ellen gerade recht. Sie wiederum ist mit allen möglichen Sentimentalitäten gewappnet, aber auch mit diversen Schrullen und Egoismen. Milton schließlich ist die flachste der drei Hauptgestalten, überzeugt aber doch durch die krude Art und Weise, wie sich in ihm Versager- und Erfolgsmenschentum paaren.
Joseph O'Connor ist am besten, wenn er Situationen des Innehaltens schafft, in denen die Figuren ihre Vergangenheit auskramen und die Herkunft ihrer Versehrungen preisgeben. Nur gibt er sich damit leider nicht zufrieden, sondern rührt eine turbulente Handlung aus brennenden Autos, sonnenbebrillten Verfolgern und ähnlichen Albernheiten an, die das Buch in einen ziemlich lahmen Unterhaltungsroman verwandeln. Der O'Connorsche Witz war anderswo schon schärfer, und vor allem wirkt er im *Inishowen Blues*, wo die leisen Töne die besten sind, selbstzerstörerisch. Schade, denn Joseph O'Connor kann sehr viel mehr, als er in *Inishowen Blues* zeigt: wenn er sich endlich entschließen könnte, sich einmal einen Roman lang auf ein Thema, einen Erzählmodus und vor allem einen Ton zu konzentrieren, könnte er vielleicht doch noch das Versprechen einlösen, das in seinem Erstling *Cowboy und Indianer* steckte. Dem *Inishowen Blues* hätte etwas mehr Selbstbeschränkung nur guttun können.

Friedhelm Rathjen

Joseph O'Connor, *Inishowen Blues*, aus dem Englischen von Esther Kinsky. – Frankfurt a. M.: S. Fischer Verlag, 2001, 477 S., € 20,40.

Kulturwissenschaftliche Erkundungen

Ein Grundsatz wissenschaftlicher Forschung ist, wenn auch oft uneingestanden, die Nabelschau, was dem nach außen hochgehaltenen Grundsatz, im Interesse des Erkenntnisgewinns zu arbeiten, immer wieder zuwiderläuft. Nabelschau hat in der Vergangenheit zur Abkoppelung der Wissenschaften von der Wirklichkeit geführt, zur Herausbildung – und dies seit dem 19. Jahrhundert! – von mehr und mehr isolierten Disziplinen, etwa der Psychoanalyse im Sinne Freuds, Jungs oder Lacans, mit entsprechend eigenen Ritualen und Publikationsorganen. Mit der Entdeckung der Kulturwissenschaften oder »Cultural Studies« in Anlehnung an die Soziologie als Möglichkeit, nicht nur neue Fördermittel für die Forschung loszueisen, sondern auch unter einem Dach diverse Ansätze zu vereinigen, Hoch- und Populärkultur zu betrachten, hat eine in bezug auf Ergebnisse eher noch als zaghaft zu bezeichnende Gegenbewegung eingesetzt. Und rasche Erfolge sind auch nicht zu erwarten, denn einerseits fällt es leichter, nur wenigen Fachgebieten Aufmerksamkeit zu schenken, und andererseits ist eine gründliche, fächerübergreifende Ausbildung, aus der Forscher hervorgehen, die ein echtes Gespräch in Gang setzen können, nicht über Nacht zu haben.

Um so wichtiger scheint es, im *irland almanach*, der dieser Gegenbewegung verpflichtet ist, Bücher und Zeitschriften anzuzeigen, aus denen, wenn schon keine theoretische Reflexion der Kulturwissenschaft, so doch ihre Umsetzung in die Praxis abzulesen ist.
Keine Einführung, aber eine grundsolide, in Teilen gar spannende Darstellung der »Cultural Studies« seit ihren Anfängen aus soziologischer Sicht bietet Rainer Winter in *Der Kunst des Eigensinns. Cultural Studies als Kritik der Macht*. Das Manko, der Hochkultur bisher zu wenig Raum gewidmet zu haben, will Winter nicht selbst beheben, dazu ist seine Schrift zu sehr an Soziologen gerichtet – verständlich bei einer Habilitation. Eine inhaltliche Füllung der hier dargelegten Konzeption ist wohl anderen Texten zu entnehmen, so daß Winter eine Chance vertan hat, in einem ansprechenden Format Geschichte, Theorie und eigene Praxis der »Cultural Studies« vorzustellen. Das ist bedauerlich. In der zweiten Hälfte entsteht zunehmend der Eindruck einer Literaturarbeit über und für die Fachleute.
Nicht denkbar ohne die internationale Bewegung, mit Hilfe von »Cultural Studies« auch Phänomenen der Populärkultur, der subversiven, von »Eigensinn« zeugenden Reaktion des Publikums auf eben durch ihre Vieldeutigkeit weithin verbreitete Seifenopern im Fernsehen auf die Spur zu kommen, Romanen etwa wie denen des Semiotikers Umberto Eco, ist Richard Herzingers Buch *Republik ohne Mitte*. Zwar ist es auf die Verwerfungen in Deutschland nach 1990 bezogen, dennoch wird deutlich, daß, wer den Anglo-Iren Oscar Wilde aktuellen Dandys von Berlin gegenüberstellt, im Bewußtsein die vermeintliche Populärkultur Englands und die tatsächliche Deutschlands parallelisiert. Da liegt eine Gefahr, denn zu Lebzeiten war Wilde kein Popstar, sondern ein Salonlöwe, der den Massen nur als Skandalon bekannt war und nach gehöriger Vorarbeit durch die Presse von diesen verhöhnt wurde. Ein Detail, aber es zeigt, wie wichtig es wäre, wenn Wissenschaftler wie Winter, dessen Buch von Sprachgewandtheit zeugt, mit eigenen Ergebnissen immer auch ein größeres Publikum ansprächen. Es zu finden, ist eine Frage der Plazierung solcher Bücher.
Nordirland literarisch, noch dazu im handlichen Format und sehr erschwinglich – damit, so der Verleger, italienische Studierende das Buch kaufen, nicht kopieren – nimmt Laura Pelaschiar in den Blick. Über zeitgenössische Romane erkundet sie nicht nur Sprache und politischen Diskurs der Romane Nordirlands, vielmehr bindet sie qua Diskussion von Ort und Selbst die Frage der Identität ein und umreißt im Kapitel »Urban narrative« die Stadt, das heißt, Belfast, als Ort des Erzählens. Im Anhang bettet sie die solcherart erschlossene Geographie und Topographie historisch ein. So sieht angewandte Kulturwissenschaft aus, die mit wenigen notwendigen Verweisen auf wissenschaftliche »Autoritäten« auskommt.
Zwei Autorenjahrbücher, Ergebnisse Münsteraner anglistischer Forschung, stehen am Ende dieses Überblicks, markieren aber einen neuen Anfang. Denn auch sie sind Ausdruck einer Gegenbewegung, da ein Swift-Institut und eine Aldous-Huxley-Forschungsstelle in Deutschland die Möglichkeiten einer vom US-amerikanischen Markt unabhängigen Forschung belegen. Wahrhaft international sind die Beiträger(innen) der *Swift Studies* zusammengesetzt und künden von biographischen, historischen, editorischen, anekdotischen, faktischen und rezeptionsästhetischen Interessen. Erst aus der rechten Mischung der Zugänge, die auch für die Verfertigung

einzelner Artikel nötig war, entsteht ein aktuelles Porträt des Dechanten, nicht zuletzt wenn in einem Aufsatz versucht wird, dem Maler eines frühen Swift-Bildnisses auf die Spur zu kommen, der, wie so viele irische Künstler, nicht einmal die Beachtung einheimischer Kunsthistoriker gefunden hatte. Die kulturwissenschaftliche Erkundung solcher Seitenpfade erfordert Mut seitens der Swift-Forscher(innen), und zu dem sei hiermit auch weiterhin aufgefordert.
Ähnliches gilt für den ersten Band des *Aldous Huxley Annual*, der, 38 Jahre nach dem Tod des so vielseitigen wie einseitig in der Wirkung auf Utopien fixierten Autors, eine vielversprechende Premiere darstellt. Grundlegendes zum Zustand der Huxley-Ausagen – die noch ganz vom geschmäcklerischen Urteil der Zeitgenossen wie der marktbeflissenen heutigen Verleger geprägt sind – wird ebenso geschildert wie Anekdotisches und Philosophisches oder auch Huxleys Rolle als Anthologe. Größeren Raum nehmen zwei Artikel ein, in denen Huxleys Freundschaft mit Henry Fitzgerald (Gerald) Heard (1889-1971) im Zentrum steht. Heard, ein irischer Philosoph mit ungeheurer Wirkung auf seine Zeitgenossen, glänzt in allen einschlägigen Nachschlagewerken durch Abwesenheit. Über Jahre Sekretär Horace Plunketts (1854-1932), des einflußreichen Agrartheoretikers und Gründers von Genossenschaften in Irland, kannte Heard auch A. E. (George Russel; 1867-1935), den Mystiker, nahm die Ideen seiner Mentoren auf und gewann so dauerhaft Einfluß auf Huxley und dessen Werk. Wie Francis Bacon war Heard schwul und wenige Jahrzehnte nach Oscar Wildes Verfemung vermutlich daran interessiert, diese Tatsache wie seine irische Herkunft zu verbergen.
Kulturwissenschaftliche Erkundungen können zur Auflösung lange wirksamer Rezeptionssperren führen und so das Gespräch zwischen Disziplinen und Kulturen, eine ganzheitliche Sicht gar, wie sie Plunkett, Heard und Huxley auch im wirtschaftlichen Sinne vorschwebte, überhaupt erst ermöglichen.

Jörg W. Rademacher

Aldous Huxley Annual. A Journal of Twentieth-Century Thought and Beyond, hg. von Jerome Meckier/Bernfried Nugel. – Münster: Lit, 2001, 240 S., € 34,90
Richard Herzinger, *Republik ohne Mitte. Ein politischer Essay*. – Berlin: Siedler, 2001, 191 S., € 18,00
Laura Pelaschiar, *Writing the North. The Contemporary Novel in Northern Ireland*, mit einem Vorwort von Renzo S. Crivelli. – Trieste: Edizioni Parnaso, 1998, 160 S., € 10,00
Swift Studies 2000. The Annual of the Ehrenpreis Center, hg. von Herman J. Real. – München: Wilhelm Fink Verlag, 2001, 128 S., o. P.
Rainer Winter, *Die Kunst des Eigensinns. Cultural Studies als Kritik der Macht*. – Weilerswist: Velbrück Wissenschaft, 2001, 388 S., € 44,50

Klosterfrauen und andere Sünder
Im Original heißt das Werk *Mary McGreevy*, und hier ist der deutsche Titel dem epischen Ernst, den Walter Keady vermitteln wollte, fraglos ferner. Sollte sich einer wie die Entscheider im Verlag fragen, wer Mary McGreevy sei, ist die Antwort leicht,

denn es handelt sich um eine einzige Klosterfrau, die löblicherweise ihren Orden verläßt, bevor sie sich aufs Sündigen verlegt.
Es ist anno 1950 nach, mit und in Christo. Ganz Irland ist von Rom besetzt ... nicht ganz. In der Republik schaut man allerdings die Majestät des Herrn gut katholisch durch Vermittlung Seiner priesterlichen Diener. Die Teufelsfratze eines – erst 1941 ins gottlose Pantheon der Weltliteratur entschwebten – James Joyce grinst noch niemanden aus dem Lehrplan an, doch manch ein Schäflein murrt unter der Altlast lateinischer Liturgie, deren Reform noch anderthalb Jahrzehnte auf sich warten läßt.
Schwester Mary Thomas zählt zu den Malkontenten, und als ihr Vater stirbt, sieht sie den Tag gekommen, freizügig Urlaub von ihrem Dubliner Kloster zu nehmen. Im Zuge der Erbschaft erliegt sie der Versuchung, die Bauernstelle der Familie McGreevy in County Mayo zu bewirtschaften, allein mit den Wolken, deren freies Ziehen sie in jahrelanger Klausur fast vergessen hatte. Ihrer bäuerlichen Tüchtigkeit so wenig ledig wie im Glauben gestärkt, läßt sie Habit Habit sein, und der Ortsgeistliche ist entsetzt ob solchen Verrats an heiligstem Gelübde.
Immerhin ist bald ein Dispens anhängig. Nah alter Sitte gehört jetzt ein Kerl ins Haus, doch hier fliegt der Moralkodex endgültig in die Mottenkiste, wenn nun auch beileibe kein Sündenbabel entfaltet wird. Vielmehr wirkt Marys selbstbewußte Statur in rotem Mantel – zum roten Haar, nun ja – merklich, wenn auch milde, anregend auf die Dörfler, gar den Priester in seinem Zölibtat; manche Seele wird erforscht, manche Beziehung geprüft.
Schließlich wird ein Kind empfangen, die sonst stets im britischen Exil zur Welt kommen; man ist ja in Irland, nicht auf Island. Die Gefallene bleibt standhaft daheim und entbindet am Fest der Unbefleckten Empfängnis Mariens. Bis jetzt hat die Gemeinde sämtliche möglichen Väter durchdekliniert, etwa einen Missionar auf Urlaub, in dessen Gestalt Keady die eigene Biographie anklingen läßt, wenn auch in die Zeit seiner Kindheit versetzt, und den Lehrer, dessen Beitrag nach vielversprechendem Auftakt ein für Freunde galanter Geschichten klägliches Ende findet.
In seinem zweiten Roman inszeniert Keady kundig, schildert die Dinge detailfreudig und hautnah, verwoben mit lebendigen, oft leicht überfrachteten Dialogen. Lustvoll baut er eine ausufernde Erbauungsmetaphorik ein, sendet satirische Pfeile auf die gehobene Geistlichkeit ab und ist bei aller ernsthaften Absicht ein Unterhalter. Nicht frivole Sündenlümmel, nein, leidgeprüfte Kinder der Kirche werden dies Buch mit heißem Herzen lesen.
Auf ihre Kosten kommen auch die Freunde einer Übersetzung, die aus dem Vollen echter Umgangssprache schöpft und sich in den Dialogen so schwerelos liest, wie es die gebotene Nähe zur Scholle nur zuläßt.

Christian Langhorst

Walter Keady, *Klosterfrauen und andere Sünder*, aus dem Englischen von Gerlinde Schermer-Rauwolf und Robert A. Weiß. – München: Karl Blessing, 2001, 320 S.

Das magische Licht

Georgina feiert krank, und sonst hat sie nicht viel zu feiern. Die jüngste dreier Schwestern, nicht schön wie Sylvia, nicht klug wie Dagmar, ist sie immerhin »ein so drolliger Junge«, wie sie von Fremden einmal hören mußte. In ihrer Familie sucht man mit der Seele, wie einst das Land der Griechen, erkennbar das der Iren; so heißt der Laubfrosch Finn, das Meerschweinchen Tar, und vor den Schikanen der Älteren flieht Georgina in die Betrachtung einer geheimnisvollen Insel vor der Küste Irlands, die als Poster die Wand ihres Zimmers schmückt.

Ein kleines Schmuckstück aus Irland wird zur Zeitmaschine. Und so sieht sich der junge Set, der in heidnischer Vorzeit auf jener Insel vor magischen Prüfungen steht, plötzlich in Gesellschaft eines verdutzten Mädchens in flammenfarbener Kluft (ein Bademantel) und im Apfelduft im frischshamponierten Haar. Niemand anders als Sedanta, wird Set eines Tages Cú Chulainn sein, Held des Sagenkreises von Ulster. Georgina hat, sieht man bald, für den Druh, ein hundeartiges Getüm mit unheimlich dröhnendem Schritt, ein besseres Händchen als Set. So stellen sich die beiden Zwölfjährigen gemeinsam den Herausforderungen der von übernatürlichen Kräften und Gestalten beseelten Insel.

Mein Eindruck der ersten Seiten ist denkbar schlicht: Erzählt wird im Präsens, Georginas Lage ergreift das Gemüt, die irischen Versatzstücke wünsche ich mir origineller. Aber geschickt ist abschnittsweise bereits Sets Sicht eingewoben, ein Blick ins Inhaltsverzeichnis zeigt die symmetrische Komposition zwischen Anfang und Ende, und das Präsens ist sehr geeignet, um eine traumhafte Direktheit des Erlebens zu vermitteln. Vor allem wird phantasiereich erzählt; beunruhigende Begebnisse und zeichenhafte Szenen fesseln junge Leser mehr als jenes Getändel mit Sagenversatzstücken, auf das ich zunächst gefaßt war. Der mythische Hintergrund stützt eine eigenständige Geschichte, an deren Ende für Georgina doch die Sonne aufgeht. Dabei birgt das Buch eine zweite starke Seite, eher einem Lehrbuch ähnlich denn dem pädagogisch-psychologischen Prosakunstwerk, das sich selbst genügen könnte. Im Text ist allerhand zu erfahren über das Leben im alten Irland, auch gibt es ein reichhaltiges Glossar weiterführender Natur.

Christian Langhorst

Gabrielle Alioth, *Das magische Licht*. – Zürich: Nagel & Kimche, 2001, 184 S.

Mehr übers Meer

Im Juni 1996 fand in Dublin ein Kongreß zum Thema Meer statt, und nun endlich liegt der Kongreßband vor - zusammengestellt vom Department of Irish Folklore des University College Dublin, womit auch schon etwas über die behandelten Themen gesagt wird. Es geht nicht um Ozeanographie und auch nicht um Wasserstände, sondern um das Leben der Menschen am Meer, um Sitten und Bräuche, um Mythen und Vorstellungen, um Lebensstrategien. Die Vorträge sind dem keltisch-nordisch-baltischen Raum gewidmet; Berührungspunkte zwischen keltischen und nordischen

Meeresanrainer- und Seefahrerkulturen liegen auf der Hand (hier z. B. gezeigt an »The Three Laughs: A Celtic-Norse Tale in Oral Tradition and Medieval Literature«), Berührungspunkte zwischen Nordseeraum und Baltikum ebenfalls (z. B. in der hier vorgelegten Untersuchung über die Übernahme des Klabautermannes in die estnische Tradition), und damit ist die Brücke zwischen Keltischem und Baltischem geschlagen (wie der färöische Beitrag zum Thema Wasserwesen zeigt).
Das Meer aber ist bekanntlich grenzenlos, und so finden wir auch den neuesten Forschungsstand zum sagenumwobenen Hvitramannaland (»Weißmännerland«), das in Nordamerika gelegen haben soll und in den altnordischen Sagas auch »Großirland« genannt wurde, da es - so die Sagas - von irischen Mönchen gegründet worden war, oder eine Einführung in die finnugrische Vorstellungswelt zum Thema Meer und Meereswesen, die sich gar nicht so sehr von der keltischen unterscheidet.
Dies sind nur einige der Themen. Hier noch ein paar Highlights, die gerade für LeserInnen des *irland almanachs* interessant sein dürften: »Comic Voyages in Irish Song Tradition« von Tom Munnelly, »Seals in Irish Oral Tradition« von Bairbre Ní Fhloinn und »Songs of Boats and Boatmen« von Ríonach uí Ógáin. Und für die literarhistorisch Interessierten untersucht Proinsias Mac Cana die »Irish Analogues of Melusine«.

Gabriele Haefs

Islanders and Water-Dwellers, hrsg. von Patricia Lysaght, Séamas Ó Catháin, Dáithí Ó hÓgáin. - DBA Publication Ltd, 56, Carysfort Avenue, Blackrock, Co. Dublin, 2001, 414 S., € 25,39

Keltische Sprachinseln

Aus keltischen Sprachen wird wenig ins Deutsche übersetzt, und wenn doch, dann zumeist Übersetzungen ins Englische oder Französische, mit allen Fehlern, die bei dieser doppelten Überführung zwangsläufig entstehen – abschreckendstes Beispiel der letzten Jahre war Caradoc Pritchards kymrischer Klassiker *Es geschah in einer mondhellen Nacht* (Piper), wo irgendwo auf dem Umweg übers Englische »Labskaus« mit Knochen in den Text eingeführt wurde, ein Gericht, das weder bei Caradoc Pritchard noch in den norddeutschen Labskausmetropolen je gesichtet ward. Weshalb die Verlage so davor zurückscheuen, direkt übersetzen zu lassen, bleibt ein Rätsel.
Daß nun ein Buch mit echten Übersetzungen ausgerechnet bei Frieling erscheint, zeigt, wie besorgniserregend die Lage ist. Wir sollten es trotzdem kaufen, es ist nämlich sehr gut, und bis anderswo etwas Vergleichbares erscheint, wird es sicher noch lange dauern. Die Anthologie *Keltische Sprachinseln* versammelt Erzählungen und Gedichte von drei Autorinnen und acht Autoren aus Irland, Schottland, Wales und der Bretagne. Die Erzählungen sind in Übersetzung wiedergegeben, die Gedichte zweisprachig, mit dem jeweiligen Original. Hierzulande bekannt sind die Vertretenen alle (noch) nicht, abgesehen vielleicht von der irischen Lyrikerin Nuala Ní Dhom-

hnaill, deren Gedichte immerhin in Anthologien zu finden sind, und ihrem Landsmann Ré Ó Laighléis, von dem hier erstmals eine Erzählung in Übersetzung vorliegt, der jedoch immer wieder in der Fachpresse zum Thema Jugendbuch auftaucht, weil kaum jemand in den letzten Jahren so viele Preise eingeheimst hat wie er (was allerdings noch keinen Verlag dazu gebracht hat, ein Buch von ihm ins Deutsche übersetzen zu lassen). Einzelartikel über bretonische, irische, schottische und walisische Literatur, mit deren Hilfe die AutorInnen und ihre Texte in die jeweilige literarische Produktion eingeordnet werden können, runden dieses wichtige, nützliche und großes Lesevergnügen bereitende Buch ab. Daß noch dazu die Übersetzenden ebenfalls mit ihrem Werdegang vorgestellt werden, muß noch lobend hervorgehoben werden, weil es weiterhin eher eine Ausnahme darstellt.
(Einziger Wermutstropfen, dies aber nur in Klammern: Schade, daß die überraschend aktive kornische Literaturszene nicht vertreten ist, ein ganzes Buch zum Thema »Literatur auf kornisch« werden wir wohl noch lange vermissen. Für die, die es gar nicht mehr aushalten können, sei jedoch schon mal gesagt, daß der für 2002 geplante Sonderband Wales der Literaturzeitschrift *Eiswasser* sozusagen als Exkurs eine Auswahl kornischer Lyrik samt Übersetzung bringen wird.)

Gabriele Haefs

Sabine Heinz (Hrsg): *Keltische Sprachinseln.* – Frieling & Partner, Berlin, 2001, 288 S., € 12,40

Wie wird Literatur populär?
Etwa indem Autoren und Kritiker die Gegenwart im Sinne *nationaler Identitäten* auffächern, wie Umberto Eco es für das Mittelalter beschreibt, das im neunzehnten Jahrhundert nach Walter Scott durch Victor Hugo mit *Notre-Dame de Paris, 1482* eine französische Variante erhielt? Schon möglich, denn Literatur und ihre Übersetzung in andere Sprachen wird in Irland, Schottland und Wales, Kanada, Australien und Neuseeland gesondert gefördert, mit dem Ziel einer Verbreitung in den Ländern und Sprachen, deren Märkte von angloamerikanischen Produkten überschwemmt sind. Auch Andrew O'Hagans Roman *Dunkles Herz* (rezensiert im *irland almanach* # 3, 222-223) dürfte als Taschenbuch leichter Leser finden, aber ob die Geschichte einer irisch-schottisch-katholischen Familie in Deutschland so populär wird wie in Norwegen, wo sie zum Bestseller avancierte, ist nicht ausgemacht. Dazu fehlt der deutschen Ausgabe nicht zuletzt das Glück, bei Erscheinen die rechte Aufmerksamkeit zu finden. Nicht viel anders ergangen ist es Michael Kleeberg mit *Der König von Korsika* und Joseph O'Connor mit *Inishowen Blues*. Die Gründe liegen hier in der Qualität der Romane.

Kleeberg versucht die Geschichte eines deutschen Abenteurers des achtzehnten Jahrhunderts, der kurz König von Korsika war und den Rest seines Lebens vergeblich der verlorenen Krone nachtrauerte, in einen historischen Roman zu fassen. Das Vorhaben ist ehrenwert, denn der westfälische Adlige Theodor von Neuhoff verdient eine literarische Würdigung, nachdem sein Leben gut zweihundert Schriften angeregt hat. Kleeberg hat nur wenige der mehr oder minder getreuen Nachschriften von Neuhoffs Wirken zur Kenntnis genommen und fabuliert vor sich hin, dabei den Gegenstand wie dessen Epoche sprachlich ein ums andere Mal verratend. Liebesszenen schildert er, als bringe er ein »Road movie« um zwei Jahrhunderte verfrüht zu Papier, von schlüpfrig formulierten Romanen des französischen achtzehnten Jahrhundert hat der ehemalige Leiter einer Werbeagentur so wenig gehört wie von den Dialogen der Laurence Sterne oder Denis Diderot, denen eine zeitgemäße seelische Durchdringung der Figuren hätte abgelesen werden können. Besonders verstörend ist die ob mangelnder historischer wie biographischer Kenntnisse vorgenommene Psychologisierung von Tun und Trachten Neuhoffs. Offenbar sollte der Weg von der Idee zur Realität des Romans kurz sein. So verständlich das aus Sicht des aufs Geld angewiesenen Autors ist, so ärgerlich ist es für die Literatur. Der erweist Kleeberg einen Bärendienst.

Kaum weniger erzürnt Joseph O'Connor, dessen jüngstes Werk besser nicht veröffentlicht worden wäre, denn allmählich kommt beim Lesen die Einsicht, hier sei eine wunderbare Novelle zweier Menschen auf dem Weg nach Hause und zu sich selbst in einem ungeheuren Packen Papier verborgen worden. Der Roman spielt in New York und in Dublin sowie auf der Reise nach Inishowen und ist als Chronik mit Rückblicken angelegt. Herman Melville im neunzehnten oder William Gaddis im zwanzigsten Jahrhundert kann O'Connor nicht überbieten. Auch wer nicht am »Big Apple« war, kennt bessere Darstellungen. Selbst die Epiphanien in Dublin sind oft an den Haaren herbeigezogen, und es entsteht der Eindruck, als könne O'Connor am besten über die irische Landschaft, kleine Orte und die Menschen dort schreiben. Warum nur hat er es nicht getan? Womöglich will er viele verschiedene Leserschichten ansprechen, mithin populär werden. Wie Kleeberg ist ihm dies mißlungen. Vermutlich hat *Inishowen Blues* nicht reifen dürfen.

Anders sieht es mit Tor Age Bringsvaerds Nacherzählung *Die wilden Götter* und Günter Grass' Novelle *Im Krebsgang* aus. Der Norweger zeigt, wie keltische und germanische Sagenhelden zusammenhängen, fühlt sich ein in die Sprache alter Epen, was durch die Übersetzer behutsam ins Deutsche gebracht ist. Solche Bearbeitung alter Stoffe, die auch im Norwegischen eine Übersetzung darstellt, kann als Dienst an der Literatur diese popularisieren und dem Autor zu neuer Orientierung verhelfen oder einen jungen Schriftsteller auf den rechten Weg bringen. Grass hingegen hat ein Thema, das zu behandeln ihn schon vor vierzig Jahren drängte, endlich angepackt, die Geschichte der Torpedierung der *Wilhelm Gustlow* am 30. Januar 1945 und die Folgen, die bis in die neunziger Jahre reichen. Damit stößt er erneut zum Kern deutscher Geschichte wie der Lebensgeschichten von Abermillionen deutscher Familien vor, in denen die »Erfahrung einer nationalen Erniedrigung [...] nie wirklich in Worte gefaßt und von den unmittelbar Betroffenen weder untereinander geteilt noch an die später Geborenen weitergegeben worden ist«. Diese ähnlich wie Grass' Novelle aufsehenerregende Feststellung des unlängst verstorbenen Schriftstellers und Literaturwissenschaftlers W. G. Sebald von 1997 trifft die anhängige Frage insofern, als Literatur nur populär wird, wenn sie den Nerv vieler Leser findet.

Nicht zufällig sind Grass wie Sebald bei aller Bekanntheit Außenseiter, die mit dem »fremden Blick« das Eigene in Augenschein nehmen. Gut dreißig Jahre in Norfolk ansässig schreibt Sebald: »Trotz der angestrengten Bemühung um die sogenannte Bewältigung der Vergangenheit scheint es mir, als seien wir Deutsche heute ein auffallend geschichtsblindes und traditionsloses Volk. Ein passioniertes Interesse an unseren früheren Lebensformen und den Spezifika der eigenen Zivilisation, wie es etwa in der Kultur Großbritanniens [und Irlands] überall spürbar ist, kennen wir nicht.« Daher zieht Grass, der in *Mein Jahrhundert* ebensolche deutsche Vergangenheiten ausgräbt, in dem Maße, wie seine Popularität wächst, den Zorn der Kulturkritiker auf sich, die wie viele Nachkriegsautoren, die Sebald beschreibt, »mit der Nachbesserung des Bildes« befaßt sind, »das man von sich selbst überliefern« will.

Literatur wird also populär, wenn dem Drang des Autors, sich eine Sache von der Seele zu schreiben, eine Sehnsucht vieler Leser nach diesem Stoff entspricht. So banal dies scheint, so schwer fällt es Verlagen als Wirtschaftsunternehmen, solche Situationen zu schaffen. Niemand kann sie erzeugen, geschweige denn reproduzieren. Voraussetzung ist die Vermittlung von Lust an Lesen und Schreiben, aus der erst der Mitteilungsdrang erwächst. Und das ist eine Aufgabe von Eltern, Bildungseinrichtungen und Literaten gleichermaßen, die seit Ende des Zweiten Weltkrieges wie der deutschen Teilung meist nur mit unlauteren Motiven wahrgenommen wurde.

Jörg W. Rademacher

Tor Age Bringsvaerd, *Die wilden Götter. Sagenhaftes aus dem hohen Norden*, Deutsch von Tanaquil und Hans Magnus Enzensberger, mit 77 Zeichnungen, Initialen und Vorsatz von Johannes Grützke. – Frankfurt am Main: Eichborn, 2001, 308 S., € 30,00

Umberto Eco, *Über Spiegel und andere Phänomene*, aus dem Italienischen von Burkhart Kroeber. – München: dtv, 2001, 262 S., € 9,50

Günter Grass, *Im Krebsgang. Eine Novelle*. – Göttingen: Steidl, 2002, 216 S., € 18,00

Michael Kleeberg, *Der König von Korsika*. – München: DVA, 2001, 380 S.

Joseph O'Connor, *Inishowen Blues*, aus dem Englischen von Esther Kinsky. – Frankfurt am Main: S. Fischer, 2001, 478 S.

Andrew O'Hagan, *Das dunkle Herz*, aus dem Englischen von Barbara Christ. – München: dtv, 2002, 318 S., € 10,00

W. G. Sebald, *Luftkrieg und Literatur. Mit einem Essay zu Alfred Andersch*. – Frankfurt am Main: Fischer Taschenbuch, 2001, 160 S., € 9,90

Hebamme der irischen Gegenwartsliteratur

Den leicht preziösen Titel *Oughtobiography* verdanken die »Blätter aus dem Tagebuch eines Bindestrichjuden« dem Drängen von Freunden und Kollegen: »*You ought to write your autobiography, you really ought to.*« Wir dürfen ihnen dankbar sein, denn die vorliegende Selberlebensbeschreibung gewährt einen ausgezeichneten Einblick in die Entwicklung der irischen Literaturgesellschaft und die prominente, ja

eminente Rolle, die der Corker Jude David Marcus seit mehr als einem halben Jahrhundert darin spielt.
Der Autor, ein wahrer Gentleman mit der Physiognomie eines britischen Colonel, dem Enthusiasmus und der Integrität des uneigennützigen Förderers und der »*innate racial caution*« (S. 40) des Angehörigen einer wo nicht verfolgten, so doch ungeliebten irischen Minderheit, ist viel zu bescheiden, als daß er sich das einzig treffende Urteil anmaßen würde, das ihm zukommt: Hebamme mehrerer Generationen zeitgenössischer irischer Schriftsteller gewesen zu sein und zugleich die Kontinuität zu den großen Autoren der Vergangenheit – den Beckett, O'Casey, O'Connor, O'Faolain, O'Flaherty und Shaw – gepflegt zu haben.
Schon mit jungen Jahren trieb den Autor die Liebe zur Literatur um. Treue zu seinem (zwar nicht religiös, aber doch kulturell aufgefaßten) jüdischen Erbe verband er mit selbstlosem Dienst an der irischen Literatur – von daher die prekäre Bindestrich-Existenz des Untertitels, »*the quiddity on which my identity was founded, a golem I had to breathe on and bringt to life as mortality's denier*« (S. 139). Allerdings fällt auf, daß Marcus das Pogrom von Limerick im Jahre 1905, in dem sein Großvater Louis Goldberg durch einen Steinwurf verletzt werde, nonchalant in Anführungszeichen setzt, die 500 Seelen zählende jüdische Gemeinde von Cork, in der er aufwuchs und in der er sich in seinen beiden ersten Lebensjahrzehnten ausschließlich bewegte, dagegen als Ghetto bezeichnet.
Als junger Jurastudent von 21 Jahren begründete Marcus 1946 die einflußreiche Literaturzeitschrift *Irish Writing*, die er ebenso wie das zwei Jahre später ins Leben gerufene Lyrikmagazin *Poetry Ireland* bis 1954 herausgab. Nach dreizehnjähriger Pause in London, wo er sich als Versicherungsagent verdingte und sich von der Schriftstellerei bereits verabschiedet zu haben schien, übernahm Marcus die Redaktion der einzigartigen Literaturseite »New Irish Writing« (1967-1986), auf der er, meist als erster, mit großem Feingefühl für literarisches Talent sämtliche aufstrebenden Autoren veröffentlichte, die heute Rang und Namen haben, darunter etwa den sechzehnjährigen Desmond Hogan. Anschließend übernahm er die Gesamtleitung der Literaturredaktion der *Irish Press* (1972-1984). Abgesehen von drei Romanen, einem Erzähl- und einem Gedichtband aus eigener Feder ist Marcus Herausgeber von sage und schreibe dreißig Anthologien mit Kurzgeschichten – jenem Genre, dem seine größte Liebe gilt und das ihm, wie dem Rezensenten, zuerst von dem armenischen Amerikaner William Saroyan eröffnet wurde, »*the first god in my pantheon of short story writers*« (S. 237).
Ungeachtet aller Verdienste um das literarische Leben Irlands behauptet Marcus, sein »wahres Ich« spiegele sich nicht in den diesbezüglichen Ambitionen und Aktivitäten wider, sondern finde seinen Ausdruck in der Musik und dem »Trauma« eines prekären Balanceakts zwischen den irischen und den jüdischen Anteilen an seiner Persönlichkeit (die erst bei einem Elfmeterschießen zwischen der irischen und der israelischen Fußballnationalmannschaft zur Austragung gelangen würden...). Freilich kommen wir dem »wahren Ich« dieses bei aller Chuzpe und allen literarischen Kontakten merklich zurückhaltenden Einzelgängers auf den Seiten eines Buches, in dem wir kaum Aufschluß über sein Privatleben, die Welt seiner Empfindungen erhalten, nicht wirklich nahe. Bescheidenheit ist eine Zier, aber man hätte doch gern mehr erfahren

über das Verhältnis eines jüdischen Atheisten zur jüdischen Religion, über seine Haltung zu den vom Untergang bedrohten Sprachen Jiddisch und Irisch, über seine Beziehung zu Israel und Deutschland – heikle Themen, die lediglich angetippt werden, und meist nur in Form von Anekdoten. Wettgemacht wird die persönliche Enthaltsamkeit dieses hochsympathischen Literaturliebhabers mit köstlichen Vignetten über einen Besuch bei der Veteranin anglo-irischer Literatur, Edith Somerville, und Begegnungen mit James Stephens und Sean O'Faolain. Und man muß David Marcus dankbar sein, daß er, der in der Öffentlichkeit weder von sich selbst noch von seinem Judesein viel Aufhebens machte, in diesem Buch sein »*ghetto gene, my internal birthmark*« (S. 250) überhaupt thematisiert.

Hans-Christian Oeser

David Marcus, *Oughtobiography. Leaves from the Diary of a Hyphenated Jew.* – Dublin: Gill & Macmillan, 2001, 281 S., IR£19,99

Kavalier oder?

Der Dubliner Schriftsteller Ulick O'Connor, ausführlicher vorgestellt im *irland almanach* # 3, ist jüngst mit einem schweren, wenn vielleicht auch nicht eben gewichtigen Band Tagebuchaufzeichnungen an die Öffentlichkeit getreten, dem ersten einer auf drei Bände angelegten Folge. Der englische Untertitel *A Cavalier Irishman* läßt in der Schwebe, ob der Autor sich selbst als »ritterlich«, »anmaßend« oder »unbekümmert« einstuft; den Einträgen nach zu urteilen, begreift er sich als Kavalier der alten Schule und als Verehrer des schönen Geschlechts.

In jedem Fall ist die hier vorgestellte Zeitspanne von elf Jahren, O'Connors produktivsten, von unzähligen gesellschaftlichen Ereignissen ausgefüllt; Partys, Dinners, Begegnungen und Unterhaltungen, sei es in anglo-irischen Herrenhäusern oder amerikanischen Hotels und Clubs, nehmen den größten Platz ein. Es ist die *polite society*, in der O'Connor verkehrt, und behaupte nach der Lektüre niemand mehr, die irische Gesellschaft sei nicht zutiefst in Klassen gespalten.

Es stellt sich die Frage, ob derlei Notizen, wie behauptet, von allgemeinem Interesse sind. Anders als die kontroversen Tagebücher Thomas Manns, der die minutiöse Schilderung seiner körperlichen Gebrechen mit erhellenden Ausführungen zum schriftstellerischen Produkionsprozeß und profunden Reflexionen zur politischen Großwetterlage verknüpfte, ist dieses Diarium allzusehr auf literarischen und gesellschaftlichen Klatsch und Tratsch eingestellt; bis auf die Ereignisse im Norden, namentlich den Hungerstreik von 1981, fließen die Zeitläufte kaum in die Darstellung ein, und wo sie es doch tun, stellt sich rasch der Eindruck eines bloßen Beiwerks zum eigentlichen Daseinszweck ein. Gewiß, jede Seite dieses Buch ist vollgestopft mit den Namen illustrer Persönlichkeiten – Schriftsteller, Politiker, Salonlöwen und Primadonnen –, doch haben sie auch wirklich etwas zu sagen? Interessanterweise enthalten die zahlreichen Fußnoten zu den abgehandelten Personen reichhaltigere Informationen, die sich oft zu kleinen Charaktervignetten runden. Hätte der Autor seine mehr als zwanzig handgeschriebenen Tagebücher zu einem Band Memoiren verarbeitet und vereint, Lesegenuß und -gewinn wären höher ausgefallen.

Hans-Christian Oeser

The Ulick O'Connor Diaries 1970-1981. A Cavalier Irishman. Foreword by Richard Ingrams. – London: John Murray, 2001, 334 S., £22,50 (Sterling)

Romeo und Julia auf dem Lande

Der Sohn irischer Auswanderer kehrt aus Australien in die Heimat seiner Ahnen zurück, wo er einen jahrelang unbewirtschafteten Hof geerbt hat, dessen Land mittlerweile der Nachbar nutzt. Dieser ist überzeugt, daß die Vorfahren der Auswanderer seiner Familie die strittigen Flächen übereignet haben, und beginnt einen Rechtsstreit, während sich sein Schwesterlein in den feschen Neubürger verliebt und darüber in schlimme Gewissensnöte gerät. Das Ganze endet ziemlich böse, und von den drei Hauptpersonen bleibt nur eine übrig, die zum Schluß bedeutungsvoll in eine düstere Zukunft blickt.

Mal gefühlvoll, mal nüchtern und (fast) ohne die bei vielen Emigranten beliebten romantischen Irland-Klischees erzählt Edna O'Brien – selbst Auswanderin und eine der erfolgreichsten irischen Schriftstellerinnen – diese Geschichte, die dem Leser viel Geduld abverlangt: Rund 200 Seiten lang geht es nur in kleinen Schritten vorwärts und stets gleich wieder zurück, und erst im letzten Drittel kommt Bewegung ins Geschehen. Ähnlich zaghaft verfährt die Autorin auch in formaler Hinsicht. Die zarten Ansätze zu Stilexperimenten wirken inmitten des sonst eher konventionellen Textes etwas verloren, ebenso wie die vereinzelten Kapitel, in denen die junge Protagonistin als Ich-Erzählerin auftritt. Irritierend aber ist vor allem der ständige Wechsel zwischen Präsens und Präteritum, der zwar an alte nordwesteuropäische Erzähltraditionen anknüpfen mag, zumindest in der deutschen Fassung aber eigentlich nur stört.

Während die drei Hauptpersonen, zu denen sich gegen Ende noch die australische Verlobte des Heimkehrers gesellt, gerade durch ihre inneren Widersprüche lebendig wirken, bleiben die Nebenfiguren entweder völlig blaß oder sie gleichen knalligen Comicfiguren. Und so realitätsnah die Geschichte daherkommt, so erscheint doch manches auch sehr absonderlich (oder gibt es in Westirland tatsächlich Bauern, die ihr Vieh mit der Maschine melken und vom Tierarzt durchimpfen lassen, aber noch nie einen Traktor gesehen haben?).

Für einen soliden Unterhaltungsroman ist *Das rauhe Land* mit seinen stilistischen Widerhaken also etwas zu holprig und auch in der Handlung letztlich nicht raffiniert genug. Für ein Werk mit literarischem Anspruch aber fehlt ihm ein entschlossener Ansatz. Fast scheint es, als habe die Erfolgsautorin einen nicht ganz fertigen Entwurf abgeliefert.

Cristoforo Schweeger

Edna O'Brien, *Das rauhe Land. Roman*, aus dem Englischen von Kathrin Razum. – Hamburg: Hoffmann und Campe, 2001, 304 S.

Chronik der Ereignisse
Irland April 2001 bis März 2002

April 2001 Mit gemischten Gefühlen bespricht Christopher Tayler Patrick McCabes Roman *Emerald Gems of Ireland*, zuerst eine Hörspielserie, einige Kapitel seien »ziemlich öde«. »Die bemühte Langatmigkeit verstört nach einer Weile, und über lange Strecken ist die Prosa einfach nicht schlecht genug, um durchgängig zu unterhalten.« (*LRB*, 5. April) * Glasgow Celtic ergattert mit einem 1:0-Heimsieg über St. Mirren die schottische Meisterschaft, auf dem Weg zum ersten Triple seit 1969, Titel Nr. 37 (8. April). • Das Grand National in Liverpool gewinnt der 33:1 Außenseiter Red Marauder, ein irisches Pferd; nur zwei Pferde sind im Ziel, ohne die Reiter abgeworfen zu haben (*MZ*, 9. April). • Nach den beiden Viertelfinalniederlagen gegen Bayern München konstatiert Roy Keane, irischer Nationalspieler, Manchester United sei »Durchschnitt« in Europa (*MZ*, 20. April). Selbst homophil, schreibt Colm Tóibín über Oscar Wildes Briefe, an das lange Schweigen erinnernd, das das Andenken dieses Iren lange umgab (*LRB*, 19. April). • Glasgow Rangers unterliegt Glasgow Celtic 0:3, der »erste Sieg in Ibrox Park in acht Jahren« (BBC Five Live) • Martin McGuinness, Unterrichtsminister Nordirlands, wird der Savile Commission wohl mitteilen, er sei am Blutsonntag von Derry im Januar 1972 stellvertretender Kommandeur der IRA gewesen (BBC Five Live, 29. April). **Mai 2001** Lady Wilde, Oscars Mutter, zitiert einen Iren über englische Schauspieler in Dublin: »Schwach und trokken schienen sie mir nach unseren Leuten bei Totenwachen und Jahrmärkten; denn es stimmt, die Engländer können uns nicht zum Lachen und Weinen bringen, wie ich es im Publikum bei uns gesehen habe, wenn die Schauspieler aufspielten und die Dichter ihre Geschichten wiedergaben.« – Seamus Heaneys neue Lyriksammlung *Electric Light* ist laut Gerald Mangan eine Erweiterung des »Mythenvorrates Richtung klassisches Repertoire«, doch die »glänzendsten Schätze stammen aus einem üppigen Erinnerungsvorrat, bei dem keine Anzeichen auf Erschöpfung deuten« (*TLS*, 4. Mai). • Offiziell parteipolitisch neutral, ist die Gaelic Athletic Association (GAA), so Tom Woulfe, seit der Gründung im katholischen Sinne nationalistisch eingestellt, 1938 sei Douglas Hyde, Protestant und Mitgründer sowie Präsident Irlands ausgeschlossen worden, weil er ein Fußballänderspiel besucht habe. Die Unterstützung der IRA sei seit 1981 die Regel, aber ein Tabu betreffe etwa Sinn Féin (*IT*, 11. Mai) • In Cork gilt ein Schrein der Brieftaube Lofty Boy, untergebracht in einem Pub im Norden der Stadt. Gerüchte und Geschichten ranken sich um das legendäre Tier, vor allem aber um dessen Leistung als Leittier für jüngere Brieftauben. Ebenso sagenhaft die Schlacht der Vögel von Cork – etwa ein Vorbild für Daphne du Mauriers Roman und dann Alfred Hitchcocks Film *The Birds*? (*IT*, 11. Mai) • Patrick Carnegy fragt nach der Aufführung von Martin McDonaghs Stück *The Lieutenant of Inishmore*: »Als ›Zerlegung der *Troubles*‹ [...] ist das Stück ein eklatanter Fehlschlag« (*The Spectator*, 19. Mai). »Der Mord an [Rosemary] Nel-

Abkürzungen der zitierten Medien:
IN – Irish News
IRN – Irish Republican News
IT – Irish Times
LRB – London Review of Books
OZ – Ostfriesenzeitung
MZ – Münstersche Zeitung
SZ – Süddeutsche Zeitung
TLS – Times Literary Supplement
WN – Westfälische Nachrichten

son am 15. März 1999 mag vielleicht das offene Geheimnis eines symbiotischen Verhältnisses zwischen Teilen des britischen Sicherheitsstaates und loyalistischen Fußsoldaten enthüllen – die sie alle im Blick hatten.« (*The Guardian*, 19. Mai) • Auf den Spuren der Hochlandräumungen bereist David Craig im Mai 2000 Schottland, sammelt Geschichten von Wieder-dort-Lebenden: »Ein Morgen im Gespräch mit Mairi Janes ist wie das Lesen eines guten Romans. Jede ihrer Geschichten ist ein Kapitel in der Geschichte ihres Volkes.« (*LRB*, 24. Mai) • Glasgow Celtic schlägt Hibernians Edinburgh 3:0, gewinnt im Hampden Park, Glasgow, das Triple (26. Mai). • Vier Tötungen werden der IRA und der Irish National Liberation Army (INLA) zur Last gelegt (*IT*, 4. Januar 2002). **Juni 2001** Großer Erfolg von Sinn Féin bei den Kommunal- und Unterhauswahlen am 7. Juni mit nun vier Abgeordnetensitzen in Westminster, die wie bisher nicht eingenommen werden, und sechs Vorsitzenden in Stadträten westlich des River Bann (wo die Katholiken in der Mehrheit sind) (*IRN*, Jahresrückblick 2001). • Als ungewöhnlich stabil in England, Schottland und Wales wird der Wahlausgang beurteilt, denn dort gehen kaum zwanzig Sitze an eine andere Partei, dagegen könnte die Lage in Nordirland nicht labiler sein, denn in achtzehn Wahlkreisen gibt es sieben Wechsel, von denen Sinn Féin auf Kosten der Social and Democratic Labour Party John Humes und Ian Paisleys Democratic Unionist Party (DUP) zu Lasten von David Trimbles United Unionist Party (UUP) profitieren, und drei sehr knappe Mehrheiten (7. Juni). • Ablehnung des EU-Vertrages in der Republik Irland bei einer Wahlbeteiligung von 24,6 Prozent (*SZ*, 9./10. Juni). • Ein Familienvater wird, vor den Augen seiner vier Kinder, nach Vorwarnung, in Coleraine, County Derry, vermutlich von loyalistischen Paramilitärs erschossen (*IT*, 4. Januar 2002). • Alljährlich findet in West Belfast ein Wettlauf statt um die wenigen Grundschulplätze in »sicheren« katholischen Gegenden. Wer aus dem Netz herausfällt, muß mit Schulen in gefährdeter Umgebung vorliebnehmen. Vor der Holy Cross Primary School in Nord Belfast flattern Fahnen der Ulster Defence Association (UDA), ein katholischer Elternteil protestiert gegen die Zurschaustellung von Oranierinsignien. Damit beginnt, wie später behauptet, der protestantische Protest gegen katholische Schüler in der Gegend (*IN*, Jahresrückblick 2001) • Bloomsday Performance über der Pegnitz in Nürnberg, aber auch Veranstaltungen in Hamburg und Berlin (16. Juni). • Wiederwahl Trimbles als Vorsitzender der UUP, ohne Gegenkandidat, wohl weil die Ergebnisse der Wahlen zum britischen Unterhaus nicht so schlecht ausfielen wie vorhergesagt (23. Juni; BBC Five Live). • Am 30. Juni um Mitternacht übergibt Trimble das Amt des Ersten Ministers an Reg Empey, eine Art Platzhalter, bis die IRA in der Waffenfrage Fortschritte vermelde. **Juli 2001** Tötung zweier Menschen durch die Red Hand Defenders, einer katholisch, der andere protestantisch, aber für katholisch gehalten; auch ein Katholik aus Antrim wird erschossen (*IT*, 4. Januar 2002). • Warnung der kanadischen Regierung an alle Irlandreisenden ob der anstehenden »Höhepunkte« der »Marschiersaison« (3. Juli). • Am 12. August, droht David Trimble, trete er endgültig zurück, falls in der Waffenfrage kein Fortschritt erzielt worden sei (*SZ*, 6. Juli). • Keine Marscherlaubnis für den Oranierorden durch die Garvaghy Road in Drumcree (im vierten Jahr seit 1998), massives Polizei- und Militäraufgebot um dies katholische Wohngebiet, friedlicher Ablauf (BBC News Online, 6.-8. Juli) • Kurt-

Schwitters-Preis für den irischen Künstler James Coleman, »der ›zwischen allen Stühlen der Malerie, Medienkunst, Performance, Fotografie, Theater und Design‹ arbeite« (*SZ*, 6. Juli). • James Joyce, dessen Texte stets ein Skandalon waren, provoziert weiter Schlagzeilen, denn ein auf den Auktionsmarkt geworfenes Manuskript der »Eumaeus«-Episode des *Ulysses* spaltet erneut die Experten und verspricht dem Besitzer viel Mammon (*IT*, 7. Juli). • »Höhepunkt« der Gewalt in Nord Belfast mit 250 Benzin- und zwei Dynamitbomben sowie fünfzig Plastikkugeln der Polizei (BBC, 13. Juli). • Politisch stockt in Nordirland nicht nur ob der Oraniermärsche alles, auch Polizeireform und die Frage britischer Militärpräsenz rücken nicht voran, doch ökonomisch boomt die Republik Irland, nach Luxemburg und Dänemark in der »EU-Wohlstandsskala« an dritter Stelle liegend – was heißt schon Durchschnitt? (*MZ*, 14. Juli) • Tom Paulin, Nordire, Poet und Kritiker, der öfter eine Lanze für mißverstandene und vergessene Autoren bricht wie William Hazlitt und nun Daniel Defoe, skizziert den politischen Hintergrund von *Robinson Crusoe* für die Bildung eines britischen Staatswesens, dessen Status als »Nationalepos« schon James Joyce erkannt habe (*LRB*, 19. Juli). **August 2001** Alljährlich im August kommen rund 250.000 Menschen zum zwei Tage dauernden Lamas Fair in der vornehmlich nationalistischen Küstenstadt Ballycastle. Loyalisten legen eine Autobombe, die entschärft wird, doch Tausende verharren in Angst. • Niall Connolly, mutmaßliches IRA-Mitglied, in Kolumbien mit zwei anderen IRA-Verdächtigen verhaftet und wegen terroristischer Aktivitäten sowie Dokumentenfälschung angeklagt (Radio Telefís Éireann News, 15. August). **September 2001** Irland schlägt die Niederlande 1:0, ist Gruppenzweiter; Deutschland unterliegt England 1:5 (1. September). • Überschrieben mit »Eskalation der Vernünftigkeit« ist Conor Geartys Artikel, in dem er Erinnerung und Besprechung mischt: »Ich lebte gerade mal sechs Monate in England, als Bobby Sands nach 66 Tagen Hungerstreik im Krankenhaus des Maze-Gefängnisses starb.« Einschneidend auch dies: »Am 31. Oktober 1981 brachte Danny Morrison, ein führendes Mitglied von Sinn Féin, seinen berühmten Schlachtruf beim Parteitag vor: ›Wer glaubt hier wirklich, wir könnten den Krieg mit dem Stimmzettel gewinnen? Aber wer wird hier Einwände haben, wenn wir, in einer Hand den Stimmzettel, in der anderen das Armalite-Gewehr, in Irland die Macht übernehmen?‹« Wie Irland von der Antwort auf diese beiden Fragen geprägt, schließt Gearty mit einem Plädoyer für David Trimble, der, Beckett falsch zitierend, in seiner Nobelrede versprochen habe: »Ich mache weiter, weil ich weitermachen muß.« (*LRB*, 6. September) • Eine neue Professur auf dem Magee Campus der Universität Ulster in Derry soll mit einem auswärtigen Wissenschaftler besetzt werden, um ausländische Studierende anzuziehen. Die Auswahl findet im Airport Hotel Belfast statt, die Kommissionsmitglieder erwähnen nie den Namen der Stadt, sprechen nur vom Magee Campus, um den Kandidaten nicht zu verraten, ob sie katholisch sind oder protestantisch (David Pierce, 7. September) • Verleihung des 2001 Nuclear-Free Future Award in Carnsore Point, County Wexford, wo einmal ein Reaktor geplant war, der nun nach jahrelangen Protesten, initiiert und unterstützt von bekannten Sängern wie Christy Moore und den Dubliners, endgültig von der Regierung gestoppt wurde. **Oktober 2001** »Im Konflikt zwischen Kapitalismus und Koran, oder einer Version desselben, ist eine transnationale Bewegung mit einer anderen konfrontiert. Momentan sind die USA in moralisch besserer Position gegenüber ihren gleichfalls grenzenlosen Feinden. In Kürze werden sie fraglos auch diesen Vorteil verspielen.« (Terry Eagleton, Dublin, *LRB*, 4. Oktober) • Matinee mit Schauspielern zum *irland almanach* (Ludwigshafen/Rhein, 15. Oktober). • Irische letzte Worte vom Galgen in die Tradition realistischer Romane einordnend, urteilt Terry Eagleton, als Sprachrohr gewöhnlichen Lebens sei der Roman die genuin demokratische Form. Keine Figur müsse mehr aufsteigen, um tief zu fallen, am Galgen könne jeder unbedingt eine führende Rolle spielen (*LRB*, 18. Oktober). • »Ich habe einen Widerwillen gegen die irische Litertur, ich kann das nicht ertragen, immer die Slums, und immer wird gesoffen und ein bißchen gekotzt zwischendurch. Elend und muffiger Katholizismus.« Marcel Reich-Ranicki wohl zu Frank McCourt. Auch andere kommen nicht besser weg: »Das weiß man, daß der *Ulysses* in Deutschland maßlos überschätzt wird. Er wird ja nur deshalb so überschätzt, weil ihn kaum jemand gelesen hat.« (Aufgeschnappt am 19. Oktober) • »Nach dem 11. September wollte die IRA keine Terrorgruppe mehr sein« (*MZ*), 25. Oktober). **November 2001** Wiederwahl Trimbles zum Ersten Minister Nordirlands gesichert, Paisleys DUP scheitert mit einem Verbotsantrag vor Gericht (6. November). • Überkonfessionelle Alliance Party erklärt sich für protestantisch, Trimble erhält so auf beiden Seiten die erforderliche Stimmenmehrheit, seine Vereidigung und die seines katholischen Stellvertreters Mark Durkan ist begleitet von Rufen wie »Schiebung! Betrug! Verräter!« und sogar Handgreiflichkeiten in Stormont House, dem Parlament (7. November). • Irland schlägt Iran 2:0 in der WM-Qualifikation; Ukraine und Deutschland spielen 1:1 (10. November). • Iran schlägt Irland 1:0, Deutschland die Ukraine 4:1, Irland und Deutschland qualifiziert (14. November). • »Ein Schriftsteller, um 1890 geboren, ist berühmt wegen dreier Romane. Der erste ist kurz, elegant, sofort ein Klassiker. Der zweite, das Meisterwerk, [...] ist viel länger und komplizierter [...]. Der dritte ist überdimensioniert, verrückt, unlesbar. Eine Antwort ist Joyce, na klar. Die andere [...] ist J. R. R. Tolkien.« (*LRB*, 15. November) • »Der Strand gibt sein gruseliges Geheimnis preis«, titelt die *Nordwestzeitung* zur Wiederentdeckung, nun auch für Touristen, der Toten der Hungersnot von 1845 bis 1849 im irischen Westen. Unerwähnt bleibt im Reiseteil Alexander Somervilles Buch *Irlands großer Hunger* (17. November). • Irland klagt vor dem Internationalen Seegerichtshof, Hamburg, gegen Inbetriebnahme einer neuen Anlage auf dem Gelände der Wiederaufbereitungsanlage Sellafield am 20. Dezember, Photo in der *MZ* mit den irischen Anwälten, angetan mit Pferdehaarperücken (20. November). • Mühevoller Auftakt der deutschen Basketballer gegen Irland 85:77 in der Qualifikation zur Europameisterschaft 2003 (22. November). • Erstmals nach drei Monaten wieder unbehelligt sind katholische Grundschülerinnen in Belfast zur Schule gegangen (26. November). • »Ein schönes Stück Irland«, Folk im Cuba mit drei irische und schottische Musik spielenden Bands in Münster unter dem Titel »Pigeon On The Grate« am St. Columis Day (*MZ*, 27. November). • Als Antwort auf eine Wortmeldung zu den Attentaten am 11. September schreibt Colm Tóibín: »In den letzten fünfundzwanzig Jahren habe ich in Irland jeden, der mit Mitgliedern der IRA, der INLA, der UDA und der UVF (Ulster Volunteer Force) auf der Schulbank saß, gefragt, wie diese Leute mit zehn Jahren waren. Alle sagten übereinstimmend,

jedes Kind habe ein unangenehmes frühes Zeichen von Terrorismus gezeigt, lange bevor es ein ›Anliegen‹ hatte. Einer sprach für viele andere, als er seinen Schulkameraden, den embryonalen Terroristen, als ›ein mißgünstiges kleines Schwein‹ bezeichnete. Wären diese Leute keinem Anliegen begegnet, hätte sie ihre Hunde oder Frauen und Kinder geschlagen, einander bei Hurling-Spielen angegriffen oder ihren Groll an einem langen Garten hinter dem Haus ausgelassen.« (*LRB*, 29. November)
Dezember 2001 Irland, Saudi-Arabien, Kamerun, die Gegner der deutschen Nationalmannschaft in der Vorrunde der Fußballweltmeisterschaft 2002. Angeblich spielt Irland mit Roy Keane von Manchester United »Kick and Rush« (*MZ*, 3. Dezember). • Irlands Antrag auf einstweilige Verfügung beim Internationalen Seegerichtshof Hamburg gegen Inbetriebnahme neuer Kapazitäten in Sellafield abgeschmettert (3. Dezember). • Bono von U 2 vergleicht Osama Bin Laden und seine al Quaida Gefolgsleute mit der IRA: »›Er ist nur ein reicher Knabe‹, sinniert der Sänger, ›wie es oft auch Mitglieder der Provisorischen IRA waren. Sie studierten Politologie. Wir wuchsen in ihrem Umfeld auf und empfanden bald Verachtung für sie, diese Leute, für die Ideen wichtiger sind als Menschenleben.« (Hot Press, 6. Dezember) • Der Skandal des *Ulysses* geht weiter. Nun müssen Macmillan und der irische Joyce-Forscher Danis Rose für ihre Ausgabe zahlen: Tantiemen für die Wiederveröffentlichung seit 1922 bekannter Texte und Entschädigung für solche Passagen, die erst seit 1975 publiziert sind (*LRB*, 13. Dezember). • Die nordirische Polizeiombudsfrau, Nuala O'Loan, äußert schneidende Kritik an Sir Ronnie Flanagan, dem Polizeichef der Provinz, für Fehler nach dem Bombenattentat von Omagh am 15. August 1998 (*The Guardian*, 15. Dezember). • TV-Bericht über Irlands rechtliches Vorgehen gegen die Eröffnung der neuen Anlage in Sellafield durch Britannien. Politiker, Ärzte und Betroffene schildern die Lage des »armen Verwandten«, des abgewiesenen Bittstellers, dessen Ostküste verseucht werden könnte (BBC 2, 17. Dezember). • Debatte im Unterhaus zur Frage, ob den vier Sinn-Féin-Abgeordneten Büros eingeräumt werden sollen, obwohl sie den Treueeid auf die Königin verweigern. Im Bild Gerry Adams, selbstbewußt aus Kuba seinen Anspruch rechtfertigend, und David Trimble, Papier in der Hand, stockend dem im Unterhaus widersprechend. Die Abgeordneten geben dem Ansinnen der Regierung statt (BBC 2, 18. Dezember). • Am Tag nach Ausgabe der Euro-Startpakete auch in Irland: Seit man der EWG 1973 beitrat, hat die Abhängigkeit irischer Wirtschaft von Britannien stetig abgenommen. Nun beobachten vor allem große Konzerne die irische Szene genau, im November ist gar in Belfast die Frage debattiert worden, ob dort offiziell eine Zone mit zwei Währungen eingerichtet werden solle – noch vergeblich (*The Guardian*, 18. Dezember). • Am 26. Dezember, so die *IN* tags darauf, wird in Derry unter großer Anteilnahme der nationalistischen Gemeinde und Martin McGuinness als Grabredner sowie der irischen Trikolore auf dem Sarg Barney McFadden beerdigt, im Alter von achtzig Jahren gestorbener Republikaner und Ehrenpräsident von Sinn Féin in Derry, für McGuinness eine Art Adoptivvater. • Donna McDaids Familie kommt in Nord Belfast knapp mit dem Leben davon, als morgens früh sechs Schüsse durch das Wohnzimmerfenster gefeuert werden. Die Kugeln durchschlagen das Haus, eine bleibt in der Wand über den Weihnachtsgeschenken der Kinder stecken (*IN*, 27. Dezember). • Verbot der

Hungerstreikausstellung auf dem Magee Campus der Universität Ulster in Derry mit der Begründung, die Universität müsse ihren »Ruf der Unparteilichkeit« wahren. Nur die Queen's University in Belfast, immerhin früher eine Hochburg des Unionismus, richtete die gleiche Ausstellung aus, und an einem Tag kommen fünfhundert Besucher (*IN*). • Von der loyalistischen paramilitärischen Organisation Orange Volunteers (OV), ein Deckname für Mitglieder der Loyalist Volunteer Force (LVF) und der Ulster Defence Association (UDA), verlautet, man wolle mit Jahresende einen Waffenstillstand einhalten – was ob ihrer getarnten Operationsweise nicht glaubwürdig klingt (*IN*, 30. Dezember). Die Unionsakte von 1800 zwischen Irland und Britannien, durch einen Reptilienfond Georgs III. finanziert, leitet zwei Jahrhunderte Verquickung und Verstrickung irisch-britischer Angelegenheiten ein, bei denen Bestechung, Geheimagenten und wechselseitige Heuchelei wichtig werden. Britische Spione agierten in den siebziger Jahren auch in Dublin und wurden, als die Sache aufflog, gegen Iren ausgetauscht (*IN*, 30. Dezember). • Sinn Féin, im Norden ohnehin auf Höhenflügen, macht auch in Dublin Schlagzeilen, als einzige Partei in der Müllfrage gegen die Gebührenordnung stimmend, die die Bürger zu Gunsten der Konzerne benachteiligte: »Hätten die Labour-Stadträte [...] gegen die Gebühren gestimmt, hätten sie ein Patt verursacht.« Wäre eine vierte Stadträtin erschienen, um gegen den Antrag zu votieren, wäre dieser gescheitert: »Labours Verrat« (*IN*, 30. Dezember). **Januar 2002** Obwohl die IRA 2001 mit der Vernichtung einiger Waffen Schlagzeilen macht und letztlich die Wiederwahl David Trimbles zum Ersten Minister ermöglicht, ist das Jahr keineswegs gewaltfrei verlaufen: neunzehn Todesopfer, die mit den *Troubles* zusammenhängen, dreizehn davon auf das Konto der Loyalisten, vier auf das der Republikaner, zwei Opfer sind wohl nicht zuzuordnen. »Insonderheit die UDA ließ letztes Jahr die Muskeln spielen, und zwar so sehr, daß der Nordirlandminister, Dr. John Reid, meinte, er müsse den 1994 erklärten Waffenstillstand der UDA als Heuchelei ansehen.« (*IT*, 4. Januar) • Euro-Muffel gibt es in Irland und den Niederlanden kaum, wo fast nur die neue Währung genutzt wird (10. Januar). • Anhaltende sektiererische Unruhen vor katholischer Mädchen-Grundschule Holy Cross in Belfast (10. Januar). • Militante Protestanten und Katholiken liefern sich Straßenschlachten, seitdem am Mittwoch, 9. Januar, eine Katholikin und eine Protestantin auf einem Fußweg in Ardoyne nicht hatten klären können, wer wem ausweichen müsse (*MZ*, 11. Januar). • Die Gewalt gegen eine im protestantischen Gebiet Belfasts liegende katholische Grundschule flammt immer wieder auf, scheint nun befriedet: »Unsere Hoffnungen sind am Boden zerstört. Es ist der reinste Bürgerkrieg.« (Pater Aidan Troy, Belfast, *MZ*, 12. Januar). • Tötung eines Katholiken durch die Red Hand Defenders oder, laut BBC, die Defence Association (Reuter, 13. Januar). • Patrick Cox, 49, Uhrmachersohn, zuerst Mitglied der Progressive Democrats, seit 1994 unabhängiger Abgeordneter und seit 1999 Vorsitzender der Liberalen im Europäischen Parlament, in den achtziger Jahren TV-Journalist und Wirtschaftswissenschaftler, wird gegen den britischen Abgeordneten David Martin (Labour) zum Präsidenten des EU-Parlaments gewählt. Bisheriger Höhepunkt der politischen Karriere von Cox war die Rede am 11. Januar 1999 wider Korruption und Kumpanei in der EU-Kommission. In Irland hofft man, nach 2004 werde er in die Innenpolitik zurückkehren. Cox selbst schließt dies nicht aus.

(*MZ*, *SZ*, *WN*, 16. Januar). • Demonstration von Katholiken wie Protestanten gegen die Gewalt in Nordirland, vor allem wegen des Mordes an dem Katholiken Daniel McColgan, Trimble ist dabei, nur Paisley fehlt (18. Januar). • »Höchste Zeit, daß der Staat sich um die Menschen kümmert, die der Keltische Tiger im Regen hat stehen lassen«, titelt die *Irish Times*. »So heißt es etwa, zwischen 1987 und 1999 sei die Geldmenge, die man nach Hause trug, um 35 Prozent gestiegen. Berücksichtigt man den landesweiten Anstieg der Immobilienpreise um 104 Prozent zwischen 1994 und 1999 und in Dublin um 136 Prozent, drängen sich komplexe Schlußfolgerungen auf.« (21. Januar) • Einrichtung der Sinn-Féin-Abgeordneten-Büros im Unterhaus zu Westminster (22. Januar). • »Irland hat 111 Beschwerden seitens der EU-Kommission wegen Verstößen gegen Umweltrichtlinien erhalten, das heißt zehn Prozent aller Verstöße, die EU-weit untersucht werden, so daß das Land zu den schlimmsten Umweltverschmutzern Europas zählt.« Es geht um Abfallentsorgung, die unterbliebene Umsetzung der Nitratrichtlinie von 1992 sowie Richtlinien zum Trinkwasser und krebserregenden Stoffen (*IT*, 23. Januar). • Premiere des zweiten Teils von Martin McDonaghs Theatertrilogie, *The Lieutenant of Inishmore*, in Stratford-upon-Avon. »In *The Cripple of Inishmaan* genügt ein einziges zerschelltes Ei, um die Illusion eines ländlichen Idylls zu zerstören. Aber in *The Lieutenant of Inismore*, wo der bewaffnete Kampf den Kontext für die Bühnenhandlung liefert, muß McDonagh weit größere Anstrengungen unternehmen zur Enthüllung einer Wirklichkeit, die beträchtlich schlimmer ist als die von seinem Publikum vorgestellte.« (*TLS*, 25. Januar) • Sonderseite der *MZ* zum dreißigsten Jahrestag des Blutsonntags von Derry mit Chronik, einer Familiengeschichte über James Deery, der mit Ehefrau und Kindern als Lehrer seit 1971 im Münsterland lebt, und einem Gespräch mit dem Politologen Roland Sturm: »Der vor knapp vier Jahren geschlossene Karfreitags-Friedensvertrag von Belfast war eine wichtige institutionelle Weichenstellung, die hierzulande völlig unterschätzt wird« (*MZ*, 29. Januar). **Februar 2002** Sinn-Féin-Präsident Gerry Adams lobt in New York die Rolle des irischen Amerika beim Friedensprozeß und drängte seine Zuhörer dahin, »ihre Bemühungen zu verstärken, vor allem die Polizei von Nordirland betreffend« (*IN*, 1. Februar). • Zeitzeichen (WDR 3) zum 120. Geburtstag von James Joyce, der in Zürich-Fluntern begraben liegt, unweit des Erfinders des Bircher-Benner-Müsli, einer Rohkostspeise, die dem Iren kaum gemundet hätte (2. Februar). • In irischen Meinungsumfragen zur Parlamentswahl im Mai legt Sinn Féin als einzige Partei zu, auf acht Prozent landesweit, beachtlich bei den Vorurteilen, die von weiten Teilen der Bevölkerung wie in den Medien artikuliert werden (*IN*, 3. Februar). • »Ryanair hebt ab. Billigflieger erzielt Rekordgewinn.« Eine irische Firma, über die nach wie vor aus London berichtet wird (*MZ*, 6. Februar). • Terry Eagletons Autobiographie, im Januar erschienen, ein Buch, in dem Erinnerungen an Episoden dazu dienen, politische und theoretische Kämpfe auszufechten, und *Iris*, der Film, finden Beachtung. Gelobt bei Erscheinen beider Erinnerungsbücher zu Iris Murdoch, ist John Bayley bei der Filmpremiere mit Kate Winslett und Judi Dench am Arm aufgetreten: »Die Brüche beginnen nun offenkundig zu werden (*LRB*, 7. Februar). • Um null Uhr verlieren irisches Pfund und niederländischer Gulden ihre Gültigkeit (9. Februar). • EU-Staatshaushalte: Ein Überschuß von 1,8 Prozent in Irland, 0,5 Prozent in den Niederlanden, 0,4 Prozent in Britannien, am Ende liegen Frankreich mit einem Minus von 2,0 Prozent und Deutschland mit 2,7 Prozent (*MZ*, 12. Februar). • Irland schlägt Rußland mit 2:0 und »schickt ein Warnsignal« an die deutsche Fußballnationalmannschaft. In Schottland wird Bertie (Mc)Vogts zum Nationaltrainer ernannt – wohl nur, weil er in England gegen England Europameister wurde (*MZ*, 15. Februar). • Tourism Ireland bietet Reisen in den Norden und Süden der Grünen Insel seit dem 1. Januar weltweit aus einer Hand an – eine Folge des Karfreitagsabkommens von 1998 (*Der Sonntag in Münster*, 16./17. Februar). • Goldener Bär für das Dokudrama »Bloody Sunday« (*MZ*, 18. Februar). • McVogts klagt im britischen Rundfunk darüber, Schottland sei in Frankfurt bei der Aushandlung des Terminplans für die Qualifikationspartien zur Fußballeuropameisterschaft 2004 gegen Deutschland übervorteilt worden, in deutschen Medien ist nur von Harmonie zwischen Völler und Vogts die Rede (20. Februar). • Nach zwölf Jahren ist wieder ein Roman von John McGahern erschienen, dem Literaten und Feierabendlandwirt: »In *That They May Face the Rising Sun* geschieht nichts, und niemand ändert sich. Es kommt einem vor wie eine Kurzgeschichte – etwas, das festgestellt wird, unabänderlich ist – aber es funktioniert nicht so gut wie eine Geschichte, vielleicht weil zuviel geredet wird.« (*LRB*, 21. Februar) • Im gleichen Jahr und Monat geboren wie *Ulysses*, vor achtzig Jahren eben, wird der Pop-Künstler Richard Hamilton im British Museum geehrt: »So wie Joyce jeden Abschnitt des *Ulysses* in einer anderen Sprache schrieb, benutzte Hamilton für jede Illustration einen anderen Stil.« (*SZ*, 23./24. Februar) • »Ryanair greift Lufthansa an.« Michael O'Leary im Interview einer deutschen Sonntagszeitung: »Der ehemalige Monopolist Lufthansa glaubt, der deutsche Kunde gehöre ihm allein, versucht, uns vom Markt fernzuhalten.« (24. Februar) • Auf Vorwürfe, die Medien in Irland brächten den Paramilitärs nun eine weiche Haltung entgegen, antwortet eine Journalistin mit der Beschreibung der sich allmählich wandelnden Situation: »Die Paramilitärs änderten ihre Taktik, für eine politische statt einer gewaltsamen Lösung des verfassungsrechtlichen Problems optierend.« Angst geht um bei den größeren Parteien der Republik Irland wegen möglicher Zugewinne von Sinn Féin bei der bevorstehenden Parlamentswahl. Gerry Adams ist Umfragen zufolge der zweitbeliebteste Parteivorsitzende nach Bertie Ahern. Zu den Warnern zählen Altpolitiker wie Garret FitzGerald und Dick Spring. Es scheint, als sei der Schwenk von Sinn Féin zum politischen Republikanismus so günstig wie die Krise der etablierten Parteien. Im Vorwahlkampf kommen alte Feindbilder wieder auf, etwa die Identifikation von Sinn Féin und IRA. Gerry Adams: »Sinn Féin ist eine unabhängige politische Partei. Wir sind nicht die IRA. Wer für uns votiert, tut dies wie bei anderen Parteien – wegen des Wahlmanifests.« Er frage sich, warum die Bilanz von Sinn Féin im Friedensprozeß David Trimble genüge, nicht aber dem Generalanwalt und Kandidaten der Progressive Democrats Michael McDowell (*IT*, 25. Februar). • Wer wie die irische Regierung zwischen 1922 und Ende der siebziger Jahre versucht, das Irische durch obligatorischen Unterricht an Grundschulen und Zugangsvoraussetzung für den Staatsdienst wiederzubeleben, hat, so Adrian Kelly, ein geradezu grandioses bildungspolitisches Debakel zu verantworten. Graf Dracula beherrscht in Rumänien die kulturellen Schlagzeilen. Der geplante »Grusel-Park« löst Entrüstung bei Umweltorganisationen und religiösen Gruppen sowie bei Stoker-Experten aus (*IT*, 26. Februar). • Das Spuren extensiver Revisionen zeigende und von einem anderen Schluß zeugende Manuskript von *Dracula*, Stokers Klassiker, soll am 17. April in New York versteigert werden (*IT*, 27. Februar). • Martin McGuinness stellt in Nordirland ein Konzept für den Kampf gegen Rassismus und für Interkulturalität in Schulen vor. Joan Harbinson: »Während ihrer Schulzeit können Kindern einander achten und Vielfalt begrüßen lernen, oder sie können Feindseligkeit und Vorurteile einüben.« (*IT*, 28. Februar) **März 2002** Mitglieder der Yorkshire Loyalists zu Besuch bei ihren »Freunden« in Nord Belfast werden Ende Februar Zeugen von Angriffen auf katholische Häuser in Limestone Road. Ein massives Aufgebot der RUC/PSNI steht Spalier, als die Angreifer vorrücken. Loyalistische Morddrohungen lassen nationalistischen Belfaster Familien keine Ruhe, nicht einmal Friedhofsarbeiter können ihrer Tätigkeit unbehelligt von der UDA nachgehen, 2001 mußte gar eine katholische Trauerfeier auf Carnmoney Cemetery nach loyalistischen Bombendrohungen abgebrochen werden (Republican Mailing List, 1. März). • »Das Thema Abtreibung spaltet die Iren. Volksabstimmung über Legalisierung«. Zweimal schon, 1983 und 1986, wurde mehrheitlich die Abtreibung bei Referenden abgelehnt. Zehn Jahre schon gilt ein höchstrichterlicher Spruch, wonach Abtreibungen erlaubt sind, »wenn das Leben der werdenden Mutter ernsthaft bedroht ist«. Ärzte wagen nicht, danach zu handeln, nun will Premier Bertie Ahern Klarheit schaffen (*Der Sonntag in Münster*, 3. März). • Tony Blair, Konsumpremier und Anglo-Katholik, kauft Hemden mit Abbildungen nackter Frauen auf dem Inneren der Manschette (*SZ*, 4. März). • Sir Ronnie Flanagan, vor dem Ruhestand befindlicher Chef der Royal Ulster Constabulary/Police Service of Northern Ireland (RUC/PSNI), vermutet, die IRA werde bald weitere Waffen unschädlich machen, um die Wahlchancen von Sinn Féin im Mai zu verbessern, ein Termin sei ihm nicht bekannt. In jedem Fall stellten die dissidenten Republikaner immer noch eine »größere Bedrohung« dar (*IT*, 7. März). • Mit 10.556 Stimmen Mehrheit lehnen die irischen Wahlbürger »eine Verschärfung des Abtreibungsverbots ab« (*MZ*, 8. März). • Im Emder Hafen werden 3.000 rechtsgesteuerte Pkw, die ein Konzern vor Ort für Britannien und Irland produziert, auf die *Trinidad* verladen – ein Zeichen für den irischen Boom? sonst »gehen nur ein paar hundert [...] auf die grüne Insel« (*OZ*, 9. März). • Enya, irische Sängerin des Titelliedes im *Herr der Ringe*, führt die Leichtigkeit, mit der ihr Tolkiens Elbensprache über die Lippen ging, auf das Gälische zurück – doch ein Erfolg der nationalen Bildungspolitik der siebziger Jahre? (*MZ*, 11. März) • »St. Patrick's Day am Sonntag. Münster. [...] Der irische Klee, das Nationalemblem der Insel, wird aus Irland eingeflogen und den in Münster stationierten Soldaten übergeben.« Fraglos, Folklore ist die Stärke auch der britischen Armee, und dies Artikelchen wird kritiklos gedruckt. Sollte etwa in der Lokalredaktion keiner wissen, daß hier britische Soldaten und Nordirland gemeint sind? (*MZ*, 11. März) • 13. St. Patrick's Day mit Irish Folk in Schöppingen, vermeldet im Kulturteil die *MZ* (13. März). • *The Guardian* meldet die Feststellung der »Echtheit« der »Sex-Journale von Roger Casement« durch einen Juristen nach 86 Jahren zum Teil erbitterter Kontroverse (13. März). • Sean Scully, Dubliner, Jahrgang 1945, wird zum 1. April Münchener und Professor für Malerei und Grafik an der dortigen Akademie der Künste

(*SZ*, 13. März). • »Wahrscheinlich gibt es für einen, der Ire ist und schreibt, viel Ärgerliches in diesem Land, aber ich bin kein Ire, und ich habe Ärger genug mit dem Land, über das und in dessen Sprache ich schreibe, und auch der *katholische* Ärger in dem Land, dessen Sprache ich schreibe, genügt mir.« So weit Heinrich Böll anno 1967 in »Abschied von Irland«. Vor 35 Jahren schon relativiert er die auf 1954/1955 bezogenen Beobachtungen in *Irisches Tagebuch*, nur haben es weder Irlandliebhaber noch Böll-Kritiker wahrhaben wollen (16. März 2002). • »›Stückchen Heimat‹ für die Irish Guards« – deren Teilung wird im Text nicht erwähnt, dafür im Sportteil, wieder ohne Zuordnung, der Sieg von Dermott Lennon »passend zum St. Patrick's Day, dem irischen Nationalfeiertag« beim Springreiterweltcup in Dortmund gefeiert (*MZ*, 18. März). • Irland führt die Inflationsliga Europas mit 4,9 Prozent vor den Niederlanden und Griechenland mit je 4,5 und 3,8 Prozent an, Deutschland liegt mit 1,8 Prozent vor Österreich mit 1,7 Prozent auf dem vorletzten Platz, aus Blairs Britannien sind keine Daten verfügbar (*MZ*, 19 März). • Am 18. und 19. März ist Jonathan Swift, laut Bericht der Veranstalter »anglo-irischer Satiriker« im Ehrenpreis-Institut für Swiftstudien Gegenstand eines internationalen Kolloquiums zur Wirkung seines Werkes in Kontinentaleuropa – in Übersetzung und in Form anderer literarischer Genres (20. März). • Gelesen: Heinrich Böll: »Ich habe einen Film über Irland gemacht, der – wie mir schien und immer noch scheint – ziemlich nah an Schmeichelei grenzte. In Irland gab es wüste Beschimpfungen, und als ich mal wieder dort war, sagte mir eine Nachbarin: ›Haben Sie nicht Angst, daß Sie gesteinigt werden?‹« (23. März) • Freundschaftsländerspiele zur Vorbereitung auf die Fußball-WM: Irland-Dänemark 3:0; Frankreich-Schottland 5:0: »Eine Feuertaufe für Mr. Wogts« (BBC Five Live); England-Italien 1:2. Der Sprecher im Stadion Lansdowne Road kündigt einen dänischen Ersatzspieler an, der bei Glasgow Rangers unter Vertrag steht. Bei dessen Einwechslung setzt ein Pfeifkonzert ein, das bei jeder Ballberührung von neuem beginnt. Tatsächlich liegt eine Verwechslung vor, wie sich fünf Minuten später erweist. So weit geht also der Haß auf Ranger (27. März). • Tod der Queen Mum, Schirmherrin der Irish Guards seit 35 Jahren (30. März).

Jörg W. Rademacher

Mein Dank für Informationen gilt Werner Busche (Oldenburg), Egon Günther (Riederau), Danny Morrison (Belfast), David Pierce (York), Jürgen Schneider (Berlin), Ralf Sotscheck (Dublin), Wolfgang Streit (München), Michael Szczekalla (Mülheim an der Ruhr).

Verzeichnis der Beiträger und Beiträgerinnen

Gerd Adloff, geb. 1952, Schriftsteller, Fotograf und Irlandreisender, lebt in Berlin.

Gabrielle Alioth, geb. 1955 in Basel. Studium der Wirtschaftswissenschaften und Kunstgeschichte an den Universitäten Basel und Salzburg. Lebt seit 1984 als freie Schriftstellerin und Kolumnistin in Irland. Der letzte Roman, *Die stumme Reiterin*, erschien 1998, das erste Kinderbuch *Das magische Licht* 2001.

Martin Alioth, geb. 1954 in Basel. Studium der Geschichte und der Nationalökonomie und Promotion über das spätmittelalterliche Straßburg. Lebt seit 1984 als freier Korrespondent für Rundfunk und Zeitungen in Irland.

Kieran Allen, Dozent am University College Dublin und politischer Aktivist. Im Jahr 2000 veröffentlichte er die Studie *The Celtic Tiger. The Myth of Social Partnership in Ireland*.

Andreas Aust, geb. 1966, Studium der Politologie in Marburg an der Lahn, promovierte in Marburg, arbeitet in Berlin.

Brendan Behan, 1923-1964, irischer Dramtiker und Erzähler, der Außenseiter der Gesellschaft zeichnete.

Isabel Bogdan, Übersetzerin aus dem Englischen und Japanischen, lebt und arbeitet in Coesfeld.

Jörg Burkhard, Wort- und Soundwerker, lebt in Heidelberg. Von ihm erschienen zuletzt *Der grosse Roman* (Verlag Peter Engstler, 2000) sowie die CD *unplugged stories* (Büro64, 2001).

Petra Dubliski, lebt und arbeitet als Reisebuchautorin und Übersetzerin in Feakle, Co. Clare. In ihrem reetgedeckten Cottage vermietet sie Zimmer an nette Gäste. Kontakt: petradub@eircom.net.

Friedrich Engels, 1820-1895, Sozialtheoretiker, Politiker und Mitbegründer des Marxismus.

Hugo Hamilton, geb. 1953 in Dublin, Journalist und Schriftsteller, lebt in Dublin. Mehrere Romane, ein Erzählband.

Christian Langhorst, geb. 1961, Privatgelehrter, Zargensetzer und Autor, lebt und schreibt in Münster.

Johannes Lichius, geb. 1956 in Hagen, Musikalienhändler, Ärmelkanaltunnelreisender & Feierabendkritiker, lebt in Siegen und Gießen.

Molly McCloskey, geb. 1964 in Philadelphia, lebt in Dublin und Sligo. Nach dem Erzählband *Solomon's Seal* (1997) erschien jüngst die Novelle *The Beautiful Changes*.

John McGuffin, intellektueller Hooligan und Schriftsteller, lebte in Derry, wo er 2002 starb. Von ihm (gemeinsam mit Joe Mulheron) erschien zuletzt *From Derry Quay He Sailed Away. Being a True Account of the Amazing Adventures of Charles Nomad McGuinness, Adventurer, IRA Man, Smuggler, Polar Explorer, Mercenary, Gun Runner, Rogue, Escaper, Hero and Derry Man* (2002).

Danny Morrison, geb. 1953 in Belfast, ehemaliger Sprecher von Sinn Féin, lebt und schreibt in Belfast.

Dennis O'Driscoll, geb. 1954 in Thurles, ist lyrikschreibender Beamter oder verbeamteter Lyrik. Zuletzt erschienen der Gedichtband *Weather Permitting* (1999) sowie *Troubled Thoughts, Majestic Dreams: Selected Prose Writings* (2001).

Denis O'Hearn, Wirtschaftswissenschaftler an der Queen's University Belfast. 1998 erschien *Inside the Celtic Tiger. The Irish Economy and the Asian Model*, 2001 *The Atlantic Economy: Britain, the US and Ireland.*
Ruth Padel, vielfach ausgezeichnete englische Lyrikerin und Essayistin, Urenkelin von Charles Darwin. Fünf Gedichtsammlungen, Studien über den griechischen Mythos, Rockmusik and moderne Maskulinität (*I'm a Man*), das antike Griechenland und moderne Psychologie. Ihr letzter Gedichtband *Voodoo Shop* sowie eine Sammlung von Kolumnen, *52 Ways of Looking at a Poem*, sind 2002 erschienen. Website: www.ruthpadel.com.
Petr Pandula, geb. 1956 in Prag, 1968 Übersiedlung nach Deutschland. Ab 1978 Pilot in der Flugschule Stuttgart und Studium der Philosophie, Kunstgeschichte und Politikwissenschaft, nebenbei Studiomusiker und Mitglied der Bands Aufwind und Anne Wylie Band. Veranstalter des St. Patrick's Day Celebration Festival und des Irish Folk Festival. Lebt in Reutlingen und in Doolin, Co. Clare.
Hermann Rasche, Dozent für Germanistik, lebt und lehrt in Galway, Irland.
Friedhelm Rathjen, geb. 1958, Autor, Kritiker & Übersetzer, lebt und schreibt in Scheeßel, Niedersachsen.
Cristoforo Schweeger, geb. 1960 in Mailand, Übersetzer, lebt in Münster.
Derek Speirs, geb. 1952 in Dublin (siehe Portfolio in diesem Heft).
Wolfgang Streit, geb. 1963 in Fürth, Literaturwissenschaftler und Dokumentar, lebt in München.
Francis Stuart, 1902-2000, umstrittener irischer Schriftsteller, Autor von mehr als einem Dutzend Romanen. Zu seinen wichtigsten Werken zählen *Redemption, The Pillar of Cloud* und *Black List, Section H.*
Michael Szczekalla, geb. 1961 in Delmenhorst, Lehrer und Literaturwissenschaftler, lebt in Mülheim an der Ruhr.
Christian Teriete, geb. 1977 in Bocholt/Westfalen. Studium der deutschen Sprache, Politik und Journalistik in Hamburg. Danach Mitarbeit bei *taz, Bild* und *Stern.* Arbeitet am Trinity College Dublin an einer Magisterarbeit über das deutsche Drama nach der Wende.
Silke Van Dyk, 29, Diplomsozialwirtin, Promotion zum Vergleich der Sozialpakte in Irland und den Niederlanden, lebt in Göttingen.
Wolfgang Wicht, geb. 1937, Anglist, lebt und forscht in Krauthausen, Thüringen.
Holger Zimmer, geb. 1969, Theaterwissenschaftler und Fotograf, arbeitet als Radio- und Fernsehjournalist in Berlin.